国家重点档案保护与开发专项资金资助项目

血战湘江，转兵突围：

红军长征在湘期间档案史料汇编

XUEZHAN XIANGJIANG
ZHUANBING TUWEI

湖南省档案馆　编
叶建军　主编

岳麓书社 · 长沙

前　言

80 多年前，中国共产党和毛泽东领导红军进行了震惊世界的长征，开辟了中国革命转败为胜、继往开来的光明道路，奠定了中国革命事业发展的重要基础。这一伟大历史事件，是中国共产党的骄傲，是人民军队的光荣，是中华民族的自豪。开启这段尘封的历史，那一件件承载我们信念和追求的档案就呈现在我们面前，它真实地还原了 20 世纪 30 年代中国共产党领导的那场惊天地、泣鬼神的英雄壮举，仿佛把我们带到了如火如荼的战斗岁月。

1931 年九一八事变爆发，日本帝国主义发动了侵华战争，中华民族面临深重危机。以蒋介石为首的国民党政府置民族危亡于不顾，向苏区接连发动大规模“围剿”，企图消灭中国共产党和红军。由于党内王明“左”倾教条主义的错误领导，导致中央苏区第五次反“围剿”失败。1934 年 10 月，中共中央和中央红军被迫撤离中央苏区，开始了艰苦卓绝的战略转移。

湖南是红军长征经过的重要省份之一，在工农红军长征史上占有极为重要的地位。1934 年 5 月，中央红军酝酿突围转移时，战略方向就选定为湘西。红六军团先遣西征，中央红军初期长征，红二、六军团会师后誓师长征，三路红军长征经过湖南；红军主力长征后留下的红军继续在湖南开展了广泛的游击战争，在湖南边境形成了三大游击区，沉重地打击了国民党军队。从 1934 年 8 月 11 日红六军团西征入湘，到 1936 年 1 月 8 日红二、六军团全部离湘进入贵州，三路红军长征部队在湖南转战 130 多天，总行程上万里，在今天的郴州、永州、邵阳、怀化、湘西、张家界、娄底、常德、益阳等 9 个市州所辖的 46 个县市区留下了光辉的足迹，三大游击区的红军更是进行了艰苦卓绝的斗争。红军将士在湖南党组织和人民群众的支援下，一路浴血奋战，斩关夺隘，粉碎了敌人数十万兵力的围追堵截，夺取了长征在湖南的胜利，在三湘大地广泛宣传革命思想，撒播红色火种，创造了英雄业绩，书写了壮丽篇章。

1934 年 8 月，红六军团奉命长征先遣，突围入湘，在桂东寨前誓师西征，千里迂回湘南，艰苦转战湘桂黔边，冲破敌人重重围追堵截，历尽千辛万苦，付出重大代价，终于与红三军会合。红六军团胜利完成了中央赋予的战略任务，为中央红军实施战略转移起到了侦察、开路的先遣队作用。随后，红三军恢复红二军团番号。红二、六军团为策应中央红军长征发动湘西攻势，消灭敌人大量有生力量，调动和牵制敌人 11 个师又 2 个旅，部分打乱了蒋介石围追堵截中央红军的部署，有力地配合了中央红军的战略转移，并开辟和发展了湘鄂川黔革命根据地，这是在中国革命处于极端困难形势下，在长江南岸创建的一块大的红色苏区，成为中国南方苏维埃运动发展中重要的柱石。

中央红军长征初期，全部进入湖南，连续突破敌人三道封锁线，与兵力五六倍于己的敌人血战湘江，写下了长征史上悲壮的一页。通道会议和通道转兵，避免了红军按原计划北上湘西可能遭受的毁灭性打击的命运，为党和红军开辟了一条生路。通道会议上中央领导层第一次否定博古、李德的错误主张，以毛泽东为代表的正确路线逐步成为多数领导人的共识，为之后的黎平会议和遵义会议召开奠定了组织和思想上的基础，揭开了党的历史上这一次伟大转折的序幕。这是红军从失败走向胜利的起点，也是自第五次反“围剿”以来，毛泽东的正确意见第一次得到中央领导人比较一致的尊重和响应，并对中央决策产生重大影响，为确立毛泽东在中央的实际核心领导地位奠定了基础。

红二、六军团转战湘鄂川黔一年多，又毅然从桑植誓师出发，突围长征，神速突破澧、沅二水，巧妙迂回湘中，声东击西辗转湘西南，吸引调动大量敌军，从容由湘入黔，踏上万里征途。

红军长征后，与湖南毗连的各革命根据地相继丧失。在湘鄂赣边、湘赣边、湘南地区一带坚持斗争的红军和地方武装，在党的领导下，依靠广大群众的支援，采取灵活多变的方针，在极其艰苦险恶的环境中，开展了三年游击战争，百折不挠，顽强斗争，付出重大牺牲。在他们的英勇战斗下，在全省及周边形成了以中共湘鄂赣省委、中共湘赣省委、中共湘南特委领导下的湘鄂赣边、湘赣边、湘南地区三大游击区，做到了革命红旗不倒，党领导下的人民斗争连绵不断。全面抗战前后，这些地区的游击队根据中共中央的指示精神，经过与国民党当局谈判，先后改编成新四军，开赴抗日前线。

湖南人民不畏艰险，与红军患难与共，踊跃支援红军，为红军长征在湖南的胜利付出了巨大牺牲，做出了重要贡献。红军长征在湖南留下了一幅幅军爱民、民拥军、军民血肉相连的动人画面。以毛泽东为代表的湘籍将帅，作为核心力量参与领导和指挥了伟大的长征，还有成千上万的湘籍红军将士血洒征途，他们以生命、青春、智慧为夺取长征的胜利建立了不朽的历史功勋！

伟大的长征孕育了伟大长征精神。习近平总书记在纪念红军长征胜利80周年大会上的讲话指出：“伟大长征精神，就是把全国人民和中华民族的根本利益看得高于一切，坚定革命的理想和信念，坚信正义事业必然胜利的精神；就是为了救国救民，不怕任何艰难险阻，不惜付出一切牺牲的精神；就是坚持独立自主、实事求是，一切从实际出发的精神；就是顾全大局、严守纪律、紧密团结的精神；就是紧紧依靠人民群众，同人民群众生死相依、患难与共、艰苦奋斗的精神。”长征精神集中体现了党和红军的优良传统和作风，继承和发扬了中华民族的传统美德，是中国共产党人世界观、人生观、价值观的全面展示，是中华民族百折不挠、自强不息民族精神的最高体现，是保证我们的革命和建设事业从胜利走向胜利的强大精神力量和宝贵精神财富。

长征是人类文明的伟大文化遗产，中国工农红军用鲜血和生命造就的长征精神是人类文化瑰宝，无论时代如何变迁，长征精神的伟大感召不会消逝和退去。习近平总书记指出：“长征是一次理想信念的伟大远征。崇高的理想，坚定的信念，永远是中国共产党人的政治灵魂。”习近平总书记还提出“长征永远在路上”，我们要继承和弘扬伟大的长征精神，为实现“两个一百年”奋斗目标、实现中华民族伟大复兴的中国梦奋勇前进。我们要继承和发扬伟大的长征精神，万众一心，同心同德，锐意进取，扎实工作，为加快建设现代化新湖南而努力奋斗！

编者

二〇二一年三月

凡　　例

一、本书内容包括红六军团西征湘西,中央红军长征在湖南,红二、六军团长征在湖南以及湖南边区三年游击战争四个专题,时间跨度为 1934 年 7 月至 1938 年 6 月。

二、专题由概述、文献与参考资料三部分组成。文献、参考资料以时间为序,兼顾历史事件编排。

三、概述由文字与图片组成。图片包括红军人物、红军活动地、红军沿途标语、红军留存实物、红军纪念碑等,图片插入相关文字处,不独立编排。

四、文献以红军的电报、文件等为主,并收录少量历史报刊文章。

五、参考资料收录国民党军队"追剿"红军的战略部署、作战计划、作战命令、军事报告等文电。

六、为保持历史原貌,本书收录的文献,凡涉及日期、部队番号、计量单位等,均据原文照录;参考资料中国民党对中国共产党及其领导下的红军的污蔑、诽谤以及谎报军情等不实之词,未加删改。

七、原件中有错、漏、衍文的,根据史实进行校勘。订正的字用〔 〕标出,脱漏的字补充后用[ ]标出,衍文用字外加□标出,缺字或无法辨认的字用□标出,注释序号用[ ]注明。文中用字,除需特别保留原字体(繁体、异体)外,均按标准简化汉字刊印。注释中的部队番号用汉字标示;对于县级以上行政单位地名的注释,以国务院 1987 年底批准的全国县级以上行政区划为依据。原文中的韵目代日,统一列表于书末,不再注释。

目 录

第一章 红六军团西征湘西

(1934 年 7 月—1934 年 10 月)

概 述

文 献

参考资料

第二章 中央红军长征在湖南

(1934 年 10 月—1934 年 12 月)

概 述

文 献

参考资料

* * *

第三章 红二、六军团长征在湖南

(1934 年 10 月—1936 年 1 月)

概 述

文 献

参考资料

第四章　湖南边区三年游击战争

（1934 年 7 月—1938 年 6 月）

概　述

文　献

第一章　红六军团西征湘西

（1934 年 7 月—1934 年 10 月）

概　述

一、撤出湘赣，挺进湘南

红六军团成立于1933年6月，下辖第十七、第十八师，是中共湘赣省委领导的湘赣苏区的主要武装力量，活动于湘赣苏区。湘赣苏区作为中央苏区的侧翼，辅助中央苏区进行反“围剿”作战。1933年11月，国民党军“围剿”中央苏区之西路军总司令何键以3个师对湘赣苏区发动进攻，红六军团在地方部队和群众武装的配合下，积极作战，打击了敌人的气焰。1934年1月，中革军委命令红六军团以第十七师北渡袁水，会同在湘鄂赣苏区坚持斗争的第十六师，向江西省德安地区活动，破坏南浔铁路，威胁南昌，吸引赣江以东敌人，配合中央红军作战。但第十七师转战两个月未能达到预期目的，于3月下旬返回湘赣苏区，同第十八师会合。4月，红六军团在沙市全歼湘军1个旅，俘旅长以下2000余人。此后，红六军团遵照中共中央的指示，以阵地战和“短促突击”来保卫苏区，部队消耗很大。在敌优势兵力连续进攻下，红六军团于7月初离开中心区域，转战到牛田和津洞地区，继续坚持斗争。

1934年7月，在打破国民党发动的第五次“围剿”的希望十分渺茫的情况下，中共中央和中革军委被迫进行退出中央苏区的准备，命令红六军团先行突围西征，为中央红军战略转移探路开道。7月23日，中共中央书记处、中革军委发布《关于红六军团向湖南中部转移给六军团及湘赣军区的训令》。训令说：“中央书记处及军委决定，六军团离开现在的湘赣苏区，转移到湖南中部去发展广大游击战争及创立新的苏区。同时，除了六军团外，湘赣军区所属诸独立部队及游击队，应无例外的留在现有苏区及其周围进行广大的游击战争，捍卫苏区。”训令指出，这一决定的目的，是迫使湘军不得不进行重新部署，“破坏湘敌逐渐紧缩湘赣苏区的计划及辅助中央苏区之作战”；“最大限度的保存六军团的有生力量”；“确立与二军团（当时已改为红三军）的可靠的联系，以造成江西、四川两苏区联结的前提”。训令决定“弼时同志及部分的党政干部应准备随军行动。弼时即为中央代表，并与萧克、王震三人组织六军团的军政委员会，弼时为主席”。中央指示红六军团由江西遂川突围后，第一步到达湖南桂东地区（图1-1、图1-2、图1-3），发展游击战争，推广游击区域；第二步到达新田（图1-4、图1-5、图1-6、图1-7）、祁阳、零陵（图1-8）地区，发展游击战争，创建新的苏区；第三步横渡湘江，向新化、溆浦地区发展，并向北与贺龙领导的红三军联络。

图1-1　红军在桂东县沙田李家庄写的标语

图 1-2　红军在桂东县沙田李家庄画的红军帮助工农群众打土豪的漫画，横题为“沙田工人农人团也（结）”，署名为“二十八团三营十连共产青年团”

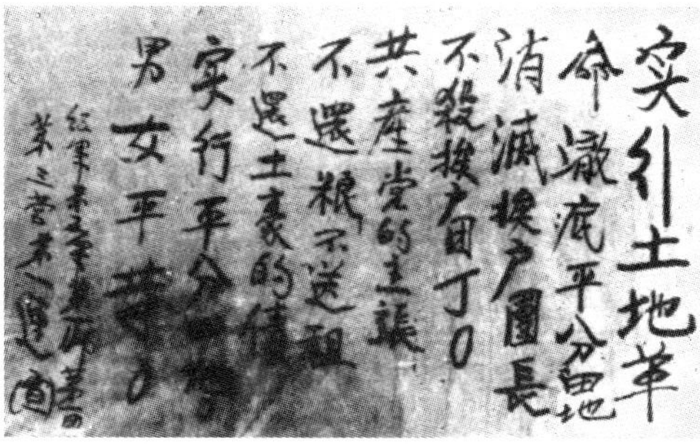

图 1-3　红军在桂东县城郊硧冲写的标语，宣传党的方针政策

图 1-4　红军经过新田县城时写的标语

图 1-5　新田县宋家凉亭群众用来抬送红军伤病员的楼梯

图 1-6　这是 1934 年 8 月红军进驻新田县鱼尤村时，群众为红军架铺用过的门板。红军离村前，将门板送归了原处

图 1-7　红六军团途经新田县古寨村时，群众用这个水桶，给守卫在三叉坳哨所的红军战士送饭

图 1-8　红军经过零陵县新屋村时写的标语

中共湘赣省委和湘赣军区根据上述命令，立即进行了突围西征的准备：成立了以任弼时（图 1-9）为主席，萧克（图 1-10）、王震（图 1-11）为委员的军政委员会，领导红六军团向西转移；召开了第十七、第十八师政治工作人员会议，统一思想；对部队进行政治动员和军事训练，并调整干部，精简机关，充实部队；抽调 250 名地方干部随军行动，作为创建新苏区的骨干；以陈洪时（后叛变）、谭余保等人组成湘赣省委临时常委会和新的湘赣军区领导机关，领导 5 个独立团和游击队，继续坚持湘赣苏区的斗争。

图 1-9　任弼时

图 1-10　萧克

图 1-11　王震

8 月 5 日，红六军团以一部兵力攻占敌人封锁线上的据点衙前。7 日，红六军团率第十七、第十八师（各辖 3 个团）和红军学校共 9700 余人，在地方独立团的配合下，从衙前、五斗江之间通过敌人的封锁线，开始西征。接着，通过敌人在遂川至黄坳间、遂川至七岭间和寒口至广东桥间设置的 3 道封锁线。全军指战员不顾酷暑和疲劳，昼夜兼程，继续前进。9 日，占领遂川县的左安，于 11 日到达湖南省桂东县以南的寨前圩。12 日，红六军团在寨前圩（图 1-12）召开了连以上干部誓师大会，庆祝突围胜利。根据中革军委指示，由任弼时正式宣布成立红六军团领导机关：萧克为军团长兼第十七师师长，王震为军团政委兼第十七师政委，李达为军团参谋长，张子意为军团政治部主任，龙云为第十八师师长，甘泗淇为第十八师政委。同时传达了中革军委的命令，并对转移行动作了动员。

红六军团胜利突围的消息，使湘军大为震惊。蒋介石估计红六军团可能在湘、粤、桂边区活动，即不停地发出电令，命令广东军阀陈济棠和广西军阀李宗仁、白崇禧派兵分别

图 1-12　1934 年 8 月 12 日，红军长征先遣队红六军团，在桂东县寨前圩誓师长征。图为寨前圩全景

在湘粤、湘桂边境堵截；命令国民党西路军总司令何键急派第一纵队司令刘建绪驰往衡阳，指挥作战；命令第十五、第十六师由永新地区尾追红军；命令第十九师主力、第六十三师和湖南保安团沿衡阳、耒阳、郴县以及湘江一带防堵；命令湖南保安旅和第十九师一部到零陵、祁阳、东安筑堡堵截。同时，命令各地坚壁清野，强迫群众迁移集中，严密控制粮食、船只，封锁桥梁，企图在北上粤军的配合下，围歼红军于郴县、汝城和桂东地区。

红六军团军政委员会为了争取先机，决定放弃在桂东暂时停留的计划，乘敌人部署尚未完成和湘江防御还比较薄弱之际，以强行军迅速越过郴（县）宜（章）公路（图 1-13），在零陵附近地区，抢渡湘江，向新化、溆浦地区前进。12 日晚誓师大会结束后，红六军团从寨前圩出发，经沙田，汝城（图 1-14、图 1-15）的濠头、暖水、田庄和资兴（图 1-16）的滁口等地，穿过敌人的防堵线，再经东江，进入郴县，越过郴宜公路，绕过桂阳（图 1-17），于 20 日占领

图 1-13　1934 年 8 月 17 日，红六军团经过郴县时，地下党组织领导群众配合游击队，在双元冲、后塘等地架设茅棚，为红军伤病员疗伤治病。图为后塘全景

新田县城。23 日,到达湘江右岸的蔡家埠一带,佯攻零陵县城,准备抢渡湘江(图 1-18、图 1-19)。

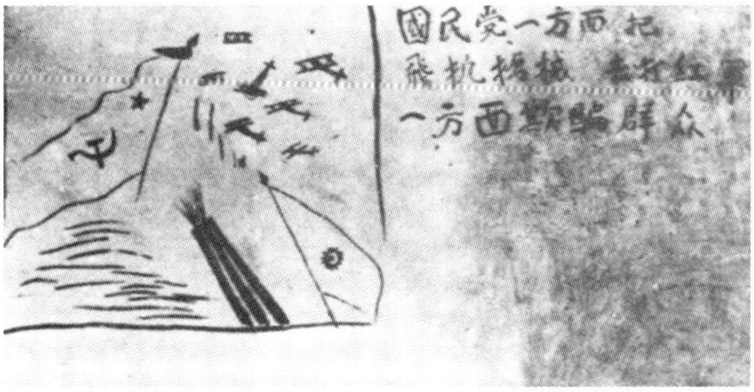

图 1-14 红军在汝城县南水村画的一幅揭露国民党反动派消极抗日、积极反共罪行的壁画

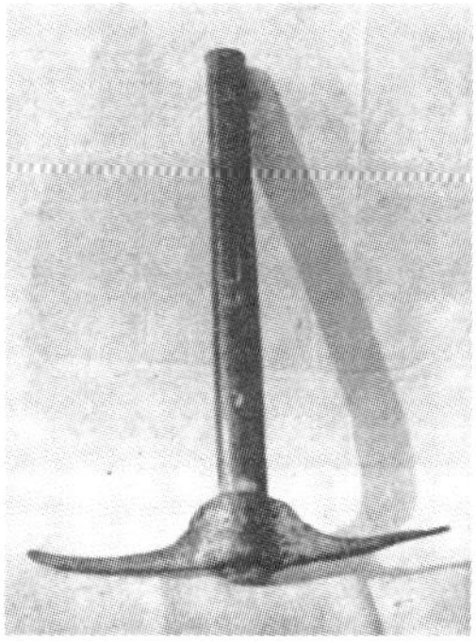

图 1-15 红军长征时用过的铁镐(蓝山县火市公社历楚才保存)

图 1-16 1934 年 8 月 15 日晚,红六军团进军资兴县的东江桥,在这里击退了国民党匪军的阻击

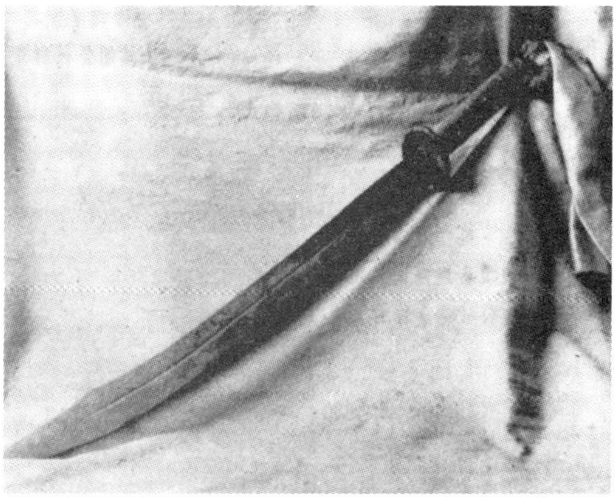

图 1-17 红军长征途经桂阳县时留下的大刀

图 1-18 1934 年 8 月 23 日早上,红六军团路过零陵县余家村时,每人舀一杯井水喝,将村旁这口井的水都舀干了。图为水井原貌

图 1-19 1934 年 8 月 23 日晚,红六军团经过零陵县大河江向湘江东岸挺进。图为红军走过的木桥

当红六军团越过郴宜公路后，湘军刘建绪发觉红军抢渡湘江意图，急忙抽调部队沿湘江布防、尾追红军。当红军接近湘江时，敌人已调集9个团的兵力进到湘江沿岸，并封锁了零陵、祁阳一线。同时，宝庆（今邵阳）和广西之敌约3个师，正分路向零陵、道县开进，堵红军西进；尾追红军之敌两个师分别进到阳明山西南和常宁附近。在敌重兵前堵后追的情况下，湘江两岸为国民党军重兵控制，红军渡江已不可能实现。红六军团决定放弃由零陵地区抢渡湘江的原定计划，立即向东南转移，进到阳明山区，准备依托有利地形，打击尾追之敌，开展游击战争，建立以阳明山为中心的根据地，求得暂时立足。

8月25日，中革军委电令红六军团击溃敌人态势突出的部队，由沱水（潇水上游）西渡，向新宁、城步地域转移。是日，红六军团进入阳明山区，发现该地回旋余地小，地瘠人稀，不利于建立和发展根据地。同时，敌人3个师又2个旅已分南北两路逼近，向阳明山围攻，形势对红军极为不利。为了摆脱敌人，争取主动，红六军团决定采取与敌兜圈子的办法，相机抢渡湘江。

8月27日，红六军团进入白果市，摆脱了国民党军包围，绕过敌十五师侧翼，接着急转向南，到达嘉禾县（图1-20）附近。接着折而向西，经蓝山（图1-21、图1-22）、宁远（图1-23、图1-24），疾进江华、道县（图1-25、图1-26、图1-27）之间，31日，在道县以南徒涉沱水，经湘桂边境的永安关，于9月1日进入广西北部，粉碎了湘桂军阀3个师的尾击堵截计划。刘建绪为防止红军从全县西北的黄沙河附近西渡湘江，急调独立第三十二旅及补充第一总队和4个保安团到黄沙河一线，令第十六师等部继续尾追，企图歼灭红军于黄沙河地区。

图1-20　这是红六军团司令部经过嘉禾县广发圩时的驻地

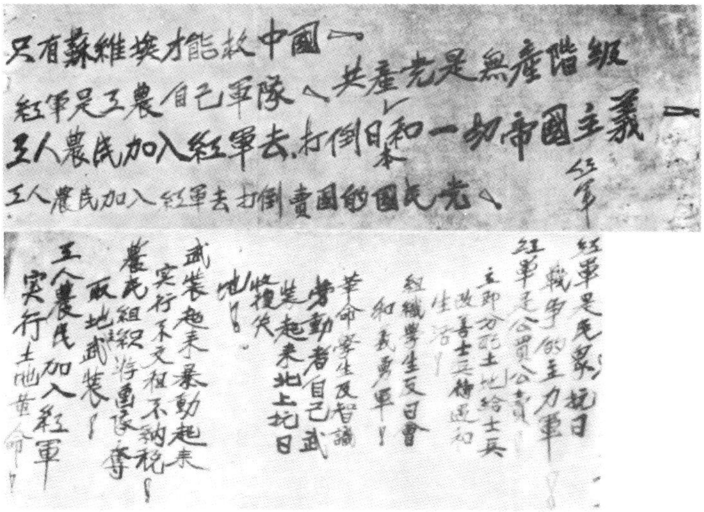

图 1-21　红军经过蓝山县楠市时写的标语

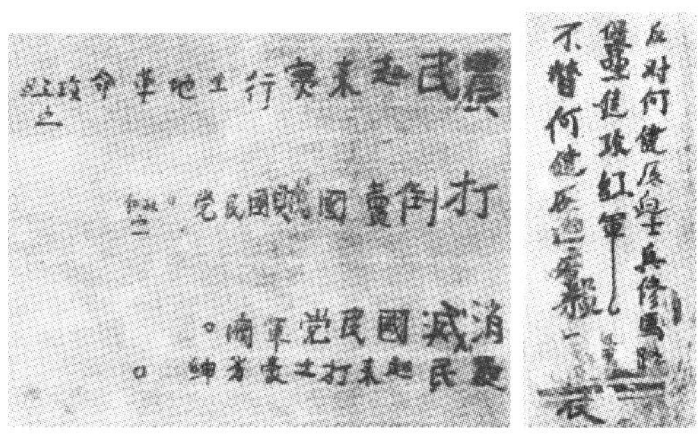

图 1-22　红军经过蓝山县总市时写的标语

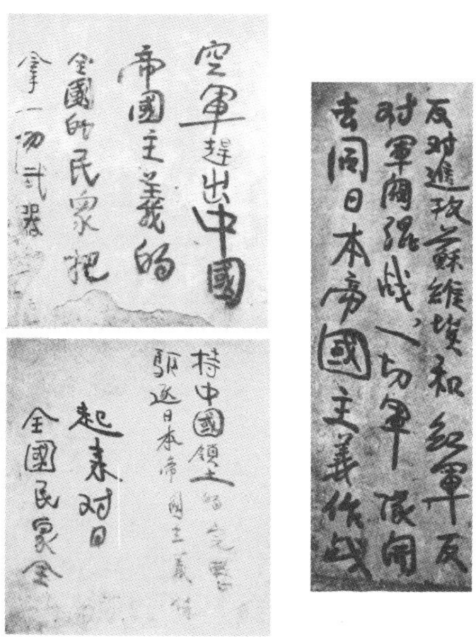

图 1-23　红军经过宁远县包家村时写的标语

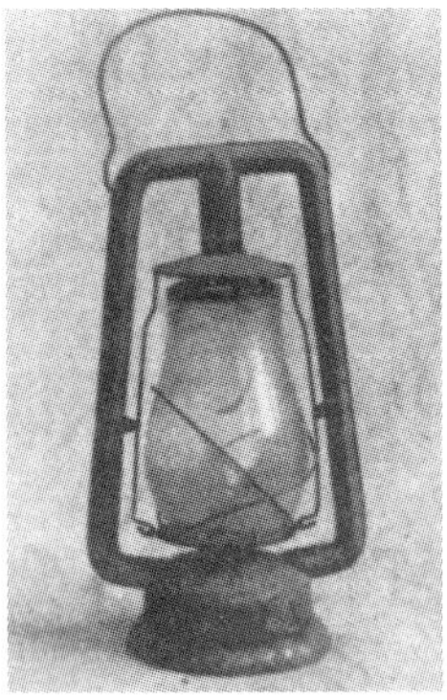

图 1-24　1934 年 8 月 22 日，红六军团先头部队由新田进入宁远县侯坪胡家村，农民陈弯凤的爱人曾用此灯给红军带路到双牌县鳖澜江

图 1-25　红军经过道县豪福村时写的标语

图 1-26　红军经过道县县城时写的标语

图 1-27　红六军团使用的自制手雷（双牌县麻仁街李安仁保存）

9月2日,红六军团在蒋家岭附近之螺壳山、金山独岭击溃拦阻红军的桂军一部,进入广西灌阳以北地区。3日,中革军委电令红六军团在全县、兴安间西渡湘江,进至西延(今广西资源县)山区休息,侦察向横路岭、城步的前进路线。此时,红六军团在灌阳、文市一带,击溃尾追的湘军第十六师和桂军第十九师共8个团的进攻。4日,在广西全县以南的界首地区顺利渡过湘江。5日,进占西延县城。

二、击溃追敌,转战黔东

9月8日,红六军团在西延的车田,接到中革军委火急训令,指示放弃在新化、溆浦之间建立根据地的计划,命令红六军团暂时在城步(图1-28)、绥宁、武冈山区开展活动,最少要于9月20日前保持在这一地区内行动,力求消灭敌人1个旅以下单独行动的部队,并发展苏维埃和游击运动,而后则转移至湘西北地域,并与在川、湘、黔边境活动的红三军取得联络,然后,两军协同作战,再向湘西及湘西北地域发展苏维埃及游击运动,于凤凰、松桃、乾城、永绥地域建立巩固的根据地,“以吸引更多湘敌于湘西北方面”。中革军委的主要意图是要红六军团以积极的行动吸引和牵制更多的敌人于湘西北方面,以直接配合中央红军即将突围进行长征的行动。

红六军团根据中革军委的指示,于9月9日由车田出发向西急进,11日到达城步以西的丹口地区,准备在绥宁以东地区打击湘敌,但未能得手。14日,红六军团又准备在绥宁以西地区突击湘敌,行至小水地区,遭到湘军的突然袭击。此时,湘桂两省敌军已集结6倍于红六军团的兵力,进至绥宁、靖县以北地区,阻止红军北进。于是红六军团改变计划,立即转兵向南,于17日袭占通道县城(今县溪镇)。

图1-28 红六军团经过城步县贺家寨时,群众拿出一坛酸菜给战士吃。战士吃后,放了一块银圆在坛子里

刘建绪为了阻止红军西去黔东同红三军会合,除以一部兵力继续尾追外,主力向贵州的锦屏前进,企图沿𤁡水一线,拦截红军。同时,黔军王家烈部也向黔东频繁调动。在这种情况下,红六军团如果继续在绥宁、城步地区活动,就有陷入敌人重围的危险。因此,军团领导决定迅速西进,并于9月18日,到达靖县的新厂地区。此时,湘军补充第二总队两个团向新厂追来。任弼时、萧克、王震等红六军团领导人鉴于该敌态势突出,兵力不强,决定集中兵力在新厂设伏,歼灭该敌,然后向黔境转移。9月19日拂晓,敌军进到五里庙。红六军团令第十八师第五十二团首先抢占岩崖山主峰和金线吊葫芦两个制高点,顽强抗击敌人;军团主力乘敌人在运动中,适时发起反击。经一天激战,将敌人击溃,毙伤敌200余人,俘敌400余人,缴获长短枪400余支、子弹数万发(图1-29)。新厂战役是红六军团西征以来,以较小的代价,击溃敌一个纵队的重大战

役之一，打击了敌人的嚣张气焰。

红六军团在湘桂边采取灵活机动的战术，忽东忽西，大踏步地迂回，使敌人难以捉摸。湖南军阀何键曾无可奈何地哀叹：红军行踪飘忽，“我十五、六师跟踪追逐数千里”，“从未遇其主力”，“敌情不明，军队疲于奔命”，并大骂地方部属“毫无准确之报告”，“殊堪痛恨”。红六军团转战湘桂边，实现了牵制敌人兵力，减轻敌人对中央苏区压力的目的。

图 1-29　1934 年 9 月 19 日，红六军团在靖县新厂战役中，击溃了尾追之敌。图为新厂战役旧址

新厂战役胜利后，红六军团继续西进，到达贵州的清水江流域。这里是少数民族聚居地（图 1-30）。苗族、侗族人民由于长期受封建王朝和国民党反动政府的欺压，同汉族矛盾较深。每当反动军队一到，他们手持利刃、弓箭，扼守山寨，控制隘口，满山呼应，以防洗劫。红军初至，也被误认为是反动军队。为了解除少数民族对红军的误解，军团领导机关要求部队认真执行党的民族政策，尊重兄弟民族的风俗习惯，不私进民宅，不违禁令，公平交易，救死扶伤。部队模范地执行上级的指示，从而受到苗族、侗族人民的拥护和爱戴，得到他们的大力支援。9 月 22 日，红军到达黔东的南加堡，准备北渡清水江，少数民族同胞积极帮助红军探察水势、架设浮桥，协助红军顺利渡江。

红六军团渡过清水江后，接着越过㵲水，准备按原计划向铜仁、江口方向进军，与活动在思南、印江、沿河一带的红三军会师。但敌先我赶到㵲水以北地区阻截。红六军团

图 1-30　红六军团领导人王震在贵州毕节与苗族群众合影

又撤回㵲水南岸，准备西进黄平，绕过㵲水，寻敌空隙，再向铜仁、印江方向前进。

26日，红六军团在清江县（今剑河）的大广地区击退追敌后，经镇远、台拱（今台江）县境西进，于30日进至黄平的瓮谷垅地区。这时，湘、桂、黔三省国民党军已重新制订“会剿”方案：湘军第五十五旅、独立第三十二旅及桂军第十九师已到施秉、镇远、三穗一线；黔军3个团在施秉、黄平一线；桂军第二十四师及湘军补充第一总队，也正日夜兼程前进，追击红军。敌人企图利用乌江天险，再一次包围合击红军于乌江南岸的狭窄地区（图1-31）。

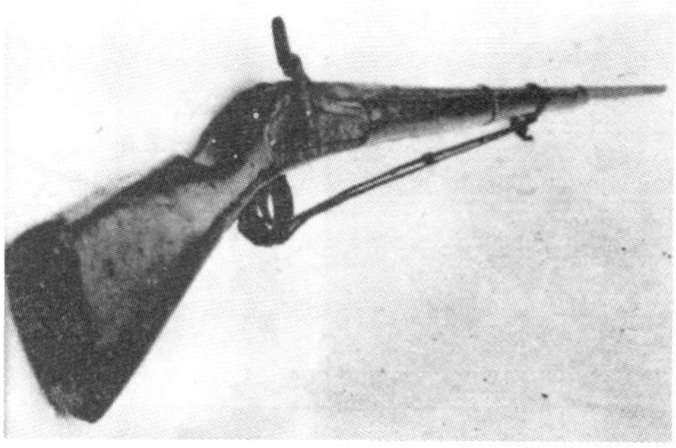

图1-31　这是红军长征时使用过的武器，1953年，老红军胡林芝同志把它带回老家安化留作纪念

红六军团为了迅速摆脱敌人，于10月1日在施秉、黄平间突破黔军防线，乘虚袭占老黄平（今旧州）。4日，进到瓮安县的猴场（今草塘）。接着，按照中革军委电令向江口地区前进。7日，红六军团前卫第十七师3个团，在石阡西南的甘溪街与桂军遭遇。红军前卫部队仓促应战，三面受敌，且与主力的联系被敌人截断，难通信息。9日，红六军团主力又在施秉的大庆地区遭敌拦击，又被敌截断一部。待红六军团主力进至甘溪附近时，全军陷于湘、桂、黔三省敌军24个团的包围之中，情况十分严重。10日，红六军团军政委员会决定，主力分成两个纵队，“王震率十八师，任［弼时］、萧［克］随十七师，焚烧行李，减少辎重，以灵活的游击动作转到苏区”，由五十团掩护全军冲出重围，向东南转移。后卫五十二团遭敌截击包围，全团官兵浴血奋战3昼夜，终因敌众我寡，弹尽粮绝，损失惨重。第十七师师长龙云被捕，被军阀何键杀害于长沙。甘溪战役，红六军团官兵人数损失三分之二（图1-32）。

图1-32　红六军团部分人员合影

三、会师木黄，进入湘西

甘溪战役后，红六军团被国民党军截成 3 段：由军团参谋长李达率领冲出包围的四十九、五十一团各一部，经过九昼夜艰苦转战，于 10 月 15 日在沿河县铅厂坝地区与红三军一部会合；由郭鹏率领的五十团，冲出重围后，在梵净山麓木板坡与红三军南下接应部队会合。军团主力在石阡、施秉、余庆之间地区，与敌周旋 10 余天。10 月 22 日，中革军委电令红六军团主力，向印江、松桃前进，与红三军取得联系，并在松桃、乾城（今吉首）、凤凰地区建立苏区，发展游击战争。10 月 24 日，红六军团主力，经过艰苦转战，克服了种种困难，在石阡以南突破敌人的封锁线，到达印江县的木黄镇，与贺龙、关向应率领的红三军胜利会师（图 1-33、图 1-34）。

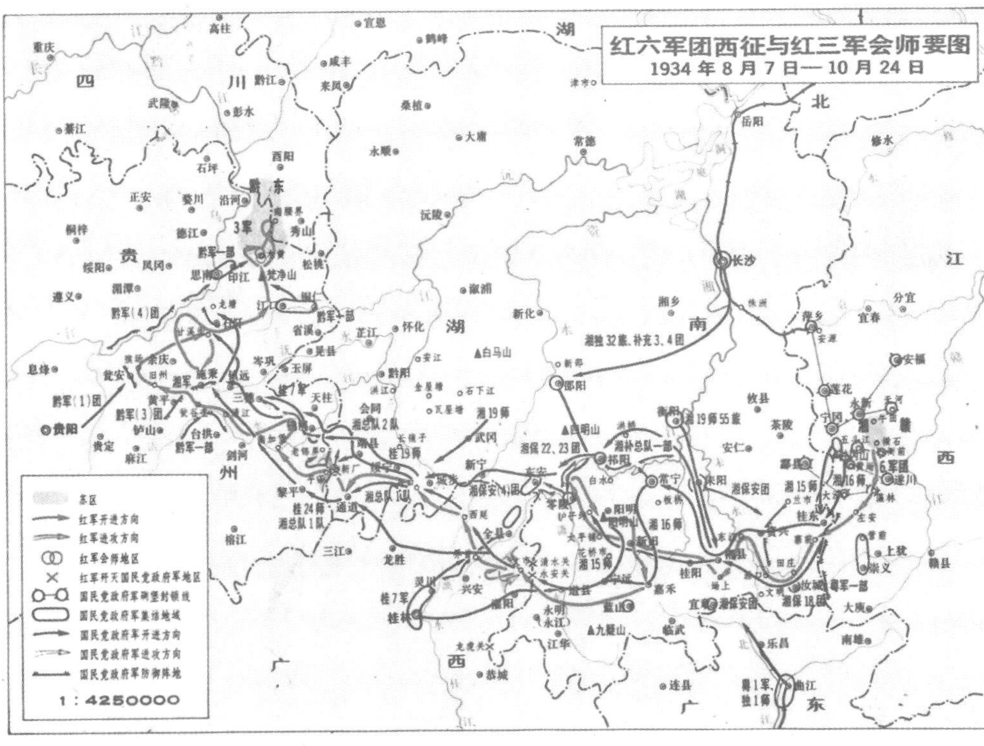

图 1-33　红六军团西征与红三军会师要图（1934 年 8 月 7 日—10 月 24 日）

红六军团突围西征，历时 80 多天，跨越敌占区 5000 多里，其中途经湖南 22 个县、市，历尽千辛万苦，付出重大代价，冲破敌人追击、堵截、围攻，胜利完成兵团性的战略转移任务，不仅扩大了红军的政治影响，而且探明了沿途国民党军兵力部署的虚实，查明了道路、民情，为中央红军主力长征起到了侦察、开路的先遣队作用。

两军会合后，于 10 月 26 日在四川酉阳县（今属重庆市）南腰界举行了会师庆祝大会，任弼时在会上宣读了中共中央为两军会师发来的贺电，宣布红三军恢复红二军团的

图 1-34 红六军团与红三军会师的旧址——贵州省印江县木黄镇

图 1-35 1934 年 10 月,红六军团到达黔东,与红三军(会师会上恢复红二军团番号)胜利会师,图为庆祝会师时写的标语

番号(图 1-35)。接着,部队进行了整编,贺龙任红二军团军团长,任弼时任红二军团政治委员,关向应任副政治委员,李达任参谋长,张子意任政治部主任,辖第四、六两个师,共 4 个团,约 4400 余人。红六军团编为 3 个团,约 3300 余人,萧克、王震分别任红六军团军团长、政治委员,谭家述任参谋长,甘泗淇任政治部主任。红二军团军团部兼总指挥部,统一指挥两军团的行动。红二、六军团的会师,壮大了红军力量,为策应和配合中央红军长征,进一步开辟和发展湘鄂川黔革命根据地发挥了重大作用。

图 1-36 1934 年 10 月下旬,红二、六军团胜利会师后进军湘西,于 11 月 16 日在永顺十万坪歼灭大量敌人。这是当年不少溃敌陷落的地方——乌龟洞天坑

此时,中央红军刚退出中央根据地进行长征,敌人调集 40 万大军,前堵后追。在此严重形势下,红二、六军团为了策应中央红军的战略转移,并创建新的苏区,任弼时、贺龙、关向应等果断提出了两军集中行动,返回湘西,向敌人侧后的永顺(图 1-36)、桑植、

龙山等地发动进攻的建议。这样,不仅可以使红军立稳脚跟,还可以威胁沅陵、常德等重要城市,影响长江水上交通,创造有利于开辟根据地的大好形势,牵制湘、鄂两省敌人,更有利于中央红军行军作战。中共中央批准了他们的建议。根据中央的命令,还从红六军团抽调30多名政治干部到红二军团工作,充实和加强了红二军团的领导力量。中央还批准,两军在政治上确定以中央代表任弼时为首的党的领导;在军事上由贺龙、任弼时、关向应等统一指挥。这些措施,使来自两个战略区的红军,结成了一个团结战斗的整体,形成了一支强大的战略突击力量,为进军湘西,展开湘西攻势,创建湘鄂川黔革命根据地,形成了领导核心,打下了坚实基础。两军于10月下旬从黔东出发,向湘西发动攻势,开始了创建湘鄂川黔苏区的斗争。

文　　献

中共中央、中革军委关于红六军团向湖南中部转移给红六军团及湘赣军区的训令*

（1934 年 7 月 23 日）

（一）中央书记处及军委决定，六军团离开现在的湘赣苏区，转移到湖南中部去发展广大游击战争，及创立新的苏区。同时，除了六军团外，湘赣军区所属诸独立部队及游击队，应无例外的留在现有苏区及其周围进行广大的游击战争，捍卫苏区。这个决定是从如下的政治与军事的考虑出发的。

（甲）目前苏维埃运动发展的一般的状况是在江西及四川存在着巩固的苏维埃区域，而湖南将成为两者将来发展联系的枢纽。虽然在湖南有着我们发展的良好的客观条件，但是由于我们在湖南力量的薄弱，及二军团[1]在湘西北行动的不积极，湖南的游击运动还没有广大的开展起来，这使湘敌[2]可集全力向湘赣苏区进攻。

（乙）在粉碎敌人五次“围剿”中，湘赣苏区是我们的辅助方向之一。在钳制与吸引敌人方面，湘赣苏区是相当的完成了自己的任务，但是湘赣苏区本身是紧缩了；敌人正在加紧对于湘赣苏区的封锁与包围，特别加强其西边封锁，企图阻止我们力量的向西发展。

（丙）在这种状况下，六军团继续留在现地区，将有被敌人层层封锁和紧缩包围之危险，而且粮食及物质的供给将成为尖锐的困难，红军及苏区之扩大受着很大的限制，这就使保全红军有生力量及捍卫苏区的基本任务都发生困难。

（丁）改变这种状况的可能有两个：或者是取得足以促使敌人变更战略计划的胜利，迫使敌人不得不放弃现有的计划，这在敌人堡垒主义及优势力量的条件之下，依靠湘赣苏区自己的力量是难于达到的。或者是主力离开现有地区转移至更加广大与有自由机动可能的地区作战，并创造新的苏区，而以独立的与游击的部队在现在区域及其周围发展积极的游击活动，捍卫苏区。由于湖南中部敌人力量之极端薄弱及一般良好条件（湘南红军及游击队之活动证明了这点），这种决定是更适当的。

（二）中央与军委这个决定，是有如下的目的：

（甲）六军团以自己在湘中的积极的行动，消灭敌人的单个部队，最广大的发展当地的游击战争与土地革命，直至创立新的苏区，给湘敌以致命的威胁，迫使他不得不进行作战上及战略上的重新部署，这将破坏湘敌逐渐紧缩湘赣苏区的计划及辅助中央苏区之作战。

（乙）最大限度的保存六军团的有生力量并在积极的游击活动中加倍的扩大他。

（丙）尽量的组织与发展湖南的群众的革命斗争，反帝国主义的与土地革命的斗争。六军团应以自己英勇的斗争革命化湖南的环境，并鼓动与组织湖南的群众斗争，发展为革命的游击战争，澈底的土地革命，直至由建立苏维埃政权与新的大片苏区，确立与二军团的可靠的联系，以造成江西、四川两苏区联结的前提。

（丁）为着保卫湘赣苏区及阻止湘敌组成沿赣江东向中央苏区进攻的可能，一切军区的独立部队、游击队及地方武装，应留在现有苏区及其周围发展[有]积极的游击战争。

（三）中央与军委坚决的指出，绝不允许将这个决定曲解成为放弃湘赣苏区与无计划的退却逃跑。中央与军委责成省委及军政首长进行坚决的斗争，反对我们队伍中的任何悲观失望的情绪，并依据这个训令，采取一切的必要方法进行各种具体的准备工作，加强游击活动及部队中的政治工作。

（四）六军团由现在苏区转移的时机，要看敌人的堡垒程度及我们行动顺利与否，而后由军委个别命令决定之。但现在省委、军区及六军团首长应立即采取各种具体的准备，以便必要时，六军团能有组织而不受阻碍的退出现在的苏区。主要的准备办法如下：

1.重新分配党的干部，使一部分留在原地工作，现在就应派往加强各特委及中心县委的领导，使他们能独立自主的［在］敌人封锁线内，发动广大群众，开展游击战争，并准备能转变为秘密工作的基础。在永南的新苏区及万、泰、遂[3]地方，应有得力干部主持，以便向南发展苏区。另一部则应派到六军团各级政治部去，加强其政治工作，并准备担任新区的地方工作。

2.最高度的加紧动员工作，于八月十号前应充实十七、十八两师到九千人，步枪到三千五百枝。军区部队中五个独立团，应于八月半每团都充实到两个营的组织，庞大的分区直属队，应编入独立团；独立营及基干游击队亦应充实起来，并进行广大的政治运动，广泛的发展群众的武装自卫及游击队组织与活动。

3.红校五百学生应组成干部队，以便随六军团行动。如已届毕业，应即分配给六军团，以少数的分配给地方独立部队，并应立即成立新的干部队随军行动。

4.应准备储存两周粮食。

5.加紧弹药厂的生产，保证在八月十号前六军团能补充必要的弹药。修械、弹药两厂应各分成两部，一部留下，一部随军行动。

6.将军区医院分成两部，一部留下，一部组成可收容全军团百分之十的人数的野战医院约四个所随军行动。

7.无线电应留下一架小的，随军区行动。

8.军区组织及其直属队应力求缩小，便于行动与指挥游击战争，并须预先将决定留下的各工厂医院等机关分置便于掩护的地域。

9.在永新以南直至万、遂、五斗江、上下七地域，现在就应以独五团及现时随独五团行动之吉安独立营、遂川独立营为基干，加紧肃清当地地主武装，并向南推广游击战争，争取赤化，以利于六军团的转移，及其转移后的发展。

10.向第一步预计的向西发展的路线，进行详细的敌情、道路及地形的侦察。

（五）准备离开现在苏区的部队，应包括六军团之十七、十八两师全部及红校学生，无线电两架，野战医院和制弹、修械厂。弼时[4]同志及部分的党政干部应准备随军行动。弼时即为中央代表，并与萧克[5]、王震[6]三人组织六军团的军政委员会，弼时为主席。

留在现苏区的应为省委、省苏、军区及各分区地方党政组织，地方的独立团（营）和游击部队，重伤病员，体弱的干部及苏区的基本群众，担任继续发展游击战争及党的工作。洪时[7]同志留为省委书记，云逸[8]到后，王震即任六军团兼十七师政委。

（六）预计的向湖南发展的路线、地域和行动：

1.六军团由黄坳、上下七地域的敌人工事守备的薄弱部或其以南，转移到现独四团行动的桂东地域。在转移中要迅速脱离敌人，以便到桂东的游击区域，高度的迅速的发展游击战争和推广游击区域。

2.六军团在桂东不应久停，第二步应转移在新田、祁阳、零陵地域，去发展游击战争和创立苏区的根据地。

3.以后则向新化、溆浦两县间的山地发展，并由该地域向北与红二军团取[得]联络。

（七）这一训令只限于给省委常委、六军团及军区首长，不得丝毫下达。

一切准备及第一步的行动，应伪装进攻湖南军队的行动行之。

（八）关于六军团在湖南中部地区行动时之政治任务及政治工作，及省委、军区在现在苏区发展游击战争及党的工作，另发个别的训令。

（九）一切准备工作统限八月中进行完毕。

党中央书记处　中革军委

七月廿三日

注释：

＊ 此训令，按中国人民解放军档案馆提供的档案原稿刊印，原标题是“给六军团及湘赣军区的训令”。

[1]二军团，即中国工农红军第三军，下同。1931年3月，红二军团改编为红三军；1932年10月撤离湘鄂西苏区，转战于湘鄂川黔边区，于1934年7月创建了包括有贵州省沿河、德江、印江等县和四川省酉阳县部分地区在内的黔东新苏区。

[2]湘敌，指国民党湖南省政府主席、第四路总指挥兼赣粤闽湘鄂“剿匪”军西路军总司令何键所属部队，此时编成有3个纵队、13个师另4个旅，及保安部队、配属部队等。下同。

[3]永南的新苏区，指江西省永新县东南部的牛田、津洞一带地区。1934年6月至7月初，红六军团在永新县东北部的金华山、松山阵地防御战役失利后，撤到上述地区，准备在该地区恢复苏区，坚持斗争。万、泰、遂，指江西省万安、泰和、遂川三县。下同。

[4]弼时，即任弼时，时任中共湘赣省委书记。下同。

[5]萧克，时任中国工农红军第六军团军团长兼第十七师师长。下同。

[6]王震，时任中国工农红军湘赣军区代司令员，红六军团转移时，改任该军团政治委员兼第十七师政治委员。下同。

[7]洪时，指陈洪时，原任中共湘赣省委代理书记，红六军团转移后，任中共湘赣省委书记，不久叛变投敌。下同。

[8]云逸，指张云逸，时任中国工农红军总司令部副总参谋长兼一局局长，后参加中央红军的长征。下同。

任弼时、王震关于执行二十三日训令部署情况致中革军委电*

（1934 年 7 月 28、30、31 日）

任、王二十八日报中革军委

甲、部队的补充：

一、经过几次战役后，十七、十八师现共有六八三〇人，内夫子四八〇人；长枪、短枪及机枪三二〇二支，内步枪二九三四支。

二、在八月十五日以前，努力补充二五〇〇人，红校六百、地方工作人员二五〇、夫子六百、兵工厂一二〇人在内；五五〇支步枪，红校二五〇支在内，照此数计算共为九三三〇人，枪三七五二支。但八月半前的疾病与战争伤亡，出发时人数不免相当缩减。

乙、干部问题：

一、决以子意[1]任六军团兼十七师政治部主任，龙云[2]伤虽愈，但病甚重，恐不能随军行动，十八师师长拟以旷朱权代理，调前五二团团长、现北路分区司令员彭辉盟任付〔副〕师长，以甘泗淇为该师政委兼政治部主任。各团所缺之团长及政委，须待云逸到后以红校学生补充，军区政治部主任以贺友仁继任。

二、刘士杰[3]随军预备做新区省委书记。吴德峰[4]调任六军团保卫局局长，省保卫局长以执行部长刘发云担任。省级共调二五〇人随军，准备做新区地方工作。

丙、军区直属队及其后方机关：

一、直属三个医院，第一医院在永新七都山地，有伤病员二〇〇，工作人员一六〇，以四五十名为单位已分散了；第二医院有伤病员六〇〇，工作员二〇〇，八月十五日人员可治疗好四〇〇名，现驻三峰关；第三医院伤病员六三〇名，工作员三三五名，内现有不能行动重伤员三五〇，拟即分散荫蔽永新东南山地。

二、弹药厂一五〇人，分［出］六十人；修械厂一二〇人，分出十三人；被服厂目前一二〇人，现有六十，才三〇人，三个工厂分出一五〇人到六军团[5]。弹、械两厂各留四〇人，其驻地分配，各分修械、制弹。军区属被服、修械、制弹三厂，共一一〇员，重材分散埋藏。

三、井〔警〕卫营二三〇人，一五〇枪，现在牛田、关背以西北任守备。另井［警］备连人七〇、枪六〇支。

四、现军区及直属机关各部门共有九八四员，步马枪二二一支。现抽出运输队三二六名，工作人员三〇〇名，枪一二〇支，补充六军团以后，仅三一八人[6]。

丁、政治工作的准备：

一、任[7]召集了十七、十八师政治工作人员会议，在争取新的决战胜利，消灭湖南敌人，创造新的苏区与新的根据地等口号下进行战争动员，深入十三次全会提纲[8]的讨论，完成基本的政治教育。

二、加强政治机关，特别是充实各团政治处，建立十八师，健全党的机关，完全依照政治工作条例建立其工作。

三、加紧行军、井〔警〕戒时政治工作的准备，完成审查干部与检举运动，加紧供给与各师机关的政治工作，消灭个别叛变的现象，向着五十与五十四团突击。

四、开办短期训练班，训练新从地方征调来的干部及新干部，征调五〇人的工作团随六军团出发。

五、在最近主力退出到苏区外，个别不坚决分子如五十团欧阳珍所表现的悲观失望、新的机会主义动摇，从政治上、战略上解释我们的胜利与转移方向，突击与消灭敌人的意义，团结政治上的一致。待续。

任　王

三十日

续前

戊、党组织上的改变：

在敌封锁完成、苏区缩小并分割的情形［下］，已将莲花、安福、萍乡三县委合组前〔为〕莲安萍县，新峡、清宜[9]两县合并前新清峡县，茶陵、宁冈合并前〔为〕茶宁县，遂万泰新老苏区东面成两个县（天［河］以南至桥头、津洞前〔为〕吉泰县，津桥南前遂万泰县）。其余永新、吉安、吉水（北路新区），攸县仍旧以永新管。莲安萍及茶宁，新清峡管。吉安为中心县委。全省现存苏区内人口约十三万，党员一万一千四百余，红军在外。省委移东南时，即分配较得力干部主持各县工作，并决定各县须有得力的工作干部，努力恢复与建立敌占区域及白区工作，同时建立秘密组织基础。这次征调的二百五十干部，多是工作团及省级机关人员，各县委无调动。现省委常委决以洪时、旷光明（原宣传部部长）、谭余保（省苏）、姚原德（工会）、旷逸爱（原妇委）、王用济、张云一组成，准备八月半召开省扩大会，讨论国际十三次扩大会决议及目前工作，并补选省委委员。

王　任

三十一日

注释：

＊此电选自红二方面军战史编委会办公室1963年2月编印的《中国工农红军第二方面军第二次国内革命战争时期战史资料选编》（三），原标题是“执行廿三日训令的布置情况”。目前尚未查到原件校对。

［1］指张子意，原任湘赣军区政治部主任。

［2］原红六军团第十八师师长，后参加长征，仍任原职，在贵州省石阡地区作战中负伤、被俘，后被敌人杀害。

[3]原中共湘赣省委副书记。

[4]原湘赣军区保卫局局长。

[5]此句中，数字疑有误，三个工厂分出的人数与调往六军团的总人数不符，因未查到原件校对，故保留现稿原貌。

[6]此数疑有误，据电文中数字推算，应为“三五八人”；因未查到原件校对，故保留现稿原貌。

[7]即任弼时。

[8]指1933年12月共产国际执委会第十三次全会，库西宁所作《关于法西斯主义战争危险与各国共产党任务的报告提纲》。

[9]新峡、清宜，均湘赣省苏维埃政府设置的县区名称。

中央苏区面临的军事形势*

（1934 年 8 月 18 日）

周恩来

我们曾预先指出，今年的“八一”前后是敌人伸入苏区后的大的血战的开始，同时也是迎接“八一”在各方面开展新的胜利的重要关头。在六、七两月，敌人经过了重新布署兵力和修补马路、碉堡，七月的下半月便进行了他的大举进攻的新的步骤。

在广建[1]方面，敌人放弃了建宁战线，集中了三个纵队的兵力，从赤水向着驿前方向进攻，企图侵占我赤色的石城，这是敌人进攻的主要战线。

配合着敌人的主要进攻战线，连城方向的敌人李纵队[2]企图向汀州进攻；西北线的敌人，调动了北路进攻的部队，集中了五师以上的兵力，从泰和、沙村向着老营盘进攻，企图侵占我赤色的兴国；薛路军[3]在西北便变成了辅助的进攻方向。

在南线，蒋介石正逼迫着粤敌以主力进攻会昌，并配合着赣江的周纵队[4]封锁赣江的上游。

环绕着中央苏区的周围，蒋介石在七月下半月同样在加紧的围攻赣东北和河西的苏区[5]，企图紧缩那里的苏区，束缚那里的红军，以求得最后的总的决战。

同时，也正因为战争的加紧，敌人的飞机成群结队的来轰炸中央苏区的后方；组织反革命刀团铲匪[6]来捣乱苏区的腹地；并且在全国更残酷的镇压革命运动，更无耻更露骨的出卖中国给帝国主义。蒋介石已放弃全国三分之二的领土，为的是好集中更多的兵力来进攻中央苏区和红军——现在中央苏区周围的白军已由六十六个师、八个独立旅共三百二十个团（三月份后统计）加至八十个师、十二个独立旅共三百八十七个团，人数过七十万。这就是说敌人已经集中了全国正规军队百分之七十以上的兵力来围攻中央及其周围的苏区；如果再加上进攻鄂豫皖的奉军，进攻红四方面军的川军，进攻红二军团的川鄂黔军，则在全国除山西阎锡山、山东韩复渠〔榘〕和云南军阀的部队以外，没有一个军队不在与红军作战了。

这一切形势，说明眼前敌人的进攻，已经是蒋介石企图总攻瑞京[7]计划中的重要步骤。大战就在眼前，九、十月间将是决定胜负的血战的重要关键。

注释：

＊本文节选自周恩来为《红星》报撰写的署名社论《新的形势与新的胜利》，刊载于中国工农红军总政治部编辑出版的《红星》报 1934 年 8 月 20 日第 60 期；现标题为编者所拟。

[1]指江西省广昌县和福建省建宁县。

[2]指国民党赣粤闽湘鄂“剿匪”军东路军第二路第四纵队，指挥官李延年。下同。

[3]指国民党赣粤闽湘鄂“剿匪”军北路军第六路，总指挥薛岳。下同。

[4]指国民党赣粤闽湘鄂“剿匪”军北路军第三路第八纵队，指挥官周浑元。下同。

[5]指闽浙赣边苏区和位于赣江以西的湘赣苏区。

[6]指地主豪绅组织或操纵的反动地方武装，如大刀会、民团、“铲共团”等。

[7]指中华苏维埃共和国中央政府所在地瑞金。下同。

总司令部关于敌情和我军行动情况的通报

（1934 年 8 月 23 日）

A.敌情：

1.敌李纵队[1]主力正构筑连、永[2]间封锁，五十六师筑沙、永[3]间封锁，十师任建瓯、延、沙[4]间守备并筑路，五十二师改任永、连守备，以一部守尤溪，三十六师、八十师守备未变。

2.八十七师、四十九师、七十八师及新十师均集中福州、水口及闽东地域，监视我抗日先遣队。

3.陈路军之汤、樊、罗三纵队[5]七个师，在半桥以南东西山地，从十四日战斗后未前进。头陂方面仍为九十四师部队守备，四十三、九十七两师修补南、建[6]间公路，八师以一部接替十师之里心、建宁线守备。

4.薛路军四个师攻占我在火烧山、田罗坑阵地后，现筑雄口、银龙下间公路。

5.周[7]敌八月来步步筑垒，前进到老营盘西之大庄南北山地。

6.粤敌除以一营占龙布外，余未进。独二旅及二师、四师各一部被我六军团行动吸引，西开上犹、崇义、南康。

B.我军行动：

1.抗日先遣队攻占源罗后，现向寿宁前进。

2.六军团二十一号攻占新田，现续向北迈前。敌十五、十六两师分向新田尾追，十九师两团及各县保安团统固守城镇。桂敌以周师[8]开零陵[9]，企图截我，另以一师控制于龙虎关。

3.我一、九军团已放弃连、永间战役。

4.三、五军团主力，继续扼阻和突击陈路军向驿前、石城前进。

5.五军团一部监视头陂之敌。

6.二十三师钳制薛路军。

7.三军团一部及二十一师两个团抗击周敌。

8.二十二师、二十师位置及任务未变。

总司令部

二十三日

注释：

[1]指李延年纵队。

[2]指福建省连城、永安两县城。下同。

[3]指福建省沙县、永安两县城。

[4]延、沙，指福建省延平县（即南平县，今南平市）和沙县。下同。

[5]指国民党赣粤闽湘鄂“剿匪”军北路军陈诚指挥的第三路所属汤恩伯第十纵队、樊嵩甫第三纵队、罗卓英第五纵队。下同。

[6]指江西省南丰县和福建省建宁县。

[7]指周浑元。下同。

[8]指国民党军第四集团军第七军第十九师，师长周祖晃，属桂系。

[9]时为湖南省属县，1984年已撤县并入今永州市。下同。

任弼时、萧克、王震关于红六军团拟以阳明山为根据地致朱德电*

（1934 年 8 月 24 日）

朱：

（一）二十三日我全军团急行军，走一百四十里，于晚二十四时左右抵湘河[1]南岸之蔡家田。因无徒涉场，又二十二日左岸沿河到保安团择要扼守，并永州[2]至冷水滩所有船只调去，水面又宽，有赣江两倍，故未西渡。

（二）六军团行军十六日约一千余里，在中途仅休息一天半，故颇疲劳。今日白天在文山、罗文桥休息，晚达桐子坳、庙门口，靠大山。

（三）根据现在敌情，若由零、祁[3]间西渡已无可能。

（四）潇水满河，渡湘水亦困难。我们意见，六军团在祁、新、常[4]地域之杨明山[5]及其附近地域为游击区域，以杨明山为根据地。据说此山横直朦迂十里以上[6]，地形复杂，山势险要，过去之土匪隐藏。其部署如下：

A.以一团明日开杨明山择要构筑据点，将医院及修械所等后方、红校安置山中，另一营阻止和迟延王敌[7]前进，刻拟以二日休息整理，并择要建立向零城[8]方向据点，准备伏击前进之王敌。

B.这带群众生活极苦，以大力秋收斗争，开展到分配土地和建立群众与党的组织，争取巩固这一地区。

（丙）〔C〕以两连分组几个游击队，去领导群众斗争，并收集资材、捉土豪，解决给养问题。

（丁）〔D〕加紧在二三日内整理部队及政治工作，并进行分田、扩红工作，沿途只扩大五六十名。

（五）详情待了解这边情形再告。

（六）是否同意，以电告。

任　萧　王

二十四日十时

注释：

* 此电按中国人民解放军军事科学院提供的档案原稿刊印。

[1]即湘江。

[2]即湖南省零陵县。

[3]指零陵、祁阳。

[4]祁、新、常，指湖南省祁阳、新田、常宁三县。

[5]杨明山，应为阳明山；位于湖南省零陵地区，湘江右侧。下同。

[6]此句，档案原稿如此；红2方面军战史编委会办公室在整理此资料时，曾将此处改定为“横直八九十里”。

[7]指国民党赣粤闽湘鄂“剿匪”军西路军第一纵队第十五师，师长王东原，该师由赣西尾随红六军团“追剿”至湘南地区。下同。

[8]指零陵。

朱德关于红六军团向新宁、巫山地域转移致任弼时、萧克、王震电*

（1934 年 8 月 26 日）

任、萧、王：

一、敌人拟于零陵地区与我决战，因此敌十五师在新田与零陵间行动，而十六师则经常宁向零陵前进；桂敌有一个师，沿潇水上游向零陵前进，其另一个师亦由黄沙、东安地区向零陵前进；胡、段两旅[1]在祁、零[2]间前进，各种保安部队则布防于零陵以西及西北地区。

二、六军团之任务，在敌各部未联合一起取得协同动作之前，击溃敌人单个部队，而在潇水上游找到西渡可能。为完成上述任务，军委令六军团于二十六日晨前集结于阳明山及以南地区，并详密侦察新田、分水坳、铲子坪之间敌十五师之配置。

三、二十六日袭击该敌，将之击溃而取道南行。

四、二十七日在上埠港之东山地宿营，组织严密的周围警戒，并派有力之诸侦察队，查明敌情及上埠港与其以南至道州[3]间地区渡河之可能。

五、六军团渡河后，即经道县、全县地区至城步，或不经全县而经湘、桂边境转至新宁、巫山地域，同时应减少行军里程至每日四五十里，以免部队过于疲劳。

六、万一一两日内不能渡河，督宁远地区敌已令围之，在没有充分的物质资源，灼政先条件之下坑白区依靠支撑点是□的[4]。

七、严令在任何情况必须每日简单明了的电告作战情况。

朱德

二十五日二十四时半[5]

注释：

＊此电选自中国工农红军第二方面军第二次国内革命战争史《资料选编》，尚未查到原件校订。

[1]指国民党赣粤闽湘鄂“剿匪”军西路军第一纵队司令刘建绪临时指挥的胡达、段珩两旅。胡达当时任独立第三十二旅旅长，段珩任第十九师第五十五旅旅长兼湖南保安第五区司令。下同。

[2]指祁阳、零陵。

[3]即湖南省道县。下同。

[4]此项后三句，原文如此。因未查到档案原稿校订，保留原貌。

[5]此时间，应为 26 日 0 时 30 分。

中革军委关于红六军团今后行动的补充训令

（1934 年 9 月 8 日）

任、萧、王[1]：（密译）

在中央局、军委七月二十三日训令中规定的六军团第一步的动作，基本上是结束了。对六军团以后的行动，现有如下的补充训令：

（1）目前敌人企图当我六军团在城步地域及由城步北进时消灭我军，因此，敌人正分三个纵队行动：其第一纵队由东北经祁阳向我前进；第二纵队是由东面经零陵、新宁及新宁以南向我侧进；第三纵队之桂军及十六师则由东南向城步进。而向〔在〕湘西北之三十三师[2]向辰溪前进，为敌进攻之辅助方向。如六军团继续北进，则在敌人这种部署下，可迫使我军于资、沅两江[3]河套之间与[其]决战，而消灭我军。

（2）估计到上述条件，七月训令中关于在新化、溆浦之间山地建立根据地的指示，在目前是不利的。依地理条件及敌人部署，目前六军团行动最可靠的地域，即是在城步、绥宁、武冈山地。六军团应努力在这一地区内，最少要于九月二十号前保持在这一地区内行动，力求消灭敌人一旅以下的单个部队，并发展苏维埃和游击运动。以后则转移到湘西北地域，并与红二军团在川贵湘边境行动的部队取得联络。为避免渡大河的障碍与不利的战斗，应规定沿湘、贵边的前进路线如下：即绥宁、通道[4]到贵州之锦屏、天柱、玉屏、铜仁，转向湘西之凤凰地区前进。这是九月二十日后的任务。在第三阶段中，六军团即应协同二军团于湘西及湘西北地域发展苏维埃及游击运动，并于凤凰、松桃、乾城、永绥[5]地域建立巩固的根据地，其后方则背靠贵州，以吸引更多湘敌于湘西北方面。

（3）为达到上述任务，六军团务须转变其行动方式如下：（一）每日行程应缩短到三四十里。（二）要在有利的地形下，如隘路、山地、渡河场伏击或袭击敌军单个的部队。（三）当大敌来攻时，亦应利用优越地形消灭敌人的先头部队。（四）当敌人成并行路追击时，则应折转到侧面阵地侧击前进之敌。（五）为扰敌及发展游击战争，应暂由主力中抽出一团以上的兵力出去活动，并应派地方工作同志[同]行，以便在群众中进行政治工作。

（4）为要执行这两周内的任务，六军团可暂停留于西延[6]西北山地行动，首先钳制桂敌，而侧击向城步前进之胡[7]旅。在执行这任务后，即钳制由东西进之湘敌主力，折转过来消灭桂敌之先头部队，最后则向城步、武冈佯动游击，诱敌北进，我则背靠城步西南山地，以保守我真正的企图。

（5）这一训令是绝对秘密的，只有中央代表及军团首长应知道，并严禁下达。

这是一般行动原则，详细行动得依情况变动，由军委个别命令决定之。

中央军委

八号

注释：

[1]指任弼时、萧克、王震。

[2]据国民党军档案资料，应是新编第三十四师，师长陈渠珍。

[3]指湖南省中部的资水和西部的沅江。

[4]通道，湖南省属县，1954 年改称通道侗族自治县。其当时县治设于县溪镇，今该县人民政府驻双江镇。下同。

[5]均湖南省属县。乾城，1953 年改名吉首县，今为吉首市；永绥，1953 年改名花垣县。

[6]镇名，时属广西省全州县，今属广西壮族自治区资源县，位于桂湘边境越城岭地区。下同。

[7]指胡达。

朱德关于红六军团应设法与红二军团取得联络致任弼时、萧克、王震电

（1934 年 9 月 20 日）

任、萧、王：

甲、据尚未证实的情报，我二军团的部队已占领思南、印江、德江，并向石阡前进。

乙、为取得协同动作，依据我们八日的训令不变。而你们的前进路线，特确定：由现地域经清江、青溪、思县[1]到达省溪[2]、铜仁、江口地域，然后设法与二军团首长取得联络。在前进中，将要渡过两道河：

A.渡清水江[3]时，如在锦屏附近便于渡河时，则可直经邛水[4]到青溪；否则，经过黎平之北，于清江附近渡河。

B.渡沅水[5]，应于青溪渡河，否则可于镇远对岸渡河。如再向西时，对于我们的行动是不利的。

丙、当在贵州东部前进时，应注意贵州敌人调动进攻我二军团的部队，贵敌数量少，战斗力弱，没有与我作战的经验。当与贵州敌人遭遇时，应迅速坚决消灭之，以开辟自己前进的道路。

朱

二十日十三时

注释：

[1]青溪，时为贵州省属县，已撤销，今属岑巩县；思县，贵州省属旧县名，1930 年已改名岑巩县。

[2]贵州省属县，已撤销，并入今万山区。

[3]贵州省境内有二条清水江，一条位于该省中部，属乌江支流；此处所指系该省东部之清水江，属湖南省沅江之上流河段。

[4]贵州省属旧县名，1926 年已改名三穗县。

[5]位于贵州省东部，属沅江支流，由西向东流入湖南省境内，汇入沅江。

任弼时、萧克、王震关于红六军团甘溪战斗后情况及行动计划致朱德电*

（1934年10月10日）[1]

朱：

甲、我军七日在甘溪遇桂敌，十七师战不利。李达[2]率四九团、五一团各一部（约六七百人）（据探报昨日已经大地方向江口方面去了）与主力失联络。我主力因后卫亦发现追敌，由右侧高山临时开路，经一昼夜行军，到达宝溪。而桂敌由大路大抄击，本日十八师与敌对峙半日，我军仍向东北进，在路又遇桂敌，我尖兵缴获卜〔驳〕壳六枝，今晚仍在高山对峙。

乙、我军前后减员约千六七百人，伤病员、枪枝极多，行军笨重，平地四时，山地要六时至十时，遇敌须掩护四五时才能通过，因而人员、弹药、精力消耗甚大（弹药也很缺了）。

丙、贵州山地，悬崖绝壁，人烟稀少，给养困难，大兵团行动十分困难，每次行动萧、王、李[3]都是分开到前、后卫及本队指挥。在目前情况下，我军与敌人大规模的战斗，十分不利。应速转至苏区附近，避免零碎的无益消耗。但集中行动大〔太〕笨重，易被敌追及截击。因此提议分成两个纵队，王震率十八师，任、肖[4]随十七师，焚烧行李，减少辎重，以灵活的游击动作，转到苏区。

丁、我们准备十二号分开。

戊、我军本晚进至距施秉二十余里宿营，当撤退时，敌追我二十余里即停。

任　萧　王

注释：

* 此电按中国人民解放军军事科学院提供的档案原稿刊印。

[1]档案原稿上未写发电时间，是编者判定的。

[2]时任中国工农红军第六军团参谋长。

[3]指萧克、王震、李达。

[4]任，指任弼时。肖，指萧克。

任、肖、王关于六军团主力穿过镇石大道情况给中央军委的电报

（1934 年 10 月 18 日）

军委：

1.我军十五至板桥，前进拟渡过石阡河。而李敌一团先到板桥堵我过河。我向甘溪方向转移，被龙潭之敌截击。五十二团被截断，向白沙方向退去。

2.我军于十七日晨全部抵甘溪。旋走小道，拟通过镇远、石阡之敌之封锁线。午后二时前，以一营先到石镇大道，而成铁侠部由大地方[向]，某部由石阡同时向我截击。我军顽强抵抗，于昨晚全部通过。今日全军进至冷家榜（离石阡七十余里、闵家场八十余里），明日续向闵家场前进。

3.今日追敌离我十五六里宿营。

4.五十团于五日前通过石镇大道，已向印江前进去了。

朱德关于红六军团在松桃、乾城、凤凰地域建立苏区致任弼时、萧克、王震电

（1934 年 10 月 22 日）

任、萧、王：

（甲）六军团应向印、松[1]间前进，会合我十七师之一部。在该地应与二军团确取联络，并在松桃、乾城、凤凰地域建立苏区，发展游击战争。

（乙）六军团应有组织的在本军团[与二军团]取得联络后立告军委，以便受领指示，并要二军团报告其部队情况及行动。

朱德

十月二十二日三时

注释：

[1]指印江、松桃，均贵州省属县，即今印江土家族苗族自治县、松桃苗族自治县。

参考资料

刘建绪关于防堵红六军团突围给王东原、彭位仁、陶广、陈光中的命令*

（1934 年 7 月 26 日）

限即到。

砻市王师长、永新彭师长、敖城陶师长、莲花陈师长[1]：

极密。命令：

一、据报，萧匪[2]主力现由坳头、大旺、新江口进攻衙前甚急，其一部已由五斗江、上镜窜到长隆，有乘虚窜过黄坳、遂川间继续西窜之势。我黄、遂[3]线上及其西南广大地区仅有少数团义[4]分守。我遂城至雩田[5]线上罗[6]师之一团现无出剿之力。我鲍刚[7]旅敬日方由安福首途，取道吉、泰[8]，正向遂川前进中。

二、为紧急侧制萧匪西窜，首先巩固湘防再行围剿计，在马、衙、息锣[9]封锁南线友军尚未完成以前，决为如下之部署：

三、着彭师长位仁除留一旅以主力火速完成莲花坪至天河（不含）碉线各守备所筑沿河各碉，以一部留守所占禾山各要点，均限艳日完成交防外，迅率两旅驰赴宁冈[10]，接收王师行州（含）以北沿汪洋界、七溪岭、寒江及沿砻市北至下倒坪，南至瓜寮、源头各线防务，限卅日接收完竣。

四、王师长东原一面将行州以北防务交由彭师接替，一面集结全师于黄坳、息锣附近相机侧剿，阻止萧匪越过黄、遂线西窜，切实巩固湘防为要。

五、着陈师长光中迅遵漾戌电令继续搜剿禾山全部，并首先打通蔡家坪至黄江之线，于艳日以前将彭师留守禾山各点防务接替完竣。

六、着陶师长广火速完成天河至永阳碉线，一面集结主力待命交防。

上六项。除呈报外，仰即遵照具报，勿得延误。

刘建绪[11]

宥酉参机[12]

注释：

* 此件引自《赣粤闽湘鄂剿匪军西路第一纵队二十三年度七月份剿匪工作军事报告书》。二十三年，指民国二十三年，即公元 1934 年。国民党政府用“民国”纪年，将公元 1912 年定为“民国元年”。本书各文电档案提到的“民国”纪年，均可据此推算出公元年份。

[1]指王东原、彭位仁、陶广、陈光中。王任国民党军第十五师师长；彭任国民党军第十六师师长；陶任国民党军第六十二师师长；陈任国民党军第六十三师师长。各师均属湘军系统，每师辖 3 个旅 6 个团。砻市，今江西省宁冈县人民政府所在地。

[2]萧匪，是国民党对以萧克为军团长的红六军团的污蔑之称。

[3]黄、遂，指江西省遂川县属黄坳及遂川县城。

[4]团义，即民团和义勇队一类地主武装的简称。

[5]雩田，今江西省遂川县北部于田镇。

[6]罗，指罗霖，任国民党军第七十七师师长。该师属湘军系统，辖3旅6团。

[7]鲍刚，任国民党军独立第四十六旅旅长，属"赣粤闽湘鄂剿匪军"北路第三路军第八纵队序列。

[8]吉、泰，指江西省吉安（今为市）、泰和两县。

[9]马、衙、息锣，指江西省泰和县境内的马家洲、遂川县属衙前、息锣等地。

[10]宁冈，原县城在今江西井冈山市。

[11]刘建绪，任国民党军第二十八军军长兼"赣粤闽湘鄂剿匪军"西路第一纵队司令，该纵队辖第十五、十六、二十三、五十三、六十二、六十三、七十二、七十七师。

[12]这是发电报的日期（用韵目代日表示）、时间（用地支代时表示）以及发电报机关单位的简称。本书收录的文电档案，有的还在日、时后面加有发电报的地点（用简称或地名的第一个字表示）；有的在地名后面加电报序号（用发电机关规定的某个字表示）；有的在最后面加个"印"字，表示在电报原稿上有发电人加盖的印章。

刘建绪关于赶筑碉堡封锁线给王东原、彭位仁、陶广、陈光中电*

（1934年7月28日）

限即到。

王师长、陶师长、彭师长、莲花陈师长：

一、奉总座何[1]俭巳西参机电开：综合各方情报，伪十七、[十]八师及独立团急图向遂川西南方向窜扰。本路军原定对该匪之包围封锁计划，除遂、衙、五、息[2]之线已令二十八师[3]及鲍[4]旅两部进驻赶筑碉堡外，陶、彭两师在禾水下游沿岸筑碉以来已成多座，全部即可完成。陶师并沿州湖、梅溪、举州、官田、江背、淡边、牛田、敖城之纵线，并增筑碉堡卅余座。本部为抽调彭、陶两师迅速西移进剿萧匪计，特重申前令如下：一、禾水下游碉堡封锁线，自永新至敖城（含）段着五三师[5]，敖城（不含）至永阳镇段着廿三师[6]克日分别接守，均限本月底以[前]交接完毕具报，不得延误。二、陶、彭两师在未交防以前，漏夜增筑，益使严密。已交防者即由刘[7]司令统筹部署，随令西移。上二项。等因。

二、着陶师长迅速完成天、永[8]碉线准备交防，并于交防后迅速开赴龙源口、峨岭仙之线集中待命。

三、彭师留守石莲、禾山之一旅交防后，迅速归还建制。该师除担任宥戌参机电所规定各防务外，以主力集结川峰坳、茨坪[9]之线待命。

上三项。

刘建绪

勘西参机

注释：

* 此件引自《赣粤闽湘鄂剿匪军西路第一纵队二十三年度七月份剿匪工作军事报告书》。

[1]何，指何键，任国民党军第四路军总司令、湖南省政府主席、“赣粤闽湘鄂剿匪军”西路总司令。

[2]遂、衙、五、息，指江西省遂川县城及所属衙前、五斗江、息锣等地。

[3]二十八师，师长王懋德。原属湘军刘建绪第一纵队。1934年9月调归“赣粤闽湘鄂剿匪军”北路第六路军第八纵队序列。

[4]鲍，指鲍刚。

[5]五三师，属国民党军第十六军，该军只此1个师，辖2旅6团。原系湘军，但不是何键

嫡系,军长兼师长李韫珩。

[6]廿三师,属国民党军第二十七军,该军只此1个师,辖2旅6团。原系湘军,但不是何键嫡系。军长兼师长李云杰。

[7]刘,指刘建绪。

[8]天、永,指江西省永新县属天河镇及吉安县属永阳镇。

[9]茨坪,今江西省井冈山市人民政府所在地。

刘建绪关于向息锣集结兵力给王东原、彭位仁、陶广的命令*

（1934年8月7日）

即到。

王师长东原、彭师长位仁、陶师长广：

极密。命令：

一、据报，萧匪因我赶筑息、马[1]碉线，以其主力窜动于五斗江、上镜、衙前一带，企图阻我筑碉或更乘机南窜。我王懋德师三营及鲍[2]旅五营虽在上横、高陂附近正向百牛岭、衙前赶筑，然因病兵过多，实力减少，不易达成任务。

二、兹遵奉上令，为迅速完成息、马碉线，阻匪南窜计，部署如下：

三、着王东原师迅以全部推进息锣（不含）、五斗江之线，先迅速完成息、五碉线，再继续向东延筑至含上镜为止，但须随时集结兵力，对筑碉部队切实掩护为要。

四、着彭位仁师除以兵力三团主守息锣（含）至汪、七[3]碉线，仍任全宁及寒江原防外，其余推进黄坳、息锣之线机动，策应王师，并严督遂川穆县长火速绵密完成息锣至遂城封锁碉线。

五、着陶广师暂在龙源口、峨岭仙之线策应各方。

上命令五项。除呈报外，迅即遵照办理具报。

刘建绪

阳巳参机

注释：

＊此件引自《赣粤闽湘鄂剿匪军西路第一纵队二十三年度八月份剿匪工作军事报告书》。

［1］息、马，指江西省遂川县属息锣及泰和县属马家洲两地。

［2］鲍，指鲍刚。

［3］汪、七，指江西省宁冈县属汪洋界、七溪岭两地。

刘建绪关于严堵红六军团入湘给王东原、彭位仁、陶广的命令*

（1934年8月9日）

限一小时到。

王师长东原、彭师长位仁、陶师长广、段司令珩并转胡指挥凤璋[1]、罗师长霖、李指挥官云杰并转王师长懋德、鲍旅长刚：

极密。命令：

一、综合罗师长齐午、齐戌，王师长东原齐未、齐戌、齐亥各电，萧匪全部（枪四五千）由衙前向东南逃窜，现在溪口、下长隆、枫树坳、官坑、茶亭坳、藻林线上。其先头枪匪千余正围攻藻林守碉团队，后尾尚在溪口。判断该匪确实离巢南窜，并有折入湘边模样。

二、为应付紧急事机，侧击该匪并严堵窜入湘边计，特定部署如下：

三、着王东原师火速集结全部，采取机敏动作，对该匪痛予侧击，勿使匪西窜，是为至要。

四、着彭位仁师以息、黄[2]集中之部队三团，取捷径兼程星夜开赴大汾，限灰晚赶到，督同团队切实阻匪并相机迎剿，随时连络王师，机敏动作为要。其余以极少兵力分守原防并接收陶、王两师所遗碉堡。

五、着陶广师火速取捷径兼程开赴黄坳集中，尔后着暂归彭师长位仁指挥。

六、着段司令珩并指挥胡凤璋部，迅以湘东南军团全力火速布置桂东、酃县、汝城湘边防务，阻匪西窜。

七、遂城以东至赣江西岸沿线防务，着罗师长霖并指挥二八师之一团及鲍旅，统筹配备防务，勿令匪由此线穿窜。但遂、泰[3]交通仍应切实维持。

八、请李指挥官派机飞往匪窜线路切实侦炸。

上八项。除呈报外，特电遵照。

刘建绪

佳辰参机

注释：

* 此件引自《赣粤闽湘鄂剿匪军西路第一纵队二十三年度八月份剿匪工作军事报告书》。

[1]段珩时任国民党军第十九师五十五旅旅长兼湖南保安第五区司令，辖保安第十四、十五、十六、十七、十八、十九、二十团；胡凤璋时任湖南保安第十八团团长、保安第五区第三守备区指挥。

[2]息、黄，指江西省遂川县属息锣、黄坳两地区。

[3]遂、泰，指江西省遂川、泰和两县。

刘建绪关于火速向桂东增援给王东原、彭位仁电*

（1934年8月11日）

即到。

王师长、彭师长：

据胡凤璋真辰电称：萧匪先头部队已于真日拂晓窜抵距桂东二十五里之寨圩，桂城兵力单薄，危急万分，等语。除饬扼要坚守待援外，着该师长等火速驰剿，至要。

刘建绪

尤未参机

注释：

* 此件引自《赣粤闽湘鄂剿匪军西路第一纵队二十三年度八月份剿匪工作军事报告书》。红六军团突破国民党军封锁线之后，突然进入国民党军兵力空虚的湖南东部桂东县境内，这使湖南军阀大为恐慌，急忙调兵向桂东增援；8月12日巳时、午时、亥时又连发三电，急催王、彭两师向桂东增援，切实防堵红六军团进入湘境。

蒋介石令西路军加强碉堡封锁线电*

（1934 年 8 月 13 日）

查碉堡原系以控置城镇要区者，碉堡线系所以封锁或突破匪区以制匪流窜者，如前此令筑甫川至大汾横线碉堡，即系防制赣西股匪南北流窜，当时果能切实完成，周密其防守，则此次伪十七、十八师，即不能轻易南窜营前等处。各处常以碉堡线多耗兵力财力，难于构筑，每不免事先畏难，致未切实选筑其实在。实际上构成碉堡线，并不需要大量之经费，经年余北路之经验，即可证明。须知构筑碉堡线，确为制匪流窜之一良法，能确实构成，正可以少数之兵力，期收最大之效果。其取材即就驻地附近，或半匪区内之废祠庙宇之砖石。如缺砖石，则改筑土堡，或竹木堡亦可，所费者只人工耳。此不难征派民丁与士兵构筑。每碉相隔两里，则步枪火力可交叉封锁，依单线计算，每班控置二里，每团九个步[兵]连，即可守一百六十里，机关枪扼要配置如〔于〕中间，再加地方团队与加紧壮丁队之组织训练，以为补助，则一团即可封锁较广之地段，较之集团使用者，当大可节省矣。反是，若不成线，或疏散构筑，则与不筑等耳。兹特重申前旨，务望转饬各部注意于构筑碉堡线时，力求绵密有效为要。

注释：

＊ 此件引自《赣粤闽湘鄂剿匪军西路第二纵队司令部二十三年八月份剿匪工作概况报告书》，以元戌行战六电发出。

刘建绪关于与南路军“会剿”红六军团给彭位仁、汪之斌、段珩的命令*

（1934年8月13日）

限一小时到。

彭师长并转汪[1]代师长、衡阳段司令：

极密。命令：

一、据报，萧匪主力尚在遂、犹[2]西部之高坪圩附近，其一部已于文申到达沙田，似有继续西窜之势。我南路军[3]已派六团正向上犹以西堵剿该匪。

二、为防止该匪入湘北窜并绝对阻其西窜计，决压迫该匪于桂、资[4]以南地区与南路军会剿而歼灭之。

三、着彭师长位仁指挥十五、十六两师暂以主力控置桂东附近，首先酌派兵一部驱逐沙田附近之匪，固守沙田，再觅该匪主力向南痛剿。

四、着段司令珩督率湘东南全部军团、义勇扼守彭公庙、青要圩、渡头司、涤口、文明司之线，严密堵匪西窜，并控置兵力四团于适当地点，以备觅机截剿。另须指派得力部队固守汝城。

注意：

一、在沙田圩未占领以前，槽里、新坑洞、龙罩洞之线均由彭师长酌情派兵扼堵，防匪北窜。

二、须督同各县地方总动员，努力实行坚壁清野，并于封锁线前方、后方、分组、行坐、明秘各侦探组成严密侦探网。

上命令四项，注意二项。

刘建绪

元戌参机

注释：

* 此件引自《赣粤闽湘鄂剿匪军西路第一纵队二十三年度八月份剿匪工作军事报告书》。

[1]汪，指汪之斌，任国民党军第十五师四十五旅旅长，临时代理师长职。

[2]遂、犹，指江西省遂川、上犹两县。

[3]南路军，指国民党“赣粤闽湘鄂剿匪军”南路军，陈济棠任总司令。

[4]桂、资，指湖南省桂东、资兴两县。

刘建绪转发何键关于在湘粤边境消灭红六军团给陶广、王东原、彭位仁等的命令*

（1934 年 8 月 14 日）

陶师长、王师长、彭师长并转胡指挥、莲花陈师长、茶陵成主任[1]：

密。奉总座灰午长行参电命令开：（衔略）

命令：

一、综合情况，伪十七、[十]八师全部及其他部人约万余，枪四五千，机枪二三十挺，被我军压迫，于庚日倾巢南窜后，刻窜至桂东西南之沙田附近，有扰乱湘边及在湘粤赣边境之深山中营谋新巢之企图。其残留老巢之匪仅有少数杂部而已。我王、彭两师现已尾踪匪后。南路军派兵两团在上犹附近准备堵击，并请陈[2]总司令继续派兵协剿中。

二、本路军为迅歼该匪毋使蔓延计，拟即以大部转移于湘粤赣边觅匪进击，以一部在赣西原区肃清残匪并防止窜去，免匪回窜老巢。

三、第一纵队以彭、王、陶三师及补充第一、二两团转移于湘粤赣边区，由该司令统率，觅匪主力进剿，协同友军迅速将其歼灭。其原清剿区域内残匪，以其余部队分别负责肃清。

四、袁水以南，莲、安[3]间大道（不含）以北，着归第二纵队[4]负责。莲、安大道（含）以南，砻、宁、永[5]（不含）以北，金、永[6]线（不含）以西之地区，着归六十二师负责。金、安[7]线（不含）以东，自莲花坪起至禾水下游（含）以北之地区，着归二十三师负责。安福、金田、永新、宁冈、茨坪、黄坳、息锣线及莲花坪至永新线着五十三师负责。大汾至遂川碉堡线由罗[8]师长，大汾以西由胡指挥分派兵力负责固守。以上各部均须努力将其区域内或其线之附近残匪肃清。二十八师及鲍[9]旅尤须将衙前、五、息[10]之碉堡线星夜完成。五十三师须置重点于息锣附近，协同严密防匪回窜老巢。

五、第一纵队原区所筑之各碉堡线均由现驻各指挥官分别负责督饬各县府广组义勇队看守，并各段指派部队轮流梭巡监视，毋得任意放弃为匪破坏。

六、湘东南自攸县起及湘南各县边境防务，仍由李[11]代保安司令统筹负责办理。平、浏[12]及他处大部保安团与原归指挥之段珩旅、陈子贤[13]旅严密部署，派员分段指挥，毋得任匪窜入湘境。在湘东及湘南之各防守部队、团队因缓急，刘[14]纵队司令得随时指挥之。

上六项。仰即分别妥为部署，切实施行，随时具报为要。等因。除分电并转请总座迅令五十三师接收陶师全防，及湘南部队接收成部防务外，特电遵照。

再，永西、梅花、寒江一带防务并请陈师长遵令火速派队接替，均随时具报为要。

刘建绪

愿未参机

注释：

＊此件引自《赣粤闽湘鄂剿匪军西路第一纵队二十三年度八月份剿匪工作军事报告书》。

[1]指陶广、王东原、彭位仁、胡凤璋、陈光中、成铁侠。成任国民党军第四路军总指挥部补充总队第一队主任，辖补充一、二两团。

[2]陈，指陈济棠。

[3]莲、安，指江西省莲花、安福两县。

[4]第二纵队，即国民党"赣粤闽湘鄂剿匪军"西路第二纵队，第四路军参谋长刘膺古兼纵队司令。

[5]砻、宁、永，指江西省宁冈县属砻市及宁冈、永新两县。

[6]金、永，指江西省安福县属金田及永新县。

[7]金、安，指江西省安福县属金田及安福县城。

[8]罗，指罗霖。

[9]鲍，指鲍刚。

[10]五、息，指江西省遂川县属五斗江、息锣。

[11]李，指李觉，任国民党军第四路军第十九师师长兼代湖南保安司令。

[12]平、浏，指湖南省平江、浏阳两县。

[13]陈子贤，任国民党军第六十三师一八八旅旅长。

[14]刘，指刘建绪。

刘建绪关于向郴州、宜章方向寻找红六军团主力给彭位仁、汪之斌、段珩电*

（1934年8月16日）

限三小时到。

彭师长、汪代师长、衡阳段司令：

删西参机电[1]计达。

一、据胡凤璋电报：沙田、田庄、汝城一带现均无匪迹。顷接郴州[2]电话：东江删窜到匪千余，枪数百。本申有匪小部西窜，距郴城约十余里。其主力现窜何处不明。

二、我段珩旅大部在郴城，一部在良田、宜章之线。唐季侯[3]团本晚可达永兴。段人范[4]团现在资兴县渡头司之线。欧冠[5]、徐名淑[6]团现由桂东彭公庙向郴开拔。

三、希彭师长速经汝境向郴、宜[7]方面觅匪主力穷追猛剿。汪代师长速经资兴向郴、宜方面觅匪主力截击，毋得延误。干咎。

四、予本申抵衡，尔后匪情及各部逐日到达地点盼逐日电告。

上四项。

刘建绪

铣申参机

注释：

＊此件引自《赣粤闽湘鄂剿匪军西路第一纵队二十三年度八月份剿匪工作军事报告书》。

[1]删西参机电，指刘建绪1934年8月15日给彭位仁、汪之斌、段珩的电令。其主要内容是令第十六师“派兵一团进占沙田、新坑洞、寒口一线而固守之。其余应即由彭师长率领尾匪猛追”。令第十五师“如匪有窜郴、宜企图，应即取捷径，于郴、宜方面截击”，并归刘建绪直接指挥。

[2]郴州，即郴县，今湖南省郴州市苏仙区。

[3]唐季侯，任湖南保安第二十团团长。

[4]段人范，任湖南保安第十六团团长。

[5]欧冠，任湖南保安第三区副司令、保安第十九团团长。

[6]徐名淑，任湖南保安第十七团团长。

[7]郴、宜，指湖南省郴县、宜章两县。

刘建绪关于湘东南各保安团守备任务的命令*

（1934年8月17日）

一、查萧匪残部窜扰湘边。我十五、十六、六十二各师正在赶回追剿。所有湘东南各保安团队任务分别规定如后，仰各遵照，兼程移动，毋稍延误。但现有任务在接替部队尚未到达时，非有命令绝对不许轻擅空防。

二、着蒋声[1]团以二连守备零陵[2]城；二连守备祁阳城；二连守备常宁城；二连守备新田城；二连守备阳明山。唐季侯团以二连守备道县城；一连守备永明[3]城；二连守备江华[4]城；三连守备蓝山城；三连守备嘉禾城。欧冠团派兵二连守备宁远城。所有以上十县暂划定为保安第五区第一守备区，派蒋声为守备指挥，唐季侯为副指挥。

三、着徐名淑团以三连守备郴县城；三连守备桂阳城；三连守备资兴城；一连守备永兴城；一连守备酃县城。欧冠团派兵二连守备宁远城归蒋守备指挥声指挥外，余悉分守宜章、临武两城。所有以上七县暂划定为保安第五区第二守备区，派欧冠为守备指挥。

四、着胡凤璋指挥所部除酌派兵分驻大汾、沙田外，余悉分守桂东、汝城两城。所有以上两县暂划定为保安第五区第三守备区，派胡凤璋为守备指挥。

五、着王炽昌[5]团分守茶陵、衡山、衡阳、耒阳[6]四城；曹湘澜[7]团酌派兵分守攸县、安仁两城。所有以上六县暂划定为保安第五区第四守备区，派王炽昌为守备指挥。

六、着段人范团集中郴县、王见龙[8]团集中耒阳为总预备队，归保安第五区段司令直接指挥；着朱邦纪[9]团开茶[10]接替黄新[11]团防务，归王[12]副司令指挥。

七、各县义勇队归守备指挥官指挥之。

八、在股匪未犯境之时，各守备部队仍应四出乡间搜捕散匪以维地方，不得坐守城内。

九、各守备区情况及事变处置，尔后应逐日具报段司令请示办法，再由段司令汇报本部备查。

右九项[13]。令段司令。各团长、成[14]主任。

军长　刘建绪

注释：

＊此件引自《赣粤闽湘鄂剿匪军西路第一纵队二十三年度八月份剿匪工作军事报告书》。

[1]蒋声，任湖南保安第二十一团团长。

[2]零陵，今湖南省永州市零陵区。

[3]永明，今湖南省江永县。

[4]江华，今湖南省江华瑶族自治县。

[5]王炽昌，任湖南保安第五区副司令兼保安第十四团团长。

[6]耒阳，今湖南省耒阳市。

[7]曹湘澜，任湖南保安第十五团团长。

[8]王见龙，任湖南保安第八团团长。

[9]朱邦纪，任湖南保安第一团团长。

[10]茶，指湖南省茶陵县。

[11]黄新，任国民党军第四路军总指挥部补充总队第一团团长。

[12]王，指王炽昌。

[13]原件系直书，行文由右至左，故称“右九项”。本书横排，“右九项”实为“上九项”。本书保持资料文字原貌，“右九项”“如左”等字样一律仍旧。

[14]成，指成铁侠。

何键关于到宝庆集结给胡达、何平的命令*

（1934年8月19日）

命令：

一、萧匪枪约二三千，人倍之，于巧晚窜至桂阳附近，本晨继续向新田方向急窜，似有经湘西窜川、黔之企图。我王、彭[1]两师正尾匪追击。段[2]旅之一团及祁阳、零陵保安团，正在祁、零之线扼河部署堵击中。

二、本路军为制止该匪西窜计，拟以一部集结宝庆方面，觅匪主力截击。

三、着独立三十二旅[3]（缺一营）、补充第一团（酌留一、二连在茶[4]防守）及第三、四两团，均归胡司令达指挥，克日车运或途〔徒〕步至宝庆待命。

四、着教导总队全体学员兵由该教育长妥为分配，克日前往长沙要塞及岳洲[5]（车运）、萍乡（车运）等处，接替独立三十二旅防务。

五、开往宝庆各部，均须一面迅速移交防务，一面陆续将已交防部队用汽车及列车运至易家湾，改用汽车或徒步至宝[6]。补充第三、四两团尤须随交随开，不得稍延[7]。

六、着本部交通处迅速在长沙、萍乡、醴陵各准备火车二列，茶、醴、萍、万、潭、宝[8]路各汽车，应扫数作为军运，由该处长妥为计划实施，毋使运输迟滞为要。

上六项。仰即分别遵办具报。

注释：

＊此件引自《赣粤闽湘鄂剿匪军西路第一纵队司令部二十三年八月份剿匪工作概况报告书》，以皓酉行参电发出。

［1］王、彭，指王东原、彭位仁。

［2］段，指段珩。

［3］独立三十二旅，旅长胡达，兼湖南长沙警备区司令。

［4］茶，指湖南省茶陵县。

［5］岳洲，即岳州，今湖南省岳阳市。

［6］宝，指湖南省宝庆县，今邵阳市。

［7］补充第三、四两团，指国民党军第四路军总指挥部补充总队第三、第四团。该两团为补充总队第二队，主任何平，第三团团长谭有恩，第四团团长欧阳烈。8月18日，何键即电刘膺古，令“补充三、四两团及十九师之一团，迅速集结易家湾转［湘］潭、宝［庆］附近待命，俾便相机处置”。

［8］茶、醴、萍、万、潭、宝，指湖南省茶陵、醴陵，江西省萍乡、万安，湖南省湘潭、宝庆等县。

刘建绪关于速到湘江上游防堵红六军团渡江给段珩等的命令*

（1934年8月19日）

衡州[1]段旅长、常宁归阳探送袁团长建谋[2]、衡州探送朱团长邦纪：

命令：

一、萧匪残部人约四五千，枪约二三千，巧日窜抵桂阳附近，有经新田向祁阳、零陵偷渡湘水西窜之样。我王、彭[3]两师及湘南团队正跟踪穷追中。桂军一路由龙虎关出道州[4]，一路由全州[5]出零陵截击。

二、本军以聚残〔歼〕该匪于湘水右岸地区之目的，拟即派兵一部赶赴湘水上游防匪西窜。

三、着朱邦纪团速沿老埠头、蔡家埠、木瓜埠、冷水滩[6]、七里坪、高溪市、红木头等地湘水左岸之线分派兵力布防，并以冷水滩、高溪市为重点。

四、着王见龙速沿窑头埠、黄阳司、曾家湾、滴水岩、牛皮州、老山湾、浯溪、祁阳城等地湘水左岸之线分派兵力布防，并以黄阳司、祁阳城两地为重点。

五、袁建谋团除一小部暂行固守常宁城，候蒋声团派兵接防再开外，余着速沿棠湾、观音滩、木埠头、石坝、白水、河埠塘、归阳市、河州等地湘水左岸之线分派兵力布防，并以祁阳附近、白水两地为重点。

六、着段珩旅即由郴州用汽车运至洪桥，开赴祁阳集中，策应各方。

七、所有以上各部队限马日到达，统归段旅长指挥，统筹布置，并星夜构筑沿江要点碉堡具报。

八、予在衡州。

注意：

一、河中船只一律搜集我岸，阻绝交通。

二、未驻兵地段互相派兵游弋联络。

三、沿江各地民众，应督促严密组训。匪来时，应勒令迁避。

四、各部应组织游击队，远出河右岸，迟滞匪之前进。

上命令八项，注意四项。

军长兼司令　刘建绪

皓西参机

注释：

* 此件引自《赣粤闽湘鄂剿匪军西路第一纵队二十三年度八月份剿匪工作军事报告书》。

[1]衡州,即衡阳县,今湖南省衡阳市。

[2]袁建谋任国民党军第四路军总指挥部补充总队第二团团长。

[3]王、彭,指王东原、彭位仁。

[4]道州,今湖南省道县。

[5]全州,属广西省(今广西壮族自治区),1912年改称全县,1959年又改名全州县。

[6]冷水滩,今湖南省永州市冷水滩区。

刘建绪关于速到井头圩等地布防给胡达、晏国涛电*

（1934年8月23日）

限三小时到。

宝庆胡司令、晏[1]区司令：

一、萧匪主力本漾午已窜抵铲子坪，一部已达菱角塘，或由零陵上游偷渡潇水再越湘江西窜。

二、请胡司令所部星夜兼程取捷径开赴盘鸾圩、井头圩一带堵剿，限有晨赶到，并指挥晏司令所部何、谭[2]两团担任老埠头（不含）至渌埠头湘江左岸防务。限敬日布防完妥，兼顾东安、新宁两城守备。

三、段司令所部五团并指挥彭师之一团[3]，仍担任老埠头至归阳湘江左岸及零、常、祁[4]三城守备。

上三项。

刘建绪

漾申参机

注释：

＊此件引自《赣粤闽湘鄂剿匪军西路第一纵队二十三年度八月份剿匪工作军事报告书》。

[1]晏，指晏国涛，任湖南保安第六区司令。

[2]何、谭，指湖南保安第二十二团团长何金鹏、第二十三团团长谭有晋。

[3]彭师之一团，指彭位仁第十六师四十七旅九十三团，团长唐肃。

[4]零、常、祁，指湖南省零陵、常宁、祁阳三县。

蒋介石关于增筑纵横碉堡线给何键电*

(1934年8月24日)

查各路构筑碉堡向匪区挺进及碉堡线封锁制匪窜扰均已有成效。惟半年来,为预防匪军西窜计,除令筑沿赣江至信丰、安远、定南封锁线外,特规定构筑赣西南及湘粤边各纵横线,以期严密,并由西、南两路组织参谋团百余人,竟能由风冈北窜[1]。伪独立第六团由王田渡偷渡赣河,护送伪指挥人员前赴赣西。伪十七、[十]八两师先越过遂、大横线[2],继又越过汝、桂直〔纵〕线[3]西。勘查督筑[4],又令余幄奇[5]纵队暂时不必急进,长谋巩固防地,严密封锁部署,并通令各部增固各封锁线各在案。而近来伪独立第二团枪匪窜。由此可见,各线之构筑与守备均未严密。对小股如此,则对封锁匪之主力将更属空谈。言念及此,殊堪痛心。此后对于已成之碉堡线,务须增筑绵密,使能以枪火交叉封锁。未成者,务须绵密构成,分段负责,周密其防守,尤以赣粤湘边区前空之纵横各碉线,应速完成其工事,严行其守备,倘能增加纵横碉线更利。否则再有疏虞,任匪主力西窜,则后患更大。尚望兄等严饬所属一体力行之。

注释:

* 此件引自《赣粤闽湘鄂剿匪军西路第二纵队司令部二十三年八月份剿匪工作概况报告书》,以敬西行战六电发出。

[1]原文如此。

[2]遂、大横线,指遂川至大汾东西向碉堡封锁线,是国民党军的重要碉堡干线之一。

[3]汝、桂纵线,指汝城至桂东县南北向碉堡封锁线,是国民党军的重要碉堡干线之一。

[4]原文如此。

[5]余幄奇,即余汉谋,任国民党军第一集团军第一军军长兼"赣粤闽湘鄂剿匪军"南路第一纵队司令,属粤军系统。

刘建绪关于到邮亭圩附近“游剿”红六军团给段珩电*

（1934 年 8 月 25 日）

即到。

祁阳段区司令：

一、王[1]师长敬亥电称：敬未追抵铲子坪，探知匪一部向永州，主力悉经分水坳窜罗家坪，因不能渡河，本日反窜桐子坪，并派伪四九团扼守分水坳阻我进剿，当向该匪追击。我章[2]旅酉刻到达分水坳，击退阻我之匪，颇有斩获。现匪主力仍向〔在〕桐子坪。职俟部队到齐即行进剿。判断该匪，如不窜赴祁阳以下企图偷渡，则将窜入阳明山。并据派驻王师特务员有晨电：匪在桐子坪，现以三团阻我正面进攻，另有三团向我左右翼活动。王师现在分水坳之线准备进剿。各等语。

二、已令章旅长率兵三团赶赴萧家村、花延江之线截剿，约于宥日可到。

三、请兄派兵一营，速赴祁、零[3]大道以东蔡家田、邮亭圩附近机动游剿。

上三项。

刘建绪

有午参机

注释：

* 此件引自《赣粤闽湘鄂剿匪军西路第一纵队二十三年度八月份剿匪工作军事报告书》。

[1]王，指王东原。

[2]章，指章亮基，任国民党军第十六师四十六旅旅长。

[3]祁、零，指湖南省祁阳、零陵两县。

刘建绪关于集合民团“围剿”红六军团给欧冠、蒋声、唐季侯电*

（1934 年 8 月 26 日）

限三小时到。

郴县欧副司令、零陵蒋团长、道县唐团长：

极密。欧副司令宥午电、唐团长有电均悉。欧副司令派队堵剿、警戒荒塘、百家坪；唐团长分防已妥，派兵警戒扼守潇水，甚慰。萧匪有晨由庙门口、桐子坪向黄柏洞窜逃。已饬王[1]师除留一小部扼守铲子坪外，余悉兼程赶赴百家坪、永安圩、新田之线堵截。彭[2]师五团扼守花延江、雷公洞之线，觅匪攻剿。胡达指挥本旅及段珩旅一小部搜剿庙门口一带散匪，其余集中大忠桥候命进剿。钟旅长光仁[3]指挥所部及十六师唐肃团在耒阳待命。段[4]司令指挥袁、王、朱[5]三团仍担任江口塘、祁阳、老埠头沿河守备。晏[6]司令指挥何、谭[7]两团仍担任老埠头、石期站、渌埠头沿河守备，均星夜筑碉。并请桂军担任零陵、菱角塘及沿河至道州守备。粤军即进郴、宜[8]堵截。着该副司令、该团长等饬桂、新、嘉、宁、道、零、祁、常[9]七〔八〕县团队、义勇一律集合围剿，断绝交通，封锁粮食，禁止赎肥[10]，并与王、彭、胡[11]各部切取连络，共歼该匪，以树殊勋。

刘建绪

宥戌参机

注释：

＊此件引自《赣粤闽湘鄂剿匪军西路第一纵队二十三年度八月份剿匪工作军事报告书》。

[1]王，指王东原。

[2]彭，指彭位仁。

[3]钟光仁任国民党军第六十二师一八四旅旅长。

[4]段，指段珩。

[5]袁、王、朱，指袁建谋、王见龙、朱邦纪。

[6]晏，指晏国涛。

[7]何、谭，指何金鹏、谭有晋。

[8]郴、宜，指湖南省郴县、宜章两县。

[9]桂、新、嘉、宁、道、零、祁、常，指湖南省桂阳、新田、嘉禾、宁远、道县、零陵、祁阳、常宁八县。

[10]赎肥，指用钱赎回被保安团队扣押、拘留的人。

[11]胡，指胡达。

刘建绪关于向白果市方向“进剿”红六军团给王东原、郭持平、章亮基电*

（1934 年 8 月 27 日）

王师长、郭[1]代师长、章旅长：

一、章旅长率部感子由花延江向白果市进剿，甚慰。

二、判断该匪向东南逃窜之公算较多。

三、王师长应遵前电，在新田、永安、平田之线向北堵剿，并须火速攻占石家洞向白果市会剿。至[于]铲子坪、大麻江一带，酌留小部游击足矣。

四、郭代师长、章旅长应遵前电，除以一小部扼守花延江、吕公洞外，火速向南猛剿。此间已令胡达部由大忠桥策应，俭可到达。

五、各进剿部队特须注意防止匪向东窜，并遵前电查明匪向东窜出之道路要点，火速电告。

六、钟[2]旅长俭晚可到耒阳。

上六项。

刘建绪

感酉参机

注释：

＊此件引自《赣粤闽湘鄂剿匪军西路第一纵队二十三年度八月份剿匪工作军事报告书》。

[1]郭，指郭持平，任国民党军第十六师副师长、“赣粤闽湘鄂剿匪军”西路军参谋长。原师长彭位仁因“追剿”红六军团不力被撤职。

[2]钟，指钟光仁。

刘建绪关于向南追击红六军团给王东原、郭持平、章亮基等的命令*

（1934年8月28日）

王师长、郭代师长、章师长、耒阳钟旅长并转唐团长、零陵胡旅长、晏区司令、祁阳段区司令并转刘代旅长[1]：

命令：

一、据报，萧匪急向南窜，其先头伪十七师已于俭寅窜到新田以南之石古圩、广发圩。

二、为图与粤、桂军合围并防该匪东西窜扰，以期迅速净灭计，决以一部控置耒、郴[2]公路及零陵附近，以主力向南猛剿，堵截该匪而歼灭之。

三、着十五师跟匪主力踪匪穷剿，并注意压迫该匪，防止其向东折窜。

四、着十六师迅出新田以南地区连络十五师向南堵剿。如匪折向东窜，该师即向东截剿。如匪折向西窜，该师即向西截剿。

五、着钟旅长光仁指挥所部及唐肃团即日赶到高亭司、郴县之线待命。

六、着刘代旅长建文指挥五五旅及黄新团于卅日赶到耒阳待命。

七、着胡旅长达率所部即开零陵防匪反窜，并派小部搜剿分水坳、桐子坪、庙门口、花延江一带散匪。

八、着晏、段两区司令仍妥布原任湘江左岸防务。

上八项。

刘建绪
俭参机

注释：

* 此件引自《赣粤闽湘鄂剿匪军西路第一纵队二十三年度八月份剿匪工作军事报告书》。

[1]收电人中各称谓依次指王东原、郭持平、章亮基（新任国民党军第十六师师长）、钟光仁、唐肃、胡达、晏国涛、段珩、刘建文（国民党军第十九师五十五旅一〇九团团长、代五十五旅旅长）。

[2]耒、郴，指湖南省耒阳县、郴县。

刘建绪关于向宁远方向截击红六军团给王东原、章亮基电*

（1934年8月30日）

即到。

王师长、章师长：

匪在楠木圩有经下灌向道县、江华西窜之样。王师应速跟剿。章师应向冷水铺、宁远方面觅匪截剿为要。

刘建绪

卅午郴参

注释：

* 此件引自《赣粤闽湘鄂剿匪军西路第一纵队二十三年度八月份剿匪工作军事报告书》。

刘建绪关于迅赴黄沙河、石期站防堵红六军团给胡达等的命令*

（1934 年 9 月 2 日）

限二小时到。

东安胡旅长，晏司令并飞转何、谭两团长，零陵袁补充团长，祁阳衡阳段司令并飞转朱、王两团长[1]：

命令：

一、匪今（冬）晨有突过高明桥北窜之样。我王、章[2]两师仍在继续追截中。

二、着胡旅长达率所部星夜兼程开赴黄沙河，限江午以前到达，协同桂军乘其渡河机动截剿。

三、着袁团长建谋星夜开赴东安，归胡司令达指挥，限江日到达。

四、着晏区司令迅以何、谭两团在渌埠头（含）至石期站（含）沿河左岸之线严密布防堵剿，并分兵守备东安城。

五、着朱邦纪团即刻移至石期站至老埠头之线严密布防，限江午到达。

六、着王见龙团以一营进驻零城[3]，以两营集结石期站策应，限支晨到达。

上七〔六〕项。

刘建绪
冬西参

注释：

＊ 此件引自《赣粤闽湘鄂剿匪军西路第一纵队二十三年度九月份剿匪工作军事报告书》。

［1］收电人中各称谓依次指胡达、晏国涛、何金鹏、谭有晋、袁建谋、段珩、朱邦纪、王见龙。

［2］王、章，指王东原、章亮基。

［3］零城，指湖南省零陵县。

刘建绪关于向全州、兴安追击红六军团给王东原、章亮基电*

（1934 年 9 月 3 日）

限即到。

王师长、章师长：

一、匪如确经文村向全州、兴安逃窜，王师长部即在现地停止[1]；匪如经瓦子冈向黄沙河、零陵方向逃窜，王师长仍须继续跟追。望侦确匪情，处理具报。

二、章师长部应跟匪尾追，进出全、兴[2]，务须痛击该匪，勿[使其]向新宁、东安方向逃窜，协同桂军围歼之。

三、胡[3]司令指挥三团，限江午到达黄沙河附近堵剿，望与联络。

上三项。

刘建绪

江午参机

注释：

* 此件引自《赣粤闽湘鄂剿匪军西路第一纵队二十三年度九月份剿匪工作军事报告书》。

[1]1934 年 9 月 4 日辰时，刘建绪又急电王东原："匪窜文村，被桂军及章师击溃后，不能西窜。闻在湘边境之蒋家岭、清水关、永安关等处及潇、湘两水河套内，为最好歼灭之良机。望该师火速继续进剿，以竟全功为要。"

[2]全、兴，指广西省（今广西壮族自治区）全州、兴安两县。

[3]胡，指胡达。

刘建绪关于截击红六军团西渡湘江给陈恩元、周祖晃、章亮基电*

(1934 年 9 月 4 日)

限即到。

全州陈[1]指挥官,请飞令周[2]师长、章师长:

据报:匪在兴、全[3]边境有渡湘江之势。着章师长亮基归周师长敬生[4]指挥,截匪西渡,应速尾追猛剿。

刘建绪

支辰参

注释:

* 此件引自《赣粤闽湘鄂剿匪军西路第一纵队二十三年度九月份剿匪工作军事报告书》。

[1]陈,指陈恩元,任广西省(今广西壮族自治区)桂林区民团指挥。

[2]周,指周祖晃,国民党军第四集团军第七军十九师师长,该师辖步兵3个团。

[3]兴、全,指广西省(今广西壮族自治区)兴安、全州两县。

[4]敬生,即周祖晃。

刘建绪关于在新宁、城步地区追堵红六军团给章亮基等的命令*

（1934年9月4日）

限即到。

东安胡旅长并转袁团长、东安飞送晏司令、零陵成主任、刘代旅长并转黄团长、章师长、王师长、零陵祁阳衡阳段司令、邵阳武冈何主任[1]：

命令：

一、据报，萧匪已在兴、全[2]间之界首、咸水附近渡河，正向西北逃窜。

二、着章师长亮基迅遵支辰电，由周师长敬生指挥，踪匪追剿。

三、着胡旅长达迅率该旅及袁建谋团，由黄沙河赶出新宁、梅溪口之线截剿。

四、着晏区司令国涛指挥何、谭[3]两团，除酌留一部完成所任渌埠头至老埠头湘水左岸碉线外，迅率主力驰赴新宁、城步方面防剿。

五、着成主任铁侠率黄新团并指挥刘代旅长建文所部驰赴新宁堵剿。

六、着王东原师暂在道州附近清剿。

七、着段司令珩指挥朱、王[4]两团完成所任老埠头（含）至江口塘湘水左岸碉线。

八、着何主任平率部速赴武冈待命。

注意：

一、黄新、袁建谋两团到新宁会合后，应仍归成主任铁侠指挥。

上八项，附注意一项。

刘建绪

支巳参

注释：

* 此件引自《赣粤闽湘鄂剿匪军西路第一纵队二十三年度九月份剿匪工作军事报告书》。

[1]收电人，指胡达、袁建谋、晏国涛、成铁侠、刘建文、黄新、章亮基、王东原、段珩、何平（国民党军第四路军总指挥部补充总队第二队主任，该队辖步兵两团）。

[2]兴、全，指广西省（今广西壮族自治区）兴安、全州两县。

[3]何、谭，指何金鹏、谭有晋。

[4]朱、王，指朱邦纪、王见龙。

何键关于“追剿”红六军团行动部署给各纵队的命令*

（1934 年 9 月 4 日）

命令：

一、萧匪江晚由兴安方面渡河，沿桂湘边境向湘黔边地［区］逃窜。赣西及鄂南少数残匪尚在各该地区滋扰。

二、本路军拟以一部追剿萧匪，以主力防堵赣南股匪西窜，并肃清赣西及鄂南残匪，构筑各碉堡线。

三、着李[1]代保安司令率领十九师段[2]旅之两团，补充总队何、成[3]两主任所部四团，胡[4]旅（欠一营），迅速觅萧匪追击西进。到达湘西后，并督率新三十四师[5]及湘〔湖〕南保安第二、三、四、六区保安团[6]，协同友军将该匪迅速完全歼灭，毋使蔓延。

四、着第一纵队刘[7]司令即督率所部以大部固守赣江，协同南路军努力阻止赣南股匪西窜。一面肃清袁水以南地区残匪，以一部并督率湖南保安第五区司令所部迅速完成湘南及湘赣边区各碉堡线与飞机场。

五、第二纵队刘[8]司令仍督率所部并督率湖南保安第一区司令[9]所部，迅将袁水（含）以北、修水（含）以南及湖南保安第二区地区内之残匪肃清，并将其区域内各碉堡线增筑严密，但须设法抽十九师之一团控置长萍铁路线[10]，策应各方。

六、着陈[11]纵队司令速将修水（不含）以北地区之残匪肃清，并赶将各碉堡线完成。

上六项，仰各该司令遵照，妥为统筹部署，分别切实施行具报为要。

此令。

注释：

＊ 此件引自《赣粤闽湘鄂剿匪军西路第二纵队司令部二十三年九月份剿匪工作概况报告书》，以支午长行参电发出。蒋介石见到此命令后，于 9 月 8 日复庚未电：“所拟追堵萧匪及兼顾湘南、赣西防剿部署，尚属妥善。萧匪主力，仍希饬属不分畛域，越境穷追，务期歼灭为止，免遗后患。赣西老巢剿办不得松懈，并应饬属加紧清剿，期在捣毁，使匪逃无所归，并不使留巢未去之余烬待机复燃。”

［1］李，指李觉。

［2］段，指段珩。

［3］何、成，指何平、成铁侠。

［4］胡，指胡达。

［5］新三十四师，师长陈渠珍，是湘西土匪武装改编的地方部队，该师辖 3 个旅 9 个团。

［6］第二区司令刘运乾，辖保安第六、七、八、九、十团；第三区司令为陈渠珍兼；第四区司

令杨石松，辖保安第十一、十二、十三团；第六区司令晏国涛，辖保安第二十一、二十二、二十三、二十四团。

[7]刘，指刘建绪。

[8]刘，指刘膺古。

[9]保安第一区司令，指罗树甲，辖保安第一、二、三、四、五团。

[10]指湖南省长沙至江西省萍乡的一段铁路线。

[11]陈，指陈继承，任国民党军第一军军长兼“赣粤闽湘鄂剿匪军”西路第三纵队司令。

李觉转发何键关于湘军各部进入贵州追堵红六军团电*

（1934 年 9 月 17 日）

一、奉总司令何铣酉长行参电令要旨：据报萧匪于删日由绥宁[1]向通道[2]西南地区急窜。判断其必经黔东北窜，图与川匪会合无疑。该匪经我湘、桂军追剿月余，逃散死亡甚巨，疲困已达极点。我军与桂军各部应即乘此时机穷追入黔，协同黔军设法将其歼灭。除电廖[3]军长及王[4]主席分途追［剿］堵击外，李[5]代司令应查明当面情况，迅率全部或大部绕道入瓮洞、怀沅、三流进入黔边，觅匪主力截击。仍由李代司令统筹指挥进剿，毋得使匪向西北流窜。等因。

二、本军拟即经广平、远口进至锦屏截击。

三、胡[6]旅长应率所部并指挥谢明强[7]团，于明（十八）日进至广平。

上三项。

此令。

注释：

＊ 此件引自《陆军独立第三十二旅民国二十三年八月至十一月追剿萧匪克战斗详报》，以筱亥保行参机电发出。

［1］绥宁，原县城在今湖南省绥宁县西南部寨市苗族侗族乡。

［2］通道，原县城在今湖南省通道侗族自治县西北部县溪镇。

［3］廖，指廖磊，任国民党军第四集团军第七军军长。

［4］王，指王家烈，任国民党贵州省政府主席、第二十五军军长、贵州“剿匪”总指挥。

［5］李，指李觉。

［6］胡，指胡达。

［7］谢明强，任湘黔边区“剿匪军”第一团团长。

西路军总司令部关于李觉部新厂战斗统计*

（1934 年 9 月 18 日）

我军部署进剿概要

我李[1]代司令当令何[2]主任率部跟追，次日抵新厂马路口之线，与该匪全部遭遇。激战竟日，匪恃险顽抗。经我迭次冲击，匪卒不支，即向黔之梨〔黎〕平方向窜走。

战斗结局

是役毙匪三四百，夺获步枪百余枝。我阵亡营长汪鲁、伤营长杨镇各一员，亡连、排长以下二三百员名。

年月日

九月十八日起止。

注释：

＊ 此件引自《赣粤闽湘鄂剿匪军西路自二十三年（1934 年）六月起至二十三年（1934 年）十一月止所有剿匪较著战役统计表（湘西南新厂之役）》。

[1]李，指李觉。

[2]何，指何平。

李觉关于向锦屏推进给胡达电*

(1934年9月19日)

一、萧匪后卫在马路口及新厂附近与我何平部接触后,已向贵州平茶、黎平方向窜去。

二、本部以堵剿该匪之任务,向贵州锦屏县推进。着本部先进。

注释:

* 此件引自《陆军独立第三十二旅民国二十三年八月至十一月追剿萧匪克战斗详报》。

何键转发蒋介石关于增强碉堡封锁线电*

（1934 年 9 月 16 日）

刘[1]司令：

奉委员长元未行战六电开：查此次萧匪连越遂大及汝桂两线[2]窜过，并在桂东毁我碉堡三百余座。似此情形，原有碉堡线既不强固，期以达到主力防匪西窜之目的，殊属可虑。兹特定两项原则如下：

（甲）完成并巩固原有之重要碉堡；（乙）增筑战略上之重要碉堡线。属于甲项者：一、由赣江两岸沿线至信丰、安远之一纵线；二、由萍乡、莲花、大汾、桂东、汝城、仁化至曲江[3]之第二纵线；三、由万安、遂川至大汾之第一横线。以上三线均须严密增筑，并确定部队守备，毋得再事疏忽。属乙项者：一、以沿湘水由衡阳至桂林为第三纵线。二、由莲花、茶陵、安仁至衡阳为第二横线。上两线构成后暂派团队防守，至必要时加派大军，万一第一、二两纵线未能防堵，必于此线内将匪完全歼灭之，再不可任其渡窜。三、沿吉安、泰和、遂川、赣县[4]南康、大庾[5]、南雄之公路线及衡、耒、郴、宜[6]、乐昌、曲江之公路线，分别筑护路堡以维南北交通，而便运输。以上甲、乙两项，希饬属赶办，限期完成具报。等因。

查该纵队辖关于赣西南区域内之纵横碉堡线应迅速督饬完成并增加强渡〔度〕；关于湘南区内者亟应限于最短期间构筑完成。除电复遵［照］外，希即分别饬属认真赶办迅速完成，并将办理情形具报为要。

何键

铣戌长行参印

注释：

* 此件引自《赣粤闽湘鄂剿匪军西路第一纵队二十三年度九月份剿匪工作军事报告书》。

[1]刘，指刘建绪。

[2]遂大及汝桂两线，指江西省遂川至大汾、湖南省汝城至桂东两条碉堡封锁线。

[3]曲江，原县城在今广东省韶关市。

[4]赣县，原县城在今江西省赣州市。

[5]大庾，今江西省大余县。

[6]衡、耒、郴、宜，指湖南省衡阳、耒阳、郴县、宜章四县。

李觉关于向滥洞司推进给胡达的命令*

（1934年9月22日）

一、据报：匪大部已窜抵瑶光，似有由南嘉堡渡河向镇远、青溪[1]方向窜走模样。

二、请兄率部于明（二十三）日向滥洞司推进扼险堵击。

三、弟率五五旅及行营，拟明（二十三）日推进汉寨。

注释：

* 此件引自《陆军独立第三十二旅民国二十三年八月至十一月追剿萧匪克战斗详报》，于1934年9月22日24时收到。

[1]青溪，该县已撤销，原县城在今贵州省镇远县东部青溪镇。

黄烈侯关于大、小广战斗情况的通报

（1934 年 9 月 26 日）

萧匪自宥晨九时,经湘、桂友军围剿于大、小广后,即向八卦河溃窜。又被三省联军围剿于八卦河。萧匪又突围西窜,至剑河县属之斗武地方,顽劣抵抗。三省军队跟追,晨间以迄现在,尚在激战中。该匪因粮食缺乏,派匪数百往三穗、瓦寨一带征发,被我李维亚[1]团联合军团兜剿,仍溃回斗武。现桂军覃[2]师长及我周[3]旅由大、小广向斗武包围;王指挥天锡[4]率五、六[5]两团,由瓦寨向匪进击,亦在激战中。烈侯[6]率金祖典[7]团并联络王区指挥道炽[8]各部,由施洞口顺清江河东下,击匪侧面。特闻。

参谋长　黄烈侯

宥印

注释:

[1]李维亚,任国民党军第二十五军第五团团长。

[2]覃,指覃连芳,任国民党军第四集团军第七军二十四师师长,辖步兵3个团。

[3]周,指周芳仁,任国民党军第二十五军一师七旅旅长。

[4]王天锡任国民党贵州省警务处处长兼贵阳公安局局长、贵州第七路"剿匪"指挥。

[5]第六团,团长刘鹤鸣。

[6]烈侯,即黄烈侯,任国民党军第二十五军镇远行营参谋长。

[7]金祖典,任国民党军第二十五军十五团团长。

[8]王道炽任贵州省炉山(该县已撤销,在今凯里市)、麻江、黄平、台拱(今台江)县区"剿匪"指挥。

李觉关于到镇远、施秉截击红六军团给胡达的命令*

(1934年9月30日)

萧匪本(三十)午窜到达新城,有继向西北窜之样。军长廖[1]已到三穗,明(一)日可到镇远。覃[2]师及成[3]旅仍跟追中。着胡旅长达率所部并指挥谢明强团明(一)日推进镇远、施秉间之刘家庄附近侦匪截击。本部明日进至镇远。

此令。

注释:

＊ 此件引自《陆军独立第三十二旅民国二十三年八月至十一月追剿萧匪克战斗详报》。

[1]廖,指廖磊。

[2]覃,指覃连芳。

[3]成,指成铁侠。

王家烈关于筑堡设哨防堵红六军团的通令

(1934 年 10 月 2 日)

贵州省政府通令

(令北南东路各县县长)

为通令遵办事。照得赤匪窜黔,全省震动,政府现已派选劲旅驰前线堵剿,并令各县县长督饬民团协助防剿各在案。惟查共匪飘忽无常,避实就虚,化整为零乃其惯技,并运[用]游击方法,远离其本队数十百里,专以扰乱为目的。尤应督饬民团防堵隘口,多设哨棚,修筑碉堡,以资防御。同时并设置递步哨,灵通消息,一旦发现匪警,即通知邻近区团暨防军,合力堵剿,使该匪进退失据,毒焰难逞,庶可短期肃清。凡此种种,实为剿赤有效之善策。该县长守土有责,务须仰体时艰,迅速布置完善。幸勿因循贻误,致干撤惩。并将遵办情形,详细具报备查。除通令外,合亟令仰该县长遵照。

切切此令。

中华民国二十三年十月二日

主席　王家烈

贵州省政府关于封锁乌江的训令

（1934年10月3日）

贵州省政府训令

（令乌江沿江各县政府）

为训令事案。据前方电报：共匪萧克经我五、六两团东坡、滥桥一带截堵痛击后，即向老黄平[1]逃窜；现正会同湘、桂各军跟踪追剿中。等语。查该匪部既由老黄平方面溃窜，诚恐避实就虚，窜扰黔北。除分令乌江沿江各县，督饬民团多设哨卡，昼夜防堵，盘查匪探，并将大小船只概行拉过北岸外，合行令仰该县长遵照。仍将遵办情形及探获匪情，随时具报备查。

切切此令。

中华民国二十三年十月三日

注释：

[1]老黄平，今贵州省黄平县旧州镇。

王家烈关于在木黄附近与红三军激战的通电

(1934 年 10 月 3 日)

贺匪[1]经我军第四路军击溃于川边甘龙口之后，因鉴萧匪被我湘、桂、黔三省联军围剿，歼灭在即，忽于俭日集其全力，由右翼火烧场窜至木黄附近之夕阳坝，企图寻空南窜，接应萧匪。当经我李[2]指挥率二、三、九、十六各团[3]合围兜剿，战自午至亥，匪不支，向平洞口、红石板溃退。是役计毙匪四百余名。现柏、蒋、李[4]等路正追击中。

王家烈

江参印

注释：

[1]贺匪，是国民党对以贺龙为军长的红三军的污蔑之称。

[2]李，指李成章，任国民党军第二十五军二旅旅长。

[3]第二团团长戴玉堂，第三团团长周相魁，第九团团长罗习斌，第十六团团长曹永兴。

[4]柏，指柏辉章，任国民党军第二十五军二师师长；蒋，指蒋在珍，任国民党军第二十五军暂编第八师师长兼务川、后坪（该县已撤销）、沿河三县“剿匪”指挥；李，指李成章。

王家烈发布防堵红六军团、红三军的通令

（1934 年 10 月 4 日）

为通令事。查共匪贺龙、萧克先后窜扰黔东各县，迭经派遣部队，严饬民团，分头会同湘、桂友军积极堵击，并由本职亲出督师进剿，期早殄灭，以安地方。业将剿匪各情形分别饬知布告在案。兹将最近剿匪胜利情形录列如下：（一）萧匪众约八千，枪约五千，于东晨由翁谷陇、王坳、旁海等处，窜至黄平、施秉间之东坡、滥桥一带。我军五、六团由施秉西上，东日午正十二时与匪激战于滥桥一带，该匪向我三面包围，均被我击溃。战至冬日拂晓，萧匪一部北窜老黄平。（二）本职东晨亲率一、特两团[1]驰赴五里桥附近，由下午三时起，我五、六两团东西向匪夹击，激战至冬日拂晓，萧匪不支，向老黄平方面狼狈溃窜。是役萧匪伤亡七八百名，我军伤亡二百余名，俘虏二十余名，夺获迫击炮两门、机关枪一挺、步枪二百支。（三）现本职已率一、五、六、特务团，经老黄平、瓮安、余庆一带向匪跟踪追击。已电令李[2]指挥、柏[3]师长痛剿贺匪，截堵萧匪；并令蒋[4]指挥、侯[5]指挥等驰赴乌江北岸截堵萧匪，以收夹击歼灭之效。除呈报中央，通报邻省，布告民众并通令外，合行令仰一体知照。

此令。

中华民国二十三年十月四日
省主席　王家烈

注释：

[1] 第一团团长江荣华，特务团团长赵兴鉴。

[2] 李，指李成章。

[3] 柏，指柏辉章。

[4] 蒋，指蒋在珍。

[5] 侯，指侯之担，任国民党军第二十五军副军长兼教导师师长、川南边防司令，负责守备乌江防线。

王家烈关于甘溪战斗后防堵红六军团的部署

（1934 年 10 月 9 日）

限即刻到。

思南并转石阡、印江[1]、德江、凤冈，遵义[2]并转湄潭，重安[3]转瓮安、余庆、黄平，镇远并转施秉、岑巩、玉屏、青溪，铜仁[4]并转江口、松桃、省溪[5]各县县长钧鉴：

贵密[6]。顷接廖[7]军长虞酉电：本日未刻在甘溪与匪遭遇，激战四时，被我冲作两段，向珑马坪折窜；判断其必东窜大地方，以出铜仁、江口。现我周、江两团[8]跟踪猛进。此役毙匪约三百余人，获枪六七十枝。匪确疲极，全无战斗力。磊[9]率两团拟齐寅折回大地方一带截击；云波[10]部由本庄、白沙出走马坪；覃[11]师及成[12]旅由余庆，一部由马溪[13]截击。为免匪西南窜，请绍武[14]兄饬部严密截击。等语。查该匪迭受重创，拴鹿急兔，势必乱窜图逃，亟应防堵北渡乌江，东联贺匪。除饬王指挥天锡督率八、十三各团[15]尾匪猛追，联络湘、桂友军协剿防堵北窜，并令东北各驻军联络截击外，望即督饬军团协助各军，扼要堵击，勿任突窜，是为至要。

家烈

佳子参印

注释：

[1]印江，今贵州省印江土家族苗族自治县。

[2]遵义，原县城在今贵州省遵义市。

[3]重安，今贵州省黄平县重安镇。

[4]铜仁，今贵州省铜仁市。

[5]省溪，今贵州省万山区。

[6]贵密，指本电文使用贵密码发出。贵密，密码名称。本书后面电文中的“克密”“力密”等，均指密码名称。

[7]廖，指廖磊。

[8]查廖磊第七军中当时无周、江两团。应为“周师、张团”。见胡羽高编《共匪西窜记》第 67 页：“桂军廖军长磊虞电：虞日，在甘溪与匪遭遇，激战四时，被我冲作两段，向走马坪折窜，我周师张团跟踪猛追。此役毙匪约三百人，获枪五六十枝。此匪全无斗力，疲敝已极。磊率两团，准备齐寅折回大地方一带截击，李师由本庄、白沙向走马坪，覃师及成旅由余庆，一部由骂溪截击，免匪南窜。”其中周指周祖晃，张即国民党军第十九师（周祖晃师）五十七团团长张光玮。

[9]磊，指廖磊。

[10]云波，即李觉。

[11]覃,指覃连芳。

[12]成,指成铁侠。

[13]马溪,当时出版的地图上称骂溪。

[14]绍武,即王家烈。

[15]第八团团长万式炯,第十三团团长袁锦文。

蒋介石关于赶筑碉堡防范红六军团、红三军会师电

（1934 年 10 月 9 日）

近来萧匪西窜与贺匪联合发展之企图亟应预为防范。所有川、黔、湘、鄂边区各县及预防匪流窜之地方，均应赶速构筑碉堡。

一、各县城及附近宜就城楼、城角并于城外择要点加构碉楼。尤须加紧民众之组织训练，俾资固守。

二、各地方凡较大之市镇均应筑碉控制。

三、主要交通路之隘口、津卡应筑碉扼守。

四、碉堡容量，除圩寨外，以能容兵一班为标准，并须加筑副防御。

五、建碉地点，以展望良好，射界广阔，不受瞰制为最适宜。

以上各项，希转饬各县及各保安队迅办。总以筑有碉地点能掩护人民及物资，使匪不易窜扰裹胁为主旨，并希先将饬令构筑之县具报。

黄烈侯关于"围剿"红六军团的命令

（1934 年 10 月 17 日）

一、共匪萧克现被本军及湘、桂友军包围于镇、施、黄、余、石[1]之间，正分头围剿中。

二、各该县正、副指挥立将教导队及民练集中于相当地点，听就地军事高级长官指挥。若无军队之处，即自行扼要堵截，并随时将防堵情形报告。若无匪情，亦须报告，以资联络。至各民练，务遵通令，左臂配带标记，以便识别而免误会。

三、各县立即成立担架队（计二十架），轮流将沿途本军及友军伤病兵妥为抬至镇远或各县城。若军队在何地与匪激战，其担架队即不分星夜前往该处听用，各区乡镇闾邻长，应即准备临时担架听用。

四、前令各县所筹食米，着即饬各区分头运送至军队驻在地售卖，取据报查，并由各县组织一贩卖部，采办军队日用，如草鞋、食盐、洋油必需之物，往各乡镇售卖。

五、凡廖军长、李师长、覃师长、周师长[2]及本军指挥官所在地，该区区长立即驰往欢迎，听命办理一切。倘有借故避匿者，即以违误军令论罪。距县城近者，县长前往督饬办理。

六、各县长、区乡镇闾邻长，除督饬民练扼要防堵外，并将探得匪情不分星夜互相通知，并报告军队，总期军民切实合作，早奏殄灭共匪大功。

七、附近［有］共匪各县，均应事前准备。凡匪窜到之县，仰各遵照办理。

以上七条，除令仰该县长、区长立即遵办并转令督饬遵办外，特派本部副官长朱文藩随军监督指挥办理。倘有迟延违误，查实即以军法枪决。须知本职法出令随，切勿以身试尝为要。

此令。

参谋长兼主任　黄烈侯

注释：

［1］镇、施、黄、余、石，指贵州省镇远、施秉、黄平、余庆、石阡五县。

［2］廖军长、李师长、覃师长、周师长，指廖磊、李觉、覃连芳、周祖晃。

王家烈关于向湘黔边进击红六军团电

（1934 年 10 月 27 日）

本军为统一指挥计，特派刘参军长民杰为前敌总指挥，并令李成章旅率二、三两团及十八团[1]为一路，限感日到合水，俭日到红石板；王[2]指挥率五、六、九各团为一路，至天堂哨，俭日抵火烧桥；柏辉章师率杨昭焯、蒋德铭[3]两旅为一路，已抵寨英。其余部队驻苗旺、孟溪堵截。

王家烈

感参印

注释：

[1]十八团团长宋华轩。

[2]王，指王天锡。

[3]杨昭焯，任国民党军第二十五军六旅旅长；蒋德铭，任国民党军第二十五军五旅旅长。

谢汝霖关于黔军入湘作战电

(1934年10月30日)

顷据军长行营来电:

一、萧克、贺龙、夏曦[1]昨在南腰界开会,大部窜入川南,有窜酉、秀、龙、桑[2]模样。

二、军长决督师追出黔境百里以外,与川、湘友军围剿。李[3]指挥昨晚宿红石板;王[4]指挥宿来安营。

三、川军达凤岗[5]旅前出小井,已电由平洞口推进,向甘龙口、南腰界攻击。前方攻击部队约十一团,预计今晨可与匪接触。

参谋长 谢汝霖[6]

陷贵参印

注释:

[1]夏曦,任中共湘鄂西中央分局书记、湘鄂西革命军事委员会主席。

[2]酉、秀、龙、桑,指四川省酉阳(今属重庆,为土家族苗族自治县)、秀山(今属重庆,为土家族苗族自治县)两县和湖南省龙山、桑植两县。

[3]李,指李成章。

[4]王,指王天锡。

[5]达凤岗,任国民党军第二十一军五师十三旅旅长。

[6]谢汝霖,任国民党军第二十五军参谋长。

王家烈关于“防剿”红六军团、红三军暂告一段的通电

（1934 年 10 月 30 日）

此次家烈亲赴前方督师剿匪，幸得各界民众之后援及各将士之用命，卒将萧、贺两匪逐出境外。贺匪入黔不久，萧匪又复由湘奔来，黔东各县民众惨遭蹂躏。家烈捍国为民本为天职，目睹此患，即抱有匪无我之决心，激励将士，赶到前方，联络湘、桂友军，在大小广、八卦河、滥桥、猴场、大地方、甘溪、麻溪、关帝庙、万重山、走马坪、马伏堰等处，迭将匪痛剿，击破匪主力，获匪枪四千余支。并将匪师长龙云[1]生擒押解来省，听候中央处理。现萧、贺两匪合计不过四五千人，经我军节节尾追，已狼狈不堪，不难根株灭尽。刻匪部又窜踞湘西龙山、桑植等地，闻势焰较前嚣张。我军刘民杰率部追至酉阳，一面令柏[2]师会同湘边各部合围痛剿。至于善后绥靖诸端，已令分头办理。故取道北防回省，此剿萧、贺之军事，暂告一段落。

王家烈

陷秘印

注释：

[1]龙云，任红六军团第十八师师长，甘溪战斗后被俘，后于湖南长沙被杀害。

[2]柏，指柏辉章。

何键关于追堵红六军团经过概要报告*

（1934年10月）

萧匪先后经我十六师及五十三师痛击惨败后，乃潜伏于永新以南地区，企图苟延。斯时本路军为谋彻底肃清该匪计，令第一纵队以一部肃清永新河以北陈山、禾山一带残匪，以主力迅速构筑永新、宁冈、黄坳、遂川及马家湖〔洲〕、五斗江、息锣并永新至吉安之广大包围封锁线，阻匪活动，制其逃窜，俾能一举聚而歼之。各部于七月初旬分别实行后，至八月初旬，已大部构成，仅马五息线尚未完峻〔竣〕。该匪在永南津洞、牛田等处，受我四面包围，食盐及粮秣均极缺乏，且料我军于封锁完成后，必开始总攻，决难苟存。乃乘我王懋德师及鲍刚旅赶筑马家洲、衙前至五斗江碉线之际，以少数散匪牵制我建碉部队，以主力围攻我横石、衙前碉堡。此时本部以王、鲍两部兵力较弱，乃急调在永新河下流筑碉将成之十六师，除留一部暂维现防外，以主力迅赴衙前、五斗江之线，堵匪南窜，时八月五日也。至七日，匪乘我十六师尚未赶到五衙线时，乃倾巢突围南岭，越封锁线，经遂西向桂、汝[1]方面狂奔，昼夜不息。据俘匪云：萧匪所以倾巢西窜者，以赣西无立足可能，冀往川黔边区与贺匪会合，以图一逞。本部得报后，当令第一纵队正经宁冈南进之十五、[十]六两师，尾匪直追，并令原在湘南之十九师段[2]旅及湘南各保安团在汝、桂及郴、宜[3]两线，分别扼要堵击，一面电请粤省出兵郴、宜，桂省出兵临、蓝及零、道、江[4]各线；并请黔省出兵会、靖、通[5]，分途协剿。该匪窜至汝、桂时，适该方兵力单薄，遂得通过。十六日晨，匪先头之一部窜郴县附近，经我段旅刘建文团迎击，其主力不敢经此续进，乃折由桂阳、新田向西南急窜，期于祁[6]、零间渡过湘水。斯时，我追击部队尚隔匪一日行程。湘水沿岸守兵甚薄。刘[7]司令乃以十九师段旅，车运衡[8]、祁，并责成该旅长指挥该方面团队，沿湘水左岸零、祁之线扼堵；十六师由郴车运至常宁击匪侧背；令十五师用强行军紧蹑匪后，并檄桂军派兵至黄沙河、零陵间截堵。同时本部又令在长[9]之独立三十二旅，并指挥补充第三、四两团，集结宝庆，相机截匪西窜。二十一日匪窜阳明山铲子坪。二十二日窜湘水右岸零、祁间之楚江圩、接履桥一带，企图由此渡河。时段旅及各团队，已在湘水左岸严密布防。桂军周敬生师，亦有两团到黄沙河、零陵之线。十五师追蹑达铲子坪。匪以在此阻滞，有腹背受击之患，即于二十四日返窜阳明山。是日我十五师适赶到，先后在分水坳、白岭坳一带，与匪遭遇，迭予痛击。匪仍避战，白昼利用山地隐匿，乘黑夜改从小路远扬。是役，仅毙匪百余，但散失于山内者甚多。二十六日又经新田以北小路，向蓝山、嘉禾方面南窜。本部为防其继续西窜，或返窜永南[10]老巢计，当令独三十二旅及第三、四两补充团集结零陵，协同桂军在零、黄[11]湘水左岸布防；以段旅及各保安团，车运至郴、宜线防堵；并请粤军两团集结宜章策应；仍以十五师衔尾疾追；十六师循匪窜方向，绕其翼侧截击；另以汝、桂及赣西部队在各碉堡线，防匪返窜。二十七、八两日，匪由嘉禾向道县、江华急窜。我十六师由新田向道县绕匪右侧袭击之。时刘司令已令十九师段旅折返零陵，并请桂军加派兵力至江华、道县、黄沙河之线严堵。三十一日，匪果窜道县以南之下菱园附近，与我桂军守河部队小有接触，因众寡悬殊，匪得渡过沱水（道县以上为沱水，以下为潇水），向西北方逃窜。我十六师于同晚到达道县，当与蒋家岭之桂军周师商定，协同扼堵道县至蒋家岭之线。时返零陵之独三十二旅，亦已赶到黄沙河附近布防。九月二日，匪窜蒋家岭经我周师部队痛击后，即于次日正午窜至广西灌阳以北之文村附近，又经我周、章两师（十六师师长此时已委章亮基充任）夹击。匪仓皇折向灌阳方面逃窜。是役毙匪六七百，获枪百余枝。四日，匪由山地小路向兴安急窜。桂军加派覃连芳师及民团，在全州、兴安间扼河防守。是晚匪多着便衣，乘夜杂被难民众中，在界首附近偷渡离〔漓〕水（黄沙河以南名漓水）；其未能过河之一部约数百人，悉被俘获。本部得报，比令独立三十二旅，仍指挥第三、四两补充团，驰赴湘、桂边境之梅溪口堵击。其他各部，则均尾匪直追。并令十九师师长兼代湖南保安司令李觉，赴武冈督率独三十二旅，补充第一、二、三、四团，十九师段旅及原在湘西各部队，专负追堵萧匪之责。桂军周、覃两师，由廖军长磊指挥，赓续西进。我十五、十六两师，因须防赣东股匪主力西犯，为巩固赣江及湘南防务关系，仅令追至湘桂边境后，即折返湘南及遂川方面筑碉。部署甫定，匪果经西延向梅溪口北窜，被我胡[12]旅堵击，又折而南窜，十日至车田，经城步、绥宁西窜，十二日窜横水界、丹口。我补充第三、四两团赶到，协同原在该方面之晏国涛所部两保安团，予以痛击，毙获颇多。匪受压迫后，乃向岩寨、临口、小水奔逃，有改从绥宁以南之靖、通[13]间小路窜川、黔边境之样。我李代保安司令觉在绥宁得报，即以一部尾匪追击，以大部分布于城步、绥宁各要点截击。廖军长磊率周、覃两师，尾匪跟追，仅隔半日行程。此时本部已商得白[14]副司令、廖军长、王主席[15]同意，所有在湘桂黔边区之各省剿匪部队，均归廖军长统一指挥，并会同电饬各部遵照。十三日，匪窜山水附近时，经我十九师段旅赶到，予以痛击，即向桐木桥、寨牙方向逃窜。李代司令仍率主力向靖县沿匪之右侧截击。廖军长率部由绥宁以南猛追。十六日丑刻，该匪返窜通道。李代司令当令成铁侠指挥所部之补充第一、二两团及追抵大芦坪之刘建文团，向通道猛进，并令何平所部之补充三、四两团，经中央桥向犁头咀夹击。该代司令率胡旅及由洪江[16]开来之谢[17]团在靖县策应。匪见我军四面围剿，不能经湘境西窜，乃于十七日晨折向通道西北之四乡所窜逃。何平部两团，仍跟匪直追。本部得报后，判断该匪必求经黔北窜入川西〔东〕之酉、秀、黔、彭[18]各县，与贺匪会合。乃急令李代司令所部，经清溪河上游，绕至锦屏附近扼堵。请廖军长率周、覃两师尾匪直追。李代司令奉令后，即以胡旅及谢团取道广平向锦屏前进，并令已到通道各部折返继续西进。但十八日当何平所部追抵新厂、马路口之线时，即与匪全部遭遇，激战竟日，匪恃险顽抗，经我迭次冲锋，匪卒不支，纷向黔北黎平方向溃窜。是役毙匪三四百，夺获步枪百余。我阵亡营长汪鲁，伤营长杨镇各一员，伤亡连、排长以下约三百名。李代司令与廖军长是日在靖县会商，决以覃师及成铁侠部由马路口尾匪追击，以其他各部经靖县入黔北之锦屏附近分别堵截。二十日匪窜黎平之铺口、草鞋铺一带时，当经在该处之黔军周[19]旅迎头痛击。匪仍避战，即退窜锦、黎[20]间之率王桥附近，二十二日晨刻窜新寨。贵州王主席已令榕、黎、锦、柱[21]各县团队，在清溪河及沅水上游，扼要防堵。李代司令率兵五团到达锦屏、坡处之线。廖军长率周师到达远口。王主席亦于本日率兵三团车运至马场坪。同日申刻,匪窜瑶光、南嘉堡,当时即由该处架桥渡过清溪河北窜。二十三[日]晚,我李代司令所部已赶到溪寨、南洞口堵击。廖军长率周师与匪平行前进,一面防其北窜,一面觅其主力截击,并电催王主席率部迅速东进督饬玉屏、清溪、镇远团队,设法沿镇远河扼堵,求在镇远、施秉间之河套将匪歼灭。我李代司令率部到达南洞司后,判断该匪必经孟有北窜,即于二十四日派段旅刘团之一营,先在孟有严密警戒,诱匪来攻。是日晨刻,果有匪一二千向该营进攻。李代司令当以段旅全部对该匪侧击,毙获甚多。匪受创后,即退至王桥高山,仍与我且战且退,旋匪将全部展开,对我还击。李司令遂亦将控置之部队展开二团,对匪猛攻。正激战间,我桂军周师亦恰于此时赶到,双方对匪夹击,遂将其完全击溃,当向八卦河方向窜去,时午后六时也。是役,我军共获枪百余枝、手提机枪二挺,毙匪三四百名。我亦伤亡官兵五十余员名。二十五日李代司令奉廖军长命,即以胡旅之李[22]团及谢团,开赴瓦寨,并亲率段旅及胡旅王[23]团赴顺洞,均于二十六日晚到达。桂军周师亦于同日抵南洞司,欲在此线协同堵匪西窜或北窜。但匪于二十六[日]晨,窜经大广、小广时,适我桂军覃师及本路之成铁侠部(成部原为李司令指挥,在通道时暂归覃师长指挥,任尾匪直追之责)追到,立予痛击。匪脱逃不能,遂反向抵抗,势殊凶猛。赖我军气盛,卒将其完全击溃。匪即由此折向剑河东南之斗五逃窜。是役毙匪团长赵雄及营长以下匪官兵二百余,并夺获重机枪一挺、长短枪二十余枝,俘匪十余名。我军亦微有伤亡。匪窜斗五后,我各部当分途向其追击或堵截。匪受压迫,于二十七日窜梁上。当日我李代司令即率部抵瓦寨、三穗之线截击。廖军长率周师在李部后续进。覃师长仍率所部及成部尾匪直追。黔省团队均扼守镇远河堵击。匪见我军追剿甚急,扼堵严密,于二十八日转向西南之松岭窜走,三十日午刻又窜到镇远以南之新城、平寨一带,企图由镇、施[24]间渡河,仍向北窜。我李司令率部于同日到达镇远,当请黔军李团先行,星夜赶到施秉,协同堵截,并催请王主席率部迅速东进,设法将匪向南压迫,期在镇远河以南地区将匪歼灭。(其经过要图如附图第四[25])

萧匪企图由镇远、施秉间渡河,经我湘、桂军扼堵不逞后,于十月一日绕道由施秉、黄平间之滥桥、东坡渡河北窜。经黔军堵截,毙匪甚多。匪宣传退窜石阡,乘隙将老黄平攻陷。复经黔军猛攻,激战两昼夜,于三日晚间,将老黄平克复,毙匪二百余名,夺获枪数十枝。匪经击溃,分两路向余庆、瓮安方向逃窜。当匪在滥桥等处渡河北窜时,我李代司令及廖军长同在镇远商决,以大部推进于石阡、镇远之线堵截,以一部尾追,并请王主席以主力向匪猛进,压迫其沿乌江右岸向东北窜,以期合围痛歼。此时我李代司令所部,除成铁侠部随桂军覃师尾追已抵施洞口外,其余各部已到刘家庄、镇远之线。桂军周师已到三穗、滚马之线。于是廖军长率周师及汪[26]团,由现地出发,于三日酉刻到达大地方。李代司令率部于四日抵石阡、瓦厂之线,并令覃师及成部向黄平、瓮安协同黔军将匪压迫向东。斯时,廖军长据报匪被黔军痛击,已由老黄平向余庆、瓮安窜去。当令李代司令率部由石阡,并亲率周师及汪团由大地方,分向余庆方向觅匪进剿,并请王主席极力阻匪西窜,并防其渡乌江北窜。七日未刻,我桂军张[27]、汪两团,在余庆东北之甘溪与匪遭遇,激战半日,将匪击溃。是役毙匪三百余名,获枪五六十枝。匪即向走马坪、大地方逃窜。我廖军长当令张、汪两团跟追,亲率周师余部折回大地方,并令李代司令所部由石阡属之白沙向走马坪，覃师及成部由余庆、马溪，分途截击。八日匪经大地方窜逃时，适廖军长率部赶到痛击，将匪击溃。其大部转向路那方向逃窜。我廖军长当令周师张团，绕道至路那觅剿。九日拂晓，该团到达营盘山附近，恰与匪遇，予以迎头痛击，激战甚烈。匪不支，一部向原路溃退，大部向羊场方向逃遁。廖军长当饬苏、秦[28]两团跟追，并亲率张、汪两团赴路那、羊场觅匪截击。斯时我李代司令率部正向走马坪、大地方、巴巴坪一带前进。本部得报后，以匪被迫渐向东窜，同时又防匪乘隙北窜起见，一面电廖军长率部追剿，一面令陈渠珍师推至铜仁至玉屏之线堵截，又令李代司令率部推进至石阡、闵家场之线，连络江口、铜仁友军防匪北窜。又电请王主席以主力速向东进，以期将匪聚歼于乌江之南。十日，我周师及汪团在路那以西十余里之处与匪遭遇。匪避战，稍与我接触，旋向半河、大塘、白垛一带逃窜。我廖军长令周师猛追。匪于当日夜半经白垛向大庆窜去。十一日申刻我周师先头苏团追到，与匪在大庆附近接触。匪仍避战，且战且逃。我苏团跟踪尾击，直追过大庆二十余里，以天黑雾重，停止、警戒。是日毙匪营长以下百余名，俘匪百余，夺获步枪四十余枝。据俘匪云：匪连日经我军痛击，辎重概行抛弃，狼狈已极，刻已向紫金〔荆〕关方向逃窜。我周师长据报后，饬苏团于十二日继续跟进，并亲率张、秦两团，同日向紫金〔荆〕关前进截击。廖军长亦于同日令覃师及成部向施秉截击，又令李[29]师及汪团仍扼守羊场、石阡之线，并请王主席饬属在西南方面堵截，并竭力将匪压迫向东，以求一鼓歼擒。但匪由大庆附近溃窜时，分为两股，一股人约千余、枪半数向骂溪，一股人、枪千余向紫金〔荆〕关逃窜，且沿途溃散藏匿各深山者甚多。我廖军长得报后，遂划分区域，部署围剿，以期一网打尽。于是令李代司令所部担任石阡至茵叶关之线，周师衔接茵叶关至镇远之线，覃师担任刘家堡至金坑之线，黔军柏、王[30]两指挥担任衔接金坑经余庆、马眼、苑圭、马坪一带，李[31]指挥担任衔接石阡至塘头之线，侯[32]指挥扼守自塘头至走马坪、乌江左岸之线，四面围剿。并令李、周、覃各师及柏、王两指挥，各派一部于石、镇、施、余[33]之线内，纵横搜剿，勿使漏网。各部遵照实施后，十三日寅刻我王指挥率部向骂溪附近进剿，与匪一部接触，激战经三小时之久。匪因死亡枕藉，即向廖家屯溃窜。同日申刻，我周师苏团及柏指挥两营，齐向紫金〔荆〕关之匪进剿，激战最烈，卒将匪击溃。匪亦狼狈向骂溪、廖家屯方向窜走。先后计共毙伪团长四、伪营长七、匪兵七八百名。该匪被我痛击后，于十四日由河散渡抢渡乌江，被我侯指挥所部严密堵截，王指挥率部赶到夹击。匪乃不逞，狼狈向板桥方向逃窜。是役击毙溺死之匪约五百余，俘匪三百余，携械投诚者四百余人。我廖军长为缩小搜剿范围，迅速将匪聚歼于乌江右岸计，令李代司令兼顾塘头、石阡之线，周师推进羊场附近搜剿；并令汪团进至大地方，成部由施秉向骂溪、甘溪搜剿；覃师在施秉截击；并请王主席率部进驻走马坪，相机堵剿。十五日酉刻，匪窜到板桥（在石阡东南约二十里）以西数里。同日我王主席已进抵石阡属之走马坪。李代司令得报后，于十六日拂晓，经派段旅及胡旅李团向匪进剿，当予痛击，匪被击溃。是役毙匪百余名，夺获枪、匪七八十名、枝。该匪一部向川岩坝，大部向龙塘逃窜。复经段、胡两旅之各一营在龙塘截击，又毙匪二百余名，夺获长短枪一百二十余枝。但向川岩坝逃窜之匪，经我柏指挥率部跟追，王指挥率部截击，激战一昼夜，匪不支，向白沙溃窜。是役毙匪无算，夺获机枪七挺，步枪四百余枝，俘匪三百余名。其一部匪约五六百人，当经白沙窜到石阡之界牌,经王指挥派第十三团设伏堵截击溃,是役毙匪百余,夺获机枪两挺、步枪七八十枝,俘匪七十余名,时在十月十七日也。先是我成主任铁侠率部于十五日向云台山进剿。伪五十团(萧匪西窜所率匪众为伪十七、[十]八两师自四九至五四共六个团)占据该山,凭险顽抗。经该部猛烈冲击,将匪击散,纷向火麻山窜去。是役毙匪二百余名,俘匪五十余名,夺获步枪四十余枝;我伤亡排长以下三十余员名。综合俘匪供称,萧匪在赣西出发原有六个团,人万余,枪半数,迭被痛剿,溃散伤亡过半,现已缩编为三团,子弹极缺乏,兵心极恐慌,刻该匪率大部经葛容向甘溪方向逃窜。我李代司令得报后,令胡旅长达率部并指挥谢明强团,一面扼堵铁厂、平贯、白岩河、羊叉路、石阡之线,一面向匪进剿。十七日午匪经平王附近,绕道窜至平贯、马场坪间之小道上,经我谢团驰剿。而萧匪亲率人近千枪半数之匪,于戌刻偷过石、镇大道东窜。其余匪部,枪约数百,仍被我军击溃于石、镇以西地区。我各部共获枪两百余枝,李代司令当令谢团跟匪追击。段旅转经花桥、石窑场、闵家场向江口方向截击。胡旅在平、马一带肃清余匪。十八日我胡旅搜剿竟日,毙匪甚多,夺获步枪二十余枝、机枪一挺、无线电机一部,俘匪五十余名,残部二三百向捆牛坪方向散窜。同日谢团追至小鸡公时,萧匪率残部已经小鸡公向石阡之凯楼方面窜走。十九日申刻,我谢团追抵平寨,与匪后卫迭次接战,颇有斩获。匪主力于午刻经江口、石阡大道北窜。当匪窜经江、石间时,我段旅唐[34]团连络黔军柏师长所部,在公鹅坳迎剿。该匪拚命猛冲,经我军反复截击,卒被突围取间道向印江方向窜走。本部得报后,判断萧匪既向印江北窜,必与贺匪合股无疑。(此时贺匪已窜到松桃、印江、德江、婺川[35]之线以北地区)正计划将川、黔、湘边部队及桂省廖军,对萧、贺两匪作大规模与长期之围剿,同时廖军长、李代司令、王主席于廿二日在石阡会商,计划拟以湘、桂、黔、川各军,编为八个支队,分进剿、堵剿、清剿三方面,统归廖军长指挥。经电陈到部,正核转间,时赣东南之大股匪已开始西窜,而廖军长奉李[36]总司令、白副司令调桂防堵。该军遵于二十四日开拔回桂。本路军因赣匪绕窜赣县以南急图西窜,湘南兵单,不得不另统筹部署。乃一面将李代司令所部令调回湘增防,一面令饬陈师长渠珍,对于萧、贺两匪残部,负责与黔、川友军协同继续会剿,以竟全功。(其经过要图如附图第四其二[37])

注释:

* 此件选自何键《民国二十三年赣粤闽湘鄂剿匪军西路清剿概要报告书》第一章“军事”第二节“赣西南赣江湘南及湘桂黔边区之清剿经过”中第12个问题“第一纵队大部及湖南保安司令所部各保安团追堵萧匪经过”一段。此时间月份为编者所加。

[1]桂、汝,指湖南省桂东、汝城两县。

[2]段,指段珩。

[3]郴、宜,指湖南省郴县、宜章两县。

[4]临、蓝及零、道、江,指湖南省临武、蓝山两县及零陵、道县、江华三县。

[5]会、靖、通,指湖南省会同、靖县、通道三县。

[6]祁,指湖南省祁阳县。

[7]刘,指刘建绪。

[8]衡,指湖南省衡阳县。

[9]长，指湖南省长沙市。

[10]永南，指江西省永新县南部地区。

[11]黄，指广西省(今广西壮族自治区)全州县黄沙河镇。

[12]胡，指胡达。

[13]靖、通，指湖南省靖县、通道两县。

[14]白，指白崇禧，任国民党军第四集团军副总司令。

[15]王主席，指王家烈。

[16]洪江，今湖南省洪江市。

[17]谢，指谢明强。

[18]酉、秀、黔、彭，指四川省酉阳、秀山、彭水、黔江四县。

[19]周，指周芳仁。

[20]锦、黎，指贵州省锦屏、黎平两县。

[21]榕、黎、锦、柱，指贵州省榕江、黎平、锦屏、天柱四县。

[22]李，指李湘琳，任国民党军独立第三十二旅六九五团团长。

[23]王，指王琽，任国民党军独立第三十二旅六九四团团长。

[24]镇、施，指贵州省镇远、施秉两县。

[25]图略。

[26]汪，指汪玉珊，任国民党军第四集团军第七军二十四师七十团团长。

[27]张，指张光炜。

[28]苏、秦，指苏祖馨、秦霖，苏任国民党军第四集团军第七军十九师五十五团团长，秦任国民党军第四集团军第七军十九师五十六团团长。

[29]李，指李觉。

[30]柏、王，指柏辉章、王天锡。

[31]李，指李成章。

[32]侯，指侯之担。

[33]石、镇、施、余，指贵州省石阡、镇远、施秉、余庆四县。

[34]唐，指唐伯寅，任国民党军第十九师五十五旅一一〇团团长。

[35]婺川，今贵州省务川仡佬族苗族自治县。

[36]李，指李宗仁，任国民党军第四集团军总司令。

[37]图略。

第二章　中央红军长征在湖南

（1934 年 10 月—1934 年 12 月）

概　　述

一、进军湘南，突破三道封锁线

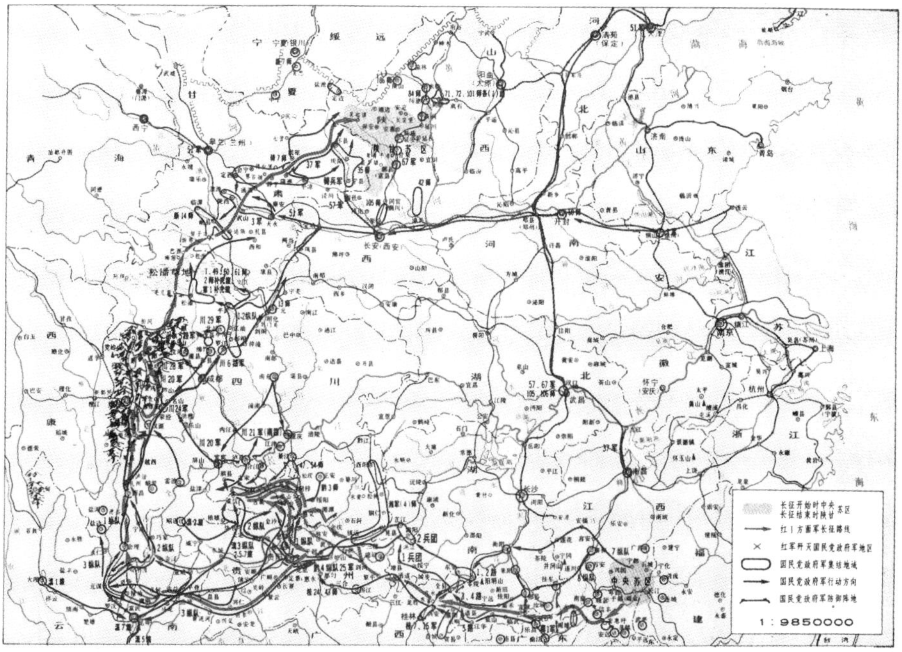

图 2-1　红一方面军长征路线图(1934 年 10 月—1935 年 10 月)

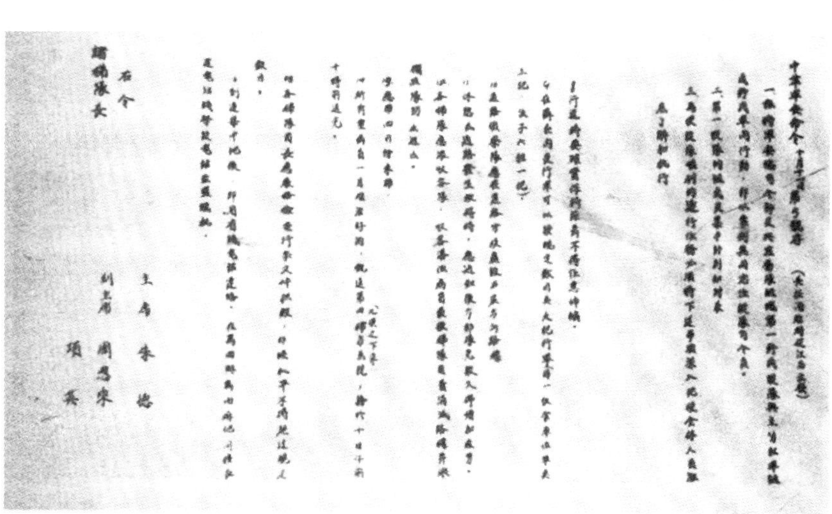
主席　朱　德
副主席　周恩来　项　英

图 2-2　1934 年 10 月初，国民党军推进到中央苏区腹地。中共中央、中革军委决定，中央红军撤离苏区，向湘西转移。图为中革军委发布的长征命令

由于党内“左”倾领导者执行错误路线，排斥毛泽东正确的战略战术思想，剥夺毛泽东在党内和红军内的领导权、指挥权，导致了中央苏区第五次反“围剿”的失败，中央红军被迫实行战略转移(图 2-1、图 2-2)。

在转移前，中共中央和中革军委把10多个新兵团、140多万发子弹、7.6万多枚手榴弹和大批物资补充红军各主力军团；把随红军转移的中共中央和中革军委机关编为两个野战纵队；成立了苏区中央分局、中央军区和中华苏维埃共和国中央政府办事处。任命项英为中央分局书记、中央军区司令员，陈毅为中华苏维埃共和国中央政府办事处主任，统一领导中央苏区和闽浙赣边区的斗争。在此期间，中共中央还利用蒋介石同各地方军阀之间的矛盾，同国民党"围剿"中央苏区之南路军总司令陈济棠进行了秘密谈判。谈判以后，该部同红军的对立有所缓和，为红军突围减少了一些阻力。

1934年10月7日，中共中央和中革军委命令红军第二十四师和地方独立团接替红军主力的防务，红军主力分别向雩都（今江西于都县）以北和瑞金、古城地区集中。10月10日晚，中共中央、中革军委率中央红军主力第一、第三、第五、第八、第九军团和第一、第二野战纵队，共8.6万余人，告别中央苏区，开始向湘西转移，出发长征。红军第二十四师和10多个独立团及其他地方武装共1.6万余人，留在苏区坚持斗争。（图2-3）

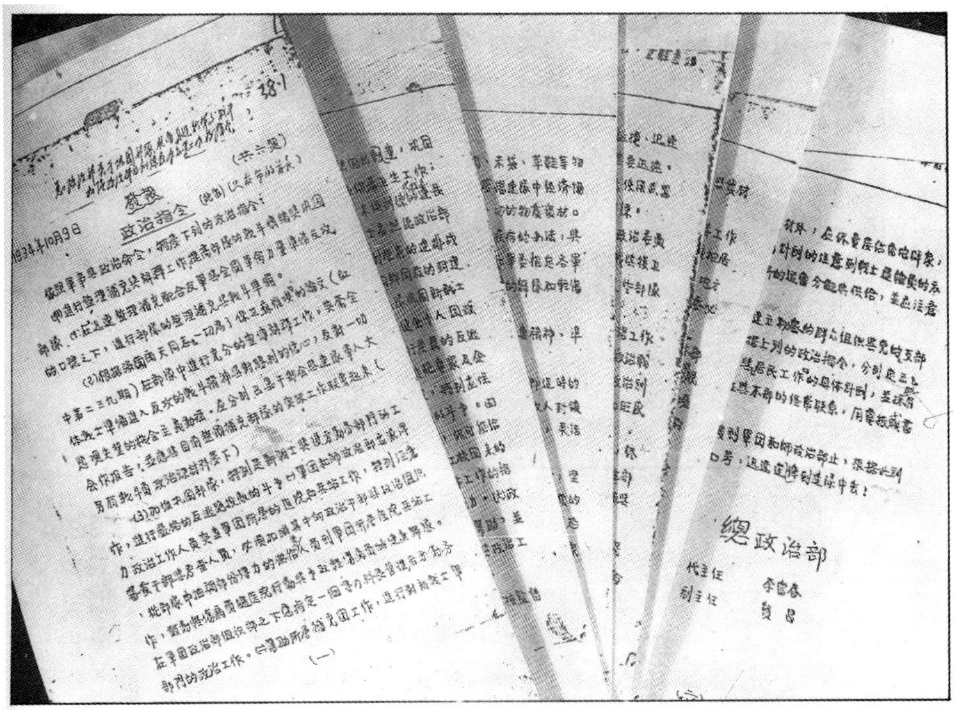
1934年10月9日
政治指令
总政治部
代主任 李富春
副主任 贺昌

图2-3　1934年10月9日，总政治部发出关于巩固部队准备长途行军与战斗的政治指令

10月17日，中央红军根据中革军委制订的计划，分别从10个渡口南渡贡水，准备从敌南路防区突围西去。根据地的人民群众聚集在大路两旁，怀着难舍难分的心情为红军送行，盼着红军早日打回来。全军指战员也怀着依恋的心情，告别了苏区，告别了苏区的人民。（图2-4）

国民党南路军陈济棠部为配合北路军、东路军对中央苏区的进攻，在赣州以东，沿桃江向南，经大埠、王母渡、新田等地修筑了许多碉堡群，构成第一道封锁线，企图阻止中央红军进入广东。其第四师驻赣县、南康，第二师驻信丰，第一师主力在安西，独立第二旅

图 2-4　参加长征的中国工农红军一部

在安远。

中共中央、中革军委依据上述敌情,决定中央红军由王母渡、韩坊、金鸡、新田地段通过粤军的封锁线,向湘南进军。中革军委命令红一军团为左路,攻歼新田、金鸡之敌,向安西、铁石口方向发展;红三军团为右路,攻歼韩坊之敌,向坪石、大塘方向发展;红九军团随红一军团左侧跟进,掩护左翼;红八军团随红三军团右侧跟进,掩护右翼;军委第一、第二野战纵队居中;红五军团担任后卫,掩护主力红军和中央机关前进。

10 月 21 日晚,红军主力按中革军委部署开始突围。红一军团攻占金鸡、新田。红三军团攻占韩坊,进至鸡公寨。军委总部进至合头地区。这时,国民党南路军稍经抵抗,即全线撤退,从重石、版石、新田、固陂、韩坊向安远、信丰、南康集中(图 2-5)。

图 2-5　红军突破第一道封锁线的地点之一——固陂

10 月 22 日,左路红一军团与由重石、版石向安西撤退的南路军两个团遭遇,激战数小时,将其击溃,敌丢弃枪械辎重向南撤退,红军向安西跟踪追击。右路军红三军团进占坪石。红八军团由王母渡过桃江(信丰河)，向坳头、大垅方向前进。23日，左路红九军团监视安西之敌，红一军团绕过安西向桃江发展。右路红三军团向大塘铺前进。24日，红一、三军团前卫占领桃江东岸，控制了渡口。红一军团主力占领铁石口等地，红三军团主力占领大塘等地。当晚，各路先头部队开始渡桃江，抢占河西要地，掩护主力渡河。25日，军委纵队和红军其他军团从信丰城南北先后渡过桃江，突破了敌人第一道封锁线。接着，红三军团第五师占领江口等地，前锋进至梅岭关、中站，红一军团第二师向广东边境乌径方向前进。

这时，国民党当局还不十分清楚中央红军战略转移的意图，有的判断“朱毛出去是少数，大部留在中央苏区”；有的认为“朱毛出去是主力，留在苏区是少数”；还有的分析红军可能声东击西，“故意弄一部分向西，大部分留下向东边”发展。蒋介石举棋不定，一面命令“围剿”中央苏区的北路军主力集结待命，一面电令南路军总司令陈济棠和西路军总司令何键火速出兵，在汝城、仁化和乐昌、宜章、郴县组成两道封锁线，阻止红军西进。

陈济棠为阻止红军进入广东，已将南路军主力撤至大庾(今江西大余县)、南雄、安远和新田等地，采取守势；何键部正处在分散“清剿”状态，湘中、湘南仅有其一个多师的兵力防守；北路军远在赣江以东的兴国、古龙冈、石城一带。10月25日，中共中央、中革军委决定红军继续向湖南的汝城和广东的边境城口方向前进。第一步西进到大庾、南雄地区，主力从大庾、南雄间通过。第二步到沙田、汝城、城口地区，并相机占领汝城。

中央红军遵照中共中央和中革军委指示，继续以两个军团在左、两个军团在右、中央纵队居中、一个军团在后的甬道式的部署西进。这时，全军8万多人，携带大批辎重，在羊肠小道上前进，行动十分迟缓，有时一天才走二三十里，甚至十几里，使所有红军主力都变成了掩护队。这种大搬家式的转移，严重地削弱了部队的机动作战能力。

图2-6　1934年11月2日，红军某连战士深夜爬上了这座怪石嶙峋的石壁山，消灭了敌人，保证了红一方面军向汝城濠头的胜利进军

10月30日，前锋部队进抵湖南边境。这时，蒋介石倾全力堵击红军西进，企图将红军堵截、消灭于湘粤桂边区。与此同时，他还命令湖南、广东两省军阀在湘粤边境布置了第二道封锁线，该封锁线的湖南段共筑有碉堡105座，国民党军出动飞机协同作战。湖南军阀何键接到蒋介石“追剿”命令后，调兵堵截进行军事打击，令湘军主力向湘赣边境集结，第六十二师向汝城开动；国民党北路军周浑元纵队向遂川集结，企图侧击中央红军。何键同时还在湘南各地加紧实施保甲制度，建筑碉堡，实行所谓

的坚守碉堡、清查户口、集中粮食、处理食盐的坚壁清野政策,企图把红军逼入绝境。

中革军委为了取得先机之利,决定西进湘南。中央红军于 10 月 30 日至 11 月 2 日,兵分三路由江西的崇义猛扑湘粤边境的汝城(图 2-6)、城口,进逼敌人第二道封锁线。在当地党组织和群众的配合下,红军摧毁敌人碉堡 30 余座,在城头、太来圩、大坪等地重创敌军(图 2-7)。军委纵队和红军主力相继入湘,胜利突破敌人第二道封锁线(图 2-8)。11 月 2 日,红一军团第二师占领广东仁化县城口(图 2-9)。3 日,红三军团包围汝城(图 2-10 、图 2-11、图 2-12、图 2-13)。

图 2-7　红一方面军在汝城至城口一带,摧毁了无数碉堡,胜利突破了敌军第二道封锁线。这是红军攻克的附城太来圩黄家寨炮楼的所在地

图 2-8　中央红军长征在汝城突破第二道封锁线纪念碑

图 2-9　国民党军第二道封锁线的中心——城口

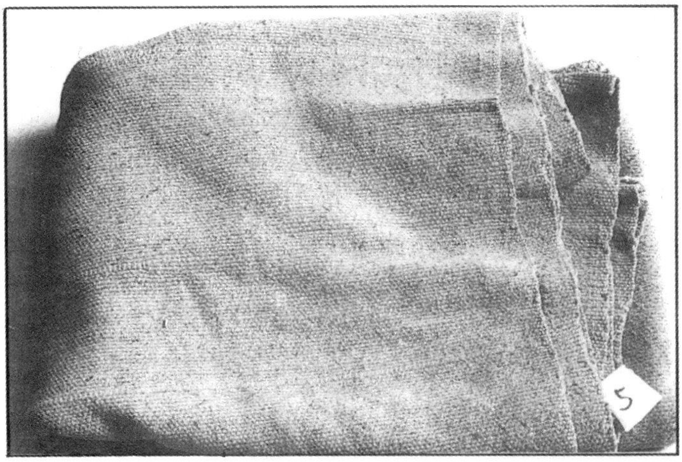

图 2-10　红军长征时经过湖南省汝城时送给群众的棉毯

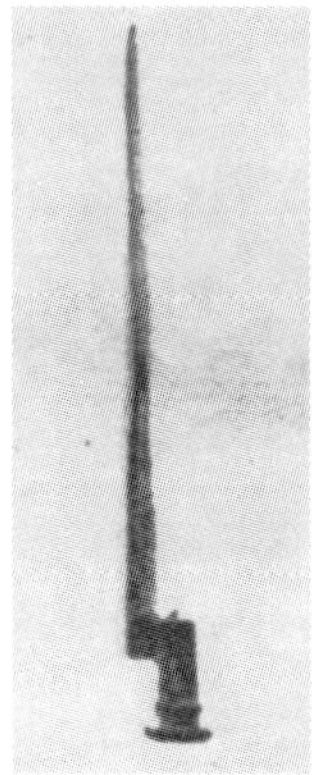
图 2-11　红一方面军用过的刺刀(汝城县热水公社叶祖煌保存)

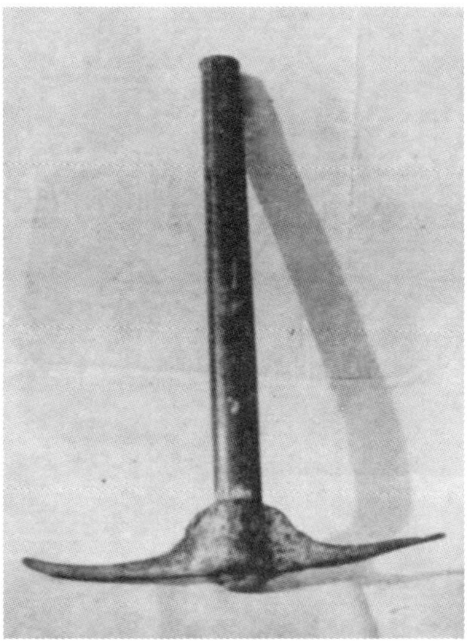
图 2-12　红一方面军用过的洋镐(汝城县延寿公社曾五生保存)

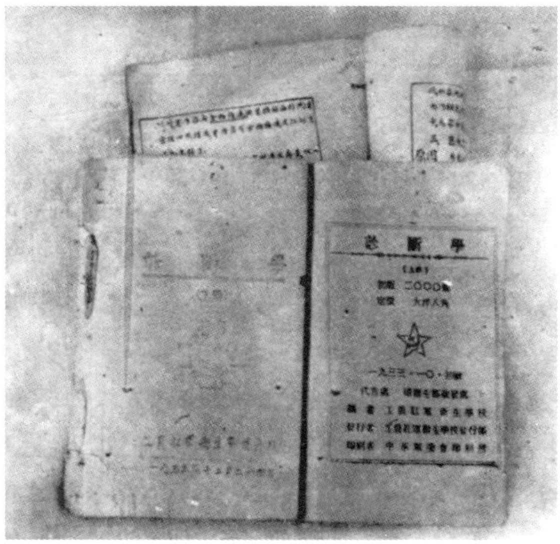
图 2-13　红一方面军长征经汝城县延寿时，送给农民尹举行的三包医药书

在突破第二道封锁线时，中央红军巧妙利用了陈济棠、蒋介石之间的矛盾和粤、湘地方军阀各图自保的本性(图 2-14)，快速出奇兵，再一次挫败了蒋介石妄想在湘粤边界地区堵歼红军的企图。

11 月 5 日，中共中央、中革军委决定红军分三路，由汝城、城口之间陆续通过封锁线(图 2-15、图 2-16、图 2-17、图 2-18、图 2-19、图 2-20、图 2-21、图 2-22、图 2-23、图 2-24、图 2-25)。右纵队红三、红八军团，由汝城到大坪间通过，向百丈岭、文明司前进(图 2-26、图 2-27)；中央纵队红一军团第一师，军委第一、第二纵队，红五军团主力由新桥经界头、九峰山向九峰圩前进；左纵队红一军团主力和红九军团、红五军团第三十四师由城口、思村向岭子头前进。当红军向郴州、宜章西进时，蒋介石的南昌行营又于 11 月 6 日颁布紧急“堵剿”电令，命湘军、粤军在北起衡阳，经郴州、宜章至广东乐昌的交通线上设置第三道封锁线，遍筑堡垒。

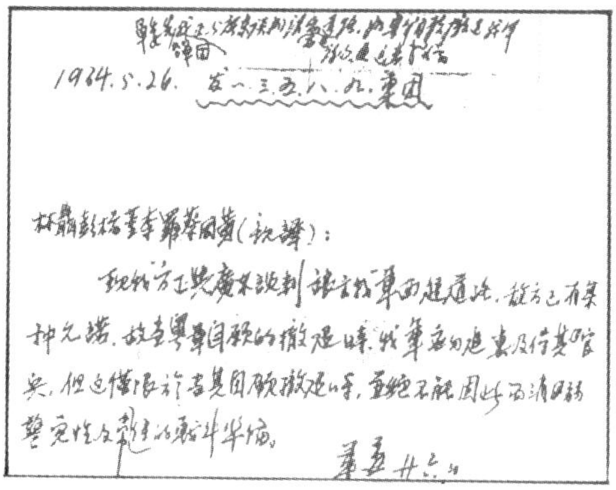

图 2-14　1934 年 10 月 26 日，中革军委指示：如粤军自愿撤退，红军请勿追击

图 2-15　1934 年 10 月，红一方面军开始长征，突破敌人第一道封锁线后，于 11 月初进入湖南汝城。图为汝城的重要关卡之一——益将腊岭芭蕉垅凉亭，红军经过这里时，守敌早已望风溃逃

图 2-16　延寿阻击战发生地——汝城县延寿乡官坑村的青石寨

图 2-17　延寿阻击战青石寨下的红军墓

图 2-18　红五军团军团长董振堂

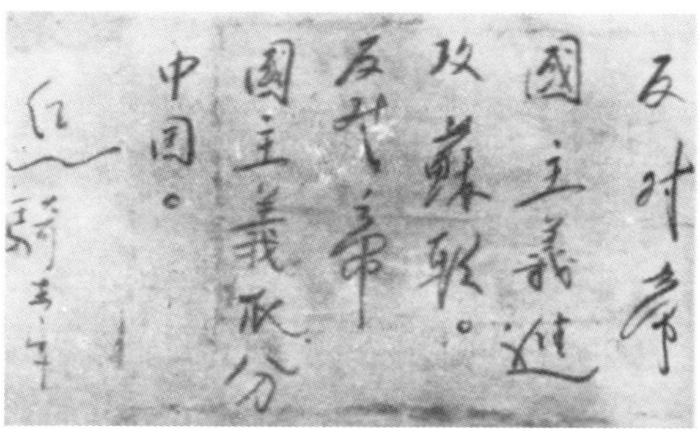

图 2-19　红军经过汝城县濠头时写的标语

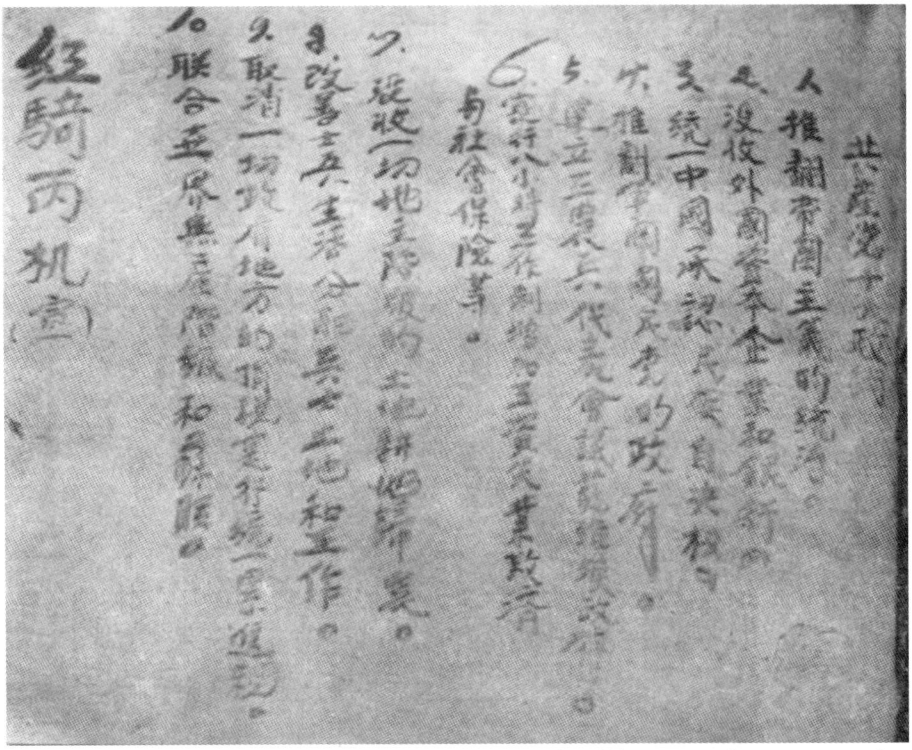

图 2-20　红军经过汝城县濠头时写的《共产党十大政纲》

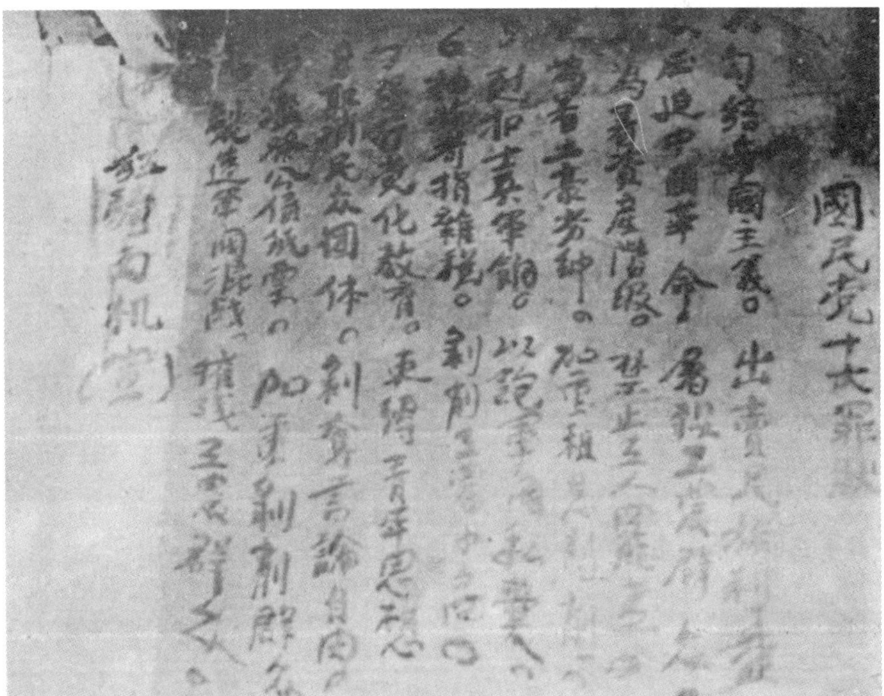

图 2-21　红军经过汝城县濠头时写的《国民党十大罪状》

图 2-22　红军在汝城县大坪写的标语

图 2-23　红军在汝城县大坪写的标语

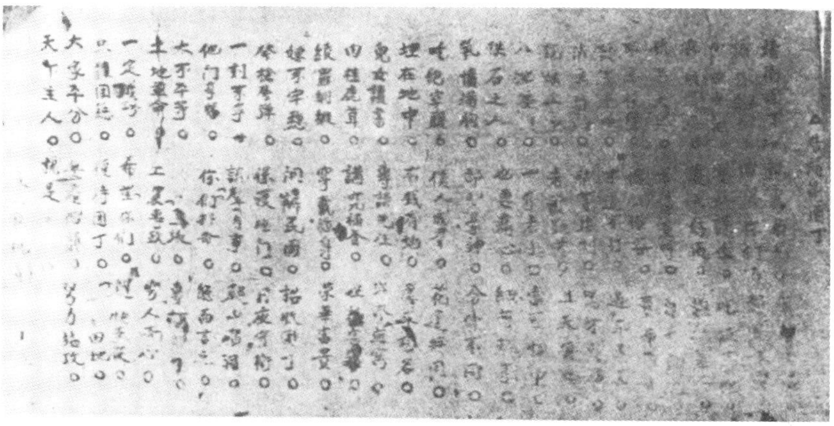

图 2-24　红军在汝城县集龙写的《告靖卫团丁》

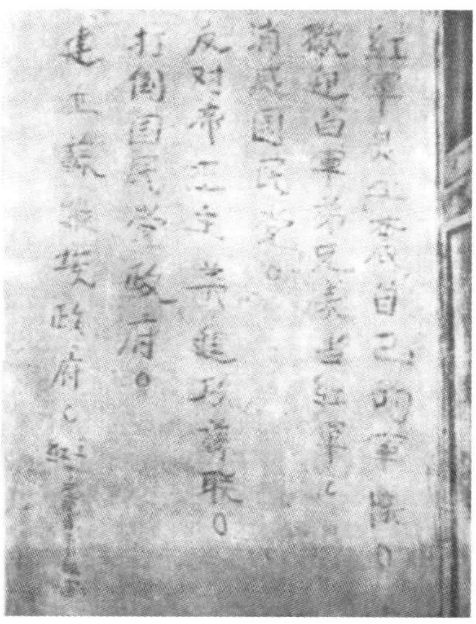

图 2-25　红军经过汝城县集龙时写的标语

图 2-26　1934 年 11 月,红一方面军经过汝城文明司时,司令部曾驻扎在这里

图 2-27　红军在汝城县文明司写的标语

图 2-28　宜章县城一角

中央红军通过敌人第二道封锁线后，国民党北路军周浑元纵队和薛岳所部距红军尚远，南路军陈济棠部只图拥兵自保，何键所部兵力分散。红军未遇严重抵抗，即迫近敌人在郴县、良田、宜章的封锁线。在这条封锁线上，郴县有湘军第十五师驻守，宜章、坪石有粤军两个团防守。

11 月 7 日，中革军委决定中央红军从宜章南北通过敌人第三道封锁线，继续西进（图 2-28）。其部署是：红三军团为右纵队，于良田、宜章间通过封锁线，军委第一、第二纵队，红五军团，红八军团在红三军团后跟进；红一军团为左纵队，于宜章、坪石间通过封锁线，红九军团随后跟进。

11 月 8 日，中央红军各部队按上述部署行动（图 2-29），11 月 15 日，全部从郴县、宜章间通过了国民党设置的第三道封锁线（图 2-30、图 2-31）。红三军团进到桂阳东南两路口地区，红八军团进到桂阳西南的方元、大塘地区，红五军团进到宜章西北地区，军委第一、第二纵队进到沙田等地，红一军团进到宜章西南地区，红九军团进到沙田以南地区。

红军长征进入湘南地区后，采取多种方式广泛开展群众工作。在宜章，红军向群众宣传党和红军的政策与主张，帮助地方党组织开展工作，建立工农政权和革命武装。军委纵队过宜章樟桥时，军委组织部长李弼廷接见了中共湘南特委委员谷子元，留下两名红军干部参加中共宜乐工委工作。11 月 15 日，红六师在宜章县城召开群众大会，成立县苏维埃政府和工人赤卫队，分发财物，发放 100 多支枪，在纱仓建立了党小组（图 2-32）。红一师在白石渡发展 42 名党员，建立 3 个秘密党支部，还建立了一支 60 人的游击队（图 2-33），为宜章地区党组织和革命人民坚持革命斗争留下宝贵的红色火种（图 2-34）。

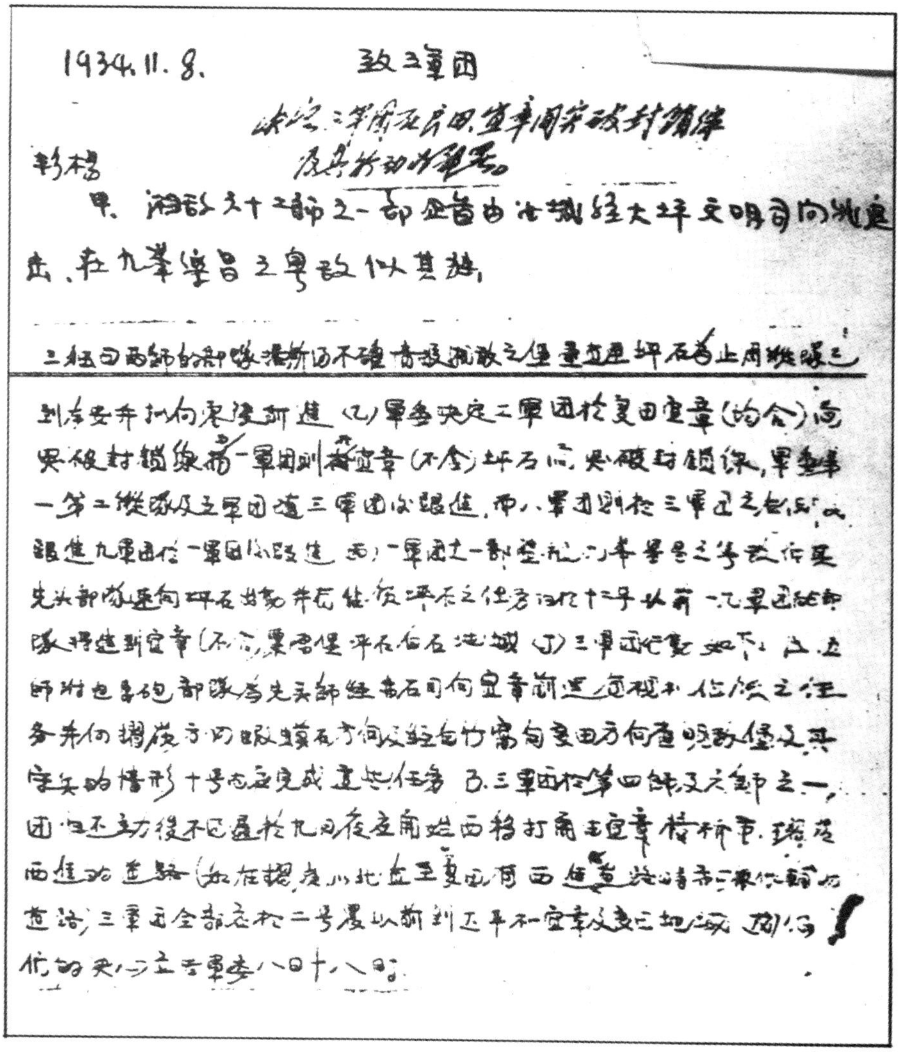

图 2-29　1934 年 11 月 8 日，中革军委关于红三军团在良田、宜章间突破国民党政府封锁线任务的指示

图 2-30　国民党第三道封锁线——宜章渡口

图 2-31　这是被红军摧毁的宜章罗家灌后山碉堡残骸。当时宜章境内这样的碉堡有一百多个，扼守要道，构成对红军的第三道封锁线，其中大部分被红军摧毁了

图 2-32　红军第三军团解放宜章后，红十七团在城隍庙前坪召开群众大会，宣布成立宜章县苏维埃政府。这是当年的城隍庙前坪

图 2-33　1934 年 11 月，红军长征到达宜章时，党的地下组织曾动员四五百名铁路工人报名参加红军。这是当年红军扩红最多的地方——白石渡

图 2-34　红军长征中送给群众自编的藤碗

二、血战湘江，突破第四道封锁线

红军通过敌人第三道封锁线时，蒋介石才判明红军转移的战略目标。他害怕中央红军与贺龙红三军会合，进而集中力量在湘鄂川黔边区建立革命根据地，或在湖南重建根据地，于是立即召见何键、薛岳等，并在湘南重镇衡阳召开军事会议，进行兵力部署，加紧构筑第四道封锁线。在红军西进路线前面，横阻着两条大江天堑：一条是遍布急流险滩的潇水，另一条则是宽阔汹涌的湘江。国民党军的第一个部署是合击红军于宁远天堂圩与道县之间的潇水之滨，第二个部署是围歼红军于湘水之滨。蒋介石于 11 月 12 日任命何键为“追剿军”总司令，指挥原西路军和北路军薛岳、周浑元两部共 16 个师 77 个团专事“追剿”；命令原南路军总司令陈济棠部 4 个师北进粤湘桂边进行截击；命令桂军正副总司令李宗仁、白崇禧以 5 个师控制灌阳、兴安、全州至黄沙河一线；命令贵州省“剿匪”总指挥王家烈派有力部队到湘黔边堵截。13 日，“追剿军”总司令何键发布“追剿”计划，将其所部分为五路“追剿军”：第一路以刘建绪为司令，辖第十六、第六十二、第六十三、第十九师，第五十五旅，补充第一、第二、第三、第四团，保安第九、第二十一、第二十三团，主力集结于黄沙河附近，与桂军协同，堵击红军西进，并沿湘江碉堡线布防；第二路以薛岳为司令，辖第五十九、第九十、第九十二、第九十三师和惠济支队，主力集结于零陵附近地区，与第一、第三路联系，堵截红军北进和西进；第三路以周浑元为司令，辖第五、第十三、第九十六、第九十九师，继续向道县前进，而后与第一、第二路及桂军联络，截击红军；第四路以李云杰为司令，辖第二十三师、第十五师，与第三路联络，经嘉禾（图 2-35）向宁远及其以南地区，尾随红军追击；第五路以李云珩为司令，辖第五十三师、航空第二队，与第四路及粤军联络，经临武、蓝山、江华、永明（今湖南江永县），尾随红军追击，并以航空兵实施侦察和轰炸。湘军、桂军和中央军重兵云集，加上各地民团，总兵力 40 万人，修筑了 500 多座碉堡，追堵和围攻红军，蒋介石坐镇南昌直接指挥，陈诚作为预备军总指挥竭力协助谋划，企图实现将中央红军围歼于湘江、漓水以东地区。

图 2-35 红一方面军经过嘉禾县的下车、甫口地区时，曾在此击退敌军李云杰部

这时，各路敌军虽有 25 个师，但他们之间矛盾重重，各有各的打算。其中只有湘军行动比较积极，而蒋系的薛岳和周浑元两部行动迟缓，两广部队则在其边境进行防堵。从宜章至湘江广大地区，我们党的基础和群众条件比较好，敌人力量不强，又属于无堡垒地域，便于红军机动作战。据此，毛泽东曾建议，乘各路敌军正在调动，薛、周两部尚未靠

拢之际，集中兵力，寻歼敌军一路或一部，以扭转战局。但是博古等人拒绝了毛泽东的建议，以致丧失了在湘南歼敌的战机，使红军继续处于十分被动的地位。11 月 18 日凌晨，红四团与红五团强渡潇水，攻占道县县城（图 2-36、图 2-37）。红二师直属队在城南击落敌人 709 战斗机一架，俘获两名飞行员（图 2-38）。红军主力分两路进军，左路部队攻占蓝山（图 2-39、图 2-40、图 2-41、图 2-42、图 2-43、图 2-44）、江华、永明，右路部队 23 日在宁远屋脊岗击溃敌人李云杰

图 2-36　中央红军长征出发后，国民党军预置了四道封锁线，进行堵截。图为红军通过敌人第三道封锁线后，红军小战士写在湖南道县孔庙外墙上的标语

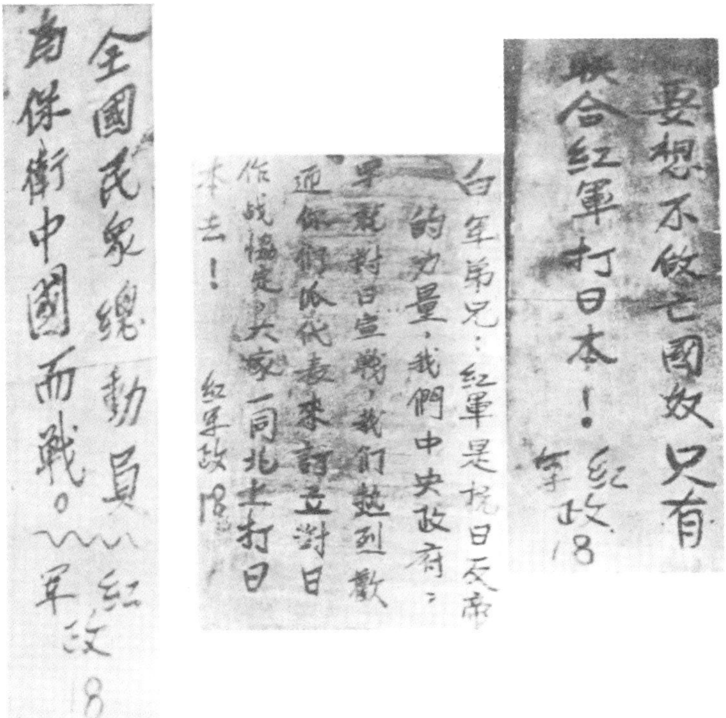

图 2-37　红军经过道县豪福村时写的标语

部（图 2-45、图 2-46）。各路红军渡过潇水，集结在道县与永明一线。11 月 25 日，中革军委发布作战命令，兵分两路抢渡湘江，以红一军团为右翼，红三军团为左翼，红五军团为后卫，八、九军团等部为侧应，掩护中央纵队和军委纵队过湘江。中共中央和总政治部

联名发出政治动员令，要求野战军全部人员以最英勇坚决而不顾一切的行动，进攻部队应最坚决果断地粉碎前进路上一切抵抗并征服一切天然的和敌人设置的障碍。由于红军自撤出中央苏区40多天来，部队连续行军作战，极度疲劳；更由于“左”倾机会主义者采取错误的大搬家行动，红军带着笨重的物资，形成一支庞大、累赘的队伍，迟滞了部队前进的速度；红军后续部队错过了渡江的有利时机，也给敌军重新集结对付红军创造了条件，加大了红军渡江的损失。

图2-38　1934年11月，红军战士用机枪击落敌709号飞机一架。这是道县群众保留至今的飞机残片

图2-39　这是红一方面军司令部经过蓝山县下洞时的驻地——杨家祠堂

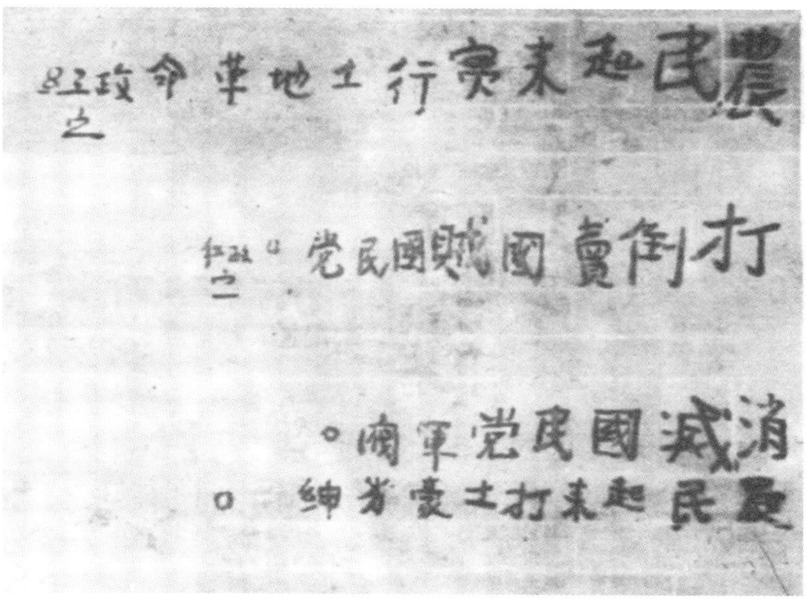

图2-40　红军经过蓝山县总市时写的标语

图 2-41　这是中央苏区“中华苏维埃共和国国家银行”发行的“壹元券”。红一方面军路过蓝山县火田渡时，曾用此券偿付当地药铺的两服中药费

图 2-42　1934 年 11 月，红一方面军经过蓝山县瓦窑时，留给杨满发的一把刺刀

图 2-43　红一方面军战士留在蓝山县祠市李红吉家的铜瓢

图 2-44　红一方面军路过蓝山县大汉口村时，该村有两户人家房子失火，红军战士迅即将火扑灭，并送给每家救济费三十块银圆。这是当时被火烧过的房子

图 2-45　1934 年 11 月，红一方面军进入宁远县的屋脊岗，与敌激战后，顺利通过水南浮桥，强渡潇水，迅速占领道县县城。图为屋脊岗山口

图 2-46　1934 年 11 月,红一方面军进入宁远县的屋脊岗,与敌激战后,顺利通过水南浮桥,强渡潇水,迅速占领道县县城。图为水南浮桥

当中央红军渡过沱水后,蒋介石认为红军已经“流徙千里,四面受制,下山猛虎,不难就擒”。为把红军歼灭于湘江以东地区,他急令何键的“追剿军”与粤军、桂军相互配合,凭借湘江天险,设置第四道封锁线,从四面对中央红军进行围追堵截。其部署为:以第一路“追剿军”刘建绪部 4 个师和第二路“追剿军”薛岳部 4 个师又 1 个支队,日夜兼程分别由黄沙河、东安及零陵地区急赴全州地区沿湘江布防;以第三路“追剿军”周浑元部 4 个师占领道县,继续尾追;以第四路“追剿军”李云杰部两个师与第三路相配合,由桂阳向宁远方向尾追;以第五路“追剿军”李韫珩部 1 个师协同粤军、桂军,由郴县向江华、永明开进;命令桂军 5 个师仍在灌阳、兴安以北至全州地域集结,进行堵截。

形势对红军极为不利。迅速西渡湘江,突破敌人的重围,这是攸关红军生死存亡的关键一战。中央红军为了调动敌人,寻机渡江,以一部兵力西进永明。国民党第四集团军(桂军)副总司令白崇禧害怕红军夺取桂林,令其主力由全州、兴安一线南下龙虎关(图 2-47)、恭城一带堵截。这样,兴安、全州一线敌军兵力比较空虚。

图 2-47　“一夫当关万夫莫开”的龙虎关

中共中央、中革军委抓住这一有利战机,决定迅速抢渡湘江。11 月 25 日,党中央及总政治部发出“进行突破敌人第四道封锁线战役渡

过湘江”的政治命令，朱德发布作战命令，规定红军分4个纵队前进：第一纵队红一军团主力，沿道州、蒋家岭、文市向全州以南前进；第二纵队红一、红五军团各一部和军委第一纵队经雷口关或永安关及文市以南前进；第三纵队红三军团和军委第二纵队、红五军团一部经小坪、邓家源向灌阳前进；第四纵队红八、红九军团经永明、三峰山向灌阳、兴安前进；准备从兴安、全州间抢渡湘江，突破敌人第四道封锁线。此时，何键的“追剿军”第一路两个师正由东安向全州、咸水一线急进，第二路一部进至零陵、黄沙河一线，第三路由宁远尾追，第四、第五路由宁远向东安集结。

图2-48 湘江战役时，红三军团指挥所——三官堂

中央红军按照中革军委指示，以红一军团为右翼、红三军团为左翼（图2-48），昼夜兼程向湘江急进。11月27日，红军先头部队第二师顺利地渡过湘江，控制了界首到脚山铺的渡河点，并在附近架设浮桥（图2-49、图2-50）。28日，红三军团第四师渡过湘江进至界首，但后续部队因道路狭窄、辎重过多，未能及时赶到湘江渡河点（图2-51）。是日，敌第一路“追剿军”一部由全州向脚山铺的红二师发起进攻，一部向黄沙河开进。次日，几路“追剿军”分别向道县、文市等地红军后卫部队进攻（图2-52）；桂军主力分两路北进，一路向灌阳地区北上突击湘江东岸红军，一路由兴安北向湘江西岸的红军进攻，企图夺回渡河点，围歼红军于湘江两岸。

红军广大指战员为坚守渡河点，扼制敌军进攻，掩护中共中央、中革军委机关渡过湘江，在湘江两岸与敌人展开了激烈的战斗。30日，军委第一、第二纵队渡过湘江。此时，全州之敌4个师向红军脚山铺阵地进攻，红一军团利用有利地形，给敌人很大杀伤。激战一天后，因敌众我寡，为避免损失，红一军团主动撤出阵地，组成第二道防线，继续阻击敌人南进。由兴安北进的桂军占领光华铺后，受到红三军团第四师的英勇阻击。由灌阳北进之桂军主力两个师，在新圩、古岭头地区遭红三军团第六师和红五军团第三十四师的顽强抗击。战斗异常激烈，形势极其严峻（图2-53）。

图 2-49　湘江战役遗址——界首渡口

图 2-50　红军突破第四道封锁线的地点之一——界首渡口

图 2-51　湘江渡口

图 2-52　道县下关后山，1934 年 11 月，红一方面军第一师曾在这里阻击追敌，掩护主力部队向广西挺进

图 2-53　湘江血战

12月1日，是湘江战役中战斗最激烈的一天。12月1日1时半，中革军委命令红一军团在原地阻击全州之敌，无论如何要保证西进道路在我军手中。3时半，中共中央、中革军委、总政治部向红一、红三军团指出，12月1日的战斗，是关键性的一仗，“不为胜利者，即为战败者”，一定要“消灭敌人进攻的部队，开辟西进的道路，保证我野战军全部突过[湘江]封锁线”。清晨，湘军4个师在飞机狂轰滥炸的配合下，向红一师水头、下壁田和红二师朱兰铺、白沙二线阻击阵地扑来。红一、二师指战员在10多公里长的战线上，同装备精良的敌人展开拼杀，直到中午才奉命撤出阵地。在光华铺的红三军团，同数倍于己的敌人展开血战，到中午奉命撤退。在红一、三军团左、右两翼的阻击掩护下，后续部队冒着敌机的轰炸扫射，分别在麻子渡、南石渡、凤凰嘴一带抢渡湘江。红军广大指战员坚决响应中共中央、中革军委的号召，发扬英勇顽强的战斗精神，不惜牺牲，浴血奋战，终于阻止住优势敌人的进攻，掩护中共中央、中革军委机关及后卫部队渡过了湘江。湘江战役是突围以来最艰苦的一仗。红军广大指战员同敌人苦战5天，克服了重重困难，突破了敌人第四道封锁线，粉碎了蒋介石围歼红军于湘江两岸的企图。但红军也遭受重大损失，中午时分，各渡河点相继落入敌手，殿后阻敌的红五军团三十四师、红三军团六师十八团被阻隔，未能渡过湘江。部署在灌阳水车一带担负湘江战役总掩护任务的红三十四师，掩护全军渡过湘江后，于12月2日进至湘江边上，遭遇桂军两个师的堵截，师政委程翠林和大批指战员壮烈牺牲。这时，湘军与桂军12个师封锁了湘江并包围红三十四师。师长陈树湘召集团以上干部会议，决定突围到湘南打游击。由韩伟率一〇〇团掩护，陈树湘与师参谋长王光道率一〇一团和一〇二团随师部突围重返宝盖山。由于寡不敌众，弹尽粮绝，加上接连征战，官兵疲劳，红三十四师伤亡惨重。陈树湘腹部中弹重伤，几个战士用简易担架抬着转移。他在担架上忍着剧痛指挥突围。突然，抬担架的战士饮弹倒下，他跌下翻滚到田沟里。警卫员前去救护，他推开警卫员，命令他们掩护其他战友突围。他把敌人引向自己，随后被俘。当敌兵押送他至道县石马桥时，他乘敌不备，忍着剧痛从伤口处抠出肠子绞断，把鲜血洒在长征路上，保持了共产党人的气节，牺牲时年仅29岁。红三十四师的牺牲奉献，谱写了长征史上悲壮的一页(图2-54)。

图2-54　红军突破湘江烈士纪念碑

湘江战役，是中央红军长征出发以来最艰苦最壮烈的一仗。它粉碎了蒋介石企图将中央红军消灭于湘江以东地区的计划，同时也宣告了“左”倾军事路线的破产。由于“左”倾领导者面对强敌和险境时指挥失措，红军付出了惨重代价，兵员折损过半，全军已不足 3.5 万人，作战部队伤亡超过三分之二。但是，英勇无畏的红军战士终于突破敌人设防最严密的一道封锁线，以血的惨痛代价，保存了党和红军的精英，为继续长征夺取胜利奠定了基础（图 2-55、图 2-56）。

图 2-55　中央红军在湘江战役中浴血奋战，终于突破第四道封锁线，但也付出惨重代价，由长征出发时的 8.6 万人锐减到 3 万多人。图为红军突破第四道封锁线时的战场旧址——湘江渡口之一

图 2-56　红军在桂东县使用的苏维埃纸币和硬币（上图）；1934 年 12 月，红五军团三十四师的 4 位战士送给江永县桥头铺乡亲一张纸币，感谢乡亲们在他们被敌人冲散后给予的关心照顾（下图）

三、转兵通道，西进贵州

12 月 3 日，中央红军进入西延山区，这里西接贵州高原，地势险峻，道路崎岖，山地绵延数百里（图 2-57）。

图 2-57　红军经过靖县平察时写的标语

红军进入西延山区之后，敌人判断中央红军将经绥宁、洪江、黔阳北出湘西，同红二、六军团会合，于是急忙向黔阳、洪江地区转移兵力。蒋介石命令何键将 5 路“追剿军”改组成两个兵团，以刘建绪为第一兵团总指挥，辖第一、第四、第五路，并附第十九师及各补充团，以薛岳为第二兵团总指挥，辖第二、第三路；分别由黄沙河、全州一带向新宁、城步（图 2-58、图 2-59）、绥宁、靖县、会同、芷江地区开进，构筑工事，布置战场，企图围歼红军于北进湘西的途中。同时蒋介石还令黔军王家烈部在锦屏、黎平一线堵击红军西进，令湘桂两军各一部在红军后面尾追。

图 2-58　红一方面军使用的自制手雷（城步县五团公社群众保存）

中革军委不考虑敌情的变化，仍决定以一部兵力阻击追敌，牵制企图向红军翼侧截击的湘桂两军，主力分左右两路向通道、播阳（今通道县播阳镇）和长安堡（今通道县城附近）前进，北出湘西，同红二、六军团会合。

12 月 5 日，中央红军冒着敌机威胁和民团的袭扰，越过西延山脉主峰老山界，进入龙

图 2-59　红一方面军用过的行军锅和行军灶(城步县蓬洞公社杨盛才保存)

胜山区,这是长征以来最难走的一段路。在西延、龙胜山区,居住着苗族群众。广西军队胁迫老百姓对红军实行坚壁清野,并派特务在红军经过时偷偷纵火,企图嫁祸于红军。8日,中革军委命令红一军团迅速占领通道,红三军团主力控制桂北和钳制龙胜之敌,其他部队向通道前进。

12 月 9 日、10 日,红军分 3 路相继进入湘西南地域的通道县境。红军进到通道后,广泛开展了宣传工作。12 月 10 日,部队在龙坪宿营,潜伏的特务四处纵火,全镇几百户木房大部被焚。红军在救火时捉获了纵火特务,并对受灾群众进行了救济,当少数民族群众明白真相后,不少人要求当红军。反动派弄巧成拙,搬起石头砸自己的脚。

12 月 10 日,中央红军先头部队进至通道县下乡、长安堡地区,一部袭占通道县城。这时,"追剿军"主力已进至城步、绥宁、靖县、洪江、黔阳、芷江地区赶筑工事,张网以待。中央红军在部队极度疲劳、空前减员的情况下,如果继续执行北出湘西与红二、六军团会合的计划,就势必与五六倍于己的敌军决战,那将有全军覆没的危险。在此严峻的时刻,毛泽东等人力主放弃北出湘西的原定计划,改向敌人兵力薄弱的贵州前进。但是中共中央、中革军委却不顾敌情的变化,仍然坚持原定的北出湘西与红二、六军团会合的计划,只在行军路线上略加变动。

12 月 11 日,在通道县城县溪镇,召开了有 500 多名群众参加的群众大会,红军宣传队表演了莲花落、红军战歌等文艺节目,红军领导人作了报告,宣传了红军的性质和作用,宣传了共产党的宗旨和主张,指明了穷苦人民翻身解放的唯一出路是跟着共产党闹革命(图 2-60)。会后,红军打开县城粮库,开仓济贫。红军总司令朱德还在牙屯堡一块茶山地里,向中央警卫团的干部作了民族政策的报告。他告诫大家,在这里和进入贵州后,面对少数民族,大家既要遵守群众纪律,又要执行民族政策。少数民族受压迫最深,生活最苦,是红军的依靠力量。但是少数民族的礼俗不尽相同,红军是各族人民的子弟兵,在少数民族地区,要严格执行三大纪律、八项注意,特别要尊重少数民族的

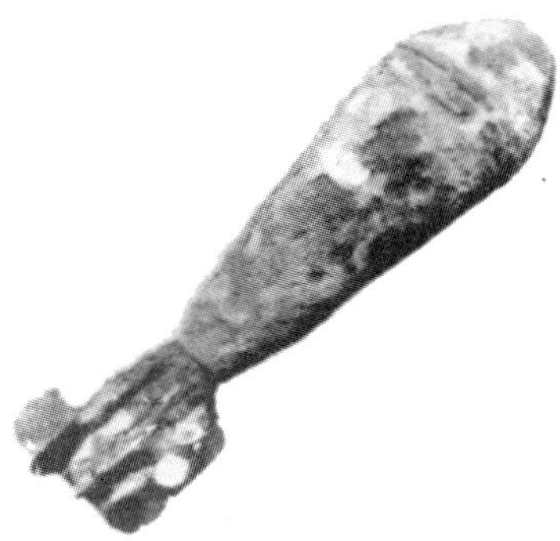

图 2-60　红一方面军使用的迫击炮弹(通道马龙公社群众保存)

风俗习惯，团结少数民族，共同反对国民党反动派和反动军阀。与此同时，红军还在通道书写了大量宣传民族政策的标语口号。如"苗汉平等"，"共产党主张平等、民族自治、尊重民族的风俗习惯，实行共产党的主张，各族人民得解放"！全军上下，从领导到战士，严格执行党的民族政策，与通道各族人民结下了深厚的情谊。

中央红军战略转移的最初计划是从南线突破粤军封锁线，然后沿赣、粤、湘、桂边境到达湘西会合红二、六军团。上述计划很快为蒋介石所觉察，他急忙调集几十万军队对突围西进的中央红军进行围追堵截。1934 年 11 月 17 日，蒋介石南昌行营发布《湘水以西地域"剿匪"计划大纲》，其战略意图是防止中央红军"长驱入黔"，以及进入湘西实施"与贺萧合股之目的"，围堵中央红军于黎平、锦屏以东，黔阳、武冈、宝庆以南，永州、桂林以西，龙胜、洪州以北地区。按照这个计划大纲，何键急忙调集湘军及配属其指挥的"中央军"共 15 个师的兵力，在通道城以北地区的武冈、绥宁、靖县、会同、芷江、黔阳一带布防，竭力进行堵截。在这种情况下，中央红军到湘西会合红二、六军团，寻求战略落脚点的打算已无法实现。可是，"左"倾领导者博古、李德等人，却不顾当时严重的敌情，也不顾红军在湘江战役中大量减员、极度疲劳和战斗力空前减弱的实际情况，硬要坚持从通道北上与红二、六军团会合，不惜钻进蒋介石预先布置好的伏击口袋，使中共中央、中央红军面临全军覆没的危险。

在此危急紧要关头，毛泽东亲自促成了党中央通道会议的召开和中央红军通道转兵的实现（图 2-61）。

图 2-61 毛泽东 中华苏维埃共和国中央政府主席、三人军事指挥小组成员、红军陕甘支队政治委员、红一方面军政治委员、中国工农红军西北革命军事委员会主席

中央红军从江西出发长征不到两个月，遭受空前的挫折和损失。远离根据地，长距离奔波征战，前途不明，使全体指挥员、战斗员心中蒙上了阴影。尤其是连续突破敌人 4 道封锁线之后，8 万余红军仅剩下 3 万余疲惫之师。血的代价震撼着上至中央领导人下至红军指战员的心灵。面临失败，红军高级将领和广大指战员把希望重新寄托在曾经率领党和红军胜利创建井冈山、中央苏区，领导中央红军打过许多胜仗的毛泽东身上。

事实上，从进入湘南起，毛泽东就自觉地站出来，加紧做党中央和中央红军领导人的工作，说服、争取他们认识"左"倾错误领导的危害和改变错误领导的必要性，团结大多数中央领导人共同力挽危局。

长征初期，毛泽东由于长期患病未愈，体力太弱，坐着担架行军，恰与被敌机炸伤的王稼祥（图 2-62）及张闻天（洛甫）等中央领导人同行、同住。王稼祥是中革军委副主席兼总政治部主任，党内是中央政治局委员，毛泽东抓住机会同他一路交谈，坦陈己见。毛泽东不仅回顾分析了长征以来红军由于采取逃跑主义、搬家主义而造成的重大损失和陷入的困境，谈了他对军事领导上的看法和意见。王稼祥深感有道理，并为自己作为中央领导的一员，"没有坚决反对李德的主张"而感到自责，他向毛泽东表示：非把李德、博古撤换不可，请你重新出山，否则，中国革命会断送在他们手里。张闻天是中央书记处书记兼宣传部部长，在党和红军中也是具有相当影响的领导人。长征之前，他已对博古、李德等的错误领导“也不满意”，并把这些不满意告诉毛泽东。长征以后，他和王稼祥、毛泽东住在一起，通过与毛泽东的接触和交谈，逐渐认识到改变错误军事指挥的必要性。相对而言，周恩来（图 2-63）比其他的中央领导成员更加了解毛泽东在党和红军中的威信及他的卓越军事才能。在第五次反“围剿”失败、长征以来损失惨重的事实面前，周恩来逐渐认识到李德等人的军事错误不能再继续下去。面对红军当前的危机和困境，周恩来发自内心地迫切希望毛泽东重新执掌军事领导权，发挥他的灵活机动的战略战术的力量，挽救党和红军于重重危险之中。这样，就在中央政治局内形成了反对“左”倾领导者李德、博古的中坚和核心。而当时红军总部和各军团、师、团的主要将领，因为在一线作战，更痛切地感受到李德、博古的瞎指挥对红军和革命前途的巨大危害，更急切地希望毛泽东重新指挥红军，打几个像前三次反“围剿”战斗那样痛快淋漓的大胜仗，转危为安，重振红军军威和士气。当时，红军总司令朱德，红军总参谋长刘伯承，红一军团军团长林彪、政委聂荣臻，红三军团军团长彭德怀、政委杨尚昆，以及其他高级将领，都对中央的路线和战略转移到湘西会合红二、六军团的计划产生了怀疑，俱感事关党和红军生死存亡，表示拥护毛泽东出来领导红军。

图 2-62 王稼祥 中革军委副主席、红军总政治部主任、三人军事指挥小组成员、红军陕甘支队政治部主任、红一方面军政治部主任

图 2-63 周恩来 中革军委副主席、红军总政治委员、三人军事指挥小组成员、红一方面军司令员兼政治委员

中央红军强渡湘江进入通道县境后，为了解决处于危机情况下的红军行军路线和战略方针问题，经毛泽东等建议，1934 年 12 月 12 日傍晚，在通道县内临时动议，召开了中共中央负责人紧急会议。出席会议的有随中央第一纵队、第二纵队长征的中革军委主席兼红军总司令朱德（图 2-64）、中革军委副主席兼红军总政委周恩来、中革军委副主席兼红军总政治部主任王稼祥、在中央负总责的中央书记博古、中央书记兼宣传部部长张闻天、中华苏维埃共和国中央执行委员会主席毛泽东，他们都是中共中央政治局成员，还有一位共产国际派来的中革军委军事顾问李德。

在这个会议上，毛泽东根据已经变化了的敌我形势，力主放弃北上湘西会合贺龙、萧克部队的计划，改变进军路线，不是北上，而是西进贵州。因为黔军比较薄弱，在贵州可以争取打几个胜仗，使部队获得喘息的时间，以便整顿被打散的部队。李德却固执地坚持原定方案，主张中央红军向北，去与红二、六军团会合，依靠湘西根据地，向敌人进攻，争取在湘、黔、川三省交界的三角地带创建一大片苏区。毛泽东气愤地批评了这个主张，

图 2-64 朱德 中革军委主席、红军总司令

说明红军主力现时北上湘西，将会陷入敌军重围，后果不堪设想。

毛泽东的正确意见得到了周恩来、朱德、王稼祥、张闻天等中央领导人的赞同和支持。12 月 12 日 19 时半，以中革军委名义向军团、纵队首长发出西入贵州“万万火急”进军电报。12 月 13 日，中革军委又发出迅速脱离桂敌，西入贵州，寻求机动，以便转入黔北的电令。根据电报的指示，中央红军分两路转兵西向，进军贵州，一路由县溪经靖县的新厂、平茶入黔，一路由播阳入黔向黎平进军。12 月 14 日，中央纵队进入贵州省境之后，中革军委命令活动在湘西的红二、六军团配合行动，调动或钳制黔阳、芷江、洪江的敌人，以策应已西进贵州的中央红军。是日，红一军团占领黎平，从而使蒋介石调集重兵在湖南西部消灭红军的梦想化为泡影（图 2-65）。

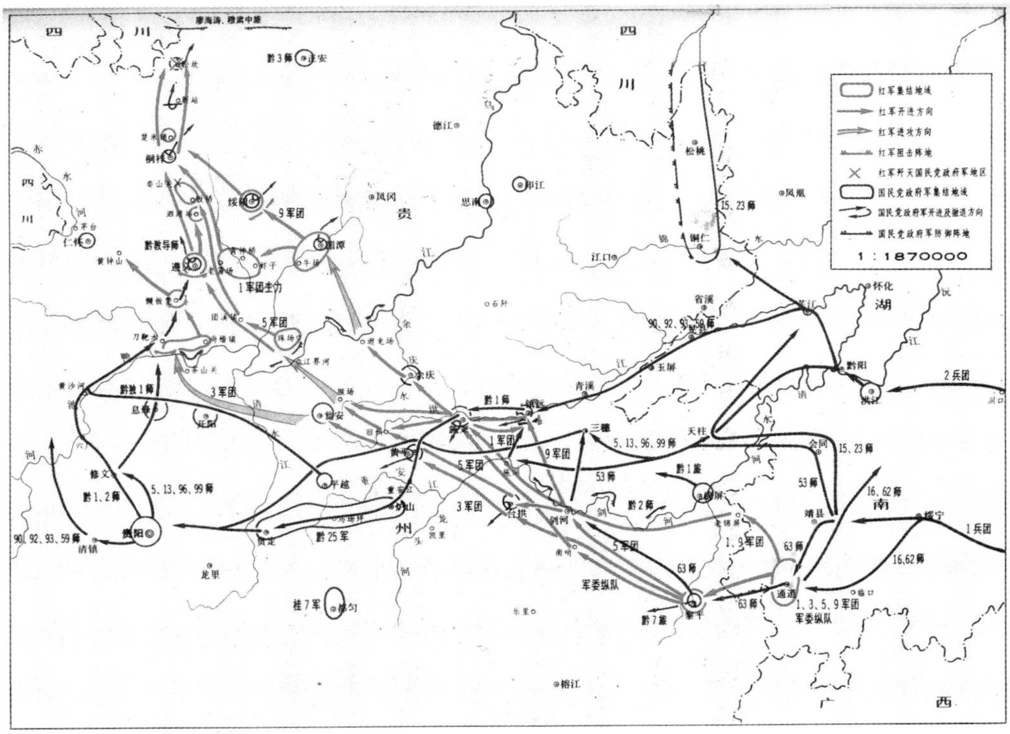

图 2-65 向贵州进军与一占遵义要图（1934 年 12 月 11 日—1935 年 1 月 19 日）

通道会议和通道转兵，不仅暂时避免了红军北上湘西可能遭受的毁灭命运，为党和红军的长征开辟了一条新的生路，更重要的是，通过党内领导层的严肃斗争，开始反对李德、博古的错误领导，以毛泽东为代表的正确路线逐步化为多数领导人的共识，实际上为黎平会议的决议和遵义会议的召开提供了组织上和思想上的可能性。

1934 年 12 月 18 日，中共中央政治局在黎平召开会议，研究红军的战略方向问题。

到会的多数同志赞成毛泽东的正确意见，批评了“左”倾领导者“在当时不利于我的情况下，却还是机械的要向二、六军团地区推进，而不知按照已经变化的情况来改变自己的行动与方针”。会议作出在川黔边建立新的根据地的决定。决定指出：“鉴于目前所形成之情况，政治局认为，过去在湘西创立新的苏维埃根据地的决定，在目前已经是不可能的，并且是不适宜的。”“政治局认为，新的根据地区应该是川黔边区地区。在最初应以遵义为中心之地区；在不利的条件下，应该转移至遵义西北地区。”决议号召红军广大指战员，“为着保证这个战略决定之执行，必须反对对于自己力量估计不足之悲观失望的失败情绪及增长着的游击主义的危险”。（图 2-66）黎平会议肯定了毛泽东的正确意见，更正了中央红军的前进方向，使红军避免了可能覆灭的危险（图 2-67、图 2-68、图 2-69）。

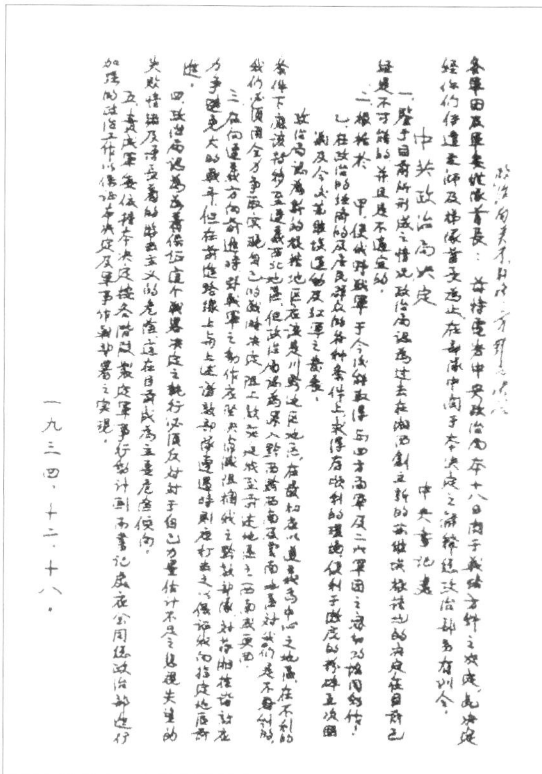

政治局关于战略方针之决定

各军团及军委纵队首长：兹特电告中央政治局本十八日关于战略方针之决定，此决定经你们传达至师及梯队首长为止，在干部中则于本决定之精神经过政治部另有训令。

中央书记处

中央政治局决定

一、鉴于目前所形成之情况，政治局认为过去在湘西创立新的苏维埃根据地的决定在目前已经是不可能的并且是不适宜的。

二、根据于：甲、使我野战军于今后能取得与四方面军及二六军团之密切的协同动作；乙、在政治的经济的及居民群众的各种条件上，求得有利的环境便利于我之发展及今后苏维埃运动及红军之发展。

政治局认为新的根据地区应该是川黔边区地区，在最初应以遵义为中心之地区，在不利的条件下应该转移至遵义西北地区，但政治局认为深入黔西、黔西南及云南地区对于我们是不利的。我们必须用全力争取实现自己的战略决定，阻止敌驱迫我至前述地区之西或南。

三、在向遵义方向前进时，野战军之动作应坚决消灭阻拦我之黔敌部队。对蒋、湘、桂诸敌应力争避免大的战斗，但在前进路线上与上述诸敌部队遭遇时，则应打击之，以保证我向指定地区前进。

四、政治局认为必须坚决保证这个战略决定之执行，必须反对对于自己力量估计不足之悲观失望的失败情绪及增长着的游击主义的危险，这在目前成为主要危险倾向。

五、责成军委依据本决定按各阶段制定军事行动计划，而书记处应会同总政治部进行加强的政治工作以保证本决定及军事行动计划之实现。

一九三四·十二·十八·

图 2-66　中央档案馆藏：黎平会议文件《中央政治局关于战略方针之决定》

图 2-67　黎平会议旧址

图 2-68　黎平古镇

图 2-69　1934 年 12 月，中共中央在贵州省黎平召开了政治局扩大会议，会议肯定了毛泽东转兵贵州的正确主张。右图为黎平县街景，左图为会议旧址

文　献

野战军人员武器弹药供给统计表*

（1934 年 10 月 8 日）

类别	结〔数〕别	队别	一军团	三军团	五军团	八军团	九军团	军委纵队	罗逻〔迈〕纵队	总　计
人员	现有		17280	15205	10868	9022	10238	4693	9853	77159
	最后拟补充		2600	2600	1300	1900	1300			9700
	小计		19880	17805	12168	10922	11538	4693	9853	86859
武器	马匹		90	71	49	21	29	34	44	338
	步马枪	现有	6612	6813	3894	3075（二）	3460	1768	2068	27690
		拟补充	380	380	296	217	190			1463
		小计	6992（一）	7193	4190	3292	3650	1768	2068	29153
	短枪		1052	857	609	89	197	183	154	3141
	重机枪		102	102	45	42	42	12	12	357
	轻机枪（三）		105	70	39	35	36	9		294
	自动枪			28						28
	手花机关		132	37	42	18	20	16	6	271
	迫炮		8	8	2	2	2	16		38
	刺刀		5313	3996	2668	1849	1679	1245	802	17552
	梭标		513		436	816	1023	36	3277	6101
	马刀		219	118	130	50	82	216	67	882
	工作器具		2617	1937	1599	1310	1290	862	319	9988

续表

结〔数〕别 队别 类别		一军团	三军团	五军团	八军团	九军团	军委纵队	罗逻〔迈〕纵队	总　计
弹药	步马弹	412288	391110	169949	153082	169260	54236	68275	1418200
	短枪弹	25350	14856	16726	1483	3715	7105	3656	72891
	手榴弹	19281	20518	9828	10006	9942	2361	4590	76526
	重机弹	47544	49510	13999	14289	14988	5409	5770	151509
	轻机弹	33759	10614	4373	4268	9656	1460		14630[1]
	自动弹		7191						7191
	手花机弹	27708	9455	8614	7219	11078	2400	1235	67709
	迫炮弹	612	680	93	104	104	880		2473
供给	冬衣(件)	19500	18500	11500	9500	9500	14600		83000[2]
	盐(斤)	8700	9000	4500	4050	2500	6112		34862
	钱(元)	340千元	340千元	232千元	147千元	201千元	382千元		2024千元[3]
	药(担)	305	305	26	26	26	26		177[4]
通信材料		可供给至十一月二十四日	同	同	同	同	同	同	
说明：(一)1K教导队人员未统计在内。(二)8K有一部没有供给机关。 (三)多未分开统计轻机、自动步枪。									

注释：

＊ 本表表名、表内项目、数字均据原件刊印。“野战军”，是中共中央、中央政府、中革军委机关和直属部队及红一方面军进行战略转移时使用的番号，它包括有：军委第一、第二纵队(即表内军委纵队、罗迈纵队)，红一方面军第一、第三、第五、第八、第九军团。下同。

[1]此数疑误，按分项数字总计应为64130。

[2]此数疑误，按分项数字总计应为83100。

[3]此数疑误，按分项数字总计应为1642千元。

[4]此数疑误，按分项数字总计应为714。

野战军由十月十日至二十日行动日程表*

（1934 年 10 月 9 日）

日期 兵团	10	11
军委纵队	从晚上出发，由田心向麻田圩前进。干部团由晚上由九堡向宽田进	从晚上出动，并应到达宽田 从晚上出动，并于到达岭背圩后，即配置训练
Ⅰ K	从九号晚上，由江背洞、社富、溪原于 7 号晚转移到集中地域（见图）15D 从晚上出动，由固村、回龙转移到黄石罐地域	在集中地整理、补充及军政训练 15D 从晚上出动并应到达翰林头、半裁地域
Ⅲ K	在宁都南之第一作战地区，进行整顿和军政训练	同上
Ⅴ K	在兴国北面之现阵地，即在拉石寨以南及城皇以南之现阵地继续抗击周敌 如敌前进时，则转移到文溪村西至水寨脑之后方地域	同上
Ⅷ K	从晚上由水南南路及石桥地域，转移到银坑、桥头地域	从晚上出动，由桥头、银坑转移到杰村、澄龙、社富地域
Ⅸ K	三师在桃黄隐蔽、休息、整理，并于当晚向武阳围前进 二十二师主力仍于站塘，其 65R 则在茶梓地域肃清铲匪	三师由晚上出动，到达会昌之北塘坊［珠］兰埠、木西坝地域。二十二师同上
中央纵队	在梅坑编队 教导师在瑞金附近进行军政训练	同上
	1. 与五、八军团用无线电联络 2. 与其余的则用电话联络	同上

续表

兵团＼日期	12	13	14
军委纵队	从晚上出动，由宽田转移到古田圩，于岭背渡河	仍留原地配置休息，并开始架设雩都到小溪的长途电话。干部团编入纵队，余同上	仍在原地并进行补充侦察。在宁、会河会合处[1]即龙古嘴到孟口地域准备渡河，完成一周粮食的准备
Ⅰ K	同上 十五师归还主力	同上	完成一切准备，工兵及侦察部队进行补充侦察，并准备由龙古嘴到龙江口[2]地域渡河
Ⅲ K	晚上由原地出动，到达葛坳、曲阳、上脑地域	晚上由现地出动，到达三贯、水头圩、车头圩地域	完成一切准备，工兵及侦察部队进行补充侦察，并准备由孟口（不含）到三门滩（不含）地域渡河
Ⅴ K	同上 如敌前进时，则退至兴国北之牛形、象形及至西面之杨山地域	同上	同上。但在敌人大力压迫下可放弃兴国，转移到兴国以南地域
Ⅷ K	在集中地整理、补充并进行军政训练	在原地动作同上	同上
Ⅸ K	三师及二十二师均同上	三师及六十五团同上。二十二师在分区部队掩护下，转移到麻州地域	完成一切准备，三师准备于会昌以北地域渡河，而二十二师准备于安远河之长沙圩附近渡河
中央纵队	晚上由梅坑出动，到达麻地圩、富陂、黄龙。教导师则于当晚转移到西江地域	中央纵队应完全集中到麻地圩、宽田、黄龙地域	在东江口（不含）到洛口塘（不含）地域，进行补充侦察及准备渡河
	1.与3K、5K、8K无线电联络 2.与其余的用电话联络	1.与5K、8K无线电联络 2.其余的用电话	同上 各军团负责代表到总司令部受领命令

续表

日期 兵团	15	16	17
军委纵队	完成渡河准备，发下进攻命令	从晚上渡雩都河并应到达新陂地域	从晚上由原地转移到小溪地域
Ⅰ K	在原地完成一切渡河准备	从晚上于规定地域渡雩都河，并转移到梓山、里仁、梨村、梨邦桥地域	从晚上由原地出动，转移到金竹、仁风圩及塘村地域
Ⅲ K	从晚上出动，由原地域转移到古嶂村、铺前岗、三门滩，并完成一切渡河准备	从晚上于规定地域渡雩都河，并应到达新陂（不含）、罗家渡、大平（含）地域	从晚上出发，转移到牛岭坳、牛岭及图岭地域
Ⅴ K	转移到兴国以南约于增高山、竹坝、山田地域进行运动防御	从晚上由原地出动，转移到杰村、社富、溪原地域，掩护队应位置于兴国之南	从晚上转移到雩都以北地域，进行补充
Ⅷ K	在原地	从晚上由原地出动，转移到水仓前、石□、观音庙地域，并准备渡河	从晚上于雩都（不含）、三门滩间渡河，并转移到大平、长罗、罗家渡地域
Ⅸ K	在原地	在原地完成准备	从晚间渡河，全部转移到桂林间、茶梓、河石地域，六十五团即归还主力
中央纵队	在原地，但国局第一营集中于新陂	应从晚间转移到东江口、洛口塘地域的东岸，准备渡河	从晚上于东江口、洛口塘间渡河，转移到梓山、梨村、梨邦桥。国局一、三两营应集结金竹
	1. 与 3K、5K、8K 用无线电 2.其余用电话 3.代表联络	1. 5K、8K 及中央纵队无线电 2.其余用电话	1.与 5K 无线电 2.其余的用电话

续表

日期 兵团	18	19	20
军委纵队	从晚上移到图岭地域，并附两个迫击炮连及爆破连给三军团，附一个迫炮连给一军团	从晚上转移到合头地域	原地准备南移
I K	主力在原地向金溪、新田之敌进行侦察，并向新田、重石间及石背圩方向派出别动队	从晚上接近敌阵地，即进至金溪、金竹背以东及以北地域，唐〔塘〕村为1K与其他后续队之后方分界线	进攻金溪、新田之敌，以求达到石背圩、林罗背（含）地域
Ⅲ K	主力在原地向韩坊、固陂、大桥头之敌进行侦察，并向固陂、韩坊间与别室[3]方向派出别动队	从晚上接近敌人阵地，到长渡坝、白室地域，牛岭为三军团之后方分界线	进攻韩坊、固陂之敌，以求前出到平〔坪〕石、林罗背地域
V K	转移到雩都地域进行整理，并准备渡河	从晚上于雩都、三门滩间渡河，并到达罗家渡、新陂、小溪及大平地域	在原地向雩河岸南派出警戒，并准备晚间南移
Ⅷ K	晚上移到长罗、大平及牛岭坳（不含）地域	从晚移至王母渡、立赖圩之间河的东岸，侦察敌人的渡河点，并准备渡河	为协助3K攻韩坊，于晚间由王母渡、立赖圩间西渡，目的是在前出到大龙地域
Ⅸ K	在原地，但向龙布、重石之敌派出侦察，并于其间派出别动队	从晚间以一个师迫龙布，一个师进至金沙、水口并侦察龙布、重石之间到牛犬山的道路	进攻龙布之敌，目的是在前出到重石、竹背间的道上，并钳制重石之敌
中央纵队	从晚上移到乱石、上坪、大平圩、小溪（不含）地域。国局一、三两营均归还本队	从晚间移到仁凤〔风〕圩、金竹及牛岭、唐〔塘〕村（两不含）地域	准备从晚上南移
	同上	1.均用无线电 2.与1K、3K、中央纵队加徒涉〔步〕	1.与一、三军团用野战电话 2.与其余的用无线电

1.雩都北之移动，因〔用〕石印的石、兴、会、雩路线图（附原件）；在雩都河以南行动，则用军委新印的赣南路线图。

2.雩都南分界线如下：

A. 3K 右侧分界线，长洛、牛岭坳、长渡坝（均含）。

B. 1K、3K 分界线，新陂、小溪（两军团均不含）、金竹（属 1K）、应坑、大桥头（属 3K）、流坊圩（属 1K）。

C. 1K 左翼分界线，为梨邦桥、仁凤〔风〕圩、双芫、金竹背、石背圩（均含）。

3.雩都、新陂、小溪的路，应让出给军委，军委于继续前进宿营位置，不应驻军团部队，军委要一师人的驻地。

4.时间是大约的计算，而以个别的命令确施之。

中革军委

1934 年 10 月 9 日

注释：

＊ 此表按中国人民解放军档案馆提供的档案原件刊印，表后“1”项中所述“石、兴、会、雩路线图”及“赣南路线图”均缺。1934 年 10 月 12 日 8 时半，中革军委主席朱德致电各军团、纵队，通知：“将该表规定野战军全部行动，按日推迟一天执行，但中央纵队仍于今十二号晚移动。”

[1]指宁都河（梅江）和会昌河（贡水上游）合滙点，位于今于都县城东北约 4 公里处，该地今名白口。

[2]未查到此地名。据红一军团行动地域判断，似指今于都县城以东约 18 公里、无名小河与贡水汇合处。

[3]似指白室。

朱德、周恩来、项英关于第一野战纵队组成及集中计划的命令*

（1934年10月10日）

一、兹将军委总司令部及其直属队组织第一野战纵队，与主力红军组成之野战军同行动，即以叶剑英同志任纵队司令员。

二、第一纵队的组成及集中计划如附表。

三、为使纵队顺利的遂行任务，必须将下述事项深入地使全体人员彻底了解和执行。

1.保持军事秘密。应加强警戒，封锁消息，各部队机关一律用代字，极力隐蔽原来番号名称。关于行动方向须绝对保守秘密。每日出发前，须检查驻地，不得遗留关于军事秘密的文字。

2.为隐蔽行动，避免飞机侦炸，应用夜行军。黄昏前集合，黄昏后移动，拂晓时停止。

3.每一伙食单位应派设营员一人，由各梯队派员率领设营（第一、第二两梯队由第二梯队派员负责分配）。

4.各梯队在平形〔行〕道路前进时，应在出发前两小时派出道路侦察队，侦察和修理道路。但第一梯队则于九日时派工兵连一连先行，为道路侦察队。

5.应严格遵守集合和出发时间及行军次序，不得迟缓和紊乱。

6.部队及行李的集合场应分开，选在路旁空地，不得遮断道路，妨碍通过。

7.各梯队应妥觅响〔向〕导，但须绝对隐蔽自己的企图。

8.行进时要确实保持距离，不得任意伸缩。

9.在苏区内夜行军，可以按规定数目点火把行军（每一伙食单位准点三把，夫子六担一把）。

10.道路侦察队应在道路分歧处设石灰方向路标。

11.休憩或通路发生故障时，应通知后方部队，免致久停，增加疲劳。

12.各梯队应派收容队，收容落伍病员。最后梯队负责消灭路标，并派拦阻队防止逃亡。

13.应带四日份米粮。

14.所有重病员一月难治好的，概送第四后方医院（九堡之下宋），务于十日午前十时前送完。

15.各梯队首长应严格检查行李、文件担数，非经批准不得超过规定数目。

16.到达集中地后，即用有线电话连络。在万田与万田、麻地间接长途电话线，架设电话，并置总机。

右令

彭〔诸〕梯队长

主席 朱德
副主席 周恩来
项英

部队组成 行军日程		第一纵队司令员叶剑英				
		第一梯队	第二梯队	第三梯队		第四梯队
		彭雪枫	罗彬	武亭		陈赓 宋任穷
		总部一、二、三局 无线电三台 电话一排 通讯队 警备连 工兵连（已先一天出发） 运输两排	总部四、五局总政治处 警卫营(欠一连) 总政治部 医务所 运输一排	工兵营(欠一连) 炮兵营 运输一大队另二排	附属医院（欠三所）	干部团 医务所 运输一排
第一天	出发地点	梅坑	田心圩	石门圩	洋溪	九堡圩
	出发时间	十日十七时	十日十八时	十日十八时	十日十八时	十日十七时
	经过道路	沿坝、麻地	沿坝、麻地	西江、小密	九堡	里田坳、杉星
	宿营地点	万田(约50里)	万田、麻地间(50)	黄龙(50)	九堡、麻地之间	洋田(50)
第二天	出发地点	同上	同上	同上	同上	同上
	出发时间	十一日十七时	十一日十八时	十一日十八时	十一日十八时	十一日二十时
	经过道路	宽田	宽田	梓山北岸(不过花桥、梓山)	万田	榆山、松树坪
	宿营地点	塅屋(60)	塅屋(60)	新圩(50)	黄龙(60)	宽田(40)
第三天	出发地点	同上	同上	同上	同上	同上
	出发时间	十二日十七时	十二日十八时	十二日十六时	十二日十六时	十二日十七时
	经过道路	岭背	岭背	岭背		塅屋
	宿营地点	古田(50)	田寮下(40)	禾溪布(40)	新圩(50)	岭背(50)
附记		电话两排明十日另带长途电线80里，取捷径直往雩都待命		1.第三天出发，可早在十六时，得先行渡河（因该梯队行程较近），以免拥挤 2.沿雩都右岸前进时，不要渡河 3.附属医院14/X到禾溪布		注意： 第二天为避免与一、二梯队交叉，其出发时间可迟至二十时
部队名称的代名字		红星	梅坑	小松		公馆

注释：

＊ 此命令及附表按中国人民解放军军事科学院提供的档案原稿刊印，原标题是“中革军委命令第5号”。

野战军南渡贡水计划表*

（1934 年 10 月）

部队		军委第一纵队	军委第二纵队	ⅠK	ⅢK	ⅤK	ⅧK	ⅨK
渡河日期	渡河日期	从 17/X 晚起，至 18/X 拂晓五时止	从 18/X 晚起，至 19/X 拂晓五时前止	从 17 晚起，至 18 拂晓五时前止	从 17/X 晚起，至 18/X 拂晓五时前止	从 20/X 晚起，至 21/X 拂晓五时前止	从 18/X 晚起，到 19/X 拂晓五时前止	从 18/X 晚起，到 19/X 拂晓五时前止
	派出侦察日期（便衣、工兵、政治侦察	15/X 派出侦察水位、流速，确定徒涉场、架桥可能、河岸当地居民情况、给养情形（菜、油、柴等），限 16/X 正午报告，送达军委司令部	15/X 晚派出参谋长率特务队及干部团的工兵连（15/X 由岭背出发），16/X 拂晓到达花桥、各矛、洛口地域，进行渡河侦察，任务与上同。限 17/X 拂晓前，报告送达新陂军委司令部	15/X 派出侦察，任务同上，亦限 16/X 夜将报告直由潭头送到古田军委司令部，同时送报告给军团司令部	18[1]/X 派出侦察，任务同上。报告由埠前岗分送军委司令部及军团司令部，统限 16/X 夜送到	18/X 晚派出侦察队、工兵连至雩都、塔脚下地域，准［备］侦明渡河点并接受雩都军区保管的及 8K 于 19/X 拂晓前移交的一切渡河器材及船只，并将接受情形电告军委	17/X 晚，应派出负责参谋及两个工兵连到达 3K 渡河地区，弄明水深、流速、徒涉场、架桥地点，并于 18/X 拂晓五时—六时三十分接收 3K 各架桥点的一切器材、船只，并负责拆掉	16/X 晚，派出便衣政治侦察安远河之兴公埠与桂林江的徒涉场，并限于 17/X 正午前电告军委

续表

部队		军委第一纵队	军委第二纵队	ⅠK	ⅢK	ⅤK	ⅧK	ⅨK
渡河日期	准备完毕日期	17/X 拂晓前完成一切渡河准备，17/X 十六时起开始架桥，限四时架桥完毕，在水深在一米达以下的徒涉场的地方，即不架设浮桥	18/X 拂晓前完成一切渡河准备。18/X 十六时开始架桥，限二十时完毕。在有徒涉场水深在 80C[2] 以下的，即不架桥	同军委第一纵队	同上	20/X 日拂晓前，将一切渡河器材整理完毕。20/X 十六时开始架桥，余同上	18/K〔X〕拂晓完成一切渡河准备。同军委第二纵队	18/X 拂晓前完成一切准备
渡河区域	渡河地区	孟口至古龙嘴（均含）间	花桥至洛口塘	古龙嘴到花桥（不含）间	由孟口（不含）至三门滩（含）间	由雩都至塔脚下（含）间	由孟口（含）、三门滩间	在会昌河由珠兰埠到会昌（均含）间。在安远河到兴公埠到桂林江间
	渡河点（用情报汇闻的附图36）	No. 5、6、7 徒涉场 No. 3 架桥点	No. 2、3 徒涉场 No. 2、3、4 架桥点	No.1、2、3、4 徒涉场 No. 4、5、6 架桥点	No.8、9、10、11、12 徒涉场	No. 5、6、7、8、9、10 徒涉场	No. 7、8、9、10、11、12 徒涉场	No.6 及会昌石桥

续表

部队		军委第一纵队	军委第二纵队	ⅠK	ⅢK	ⅤK	ⅧK	ⅨK
渡河器材	船只	现集中雩都城附近之船只20只	由中央军区在瑞金东于15/X(晚集中)船只,限17/X拂晓驶到白峨、花桥地域,由国局特务队接收。会昌警备区在会昌附近搜集船只,于15/X晚派出十只,限16/X正午到达各矛地域	军委司令部由岭背放下之船只,投十只于16/X晚间到塔脚下、潭头地区,由1K工兵连按时接收。由会昌集中十只船于15/X夜下驶,限16/X夜开抵梓山地域	由赣南军区负责收集江口、三门滩一带船只上驶,限17/X拂晓集中到孝堂、下坝两徒涉场。由军委司令部从岭背放下船只,拨十只开至里仁、十铺、塔脚下三徒涉场,限16/X晚间到	接收军委及8K的一切渡河器材、船只	接收3K的器材及船只	在下面水滩的情况下,在会昌河均[由]会昌石桥渡河,在安远河应派工兵连[至]兴公埠、魁〔桂〕林江地区收集架桥器材
	架设器材	绳、索、门板、木桩、竹枝(作徒涉的河中标记)	同上	同上	同上	同上	同上	同上
土工		修理河岸沙霸〔坝〕,开辟道路	同上	同上	同上	同上	同上	同上
人工		红星工兵营:工兵架桥连;工兵土工连	红星干部团之工兵连全部及国局特务团	军团及三个师的工兵连	军团及三个师的工兵连	军团及两个师的工兵连	军团及一个师的工兵连	军团一个工兵连

续表

部队		军委第一纵队	军委第二纵队	ⅠK	ⅢK	ⅤK	ⅧK	ⅨK
渡河前后宿营地域	前	17/X 日间，古田、岭背地域	18/X 日间，公馆、黄龙、梅坑、温村地域	17/X 日间，东江口至龙子脑地带的北岸	17/X 日间，在杨梅坳、禾坑塘、埠前岗地域	20/X 日间，在雩都、埠前岗地域	18/X 日间，在□仓前、五关圩地域	18/X 日间，仍在会昌、珠兰埠
	后	18/X 日间，新陂地域	19/X 日间，里仁、黎村、黎邦桥地域	18/X 日间，里仁、黎村、黎邦桥、潭头地域	18/X 日间，在新陂（不含）、罗家坳、大平（含）地域	21/X 白天在新陂、罗家渡、大平、小溪地域	19/X 白天，在罗家渡、大平、长洛地域	19/X 日间，在桂林江、河石、茶梓地域
渡河后的浮桥处置		（1）浮桥应于 18/X 五时起拆掉，限六时三十分拆完 （2）一切渡河架桥的器材、船只，统移交给赣南军区保管，以便 5K 20/X 晚渡河时继续使用	（1）同上 （2）一切渡河器材、船只，于拆桥后交还当地政府	（1）同上 （2）18/X 拂晓前拆桥完毕，应即由国局特务队一班人接收船十只，上驶至花桥地域，其余交当地政府	（1）同上 （2）18/X 拂晓前拆桥完毕，并将一切渡河器材、船只，交 8K 派去之负责参谋及工兵部队接收	（1）同上 （2）一切渡河器材、船只，交赣南军区处理	（1）同上 （2）一切渡河器材、船只，交 5K 接收	如在兴公埠、桂林江架设桥，则于渡河后亦应于 19/X 拂晓前将桥拆毁

续表

<table>
<tr><td>部队</td><td>军委
第一纵队</td><td>军委
第二纵队</td><td>Ⅰ K</td><td>Ⅲ K</td><td>Ⅴ K</td><td>Ⅷ K</td><td>Ⅸ K</td></tr>
<tr><td></td><td colspan="7">第一纵队侦察渡河人员，应每两[小]时将选定的徒涉场的水位升降，用电话报告军委司令部。</td></tr>
<tr><td>附记</td><td colspan="7">军委第二纵队于17/X黄昏时，分三个纵队向渡河前宿营地域前进：
（1）第二梯队的〔为〕右纵队，18/X拂晓前到达黄龙地域，黄昏在花桥渡河，经梓山、潭头于19/X拂晓前[到]里仁地域。
（2）第三、第四梯队为中央纵队，18/X拂晓前，到达公馆及各矛、河东地域，黄昏在各矛渡河；19/X拂晓前，到黄泥坑、枫庙地域。
（3）第一梯队为左纵队，18/X拂晓前，到达梅坑、温村地域，黄昏由自找渡河；19/X拂晓前，到达黎邦桥地域。</td></tr>
<tr><td>附注</td><td colspan="7">1.各兵团纵队所派遣之参谋、侦察、工兵、政治人员及部队，应绝对伪装，如军区人员及部队，不得以自己番号告诉居民及友军。
2.工兵所搜集的渡河器材，应将其隐蔽、隐藏起来，船只应停泊、隐蔽在河港滩湾间。
3.架桥时间必须依照本计划所规定，并须在规定内力求迅速完成，不应超过规定时间。
4.天雨时，工兵架桥可改在日间架设，惟部队渡河仍应在黄昏以后。
5.部队渡河及行军时间，严格遵守黄昏十七时起至次晨拂晓前五时止之规定，如超过时间，部队即应停止运动，隐蔽配置如〔在〕渡河沿岸山地或树林中。
6.拆桥时间不得超过一小时半，上午六时半止，渡河点应消灭一切渡河行迹及沙滩足迹。
7.赣南军区负责封锁雩都河（西起江口东至花桥<不含>）的两岸消息及交通，国局特务队负责封锁花桥至洛口塘（均含）间的消息和交通。</td></tr>
</table>

注释：

＊此表按中国人民解放军档案馆提供的档案原稿刊印，原表无表名、发文机关及发文日期，表内所述“情报汇闻”与附图均缺；现表名及发文日期是编者增加的。

[1]此日期疑误，似应是15，即10月15日派出侦察。

[2]指80厘米。

朱德关于野战军攻占固陂、新田地域的命令*

（1934 年 10 月 18 日）

（一）赣南敌我情况：

1.南线敌情如军委十月十五日所发之“情报汇闻”推测，须补充以下三〔四〕点：

A.龙部〔布〕，据我部队侦察报告增敌至两营，重石留一营，但尚未最后证实。

B.桂敌四十四师十七日开抵连县、旧〔阳〕山地域，周、莫[1]两团连县，王[2]团黎华〔埠〕，凌[3]团（缺一营）及师部青莲，一营留英德之大镇。

C.粤敌独三师位置如下：第三团驻南雄；教导团（缺一营）驻韶关，一营驻仁化；第一团驻乐昌；第二团（缺一营）驻连县，一营驻浛洸；师部驻韶关。二团在四十四师接防后有开英德消息。

D.据居民传言，韩坊第四［师］教导团于十七日开小坌，牛岭、马岭之铲匪在牛岭集中，有二三百人，企图进攻马岭和畚岭。

2.我赣南地方独立部队，现时分布在如下的地域，执行向当前之敌游击，肃清与驱逐其当面的铲匪（参阅附图[4]），并封锁消息，断绝通敌大小道路、交通的任务。

A.独十四团一个营及大田游击队在大田、分岭背、长洛（不含）地域；

B.长洛游击队在湖山坝、白沙坳、杨先坑地域；

C.独十四团另个营在牛岭坳之南太平山地域；

D.独六团之一个营及第一游击队，在马岭□□、鸭婆埨、中塅地域；

E.独六团之第二个营，在浮槎及河石以北地域；

F.独六团之第三个营及水东游击队，在桂林江以南及龙口地域；

G.第三游击队仍在大源地域。

3.国局保卫第一、二两大队，十八日晚起集中小溪，十九日晚一大队开上坪，归还保卫团建制，掩护军委第二纵队之第三梯队；三大队开小溪东北之羊石下，掩护军委二梯〔纵〕队之第二梯队。

4.我六十五团于十七日晚集中大岗头，十八日晚开往安山，归还二十二师主力。

（二）总任务。我野战军目前总任务是：

1.确实占领固陂、新田地域；

2.前出至平石[5]、安息、石背圩之线，以便继续于信丰、龙南之间渡过信丰河。

（三）各兵团的任务。各兵团的分别任务如下：

1.三军团占领固陂，前出至平石、大塘铺、石门径地域；

2.一军团占领金鸡、新田，前出至龙州、安息圩、石背圩地域；

3.八军团以一个师钳制韩坊之敌，一个师在寨下、下港渡河，控制信丰河下游渡河点，然后全部西渡至大龙、坳头〔背〕地域；

4.九军团之一个师担任消灭与钳制龙布之敌，其另一师则前出至重石以北之燕湾港[6]、龙尾口、曾村地域的山地，监视重、板石之敌，并切断其通龙布路线，然后军团全部前出至重、板石以西、曾村、鸭子寮、平地、板嶂地域；

5.五军团及军委一、二两纵队，均依行动日程表所规定的推迟一天（依军委十二日八时［半］电令）行之。

（四）进攻出发点。各兵团应于十月十九号夜开抵下列的进攻出发地：

1.三军团从十九号晚上，由牛岭坳、金沙、畚岭、马岭地域开抵牛岭、小坌、唐坑口、白室、天子桥地域；

2.一军团从十九号晚上由太平圩、仁风圩、金竹、山坑地域开抵唐村、双芫、合头、罗风圩地域；

3.八军团从十九号晚上，由大平、长洛坳地域开抵黄沙坑、黄朱排及营田地域；

4.九军团部及第三师，从十九号晚上开鱼公埠、茶梓地域，二十二师由安山、桂林江开抵河石地域。

（五）进攻的准备：

1.各兵团均应于十九号晚，在每一并行纵队前面派出先头营，伪装地方部队，其任务为肃清沿途铲匪、断绝交通、消灭敌人前出的侦察警戒部队，保证各兵团推进至进攻出发地；

2.各兵团应于二十日派出便衣的部队的特种侦察，侦察下列各要项：

A.当前敌人的工事、堡垒状况及其兵力部署；

B.地形；

C.我军接敌的并行路线及攻击位置；

D.炮兵、机枪的阵地；

E.各地区附近的观察指挥阵地控制于我的手中；

F.八军团应侦察王母渡、立濑圩之间的渡河点，并准备渡河；

G.各军团分别侦察经过敌堡中间通敌后方的大小道路如下：

（1）三军团侦察韩坊、信丰、固陂之间的平石、大塘铺、石门径的道路，固陂、大桥头与金鸡之间通安息的道路；

（2）八军团侦察信丰、韩坊之间通洪村、坪石的道路；

（3）一军团侦察大桥头、新田之间，金鸡，新田，重、板石之间通石背圩、板嶂的道路；

（4）九军团侦察龙布，重、板石之间通曾村、鸭子寮、板嶂的道路。

3.各兵团应于十九号夜，向如下的方向派出一排到一营以下兵力的别动队，携带工具与爆炸器材，伪装地方游击队，其任务为切断敌人的通信联络、运输交通，特别要破坏其电话、电报线及其汽车公路：

A.三军团应向韩坊、固陂间，固陂、信丰间，固陂、安息间，固陂、大桥头间，及固陂、金鸡间；

B.一军团应向新田、大桥头间，金鸡、新田、固陂间，金鸡，新田，重、板石间，及新田、安息间；

C.八军团应向韩坊、信丰间，王母[渡]、立濑圩间；

D.九军团应向龙布，重、板石间。

（六）攻击

1.攻击部署：

A.三军团应于二十日黄昏，以一个师在其右翼队先头，经韩坊、固陂之间，寻捷径出至坪石地域，切断固陂敌人往西退路，并威胁信丰。三军团主力（缺一个师及一个团）应于二十日晚向固陂、大桥头开进，部署拂晓的袭击。三军团另留一团为后卫，在天子桥、木谬向韩坊之敌警戒，掩护自己右侧后。（附注：如五团兵力进攻不够使用时，可由后卫团分出之师抽出[7]。）

B.一军团应于二十日黄昏，同样以一个师在其左翼队先头，经新田以东之鸭子寮，前出至石背圩、安息圩地域，确实占领该地，并保持在我手，以威胁固陂、新田之敌。一军团主力应于二十日晚开进，部署拂晓袭击金鸡、新田。

C.八军团应于二十日黄昏前，以二十三师为右翼队，由黄朱排经寄桥角前进至王母渡南之寨下、下港地域渡河，即以该师控制渡河点两岸，并派兵分向王母渡、信丰两方警戒。以二十一师为左翼队，开进至长演坝、大树下，拂晓即佯攻韩坊之敌，并钳制之。

D.九军团于二十日黄昏前，以二十二师为左翼队，由长河、金沙地域，经径背向西南开进至龙尾口、燕湾港、曾村地域的山地，监视重、板石之敌，并切断其通龙布交通。第三师则于二十日晚向龙布开进，相机消灭该地之敌。

2.特种部队之拨交：军委于十八日晚，以迫炮营（缺一连）及工兵爆破连拨交三[一]军团使用，限明十九日拂晓前到达金沙。以一个迫炮连拨交一军团，限明十九日拂晓前到达太平圩。

3.各兵团应于二十日夜半，完成一切攻击部署及火网组成，并确定各级指挥所。

4.各兵团所派出之别动队，应于二十日夜半前到达指定地域，并从半夜开始活动，积极进行破坏工作。

5.各兵团应于二十日夜半后，以我开进的先头部队驱逐敌人之战斗警戒，并接近敌人的主要阵地，而主力则应占领冲锋出发地。行动要极迅速、秘密。

6.总攻击时间，应以天候条件和侦察结果，由各兵团最高首长自下决心。在有□〔月〕光时，可于二十号的夜半后开始，阴雨则改至二十一号拂晓前攻击。

7.各兵团统应于二十一号黄昏前，完成自己的初步任务。

（七）各兵团翼侧及后方分界线：

1.八军团与三军团之翼侧分界线，为黄朱排[8]、长演[坝]及韩坊，线上属八军团。

2.三军团与一军团之翼侧分界线，为小溪、牛岭、唐坑、大桥头、石门迳，线上属三军团。

3.一军团与九军团之翼侧分界线，为乱石、仁风、双芫、金竹背、石背圩，线上属一军团。

4.八军团后方十九日在大平，二十日在黄沙坑，二十一日在高地；三军团十九日在金沙，二十日在牛岭，二十一日在唐坑；一军团十九日在大平圩，二十日在唐村，二十一日在双芫；九军团十九日在鱼公埠，二十日在安山，二十一日在河石。各兵团每日后方所在地以北的地区，统属军委两纵队驻地，各兵团部队及后方不得渗入。

（八）

1.总司令部位置：

十八日在原地不动，十九日晚移畚岭，二十日晚移合头。

2.通信联络：十八日与一、三军团司令部由新坡〔陂〕对架电话，与其他军团及纵队均用无线电。

十九日与一、三军团由小溪利用长途电话对架电线，其他仍用无线电。

二十日与各兵团均用无线电。

二十一日与各军团用无线电。兵站并组织徒步通信站联络。自十九日起，按日三军团联络八军团，一军团联络九军团。此外于二十一日拂晓前，总司令部向三军团设立通信联络站到唐坑止，向一军团设到大源止，通信站应每隔十里设立一个，而一、三军团则应对向总司令部设立交通站。一切徒步通信组织，均应于二十一日四时完毕。

3.各兵团均照此令行动，而勿须等待新的进攻命令。军团首长有权自动定下战术上的决心，必要时，军委将布置下达单个的命令给各兵团与纵队。

主席　朱德

一九三四年十月十八日于总司令部

注释：

＊此命令按中国人民解放军军事科学院提供之存档打印件刊印，尚未查到原件校对，此件标题中及文内所指“固陂”，按上海申报馆1934年4月版之《中华民国新地图》及现图，似均指江西省信丰县之古陂镇。因未查到此命令之附图校订，故未改动。

[1]指国民党军桂系第44师第132团团长周元、第130团团长莫德宏。

[2]指国民党军桂系第44师第131团团长王振朝。

[3]指国民党军桂系第45师第134团团长凌压西，此时该团配属第44师行动。

[4]此图缺。

[5]应为坪石，属江西省信丰县。下同。

[6]应为燕湧岗。下同。

[7]此句，按1934年10月19日13时40分朱德电关于更正的通知，应为：“如五军团兵力进攻不够使用时，后卫团可由分出之师抽出。”

[8]此前文字，按1934年10月19日13时40分朱德电关于更正的通知，应为“八军团与三军团之部分界线，为黄沙坑”。

朱德关于总攻击改在二十一日夜至二十二日晨举行致各军团电

（1934 年 10 月 20 日）

各军团首长：

（一）三军团未能赶到二十日的指定地点，其他各军团尚无报告。

（二）为保证各兵团行动之协调及同时动作，总攻击改在二十一日夜至二十二日晨举行。

（三）三军团及其他未能按时抵达之各兵团，应于二十一日晨全部抵达指定地点（命令上二十日晨地点）。特别后方机关，不应在指定的后方分界线以北。

（四）已抵达二十日指定地点之各兵团，应隐蔽配置一日。

（五）各兵团利用二十日及二十一日应进行：

（A）加强侦察敌情与地形。

（B）肃清进攻出发地区与向前接敌地区之铲共团及可疑分子。

（C）最后制定进攻计划并准备攻击。

（六）各军团、各纵队应逐日报告自己行动及配置，各军团（除五军团）应于二十一日午前报告自己的进攻的决心。

（七）军委司令部二十一日仍至河〔合〕头。

朱德

十月二十日十时

朱德、周恩来关于我军突围战况及赣南军区要保证后方收容、运输问题致中央军区电

（1934年10月22日）

项分转蔡、钟、刘[1]：

甲、二十一日，我军反攻战斗从龙布到韩坊全线出［击］，粤敌余汉谋[2]纵队已从重、板石，新田，固陂，韩坊全线撤退，向安［远］、信丰、南康集中，我野战军略有缴获。主力正乘胜向信丰东南地域追击，先头部队今晚可逼近信丰河边，继续消灭粤敌。

乙、野战军继续突围战役，后方将离中区宜远，赣南军区作战任务已电中央军区项司令员转告你们，同时，你们应负责保证野战军在转移时的后方收容与运输：

（一）军区后方医院，应以一个所前设小坌，在大坝了［里］设转运站。畬岭设一个所，在塘村持［设］［转］运站；小溪设医务所三个，新陂医务所二个，雩都西北一所，小溪统限二十三［日］早设置完毕。

（二）掩护部队由军区调游击队担任，并前出至白室、双芫两地，接收后运小岔、唐村。

朱　周

十月二十二日四时

注释：

［1］指项英分转蔡会文（时任赣南军区司令员）、钟循仁（时任赣南军区政治委员）、刘伯坚（时任赣南军区政治部主任）。

［2］时任国民党军第一集团军第一军军长，兼赣粤闽湘鄂"剿匪"军南路军第一纵队指挥官，该纵队辖6个师另2个旅。

朱德关于我军渡过信丰河继续西进致各军团电

（1934 年 10 月 23 日）

致一、三、五、八、九军团：

一、敌第一师主力在安息，第二师在信丰，第四师在赣州、南康；独二旅在安远，但有经关头寨开安息之可能；独三师集结南雄。[1]

二、野战军于渡过信丰河后，除八军团于南康、大庾间西进外，其余均在大庾、南雄之间西进，对安息、信丰之敌只留监视部队。

三、二十四日晨，各兵团应到达下述地域：

甲、八军团全部应前出到大龙、坳头地域，并向信丰派出警戒，向龙回派出侦察队。

乙、三军团应前出到大塘铺、大江圩、小河、王庄地域，向信丰派出警戒，并向准〔正〕平圩、九渡水及坝子上派出侦察敌情、道路。五师随带小电台，准备一得野战司令部命令后，即向前出动为先头师。

丙、一军团应前出到铁石圩、铁石口、石材圩地域，并向流塘圩派出警戒，向大龙冈、罗塘圩派出敌情、道路侦察。

丁、九军团应到达走马丘、枫树下、石门迳地域，并有监视安息之敌的任务。

戊、第一纵队到达场坊地域，并向信丰警戒。

己、第二纵队到达古陂、大桥头地域，并向信丰警戒。

庚、五军团则应到达小坌、双茔地域，并由其右翼队由小坌派出一个团，进至韩坊，向信丰警戒。

四、各军团及师的后方机关，应跟进到指定各军团应到达的地域。除五军团与第二纵队外，其余各兵团应停止后运伤病员。

五、各兵团于本日二十四时前，详细电告执行野战军司令部此电令的情况，并准备接受作战命令。

朱

二十三日[2]

注释：

[1]此项所述敌军，均属国民党粤系部队即南路军中之余汉谋纵队，其中第一师师长为李振球。第二师师长为叶肇，第四师师长为张达，独三师师长为李汉魂。

[2]此处，本电另种档案文本为“二十三号十二时”。

朱德关于加强后方工作致各军团电

（1934 年 10 月 25 日）

林、聂、彭、杨、董、李、周、黄、罗、蔡[1]：

军委再指示你们，各兵团自转移到白区后，对于后方的工作非常的不够，各军团应严格遵守下列各项：

甲、各军团和各师的后方，应在部队之直后跟进，如必要时，并应派部队掩护；在行军时，军团后方部应在作战部队半日行程后跟进，宿营时则应在军团宿营地域。

乙、停止一切伤病员后运，而应随军团后方部前进。在万不得已时，重伤病的战士则留下于同情的群众家，就地医治，进行很好政治工作。除重伤员外，应给以十元休养费，而干部则应带着。

丙、供给方面则应就地征集（没收或收买），没收物质资材，应有组织的进行，并严守阶级路线。应最高度的保持现时随身携带的食米。

朱

二十五日

注释：

[1]指林彪、聂荣臻、彭德怀、杨尚昆、董振堂、李卓然、周昆、黄苏、罗炳辉、蔡树藩。

中革军委关于我方正与广东谈判让出西进道路，如粤军自愿撤退，我军应勿追击的指示

（1934 年 10 月[1]26 日）

林、聂、彭、杨、董、李、罗、蔡、周、黄：（亲译）

现我方正与广东谈判，让出我军西进道路，敌方已有某种允诺。故当粤军自愿的撤退时，我军应勿追击及俘其官兵；但这仅限于当其自愿撤退时，并绝不能因此而消〔削〕弱警觉性及经常的战斗准备。

军委

二十六日

注释：

[1]发电月份，本电档案原稿上写的是“5”月，疑误，“10 月”是编者判定的。

朱德关于夺取先机突破沙田至城口敌封锁线的行动部署致各军团、纵队电

（1934 年 10 月 29 日）

林、聂、彭、杨、董、李、周、黄、罗、蔡、叶、罗、邓[1]：

一、粤敌第一军部队现集结于大庾、南雄、新田地域，湘敌主力现向赣西及湘赣边境集结，而六十二师的主力正向汝城开动，而周纵队[2]之四个师亦向遂川集结，其企图是使我们还未进到湘南时，从两侧翼进攻我们。

二、为取得先机之利，野战军于十一月一日应进到沙田、汝城、城口及上堡、文英、长江圩地域，并通过湘敌由沙田到城口在战略上的第一道纵的封锁线。

三、各军团前进路线如下：

甲、三军团分两个纵队有占领汝城的任务，并于暖水、大坪间打开自己的前进路，依据军委二十八日十三时电令[3]派出先头师，并于三十一日应前出汝城地区。而三军团主力则分左右两纵队前进，以一个师为右纵队，由崇义经黄竹洞、古亭、集龙向汝城前进；其余部队及后方部为左纵队，由稳下圩、左溪、关田、文英、热水向汝城前进。

乙、一军团有消灭从南面进攻之敌，于大坪、城口之间打开自己前进的道路，并分左右两纵队前进。以一个师及后方部为右［纵队］，由铅厂经沙溪、禾溪头向大坪前进；其余两个师为左纵队，由义安经章东坑、青草英、聂都、内良坪、长江向城口前进。

丙、八军团有掩护野战军右翼的任务。为执行这一任务，于三军团之右侧后由杨眉寺、大坝圩经过埠、鳞潭[4]、古亭、上堡向沙田前进。

丁、九军团有掩护野战军左翼的任务，并于一军团左纵队后跟进。

戊、军委第一纵队随三军团左纵队后跟进，第二纵队前出到新溪圩、新绥〔溪〕背后，则随一军团右纵队后跟进。

己、五军团有掩护野战军后方的任务，并分两个纵队行前〔进〕，五军团全部（缺一个师）为右纵队，在军委第一纵队后跟进；其余一个师为左纵队，在军委第二纵队后跟进。

四、上述是规定大概的方向，但在如下的分界线内，各兵团首长有确定之权。

甲、大坝圩、过埠、上堡及沙田（均含）为八军团之左方分界线。

乙、三、八军团分界线，为崇义（属三军团）、鳞潭（属八军团）、古亭（属三、八军团）、集龙、暖水（均划属三军团）。

丙、一、三军团分界线，为铅厂（属一军团）、关田、文英、热水（属三军团）、大坪（一军团）。

丁、一军团左翼线为义安圩、聂都、长江、城口（均含）。

戊、未另规定之兵团的分界线的，应准照其跟进路上的分界线行之。

五、工兵部队应派在各该兵团的前面行进，以便修补道路不良的地段。侧翼部队

（八、九军团及一军团左翼队）应有系统的破坏由敌方通我处翼侧的分界线上的道路及电话联络。

六、在到达大庾北之崇义山地时，可于日间运动部队，但应严格注意对空防御和警报。

七、各兵团每日的移动及作战动作，由军委单个命令规定之，你们在未得其他电令前，军委二十八号十三时电令仍继续发生效力。

八、正确执行这一命令，要求全体指战员要有高度努力。因此必须高度加强政治工作，注意行军中卫生的救护和收容拦阻队的工作。在经过地域中，居民少、粮食缺泛〔乏〕，故必须调剂司令部与供给的工作。

朱德

二十九日七时

注释：

[1]指林彪、聂荣臻、彭德怀、杨尚昆、董振堂、李卓然、周昆、黄苏、罗炳辉、蔡树藩、叶剑英、罗迈、邓发。

[2]指国民党军周浑元纵队，该纵队此时由第五、第十三、第九十六师（均属第三十六军）及第九十九师（属第五军）组成。下同。

[3]指朱德致各军团、纵队首长电，主要内容是：野战军针对粤军及周纵队和湘军侧击的企图，“为取得先机之利”，必须向江西省崇义县之铅厂北移，并规定了各兵团的侦察、警戒任务。下同。

[4]即麟潭，属江西省崇义县。下同。

总政治部对目前行动的政治工作训令

（1934 年 10 月 29 日）

甲、我们已取得反攻的初步胜利，突破了敌人封锁，开始向广大国民党区域行动。英勇红军当前的历史任务，是要以坚决进攻的战斗，在运动战中消灭迎面的敌人，争取粉碎五次“围剿”中的反攻全部胜利，以红军英勇的模范，争取白区广大工农群众，创造新苏区，更大开展苏维埃运动到全中国！

全国革命形势的发展，正处在一个历史的转变关头。而我们目前的行动，正有着广大白色地域与广大群众的斗争力量，有着更充分的给养来原〔源〕，而且更能在运动战中消灭敌人。因此，我们是具有一切客观的顺利的条件与优势，来争取当前历史任务的完成！

无疑义的，在行动与环境的巨大转变中，必然有着行动中的困难，如开始还得不到广大群众像苏区群众那样热烈的拥护与配合，人力、财力比较难有计划的补充，特别是可能发生不了解反攻的意义，失却胜利的前途与信心，产生消极悲观与不相信白区群众力量向困难投降的情绪。然而这些困难，是完全可由我们的努力动员红色战士与群众力量来克服的！

因此各级政治机关的战斗任务，就是要以适合这一转变的高度机动的政治工作，与政治工作人员以身作则的模范作用，克复〔服〕任何困难，反对任何悲观动摇的情绪，百倍团结与巩固部队，发扬红军固有之吃苦耐劳、坚决勇敢、顽强抗战的特性与革命热情，在政治上保障每一个战术任务的完成，保障红军以阶级纪律的模范行动，争取广大群众为苏维埃而斗争。

乙、对部队要集中努力于下列工作：

1.发扬战斗情绪，坚决进攻消灭敌人：

（a）根据《红星》第二期社论[1]与本部政治教育材料，向部队进行深入的宣传，解释我英勇红军已取得的初步胜利与所负担的伟大任务，发扬红色战士高度的战斗情绪，与争取反攻胜利、创造我苏区的信心，抓住部队中所发生的个别悲观失败〔望〕的机会主义倾向，开展斗争，教育全体战士。

（b）解释我们由阵地战转到运动战的意义，提高每个战士利用随时备战与警戒侦察等勤务和行军宿营休息时间，学习运动战的一切军事技术的热忱，发扬工农红军固有的善于运动战的特性。

（c）在战斗中要注意后方勤务机关的卫生与供给工作，注意伤病员的处理，重伤病员不能随走的，要发动当地群众力量掩护安置之，向重伤病员解释，派适当人员照料安慰，与鼓励他们在伤愈病痊后继续在当地领导群众斗争，散播苏维埃种子。

2.努力巩固部队，保持红军的模范纪律：

(a)加强党的组织与教育，一切工作要依靠党团员的核心作用，应随时检查支部工作与党团员的配备及作用，严格纠正行军中放松党的工作的错误。

(b)开展反逃亡斗争：应估计着白区环境，注意反革命份子利用各种机会进行破坏红军的可能，严格注意肃反，严格处理破坏红军及隐藏红军中逃跑者的反革命份子，随时揭破反革命武断宣传，随时注意反革命份子的不满情绪，在连队中公开解释，必要时应开展斗争。同时应注意部队中管理教育的改善，肃清军阀残余的行动，严厉的处治逃亡份子。

(c)要耐心教育每个战士，绝对服从命令，严守纪律，不强买，不乱打土豪，不侵犯群众利益，与群众发生亲密关系。严厉的处罚破坏纪律、违犯阶级路线的份子，每连队宣传队布置时，应实行进出宣传与检查纪律。

丙、争取广大群众，发展新苏区，是我们行动的基本任务，各级政治机关不但要加强中央工作团与地方工作部(科)的领导与组织，特别要动员与教育每个红色战士基本上了解苏维埃的重要法令，自觉的成为群众的宣传者与组织者，每个伙食单位要进行群众工作，健全连队中地方工作组的工作与组织。争取群众最重要的工作是：

1.传播党和苏维埃的影响，进行广大的宣传工作。要随时随地利用各种机会，散播宣传品，到处写贴大字标语与布告，找群众谈话，举行连队与群众的茶话会等。了解当地群众情形、反动统治状况，针对着群众生活，耐心解释苏维埃的主张、政策与法令，解释红军战斗的目的与群众的关系，使广大群众了解只有苏维埃才能救中国，只有红军才是唯一的工农群众自己的武装力量。

2.了解与满足群众的要求，发动群众斗争。红军所到之地，必须针对着当地群众迫切要求，提出具体口号，发展群众斗争，迅速推〔摧〕毁一切反动统治机关，消灭地主武装组织，破坏敌人一切工事，拘捕与杀戮当地群众最痛恨的地主豪绅及流氓地霸，散发豪绅地主、反革命份子财物。如在当地时间较多，应更深入领导群众斗争，进行分田，建立苏维埃政权。

3.从斗争中去组织群众武装群众，要特别注意吸引与团结当地群众中的积极份子，建立党的组织与群众组织。如当地可成为游击区，则应迅速建立政权，组织游击队，相当的发给武装，派人帮助与教育游击队的组织与活动，应注意考察游击队中的组织成份与领导者。如工作时间很短，估计反动统治迅速可恢复时，则教育当地党的组织进行秘密工作，继续领导群众斗争。

4.吸收广大群众到红军来，扩大红军。首先要教育工作同志与每个战斗员，注意扩大红军的工作，我们完全能从斗争中吸收大批的白区工农群众加入红军。要反对以为白区不能扩大红军的观点，依靠着当地的积极份子，进行严格的检举，防止敌探及一切反革命份子混入，以大力进行争取新战士。

5.注意收集资财，保障红军给养。一切豪绅地主与反革命的财产、衣服、用具、米谷，应尽量发给当地群众，发动群众斗争。金银、现款交没收委员会[2]，严厉反对私打土豪和工作人员一切贪污现象，健强各级没委会的组织与工作，依据本部所发没收细则执行。

丁、适应现在任务与环境，迅速转变政治工作的方式。最近几天在白区的行动，我们工作的转变还异常迟钝，因此，我们应当警觉注意。

1.估计着长途行军的密切联系的困难，需要我们以高度的机动性与自动性，随时随地发扬创造能力，紧张的进行工作，纠正一切等待、迟钝等状况。

2.运动战中政治工作，应当以短促的时间与有力的鼓动，运用一切可以兴奋战斗情绪的活泼方式（如唱歌队、化装讲演、五分钟军人大会等），在长途行军中要利用休息、宿营的机会，一方面进行巩固部队的工作，根据最近行军经验，预先估计可能发生的问题，采取各种方法防止与纠正；一方面要发扬已采用的各种方法，在行军中进行军事、政治与文化教育。

3.对白区群众工作应当以耐心说服，纠正不实际的宣传，针对着各地不同的环境与群众状况，定出工作的具体步骤，避免一切伤害群众宗教的民族的感情之行为，肃清一切强迫命令的方式。

戊、此训令为最近一时期的政治工作总的指示，各级政治首长与政治机关，必须根据本部队实际状况与任务，配合讨论，分别时期，定出工作计划，并将执行情形随时报告。

注释：

[1]指红军总政治部编辑出版的《红星》报 1934 年 10 月 27 日第 2 期社论：《在新的环境下的政治工作》。

[2]指根据 1933 年 9 月 8 日中华苏维埃共和国临时中央政府财政部颁发的《红军中没收征发委员会暂行组织条例》，在红军中成立的没收征发委员会，简称“没委会”“没委”。1934 年 11 月 10 日，红军总政治部发布命令，重新颁发这一条例，规定“从步兵团起至师、军团、总政治部，均设立没收征发委员会”，“在同级政治机关的指导下进行工作”。

野战司令部关于敌军跟追我军战术的通报

（1934 年 11 月 1 日）

致各军团及纵队：

敌跟追我军要令：

一、白天派飞机阻我行动。

二、以一部化整为零，每组一连或一排，专任对我前进要路及山头迎击，其目的在不求决战，而在迟滞我行进，夜间则多派小组兵力袭我宿营地。

三、“追剿”部[队]在挺进我军前方或尾追时，亦须与我分列行进，乘机猛击我行进部队中部；尾击时，力求与我保持接触。

四、如跟踪不上，不可距我太远。在我行亦行，我止敌亦行，在我途中行进或宿营时赶到而行袭击，使我不及休息，以致沿途溃散。

五、追击队注意警戒、联络，多通消息。

野战司令部

一日二十时半

林彪、聂荣臻关于红二师已占领城口致朱德电

（1934 年 11 月 3 日）

朱主席：

城口已于昨晚二十时被我二师部队占领。

（并致彭、杨、李、赖、罗、蔡[1]）

林 聂

三号十六时

注释：

[1]指彭德怀、杨尚昆、李聚奎、赖传珠、罗炳辉、蔡树藩；李聚奎时任中国工农红军第一军团第一师师长，赖传珠任该师政治委员。

朱德关于我军五日至八日通过汝城至城口间封锁线的部署

（1934 年 11 月 5 日）

各兵团及纵队首长：

（一）五号晚，野战军开始通过汝城到恩村间的封锁线。

（二）规定三条基本的前进道路：

A.右边的道路由大来圩经店圩、百丈岭向文明司、山田铺方向前进，另经店圩南之延寿圩向三界圩，为辅助的道路。

B.中央道路，由新桥经界头、燕子排、九峰山向九峰圩方向前进。

C.左边的道路，由城口经麻坑圩向岭子头方向前进，但是确定这条道路的路线，要看粤敌的行动，由林、聂确定之。

（三）为掩护通过封锁线，规定以下的部队担任之：

A.汝城地域由三军团派出一个师任之。

B.大坪地域由三军团派出一个团任之。

C.为钳制长江及厚坑圩之敌，由一军团派出一个师任之。

诸掩护部队应于其他部队全部通过后为后卫跟进。

（四）通过封锁线的秩序如下：

A.六日早三军团主力走右边的道路，一军团一个师及军委第一纵队走中央道路，一军团一个师走左边的道路，通过封锁线。三军团司令部直属队及后方部，应随在六日早通过封锁线部队的后面跟进。

B.七号早通过的部队如下：八军团走右边的路，军委第二纵队及十三师之一个团走中央的路，九军团走左边的路，通过封锁线。

C.八号早通过如下部队：三军团一个师加一个团的掩护队走右边的路，五军团（欠十三师之一个团及三十四师）走中央的路，一军团掩护的一个师及三十四师走左边的路，通过封锁线。

（五）掩护部队依据各该军团首长的命令，于本五号晚即占领阵地。

（六）为求得各部队有配合的移动及规定各兵团的作战任务，军委对于各兵团有单个的命令规定之。

朱德

五号十三时半

朱德关于敌情及我军拟从宜章南北地区通过封锁线致红一、三军团电

（1934年11月7日）

林、聂、彭、杨：

甲、九峰似有粤敌独三师一个团，该处并有堡垒，而乐昌似有独三师二个团，在汝城、宜章间没有正式部队，宜章及其以北为湘敌十五师之一个团，在仁化、大坪、汝城之敌无大变动。上述情况均未充分证实。

乙、野战军于宜章北之良田及宜章东南之坪石（均含）之间通过。

A.三、八军团的右翼队，经过宜章以北通过。

B.一、九军团的左翼队，则经宜章以南通过。

C.军委第一、第二纵队及五军团，由当时情况而定，主力在内翼侧道路移动。

丙、估计通过乐昌、坪石间河道的困难，应占领九峰并确实钳制乐昌之敌，以保证野战军通过封锁线。在万不得已时，则钳制九峰之敌而绕过之。

丁、八日晨，其他兵团前出到如下地域：

A.八军团仍留东山桥地域，并向汝城严密警戒，让四师通过该地。

B.九军团前出到麻坑圩地域，并向乐昌方向严密警戒。

C.军委第一纵队进到大山地域。

D.第二纵队及十三师之一个团进到大山都、木江地域，并向大坪、汝城自己派队警戒。

E.五军团（缺十三师之一团）进到鹿洞、厚溪地域，并向汝城、大坪、城口、仁化方向警戒。

戊、三军团于八日早进至里田、界牌岭地域，第四师即于明八日晚赶到该地域归回建制，三军团应派一个先头团进占赤石司，并向平和、良田东［派出侦察队，查明］[1]由良田到宜章间的敌情和堡垒，及其前进路上的堡垒，向九峰派出战斗侦察，如必须时应派出一师以上的兵力，协同一军团部队进攻九峰之敌。

己、一军团有消灭九峰及钳制乐昌之敌的任务。一师应接近到九峰及茶料，进行补充的侦察，并作进攻的准备。二师则有切断九峰、乐昌敌人交通的任务，准备从南面进攻九峰，并派出一部钳制乐昌之敌，但须等待十五师部队来接替。十五师在二师后跟进，到达麻坑圩六号[2]直接受领军团首长的命令。一军团应派出道路侦察及高桥、横廊附近的渡河点，直至坪石街为止。如不能占领九峰时，则应派一师以下兵力钳制乐昌及九峰之敌，以保障诸野战军从九峰以南及以北通过。

庚、详细报告应于八日午前电达军委。

朱

七号十六时

注释：

[1]此处，依据本电另种档案文本增补。

[2]此处，本电另种档案文本为“到达麻坑后”。

彭德怀、杨尚昆关于以红三军团为先遣军团抢占潇、湘两水主渡点的建议

（1934 年 11 月 10 日）

（1）宜章尚未攻下，黄昏仍有炮声，派出连〔联〕络未归，六师亦无报告。电话因反动［分子］破坏太大，尚未修复。

（2）黄泥坳、万会桥是郴、宜[1]要道，不但要十三团占领并巩固其阵地，章桥[2]亦以一团扼守巩固之。宜章碉坚，不易克时即监视之。

（3）廖家湾与黄茅系大山，无西进道路。西进道路较平须万会桥、良田可找两条平行路，两路司、廖家湾有一条出嘉禾县。

（4）天雨两日，如继雨，湘、潇两水必涨。潇水，宁远原有亭桥，湘水之黄沙河原有固定浮桥，可通汽车，但恐零陵之敌破坏及集中渡河材料于零陵监视之，使我渡河困难。因此，建议以三军团为先遣军团，以一个师控制道县主渡点，主力进占全、零[3]间控制黄沙河主渡点，以争取我野战军全部由永南[4]出武冈为有利，否则经西延、城步出会同，山势苛大□险多峡道，大军团运动较困难，给养亦差。望截〔裁〕夺。

彭　杨

十日二十时

注释：

［1］指湖南省郴县和宜章县。

［2］即樟桥，亦称樟桥市，属湖南省宜章县。下同。

［3］指广西省全州县和湖南省零陵县。

［4］指永州以南。

朱德关于我军目前情况与第二纵队行动任务致罗迈、邓发电

（1934 年 11 月 10 日）

罗、邓：

（甲）敌情已抄告。敌六十二师追击队十一号有逼进延寿圩可能，敌十五师正向郴州前进，企图击我军。我五师已占良田，并逼向郴县游击。

（乙）我三军团已进至良田、宜章之线，八军团至良田。明十一号，军委一纵队进赤石司或平和，一师可由里田进至白石，五军团留现驻地一天，一军团（缺第一师）及九军团集中在延寿圩、城江背、大山地域，并有歼灭敌六十二师追击部队的任务。

（丙）我二纵队明十一日应在原驻地休息一日，由四时起应令教导师接替一纵队在文明司对滁口、郴州、九峰各方向的警戒。利用一天时间，依军委决定迅速将减少的三百担资材毁弃与分散完毕，以便完全解放教导师运输任务，并准备十二号继续西进。

朱德

十号二十一时

中革军委关于表扬红三军团首长及全体指战员的命令

（1934年11月11日）

各兵团首长：

（一）军委赞扬三军团首长彭、杨同志及三军团全体指战员在突破汝城及宜、郴[1]两封锁线时之英勇与模范的战斗动作。

（二）本命令传达至团为止，在三军团应经政治部使每个战士通晓。

军委

十一号二十三时

注释：

[1]指宜章、郴县。

我们在反攻中的胜利*

（讨论提纲）

（1934 年 11 月 14 日）

一、自从我们渡过雩都河开始反攻以来，我们已经突破了敌人的三道封锁线：第一条是广东敌人固陂、新田（信丰境）的封锁线。第二条是湖南、广东敌人的汝城、城口（仁化境）的封锁线。第三条是湖南敌人的宜章、郴州的封锁线。而且占领了宜章城。我们现在正向着广大的湖南省的西部前进。

二、这是我们在反攻中所得到的胜利。这些胜利，一方面表现出蒋介石、陈济棠、何键的堡垒政策不能阻止或限止〔制〕我们红军的活动与苏维埃革命的发展，另方面表现出转移地区、争取有利条件同敌人决战的党的决定的正确。这些胜利已经使我们突入了广大的国民党白色区域内，已经使我们开始取得在运动战中大量消灭敌人的有利条件，已经在我们前面清楚的提出了发动白区广大群众斗争，实现反帝的土地革命，创造新苏区的任务。

三、我们的胜利，已经惊动了所有国民党的反动统治，已经使蒋介石、陈济棠、何键等张惶失措，重新部署他们的兵力，向我们进攻。这些初步的胜利，已经不能不逼使蒋介石从进攻中央苏区的部队中调动九个师两个旅（周纵队四个师，薛岳五个师[1]，惠支队[2]两个旅），陈济棠从进攻中央苏区的部队中调出三个师一个旅，何键从进攻湘鄂赣苏区的部队中调出三个师，从进攻湘赣的部队中抽出四个师来拦阻、追击或袭击我们。这表示出我们突击封锁线的行动，不但是为了取得有利条件同敌人决战，不但是为了创造新苏区，而且也是为了保卫我们原有的中央苏区，保卫我们湘鄂赣与湘赣苏区。

四、但是这些胜利，还不过是我们在反攻中的初步胜利。为了求得在运动战中大量消灭敌人，为了创造新苏区，为了保卫我们原有的苏区，我们必须继续前进。

五、所有我们的指战员与政治工作人员，所有我们的党团员，应该丝毫不动摇的担负起放在我们前面的光荣的伟大的任务。发扬我们的战斗精神，巩固我们的队伍，提高我们的纪律，到处发动群众的斗争，组织群众与瓦解白军，是完成这些任务的必要条件。必须同一切对于我们目前的行动表示怀疑，在前进中所发生的困难前面表示投降、无办法，悲观失观〔望〕，以及逃跑、开小差，甚至个别投敌的现象，做坚决的斗争。使每一个同志坚信我们不但能够在反攻中取得初步的胜利，而且我们能够取得更大的以至最后的胜利。

注释：

* 此文系红军总政治部出版的《红星》报未署名文章，载于 1934 年 11 月 14 日第 4 期第 1 版。

[1]据国民党军档案资料，薛岳之第二路“追剿”军共辖4个师（第五十九、第九十、第九十二、第九十三师）另1个支队，包括惠济支队在内，约相当5个师。

[2]指国民党“追剿”军第二路军所属，以惠济为指挥的第一支队，辖第四、第七十五旅，相当于1个加强师。

朱德关于我军占领嘉禾、临武、蓝山等地的部署

（1934 年 11 月 14 日）

林、聂、彭、杨、董、李、周、黄、罗、蔡、叶、罗、邓：

（一）周纵队今十四日有到达郴州可能，六十二[1]、二十三师及十九师一旅在继续到达中。十五师的部队已开始向郴州之南及西南前进，粤敌第一军现在乐昌、坪石及塘村以南的地域，六十二师主力已占领文明司，现仍在继续西进中。敌人主要的企图，是在从两翼截击我军之进入部队[2]，以后则向我主力两侧后行并行的追击。

（二）军委决定迅速秘密的脱离尾追之敌，前出到临武、嘉禾、蓝山地域。三军团应占领嘉禾城，一军团应占领临武及蓝山城。

（三）野战军分三个纵队前进：

（甲）三、八军团为右纵队，归彭、杨统一指挥。

（乙）军委一、二纵队及五军团为中央纵队。

（丙）一、九军团为左纵队，归林、聂统一指挥。

（四）十五日晚止，各兵团应到达如下地域：

（1）八军团应进至老铺上、新铺上、南溪地域，准备随第六师后西进，并向桂阳方向严密警戒。八军团留在安和圩的掩护部队，由彭、杨规定其撤动时间。

（2）三军团（缺第六师）分两路西移，四师由秀风圩[3]经保和圩到达青和圩地域；五师经黄泥山到达保和圩地域，均向郴州、桂阳两方警戒，并侦察通嘉禾道路。两师撤动时，在草鞋岭、围墉和四八〇南端高地及黄泥坳应控制相当兵力，相互掩护三军团主力西移。最后掩护部队的行动，应在明十五时以后。六师应到达两路口地域（已由军委直接去令），向嘉禾、桂阳及临武三方向侦察、警戒，并侦察经秀罗与十子梁[4]通嘉禾的两条道路，以后并将以第六师为先头师，担任占领嘉禾城的任务。三、八两军团后方部应在八军团先头师后跟进。

（3）军委一纵队进至沙田圩，二纵队进至安源，五军团由平和分两路到达黄茅地域，十三师经两路司为右翼队，三十四师及军团后方部经樟桥市为左翼队，后方部应在三十四师先头团后行进。两翼队各应以一团为后卫掩护，后卫团统限十五号十五时全部通过封锁线。五军团到黄茅后，应向郴州、宜章及来路严密警戒。

（4）九军团明拂晓前应在十五师及一军团后方部后经狮子岭、四溪[5]进至牛头粪地域，向临武方向派出侦察，向坪石警戒。如在四溪诸候渡地域不便渡河时，应改经水东取小道到达牛头粪北岸。

（5）一军团之十五师及军团后方部，应于今十四［日］夜出发，经狮子岭进至四溪、万合圩地域。停止后，让九军团通过四溪，该师应对坪石警戒，其在罗家观一个团，应由一师派队接替任务。一师（缺第二团）应于今夜由白石开至宜章，二团亦应由塘村集中宜章

归还主力。二师今夜由塘村附近应直接撤至白石，并加强对坪石警戒。明十五号九时起，二师即由白石经宜章、狮子岭开至梅田地域，对坪石严密警戒，对临武派出道路侦察。在时间上，如因道路拥挤一师不及出动，则一师应于十五号晚由宜章、罗家观地域西移至狮子岭、高明埠地域，以便靠近主力便于策应。一师在未离宜章前，如遇敌人来攻，应扼阻敌人于宜章以东地域。一、九军团从今夜起出动，时间与次序统责成林、聂依此电令规定施行。

（五）诸兵团勿论如何应到达规定的地域，以便能确实脱离敌人。

（六）左右两纵队之外侧翼部队及各后方掩护部队，应尽量破坏敌人通我方的大小道路、桥梁、电线等。

朱德

十四号二十一时

注释：

[1]此处，本电另种档案文本上为“六十三”，即六十三师。据敌情资料，应为六十三师。

[2]此句，本电另种档案文本为：“是在从两翼截击我军之后续部队。”

[3]应为秀凤圩，属湖南省郴县。

[4]应为十字铺，即今镇南乡，属湖南省临武县。

[5]四溪，即今泗溪村，属湖南省宜章县。下同。

林彪、聂荣臻关于我军占领临武等情况致朱德电

（1934 年 11 月 16 日）

朱主席：

（一）军团直属队及一、二师于二十一时到达临武及其附近宿营，一师尚在运动中。

（二）已令十五师在临武与三拱桥之间地域宿营，现刻是否到达未明。

（三）我先遣团于本日十五时占领临武城，团匪一部被击溃，但无缴获。

（四）据群众云，星子圩有敌一营，确否待[查]。

（并致彭、杨、罗、蔡）

林　聂

十六日二十三时

中革军委关于红八、九军团进行改编的命令

（1934 年 11 月 17 日）

一、八、九军团应即改编为一个师的编制，并进行分编二十一师及二十二师。

二、二十一师及二十二师的人员武器，应用来补充野战军各兵团。该两师的全部人员（除两师后方机关、师属工兵连及团属重机枪连、师防空排、无线电队、电话队外），各改编为五个补充营，每营应占全师人数五分之一，其分配如下：

甲、二十一师以一个营补充八军团（二十三师），三个营补充三军团，一个营补充五军团。

乙、二十二师以两个营补充九军团（三师），两个营补充一军团，以一个营补充五军团。

三、营及以下的军政干部及团直属队，亦随其他人员一同分配；营以上的干部（团长、参谋长、参谋，师长、参谋长、参谋，等），由野战军司令部依需要分配之，政治干部（师、团政委、政治部主任及政治人员）由总政治部分配之。分编后余下来的人员，送军委第四局（第一纵队）处置。

四、通讯工具的分配如下：

A.二十三师的第二十三分队小电台，应移交三军团使用。

B.二十二师第十七分队小电台，应交一军团使用。

C.二十一师、二十二师的电话队，应补充八、九军团的电话队，各一排人[1]，每排电线十二里，总机一个，单机六个，多余的送军委三局。

五、二十一、二十二两师的团属工兵排，照步兵一样分配到补充营去；师属工兵连，则二十二师的拨为一军团工兵连，二十一师的拨为三军团工兵连。

六、二十一、二十二两师的团属重机枪连六，及师防空排二，共有重机枪四十二挺，应作如下分配：

1.以二十一、二十二两师各一连及一防空排附机枪九挺，共八个排、机枪十八挺，拨交十三师，补充为其营属机枪排。

2.二十一师其余的两个连附机枪十二挺，拨给二十三师为其营属机枪排，另缺营属三个排，由二十三师原来三个团属的机枪连各拨出一排编成。如此，团属机枪连附机枪四挺，营属机枪排附机枪二挺。

3.二十二师其余的两个连，则拨给三师，办法同 2 页。

七、二十一师轻机枪二十二挺，除照甲种师以二十挺补齐二十三师的三十二挺外，多余两挺拨交十三师；二十二师轻机枪九挺，除以五挺补充齐三师的三十二挺外，多余四挺拨交十三师。

八、二十一师现有的步枪、刺刀，应分配到五个补充营去，每营得五分之一，二十二师办法同。弹药俟八、九军团报告到后，另电分配。

九、二十一、二十二两师后方机关,除能编入补充营为战士外,其余的应集中为一后方队,交由野战司令部处置之。八、九军团的后方机关,应缩小到一个师的编制:

1.军团医院改为两个所,其收容量为一千人。

2.兵站改为中站一、小站一。

3.小修械[所]以五人。

4.缝工三人。

5.教导连一个:两个步兵排、一个政治排。

6.运输队每团六十,军团一百八十,共三百六十名,其余的亦送到后方队。

所有编余的卫生机关,应组织为一个预备医院、四个所,及编余的运输队,交军委二纵队指挥。

十、八、九军团直属队,均应照师直属队编制,多余的人员除编入各连队为战士外,余亦编入后方队。迫击炮排,仍留八、九军团。

十一、九军团首长仍旧为三师的首长,八军团首长即现二十一师首长担任二十三师首长;现二十一师[2]、二十三师首长由军委另行处置。在分配直属队参谋人员及后方勤务人员时,应首先充实第三及二十三师。为作好及审查预先统计进行分编分配,特指定如下的委员会:

A.二十二师的委员会,以凯丰[3]同志及一军团选派军政干部及李弼庭同志各一人组织之[4]。

B.二十一师以刘少奇[5]同志及三军团选派的军政干部各一人组织之。

十二、由十八号开始这一工作,并限五天内完成。为派送及分配各补充营及后方队,另指定通讯站与军团、纵队间连络,并责成总政治部督率各军团、纵队政治机关进行必要的解释工作。

军委主席　朱德
副主席　周恩来
王稼蔷〔祥〕
十一月十七日[6]

注释:

[1]此处,本命令另种档案文本上为"各到一排人"。

[2]"现二十一师",疑文字有误。据本命令内容,第二十一师首长已担任第八军团首长兼任第二十三师首长,故此处应为"现二十二师"。

[3]原名何克全,时为中共中央政治局候补委员、驻工农红军第九军团中共中央代表。

[4]此句,本命令另种档案文本上为:"以凯丰同志及一军团选派军政干部各一人组成之。"

[5]刘少奇时为中共中央政治局候补委员、驻工农红军第八军团中共中央代表。

[6]本命令另种档案文本上发电时间为"十七日十八时"。

朱德关于我军向道县、江华、永明地域转移的部署

（1934年11月18日）

各军团、纵队首长：

一、周纵队经桂阳、宁远向道县与我们并行前进，以图向南突击我之右翼队。湘敌之一个支队于我前进路上阻我前进，其另一支队则尾追我们。粤敌有两个师正向临武前进中。

二、军委决定为取得更有利的作战及前进的条件，立即由现地转移到道县、江华、永明[1]地域为转移地域，分两翼队西进：

甲、一、三、八军团，十三师及一纵队为右翼队，经嘉禾、蓝山间向宁远及其以南地区前进，以后则续向道县及其以南地区前进。

乙、九军团、五军团（欠十三师）及二纵队为左翼队，经蓝山城向江华城前进。

三、各军团十八日至十九日的行动如下：

甲、三、八军团归彭、杨统一指挥，前进到水乐圩、甘露田、下路桥地域，并向冷水铺及宁远派出得力的侦察队。如沿冷水铺至宁远的道上及宁远无敌或只有少数敌人时，则应迅速前出到该道上，向嘉禾派出掩护队，并迅速占领宁远城。如宁远城及其道路以东有敌人大的兵力时，则应由宁远城之南及其西南，侦察到柑子园及到油湘的道路与渡河点，以便取得由柑子园及油湘西进的两条道路于我们的手中。

乙、一军团（缺第一师）于临武地域扼阻粤敌，直到十九日晨。然后进到朱木铺、大树脚地域，以后则赶过第二及第一纵队前出到阴亭铺、楠木圩[2]及落山庙地域。第一师（缺第三团）于军委第一纵队未到达竹管市[3]地域以前，应留虎口渡、上桥圩[4]地域，以后则向楠木圩归还主力。第三团于九军团先遣团到达蓝山后，即向楠木圩，以便归还主力。

丙、九军团于十九日晨进至蓝山地域，向万年桥派出警戒部队，并派出侦察队查明由廖村洞、樟水口经香草坪冲到咸宜亭，及由樟水口至下雾、江中的这两条山路。

丁、一纵队明十九[日]早进到雷家岭、永盛圩地域，以后则让一军团通过，然后则前进到竹管市地区。

戊、第二纵队明十九日晨进到田心铺、雁山地域，以后则随九军团后向蓝山前进。

己、五军团至半夜止，阻止敌人于土地坪、牛头龚地域，以后则转移到粗石江、楚江圩地域，继则向田心铺前进。由田心铺地域五军团（缺十三师）随第二纵队后跟进，而十三师则受军委直接指挥，随一纵队跟进。

四、破坏道路仍照以前电示执行。

朱德

十八号十六时半

注释：

[1]江华，今名江华瑶族自治县；永明，即今江永县，均属湖南省。

[2]楠木圩，即今楠市，属湖南省蓝山县。下同。

[3]即竹管寺，今名竹市，属湖南省蓝山县。下同。

[4]上桥圩，应为土桥圩，今名土市，属湖南省蓝山县。下同。

朱德关于准备与敌第二十三师等部进行决战致各军团电

（1934 年 11 月 21 日）

林、聂、彭、杨、董、李、周、黄、陈、罗[1]：

一、军委决定，于今二十一日晨与敌二十三师、[十五师][2]当其由嘉禾向宁远及甘露田（正义圩）方向前进时进行决战，目的为在其他敌军未到达之前消灭之。

二、各兵团在四时前应准备进入进攻出发点，以便在得到命令后可执行规定部署[3]。

三、政治机关应立即起来进行各兵团间之短促政治工作，电台应立即准备接收作战命令。

朱德

二十一号一时

注释：

[1]指林彪、聂荣臻、彭德怀、杨尚昆、董振堂、李卓然、周昆、黄苏、陈伯钧（时任第五军团第十三师师长）、罗华明（时任第五军团第十三师政治委员）。

[2][十五师]，据本电另种档案文本增补。

[3]“执行规定部署”，本电另种档案文本此处是“执行朱、周部署”。

朱德关于我军在宁远、道州之间突击消灭周浑元部左翼队的行动部署

（1934 年 11 月 21 日）

林、聂、彭、杨、董、李、周、黄、罗、蔡、罗、邓：

（一）敌二十三师于二十日、二十一日与我军作战后，已在嘉禾之西面及南面停止作工事。周纵队于二十二日可全部到达宁远，其主力有向道州前进可能。

（二）军委决定于宁远、道州之间坚决突击和消灭周纵队之左翼队，对敌二十三师则以后卫部队钳制之。

（三）二十二日各兵团的动作如下：

甲、一军团（缺第二师）于二十二日上午仍在天堂圩、柑子园地域，并向黄金桥派出一个团，担任掩护主力西进及抗击宁远周敌之任务。从二十二日晚，一军团即向鸡公神、大坝头、石马神地域移动。一师在楠木桥〔圩〕之三个营，应由三军团令其于二十二日归还主力，第二师明日应首先佯攻道州，以后则转移到桐油坪地域，有掩护野战军左翼之任务。

乙、三军团经水源洞、吴家坊、项山，于二十三日晨以前应到达梅山冈[1]、欧家及大欧[2]地域。

丙、五军团经殖黎铺、山口、南坪圩，于二十三日晨以前应到达百草坪、杨梅洞地域。

丁、八军团应经新屋地、曹家园、宁蓝圩，于二十二[日]晚到达下灌地域。然后即占领阵地，以便扼阻敌二十三师的追击部队，并掩护五军团通过。

戊、九军团于二十二[日]晚，应转移到新铺及风村铺地域，并准备于薛家厂附近渡河和侦察通江华的道路。

己、第二纵队于二十二[日]晚以前，应到达四眼桥地域。

庚、一纵队二十二日晨进到南坪圩地域，二十三号晨则进到消水塘。

（四）各兵团在进军及宿营时，应加强对宁远方向及对敌二十三师严密警戒，并须特别注意防空的规定。

朱德

二十一号二十时

注释：

[1]即今梅岗，属湖南省宁远县。

[2]即今大欧家，属湖南省宁远县。

红军西方军占领道州城*

前线电:我红军西方军[1]一部于本[月]二十二日占领道州城。

同志们,配合红二、六军团的胜利[2],开展我们胜利的反攻,发扬我们红军固有的吃苦耐劳、英勇顽强的特长,在运动战中大量的消灭敌人的武装部队,为实现创造新苏区的伟大任务而斗争!

注释:

* 此文按《红星》报1934年11月25日第5期同标题新闻报道刊印。

[1]指向西转移的中央红军。下同。

[2]指红二、六军团会师后,为策应中央红军的战略转移行动,并创造新的苏区,于1934年10月下旬起,由黔东转向湘西地区发动攻势。11月7日占领永顺县城,16日至17日,在永顺县龙家寨地区歼灭敌新编第三十四师两个旅的大部,击溃另一个旅,共俘敌2000余人,缴枪2000余支,取得重大胜利。

朱德关于野战军二十五日晨前西渡潇水的部署

（1934 年 11 月 23 日）

林、聂、彭、杨、董、李、周、黄、罗、蔡、叶、罗、邓：

A.周敌以一部进占构〔横〕岭[1]、天堂圩，而敌二十三师已前出到张屋、南坪圩地域。

B.我野战军为执行迅速开辟西进道路，并打击尾追之敌的任务，定二十五日晨止的行动部署如下：

1.一军团（缺一个师）应于今二十三［日］夜移至道州地域，以一个师控置〔制〕于河水东岸之瓶塘[2]、佛祖庙、七里岗地域，向宁远、天堂圩之敌布置阵地，准备突击向西追我之敌。第二师附炮兵营，待一军团先头部队开抵道州后，立即向蒋家岭、永安关搜索前进。在有利条件下，应攻占该地。第六团待三军团先头师接替任务后，即归还主力。二十四号黄昏起，一军团主力应向永安关方向移动，在河东之后卫师转移到道州地域，并破坏浮桥。

2.三军团应即以先头师及后方部由九井渡渡河（如桥未架好，则改由福禄岩[3]），进至九井渡、新车渡、福禄岩地域，接替六团任务。三军团主力如来得及，仍应以一个师随先头渡过河西。三军团主力或一个师，则应控置〔制〕在鸡公神、大坝头、石马神地域，准备明晨突击追我之敌。二十四号夜，三军团主力应全部西渡完毕，而后卫则应破坏桥梁，以后前进方向由侦察结果而定。

3.五军团今夜应移至桂里园、大欧、周塘营[4]地域占领阵地，准备明日突击由东向我尾追之敌。部份的参加突击由宁远方向追来之敌，严防敌向翼侧包围。从二十四［日］黄昏起，应迅速脱离敌人，从福禄岩、下茶园两处浮桥渡河，并在九井渡、福禄岩、薛家厂地域阻止敌人西进，并破坏浮桥。

4.八军团今夜移至新铺地域，以一个团接替第八团，控制井塘；一个团接替薛家厂、下茶园之干部团两个营的任务，并令其于明早开咀塘归还野战司令部。如时间许可，八军团主力可于二十四［日］拂晓前渡过河西，如不可能，应改于二十四［日］黄昏时经下茶园浮桥全部渡过河西至大盘铺地域，并限三小时渡完。

5.九军团袭取江华的任务不变。

6.军委一纵队二十四［日］晨到达咀塘（福禄岩西岸四里），二纵队到达杨林塘地域。

C.各兵团渡河后的侦察、警戒任务如下：

1.一军团向永安关、全县，及由小坪通灌阳的道路。

2.三军团向永明、灌阳，及由新车渡、上江圩通灌阳及永明以北程义家的平行山路。

3.九军团向江华、永明及其通灌阳大道。

D.二十三日抗击追敌，一、三、五军团应协同动作，并保证电台不断连络。

E.二十三、二十四［日］两夜渡河动作应迅速，绝对保证遵守时刻，严禁日间渡河。各兵团应派得力人督队收容落伍,限二十五[日]拂晓前止全部渡完,并破坏完浮桥,将一切船只集中西岸。

朱德

二十三号二十时

注释:

[1]据本电另种档案文本订正为“横岭”,该地属湖南省宁远县。

[2]即今坪塘,属湖南省道县。

[3]即今祥乐福,属湖南省道县。下同。

[4]周塘营,即今周塘,属湖南省道县。

野战司令部关于何键二十三日作战命令内容的通报*

（1934 年 11 月 24 日）

致一、三、五、八、九军团,罗、叶[1]:

甲、何键[2]二十三日命令:

1.情况:我军大部在宁远、道县,刻与第三、四两路[3]对战中;我军一部已进富川,我一、九军团在龙虎关[4]与敌激战,桂敌主力已移向恭城方向。

2.判断:我军以一部佯攻龙虎关,吸引桂军主力东移[5],以大部沿我六军团原路向西突窜。

3.决心:以不失时机向我追击,巩固湘水上游防线,协同桂军防堵。

4.部署:

①三、四路速击破当前之我军,而追击之。

②第二路[6]克日集结东安附近,与第一路[7]连合并抽出一部开赴城步,沿某某庙、某某水、下某水、桥头寨、梧林口、长安营之线[8],赶筑工事,扼要构成据点堵击。

③第一路沿湘水上游延伸至全州之线,与桂军联络,堵我西进。

④第五路[9]由嘉、蓝[10]向我追击,随三、四两路之进展,连络策应,并与桂军连络。

野战司令部

二十四日二十二时半

注释:

* 此通报内容是何键任“追剿”军总司令后发出的作战命令之一,是中国工农红军总司令部运用侦察手段截获的情报。经与现存的国民党军有关档案资料对照,内容相当准确,时效性甚强。编者搜集到长征中类此敌情通报尚有多份,限于篇幅,仅能择选一二,供读者了解红军侦察能力之一斑。何键 23 日命令(即“追剿”军总部漾申电)全文,现已从国民党军档案资料中搜集到,选入《红军长征·参考资料》册中。

[1]指罗迈、叶剑英。

[2]1934 年 11 月 12 日,蒋介石任命何键为国民党“追剿”军总司令。“追剿”军总部下辖 5 路“追剿”军。

[3]“追剿”军第三路,第三十六军军长周浑元兼任司令官,下辖第三十六军之第五、第十三、第九十六师及第五军之第九十九师;第四路,第二十七军军长兼第二十三师师长李云杰任司令官,下辖湘军第二十三、第十五师。下同。

[4]湘桂两省边界关口,属今广西壮族自治区恭城瑶族自治县,位于该县东北部。下同。

[5]此处,据国民党军档案资料,应是“南移”。

[6]“追剿”军第二路，第五军军长薛岳兼任司令官，下辖第四军之第五十九、第九十、第九十二师及第五军之第九十三师和惠济支队。下同。

[7]“追剿”军第一路，由第二十八军军长刘建绪兼任司令官，下辖湘军第二十八军之第十六、第六十二、第六十三师及第十九师第五十五旅和另7个团。下同。

[8]此句，据国民党军资料记载是：沿唐家园、白毛坪、下水坪、水桥、头寨、桃林、丹口、长安营之线。

[9]“追剿”军第五路，由第十六军军长兼第五十三师师长李韫珩任司令官，辖第五十三师。下同。

[10]指嘉禾、蓝山。

朱德关于红五、九军团及红一师扼阻敌周浑元等部于潇水东岸的部署

（1934年11月25日）

董、李、李、赖、罗、蔡并告林、聂、彭、杨[1]：

（甲）第一师、五军团及九军团（缺一个团）有掩护我野战军西进之任务，为此至少要扼阻周敌及二十三师于潇水东岸二天。

（乙）为要执行这一任务，规定负责地区如下：

（A）第一师由青口市到分江渡止，道州为其主要方向。

（B）五军团由分江渡到故子江口止，在四个浮桥的地区为主要的方向。

（C）九军团（缺一个团）由故子江口到江华止（含），主要方向为江华之石桥及江渡。

（丙）在主要的方向要在西岸组织顽强的防御，在负责区内之其他方向，则组织经常的监视哨及巡查哨。在纵深内应控制强有力的突击队，以便使用在最受威胁的方向。

（丁）在敌先头部队未抵达河东岸时，应向东岸派出便衣侦察，查明敌人部队的前进，并保证我便衣侦察适时西渡。

（戊）第一师暂归军委直接指挥，望李、赖即令一师电台注意与军委电台联络。

朱

二十五日十时半

注释：

［1］指董振堂、李卓然、李聚奎、赖传珠、罗炳辉、蔡树藩并告林彪、聂荣臻、彭德怀、杨尚昆。

中共中央及总政治部关于野战军进行突破敌人第四道封锁线战役渡过湘江的政治命令

（1934 年 11 月 25 日）

致一、三、五、八、九军团，二纵队：
各兵团首长：

一、我野战军即将进行新的最复杂的战役，要在敌人优势兵力及其部份的完成其阻我西渡的部署条件下，来突破敌人之第四道封锁线并渡过湘江。此战役须经过粮食较缺乏之两个大山脉[1]，并要克服二条［河］道[2]与开阔地带，及部份的敌人堡垒。野战军应粉碎前进路上敌人之抵抗与击溃向我翼侧进攻及尾追之敌，任务是复杂与艰巨的。但由于敌我部队质量之悬殊，我工农红军之顽强坚决、忍苦耐劳，可断言胜利是属于我们的。

二、为着胜利的进行这次战役，要求野战军全部人员最英勇坚决而不顾一切的行动。进攻部队应最坚决果断的粉碎前进路上之一切抵抗，并征服一切天然的和敌人设置的障碍，掩护部队应不顾一切阻止及部份的扑灭尾追之敌。各兵团应不断的注意自己翼侧之安全，如敌人向我翼侧进攻时，应机断专行的坚决击溃之。同时，不应离开、放弃完成自己的前进道路。

三、对每一个指挥员要求明确的执行放在前面的战斗任务，与友军确实的协同动作，不间断的进行各种侦察、警戒，并应遵守一切战术规定，以避免不必要之损伤。指挥员应牢记争取战斗的胜利，不仅依靠个人的勇敢，而首先是在正确的指挥部队。

四、政治工作人员应不疲倦的政治宣传与鼓动及个人的模范，克服战斗员中的疲劳、落伍与各种动摇，应与指挥员一起征服为完成战斗任务上的一切客观困难，并最高限度的提高全体红色军人的战斗精神、顽强抗战及其坚定性。我野战军的基本口号应该是：不仅要安全的不受敌人损害的通过封锁线，且须击溃及消灭所遇之敌军。

五、当前战役的胜利完成，是将决定着我们突破敌人最后的封锁线，创造新的大块苏区，协同其他红军部队（二、六军团，四方面军）一致进行全线的总反攻，与澈〔彻〕底粉碎敌人五次“围剿”。

六、本政治命令随军委二十五日十七时作战命令同时下达至团、至梯队首长为止。军团、师、团政治部（处）应据此进行加强的政治工作，但不应下达提出作战任务。

党中央及总政治部
二十五日

注释：

［1］指位于湘桂两省边界的都庞岭和越城岭。

［2］指今广西壮族自治区西北部的灌江与湘江。

朱德关于我军向全州、兴安西北之黄山地域进军的作战命令

（1934年11月25日）

林、聂、彭、杨、董、李、周、黄、罗、蔡、叶、罗、邓：

（甲）根据敌人最后的部署，其企图是在湘江阻止我们，并从两翼突击我们。北面为敌之第一、第二路军，南面则为广西的主力，而敌之第三、第四及第五路军则直接尾追我们。

（乙）我野战军为达到前出至全州、兴安西北之黄山[1]地域（湘桂边境）的目的，应该：

（A）我进攻部队（一军团主力及三、八军团）连续的应迅速的占领营山山脉[2]之各关口隘路，并于全州、兴安之间渡过湘河。在此种决心下，应迅速、坚决消灭敌之第一、第二路军及与我接触之桂军部队。

（B）掩护部队（一军团一个师及五、九军团）应连续于潇水及营山诸隘口，阻止敌第三、第四、第五路军前进，当其急进时，则应坚决消灭其先头部队。

（丙）作战的第一步是前出到湘江地域。在这个阶段中，野战军分四个纵队前进：

（A）一军团主力为第一纵队，沿道州、蒋家岭、文市向全州以南前进。

（B）一军团一个师、军委第一纵队及五军团（缺一个师）为第二纵队，经雷口关或永安关[3]及文市以南前进，以后则依侦察结果决定前进路线。

（C）三军团、军委二纵队及五军团一个师为第三纵队，经小坪、邓家源向灌阳山道前进，相机占领该城，以后则向兴安前进。

（D）八、九军团为第四纵队，经永明（如不能占领永明，则从北绕过之）、三峰山向灌阳、兴安县道前进。

（丁）二十六日诸兵团的行动如下：

（A）一军团主力于文市地域停止，向全州派出得力的侦察队，并侦察向全州、兴安间的前进道路、渡河点及沿岸的工事情形，特别要注意麻子渡、咸水圩等水田地域。第六团则进至永安关地域。

（B）第四师占领邓家源以后，则向灌阳方向侦察前进。三军团主力于二十六日晨应进到小坪地域，以后则随四师后跟进。

（C）八军团应协同九军团之第九团占领永明城。如不能占领永明城时，则从北绕道进至武村、程义家地域，其先头部队应进占三峰山隘口。第九团则仍留永明附近，以保证九军团主力继续通过永明地域。

（D）第一师、五军团及九军团的主力则照今二十五日十时[半]的电令[4]行动。

（E）军委一纵队于二十六日晨进到高明桥地域，军委二纵队今日仍在原地休息，并准

备从二十六日午刻随三军团后进到小坪地域。

（戊）各军团执行情形电告军委，此电不得下达。

朱德

二十五号十七时

注释：

［1］此地区未查到黄山山名；据电文所述地理位置判断，似指桂、湘北部边界附近的越城岭南段苗儿山一带地区。

［2］该山脉位于湖南省道县西，接今广西壮族自治区灌阳县界，绵亘数十里，即都庞岭北段。

［3］雷口关、永安关，均系湘、桂两省边界上的关隘，在两省分界线上，位于湖南省道县蒋家岭西南方。下同。

［4］此电为当日10时半朱德致一、三、五、九军团及一师电，主要内容是："第一师、五军团及九军团（缺一个团）有掩护我野战军西进之任务，为此至少要扼阻周敌及二十三师于潇水东岸二天。"

朱德关于红三军团行动致彭德怀、杨尚昆电

（1934年11月27日）

彭、杨：

甲、湘敌之一路军向全州前进，薛路军亦向黄沙河跟进中，桂军约四个师拟经灌阳前出到苏江、新圩、石塘圩之线，阻止我军西渡湘江，并相机袭击我的左翼。桂军究已进到何处，灌阳已否到桂军，现尚未查明。周敌今二十七日始可全部渡过潇水。

乙、我五军团于明二十八日晨占领蒋家岭、永安关、雷口关地域，后卫部队则与敌人保持接触，以迟滞其前进。我八、九军团由永明沿通灌阳的县道前进，先头部队到达三峰山时，即遇着民团有力的抵抗。已令八军团至迟应于二十八日晚以前进到永明、灌阳及道州、灌阳县道交叉处之孔家地域，九军团在后跟进。一军团情况可直询一军团，已令十七团今晚赶至水车地域归还建制。

丙、野战军一般作战任务仍旧。

丁、三军团行动如下：

（A）五师主力应进到新圩地域，其一个团则进到苏江地域，主力应确实进占马渡桥。如灌阳尚未到有桂军在一团以上时，并应进占灌阳。在苏江之一个团应驱逐泡江之敌，然后则占领三县道交叉处之孔家，并派小部队与八军团联络和带路。

（B）四师为先头师，有准备三军团及后续兵团前出到界首（不含）到兴安（含）地带的一般任务为目的，四师应派队到界首、兴安地带侦察渡河点及公路两旁的工事与兴安敌情，并派出有力的警戒部队以抗击之。

（C）六师于水车为三军团的预备队。

戊、三军团于二十八日午前，应最后查明车头、马渡桥至界首、兴安间的道路，由文市经车塘渡到界首的道路应空出给一军团左翼部队及军委一纵队，并派出几个侦察队侦察灌阳、兴安间的横贯路，特别是建乡、富岁塘[1]之横贯路。侦察时应尽可能的利用同情于我们的当地瑶族居民。

己、为保证任务的执行，在情况变化时得变更部署，但须先和军委商定。

朱

二十七日十七时

注释：

[1]建乡、富岁塘，今名不详。据国民党政府1929年所绘军用图，建乡属广西省全县，位于该县南部；富岁塘属广西省兴安县，位于兴安县城东偏南。两地相距约4公里，分别在两县分界线的东、西侧。下同。

朱德关于夺取三峰山致红八、九军团电

（1934年11月27日）

罗、蔡、周、黄：

（甲）湘敌第一路军向全州前进，桂敌主力向灌阳前进，周敌本二十七日可全部渡过潇水。

（乙）我主力已至全州、灌阳之线，先头部队已前出到湘江。五军团二十八日于蒋家岭、永安关、雷口关扼阻周敌。

（丙）我军占领灌阳或不可能，因此已令三军团占领永明至灌阳及道县至灌阳两县道的枢纽之孔家地域，三军团并由孔家派小部队与八军团取联络。

（丁）八军团应不顾任何牺牲夺取三峰山[1]，并以强行军于二十八日晚以前进到孔家地域，如时间来得及，九军团之工兵连、迫炮排应赶至三峰山，受八军团指挥，助攻该隘口。

（戊）八军团占领三峰山后，九军团即随其后跟进。

（己）八、九军团后方部应于八、九军团之间行进，粮食供给则吃随带的米粮。

（庚）必须不顾一切障碍坚决执行此命令，否则八、九军团有与主力相切断的可能。特别要注意在夺取三峰山后应迅速追击前进，不使敌人有可能在前进道上组织新的防御。

朱

二十七日十七时半

注释：

[1]三峰山，位于湖南省今江永（原永明）县西北部，湘桂两省边界线附近，系都庞岭上一鞍部通道处。下同。

朱德关于保证红一、五军团，军委在全州、界首间渡过湘江致林彪、聂荣臻电

（1934 年 11 月 27 日）

林、聂：

一、湘敌军似已抵全州，薛路军之一部续进至黄沙河、东安之线，灌阳情况尚不明，周敌今二十七日可全部渡过潇水。

二、我五军团二十八日扼阻周敌于蒋家岭、永安关、雷口关地域，而后卫部队在其以东地区与敌保持接触，以迟滞之。已令一师二十八日中午前开抵文市归还主力，八军团正攻击三峰山之隘路，九军团随其后进，已令其至迟于二十八日晚抵达永灌、道灌两大道[1]交叉处之孔家地域，以便参加主力战斗。三军团情况可询彭、杨，致彭、杨电令[2]另附。

三、一军团之任务为：

1.保证一军团、军委与五军团之通过及在全州与界首之间渡过湘水。

2.坚决打击由全州向南及西南前进之湘敌一路军，为此：

甲、二师应确实占领界首、咸水圩、朱塘铺、坪山[3]地区，应准备打击由全州出动之敌，并与四师前出至界首、兴安间之部队取得联络。

乙、十五师应派出至少一团至水井坪、木叶铺及土桥地区，扼守该处隘口。

丙、十五师主力及一师应集结文市及其西北地区，准备突击由全州出动之敌。

丁、最后查明文市、全州及界首、全州间之平行路及徒涉场，以便保证数纵队同时并进，并于二十八日中午报告我们。在各南北小路上，应派出小部队以防止敌人之袭击。

戊、林、聂准此令目的，依情况变动得变更部署，特别是十五师主力与其派出之一团相隔太远，林、聂可改定或令十五师之一团的〔向〕主力靠［近］，最好是十五师主力稍向其派出之团靠近，但最后决定望与军委商定后执行。

朱德

二十七日十八时

注释：

［1］指湖南永明至广西灌阳，湖南道县至广西灌阳两条道路。

［2］指 1934 年 11 月 27 日 17 时朱德致彭德怀、杨尚昆电。

［3］界首，属今广西壮族自治区兴安县，位于该县东部偏北、湘江左（西）岸；咸水圩，属今广西壮族自治区全州县，位于该县南部、湘江左（西）侧；朱塘铺，今名不详，据 1929 年版国民

党军用图，该地属广西省全县，位于该县城西约10公里处的公路线上；坪山，即屏山渡，属今广西壮族自治区全州县，位于该县中部、湘江江岸。下同。

朱德关于红五军团扼守蒋家岭地域掩护全军西进致董振堂、李卓然电

（1934 年 11 月 28 日）

董、李：

甲、何[1]敌二十七[日]午电令周[2]敌向永安关大道“追剿”。

乙、五军团无论如何须扼守蒋家岭、永安关、雷口关地域，直止〔至〕二十九日夜止，以保证和掩护八、九军团由水坪[3]赶到蒋家岭与野战军全部西进。为此目的，五军团须以十五师[4]有力之一团或一团以上兵力前出至杨家桥以东，进行步步抗退的运动防御，逼使敌人展开兵力，以迟滞敌进。

丙、执行情形电告。

朱

二十八日一时半

注释：

[1]指何键。

[2]指周浑元。

[3]水坪，疑有错字；据同日 1 时朱德致罗迈、邓发电，应为“小坪”，该地在蒋家岭东南方约 20 公里处。

[4]十五师，疑误；据 27 日 18 时朱德致林彪、聂荣臻电，十五师在执行阻击全州敌军任务，此处似应为第五军团所属第十三师。

朱德为至三十日止全部渡过湘江对我军二十九日行动的部署

（1934年11月28日）

林、聂、彭、杨、董、李、周、黄、罗、蔡、叶、罗、邓：

（甲）敌情另电告。我们估计湘敌第一路军之两个师，明二十九日晨有可能由全州沿湘江向我进攻，其主要突击方向是沿全、桂汽车道[1]。桂军于灌阳、兴安间约各有一个至二个师，企图从南阻止我军沿灌阳至界首大道西进，并由南进行辅助突击。周敌将企图占领蒋家岭诸关口，并进行猛追。

（乙）我军应自二十八日[2]起至三十日止全部渡过湘水，并坚决击溃敌人各方的进攻。

（丙）各兵团二十九日之部署及任务：

子、一军团明二十九日晨主力应在朱塘铺、咸水圩、坪山地域，并准备消灭自全州沿汽车道或湘江前出之敌。十五师应固守小崃岭、五百岭、算井[3]地带，主力位置〔于〕文市河[4]西岸，在敌人向文市方向强力压迫之下可转入运动防卫，并应于文市之北最后扼阻敌人。

丑、三军团[5]应确实保持石玉村、水车、光华铺[6]地域，并应消灭自兴安前进之敌。五师应进至四师之西南地区，并突击自南经建乡、富岁塘两路前进之敌，并协助四师。第六师以一个团固守泡江之北，主力应移至新圩[7]及其以南地区，以击溃自灌阳前进之敌。

寅、五军团至二十九日中午止，应扼守蒋家岭、永安关、雷口关地域，从二十九日中午后到〔则〕于蒋家岭及文市、水车[8]之间沿永安、雷口两道〔条〕大道进行运动防卫，并扼阻周敌于文市、水车之线以东，后方部则转移至古岭头。

卯、九军团二十九日晨应赶到文市，其任务为当全州之敌向文市前进时则消灭之，因此，应与在小崃岭之十五师之一团取得连络，并准备经古头岭、桥南山头[9]（凤凰咀）方向前进。

辰、八军团二十九日中午应赶到水车地区，并与六师取得联络为其突击队，并准备经下背田、青龙山向光华铺方向前进。

巳、军委一纵队进至石塘圩以东之官山。

午、军委二纵队分两队前进，二、四梯队由邓率领，随三军团后方部行动，并受彭、杨指挥。一、三梯队由罗迈率领，随一纵队前进。二十九日晨应至上营地域。

未、各兵团应以最大的坚决性完成放在自己面前的战斗任务，各兵团后方及军委纵队应充分准备坚决抗击侵入与接近自己之敌人。

朱德

二十八号十五时

（董、李抄转罗、蔡、周、黄）

注释：

[1]指广西省全县城至桂林的汽车路。

[2]二十八日，本电另种档案文本为“二十九日”。

[3]箕井，本电另种档案文本此处为“第二团”。

[4]指灌江。下同。

[5]本电另种档案文本此处为“三军团四师”；据电文内容所述三军团各师部署，此处应是“三军团四师”。

[6]石玉村，今名不详，据1929年版国民党军用图，该地属广西兴安县，在湘江右（东）侧、界首镇对岸地区；水车，指兴安县属之水车，位于该县城东北、湘江左（西）岸；光华铺，今名不详，据1929年版国民党军用图，该地位于兴安县城东北方13公里处，在湘江右（东）侧、全（县）兴（安）公路上。

[7]属今广西壮族自治区灌阳县，位于该县人民政府驻地灌阳镇西北、通往全州的公路上，在灌江上游左岸。下同。

[8]水车，此指灌阳县属之水车；本电寅、辰项中所述水车，均指此地。

[9]桥南山头，本电另种档案文本为“桥南岭”。

彭德怀、杨尚昆关于红三军团战斗情况及部署致朱德等电

（1934 年 11 月 30 日）

朱、林、聂：

（一）马渡桥□敌[1]约一师，拂晓向新圩出击，五师伤亡颇大，两团长、政委伤，师参谋长及一政委亡。六师未按时赶到接替任务。五师（缺十三团）二十九［日］晚尚在新圩以北，今改道上林家、青龙山、大塘村到达光华［铺］以北及以东之唐子头、陈东、渠口[2]。第六师主力尾五师进到保布圩、佳城向文堂、富□塘派出侦察，以一团主力位置于新圩，阻止农塘[3]之敌北进，以一营位置于陈家背[4]附近，以保证友军通过，该团待五军团接替后即归还主力。

（二）第四师在彭、杨赶到以前由林、聂指挥。

（三）第二纵队于三十日午前进到界首以东之月亮山附近，准备黄昏渡河。

（四）第十三团三十日八时可到渠口，接替四师河东警戒，该师河东之警戒队待该团接替后归还主力。

彭　杨

三十日一时于大塘村

注释：

［1］此敌，据国民党军资料，系桂系第十五军第四十四师王赞斌部。

［2］唐子头，今名塘子头；陈东，今名城东；渠口，在湘江右（东）岸，界首镇对岸地区。均属今广西壮族自治区兴安县，位于该县东北部。下同。

［3］今名龙塘，属今广西壮族自治区灌阳县。下同。

［4］今名新卫，属今广西壮族自治区灌阳县。下同。

朱德关于消灭由兴安、全州进攻之敌与钳制桂军和周浑元部追击致红一、三军团电

（1934 年 12 月 1 日）

林、聂、彭、杨：

（一）三十日的战斗，全州之敌已进到朱塘铺，兴安之敌已进到光华铺，灌阳之敌[1]已进占新圩，并续向古岭头方向前进。周敌之先头部队有已渡过文市河之可能。

（二）[一][2]、三军团主力在全州、兴安间河西岸沿马路的地域，军委一、二纵队已进到路塘、路江圩[3]地域，九军团已通过到石塘圩地域以西，五、八军团情况不明，其一部及六师之一小部有被新圩北进之敌切断的可能。

（三）一号，敌人将从各方面向界首行坚决的进攻，目的是在驱逐我先头部队到山中去，并切断我之后续部队，以便其各个消灭我之单个部队。

（四）野战军应以自己的主力消灭由兴安、全州向界首进攻之敌，钳制桂军及周敌由东尾追的部队。这样可以保证我军之后续部队于二号晨在掩护队掩护之下通过湘水，以后即前出到西延地域。

（五）一号各兵团之部署及任务应如下：

A.一军团全部在原地域，有消灭全州之敌由朱塘铺沿公路向西南前进部队的任务，无论如何要将由汽车路向西之前进诸道路保持在我们手中，在湘水东岸只留小的侦察部队。

B.九军团于一号转移到清水、严家[4]地域配置，暂为一军团之预备队，并受其指挥。

C.三军团应集中两个师以上的兵力在汽车道及其以西地域，有向南驱逐光华铺之敌的任务，并须占领唐家市[5]及西山地域。六师之部队应留河东岸，有占领石玉村的任务，并掩护我五、八军团及六师切断的部队通过湘水。以一个营仍留界首任掩护，该营应向麻子渡[6]派队与五军团切取联络。在万不得已时，三军团必须固守界首及其西南和东南的地域。

D.五军团于[一][7]号晨渡过麻子渡、大塘村间的河道以西，主力应向麻子渡前进，并有扼阻桂军及周敌追击的部队之任务。被切断的部队应自动的突围，向麻子渡前进。

E.八军团前出到马路上，经麻子渡进到凤凰嘴与咸水圩（均不含）间的适当地域宿营。

F.二纵队进到路江圩待命。

G.一纵队在路塘地域。

（六）各兵团与军委保持无线电、电话联络，并与军委在界首所建立之交通站取得徒

步的通信联络。

朱

一日一时半

注释:

[1]此处,本电另种档案文本为"灌阳之敌约两个师"。

[2]此处,据本电另种档案文本增补。

[3]路塘、路江圩,今名未详;据1929年版国民党军用图,该两地均属广西全县,位于该县西部,在咸水圩以西及西北方山区。下同。

[4]清水、严家,属今广西壮族自治区全州县,位于该县西南部、咸水圩以北六七公里处。下同。

[5]今名不详,据1929年版国民党军用图,唐家市属广西兴安县,位于该县城东北方、湘江左(西)岸,在界首镇附近。下同。

[6]即今麻市,属广西壮族自治区全州县。下同。

[7]此处,据本电另种文本档案增补。

中共中央局、中革军委、总政治部关于保证军委一号一时半作战命令全部实现致红一、三军团电

（1934 年 12 月 1 日）

林、聂、彭、杨：

一日战斗，关系我野战军全部西进，胜利可开辟今后的发展前途，退则我野战军将被敌层层切断。我一、三军团首长及其政治部，应连夜派遣政工人员分入到各连队去进行战斗鼓动，要动员全体指战员认识今日作战的意义。我们不为胜利者，即为战败者，胜负关系全局。人人要奋起作战的最高勇气，不顾一切牺牲，克服疲惫现象，以坚决的突击执行进攻与消灭敌人的任务，保证军委一号一时半作战命令全部实现。打退敌人占领的地方，消灭敌人进攻的部队，开辟西进的道路，保证我野战军全部突过封锁线，应是今日作战的基本口号。望高举着胜利的旗帜向着火线上去！

中央局

军委

总政

十二月一日三时半

朱德关于我军向通道以南西进致各军团、纵队电*

（1934 年 12 月 4 日）

林、聂、彭、杨、董、李、周、黄、罗、蔡、叶、罗[1]：

甲、敌十六师占领大埠头后，估计湘敌主力将出城步、通道向我截击和堵击，其一部将随我右纵队后尾追。而桂敌则将由大溶江口、龙胜[2]有袭击我军左侧之可能。

乙、我野战军以继续西进至通道以南及播扬所、长安堡[3]地域之目的，定明五日晚止，各兵团应到达下列地域，并执行如下任务：

1.一军团主力及九军团应进至社水、沐水、茶坪地域，向城步、新宁两方警戒。由一军团留一个团在小李向大埠头之敌严密警戒，如该敌向我进攻，应以运动防御迟滞其前进。一军团另派先头师前进至皮水隘地域，向城步侦察、警戒，并派出侦察部队至横水寨，侦察经鸡心界、白水、龙坪（或杉柳坳）通通道的道路。云〔五〕牌、沐水、大湾、皮水隘诸点以北通新宁、城步的横贯大小道路统破坏之，九军团仍归林、聂指挥。

2.三军团主力应进至中洞[4]地域，向大溶江口、灵川侦察警戒，并破坏由中洞南进之路。留一个团在洞养警戒，另前出一个师到河口、八滩地域，向龙胜派出侦察并警戒，对由河口经马蹄街、碧林，河口通长安堡，派出道路侦察。

3.军委二纵队随三军团后前进至中洞地域，由彭、杨规定其驻地并指挥之。军委一纵队进至唐洞、源头地域。

4.五、八军团进至水埠塘、千家寺、雷霹州地域，向司门前、华江及大埠头方向严密警戒，并派出游击部队向以上三方游击，并彻底破坏其道路、桥梁。八军团仍归董、李指挥。

丙、执行情形，电告。

四日十六时半

注释：

* 此电文后未署发电人，系据本电另种档案文本确定为朱德的发电。

[1] 林，指林彪，当时任红一军团军团长。聂，指聂荣臻，当时任红一军团政治委员。彭，指彭德怀，当时任红三军团军团长。杨，指杨尚昆，当时任红三军团政治委员。董，指董振堂，当时任红五军团军团长。李，指李卓然，当时任红五军团政治委员。周，指周昆，当时任红八军团军团长。黄，指黄苏，当时任红八军团政治委员。罗，指罗炳辉，当时任红九军团军团长。蔡，指蔡树藩，当时任红九军团政治委员。叶，指叶剑英，当时任军委第一纵队司令员兼政治委员。罗，指罗迈（李维汉），当时任军委第二纵队司令员兼政治委员。

[2] 龙胜，即今广西壮族自治区龙胜各族自治县。下同。

[3]播扬所、长安堡,均属今湖南省通道侗族自治县,播扬所今名播阳,在该县西部,邻近贵州省黎平县境;长安堡在该县东部,邻近今广西壮族自治区龙胜各族自治县境。下同。

[4]即今金石,属今广西壮族自治区兴安县。下同。

朱德令一军团迅速占领通道及九日各军团、纵队行动部署*

（1934 年 12 月 8 日）

各兵团、纵队首长（董、李[1]抄送周、黄[2]）：

（一）湘敌主力正向新宁、武冈、绥宁、靖县、洪江运动中，并拟追我入黔。其十六师开城步，似将经舟口、木路口、临口、通道堵截我军。舟口、大圳岩之线有团队，桂敌无新消息。龙胜之敌有与其向唐洞、江底追我之敌夹击我三军团部队可能。

（二）我野战军明九日继续西进的部署：

1.一军团有钳制城步追敌、消灭沿途团队以迅速占领通道的任务。第二师应进至木路口及其以西地域，向绥宁、通道侦察、警戒；在大岩、岩砦应留下一个团为掩护部队，警戒和钳制城步之敌及大圳岩团队，待九军团部队赶到接替任务后，再西开归还主力。九军团进至长安营（堡），派一个团至大岩、岩砦接替二师一个团任务。一师进至广南城、南柴侦察经龙坪通通道道路，并警戒长安营。十五师应进至鸡心界，如能赶至长安营，则即开长安营，并向城步方向警戒。

2.三军团主力应控制在寨纳塘、三百冲、马蹄街地域，监视与钳制龙胜之敌，向江底方向派出掩护部队，以便三军团留在矮岭、马蹄河口部队全部西移。另一个师应前过至平寨、白岩地域，向龙胜警戒，向长安营侦察。

3.军委一纵队进至杨湾，二纵队至横水寨、芙蓉市地域。

4.五、八军团应经黄祥进至东寨、水林冲地域，向城步警戒。

（三）一、三、五军团后卫部队应负责在通敌各来路破坏道路、桥梁，并收容落伍病员。

朱

八号二十时

注释：

* 标题为编者所加，原件存中央档案馆。

[1]董，指董振堂。李，指李卓然。

[2]周，指周昆。黄，指黄苏。

朱德关于我军十日行动部署致各军团、纵队电*

（1934 年 12 月 9 日）

各兵团、纵队首长（董、李转周、黄）：

甲、依本日情报，通道似尚未到敌。桂敌廖[1]部约一师，其前出部队昨已逼近马蹄街、八里，与我四师对峙中。占领唐洞之桂敌仅一营，今似未续追[2]。

乙、我各兵团、纵队明十号前进部署如下：

1.一军团应以前头师进占通道，向绥宁、靖县[3]警戒；其第一师经长安堡或经长安堡东北，进至通道以南适当地域。九军团进至临江口、木路口之间，向绥宁及来道警戒，其在大岩、岩砦警戒部队待十五师接防后归还主力。［十五师］[4]进至长安营[5]，并应以先头部队接替九军团留在大岩部队的任务，向城步严密警戒。

2.三军团主力应进至白岩、平寨、石村地域，一部扼守从林、孟坳两隘口，阻止廖部北进。其先头师或团应进至陇城，向长安堡及其以西通黎平道路侦察、警戒，其侦察部队应相机占领长安堡，并另以一部扼守甘溪堂[6]隘口，向龙胜方向警戒。如今日情报〔况〕不利，五师未能通过大断、串镇头，则三军团明日应改道西进。但不应渗入芙蓉市通布朗[7]、中洞到广南城[8]道路，因五、八军团须明日上午方能空出芙蓉市。

3.军委一纵队进至龙坪，二纵队由潘村经中洞赶至广南城。

4.五、八军团由芙蓉市经潘村、中洞随二纵队后开至昌贝[9]及其附近地域，向来路及龙胜方向警戒。

丙、各军团首长得据实况变更此命令中的位置，但总的前进方向不得改变，同时应将部署电告军委。

朱

九号二十时

注释：

［1］指廖磊。下同。

［2］此句，本电另种档案文本为："昨、今似未续进。"

［3］靖县，属湖南省，今名靖州苗族侗族自治县。下同。

［4］据本电另种档案文本增补。

［5］即今长安，属今湖南省城步苗族自治县，位于该县西部。下同。

［6］即今甘溪，属今湖南省通道侗族自治县，下同。

［7］芙蓉市，即今芙蓉；布朗，即今布弄，亦名布龙，均属今广西壮族自治区龙胜各族自治

县，位于该县北部。下同。

[8]即广南寨，今名广南，属今广西壮族自治区龙胜各族自治县，位于该县西北部。下同。

[9]即今昌背，属今广西壮族自治区龙胜各族自治县。

朱德关于各军团、纵队十一日西进的部署

（1934 年 12 月 10 日）

各军团、纵队首长（董、李[1]转周、黄[2]）：

（一）绥宁已到敌六十三师，其六十二师亦将续到，有由绥宁以南及向通道截击我军可能。桂敌廖部昨已进占马蹄街、石村，并闻有一部到林溪，企图利用由南向北大道向我侧击。

（二）我军明十一号继续西进的部署：

1.一军团主力及九军团应占通道及其东南与以南的地域，向绥宁、靖县两方派出侦察部队，向城步来路派出警戒；其先头侦察部队（应）前进至崖鹰坡，向新厂、马路口侦察入黔的道路，其十五师应进至下乡地域，向绥宁、木路口两方警戒。如通道已有湘敌开到，且有强固工事，则一军团主力及九军团应进至通道以南及东南地域，并控制瓜坪以北及地阳坪的西进道路，以掩护野战军通过。

2.三军团主力应进至长安堡、陇城地域，向林溪、龙胜两方警戒；其先遣部队应前出至团头所、头所地域，侦察通播阳所及黎平的道路；其后卫师或团应留河口钳制石村之敌，以掩护三军团主力通过。

3.军委一纵队拟进至流源，二纵队进至辰口。

4.五、八军团随二纵队后进至麻隆塘地域，并应不经长安堡，以免渗入三军团行进路线。

（三）各军团依此电令方针应据实情自行部署，但同时须电告军委。

（四）各兵团、纵队应在此备足米粮四天。

朱

十号二十三时

注释：

[1]董，指董振堂。李，指李卓然。

[2]周，周昆。黄，指黄苏。

中革军委关于防止我军宿营地失火和反革命分子纵火的指示

（1934年12月11日）

各军团、纵队首长：

A.查近数日我军宿营地屡次失火，其原因：

1.烤火疏忽。

2.主要的是反革命有计划的纵火，例如昨十号龙坪[1]、广南城、平溪、流源[2]四地同时起火，在龙坪便捕获放火反动[分子]，且身藏小刀。

B.因此，特规定各兵团、纵队立即执行下列办法：

1.到达宿营地须立即由司令[部]、保卫局、政治部组织巡查队，检查居民中可疑分子，有反动捣乱嫌疑的，应即逮捕。

2.部队与居民共居，应将每家居民迁移一室，不使与我军混居，其行动应加注意。

3.警戒部队应于驻军地绝对禁止居[民]向通敌方各道路外出。

4.巡查队要严格检查各伙食单位煮饭、烤火的地方是否适宜，特别要注意空房子与闲杂人员。

5.在木板地上严禁烤火，严禁落伍人员在空房子烤火。

6.各伙食单位如发现失火事件，应由其直接首长负责，并应严办失火者。

7.查获故意纵火的人，应处死刑。

（五军团抄转八军团）

军委

十一号十四时半

注释：

[1]龙坪，属今广西壮族自治区龙胜各族自治县，位于该县西北部。下同。

[2]平溪，有上平溪、下平溪，两地相距约1公里，属今广西壮族自治区龙胜各族自治县；流源，属今湖南省通道侗族自治县。下同。

朱德关于红一、九军团应集结通道及其附近地域并派队侦察入黔道路致林彪、聂荣臻电

（1934 年 12 月 11 日）

林、聂：

A.湘敌情况无新得。桂敌廖部昨十号占独境[1]以南山地，与我六师对峙中。三军团主力今日由陇、麻[2]、包田向西移动，并准备侧击北进之敌。明十二号，三军团主力进至长安堡、黄土塘、辰口地域，其先头师则进至团头所、头[所]地域；军委一、二纵队及五、八军团，则由流源、辰口、麻隆塘之线继续西移。

B.我一军团主力及九军团，明十二号应集结在通道[3]及其附近地域，向靖县、绥宁方向派出侦察，向城步方向警戒。其十五师，应于军委一纵队明十二时全部通过下乡后，移动至瓜坪地域，在移动前应加强对木路口、临口的侦察、警戒，并扼阻该两方可能来敌的前进。一军团应另派不大于一团兵力的侦察部队并带电台，前出至崖鹰坡，向新厂、马路口[4]侦察入黔的道路。

C.执行情形，电告。

朱

十一号十八时半

注释：

[1]即今独镜，属今广西壮族自治区龙胜各族自治县。

[2]陇、麻，指陇城、麻隆塘。

[3]指当时通道县城即县溪镇。关于中央红军占领通道县城的情况，尚未查到直接的电文资料，据当时红军行动部署及国民党军档案资料记载，是 1934 年 12 月 10 日由红一军团第二师进占。

[4]新厂、马路口，均属今湖南省靖州苗族侗族自治县，位于该县西南部，邻近贵州省黎平县境。下同。

中革军委关于我军十三日西进的部署致各军团、纵队电

（1934年12月12日）

各军团、纵队首长（五、八军团互相抄送）：

A.湘敌与〔以〕[1]陶广一路军主力向通道进逼，其他各路仍续向洪江、靖县前进，企图阻我北进，并准备入黔。桂敌有拟由林溪进至团头［所］[2]消息，但未证实。

B.我军明十三号继续西进的部署如下：

1.一军团第二师及九军团，应前进至新厂、崖鹰坡、溶洞地域，向靖县派出警戒，向白〔马〕[3]路口及黎平方向继续派出侦察部队。其第一师，如今日已抵洪洲司[4]，则应相机进占黎平；如尚在牙屯堡，则应进至洪洲司，向黎平侦察、警戒，并须于十二时前全部要〔离〕[5]开牙屯堡。其十五师应进至通道，向绥宁、靖县两方向派出游击部队，加强侦察、警戒。在十五师先头部队未到达接替任务前，九军团警戒部队不得先撤。

2.三军团以迅速脱离桂敌之目的，明日应以主力进至平〔牙〕[6]屯堡、团头所、头所地域，向林溪、古宜方向游击、警戒。其先头团或师应进至播扬所、黄垢地域，侦察部队则前出至贵州境界之江口屯。三□军［团］[7]在长安堡、黄土塘地域应留下后卫部队，向陇城、林溪警戒，以保证主力通过。

3.军委一、二纵队拟进至播扬所以北地域。

4.五、八军团应赶进至土溪、元心园地域，并应由双江口（不经牙屯堡）另找路线西进。

C.各军团依实际情况得变更其前进位置，但须严格的遵守前进的主要路线及其分界线，以免障碍运动，并将部署电告。

军委

十二号十九时半

注释：

［1］［2］［3］［5］［6］［7］此处，均据本电另种档案文本订正或增补。

［4］即今洪州，属贵州省黎平县。

朱德、周恩来、王稼祥关于红八军团并入红五军团的决定及其办法致董振堂等电

（1934 年 12 月 13 日）

董、李、周、黄：

甲、军委决定八军团并入五军团，其办法如下：

1.八军团全部人员除营以上干部外应编入十三师各团，为其作战部队。如三十九团尚未归还主力，则应以八军团较强之一团为三十九团，而编散其余的两团及军团部。

2.八军团之工兵连、排，补入十三师各团加强其各工兵排，其余则编入步兵分队。炮兵与五军团在〔所〕属［炮］兵排合为一迫炮连，辖两排、炮四门。机关枪连、排并入十三师各团，使每营仍附有机枪排，团有机枪连，轻机枪则给十三师各团及军团直属队，每一连队配轻机枪一支。

3.十三师师部取消，五军团司令部直辖十三师三个团。十三师师部全部人员及直属队应编入各团，其工兵排、机枪排如 2 项处〔办〕法。

4.五军团后方部，应依军委四日电令[1]立即缩小为师的编制，编余人员亦应编入各团。

5.凡八军团及十三师师部下级指挥员及工作人员，应尽量编［入］作战部队，其实不能编入作战部队的，再另行编入五军团直属各部，或送军委四局及总政处理。

6.多余步枪，最坏的应即毁弃，全部工作人员应发动背枪。多余轻、重机枪及子弹应即送军委。

7.电话队留五军团，电台则拨归军委。

乙、刘伯承调回军委，陈伯钧为五军团参谋长，周、黄待改编完后即回军委，罗荣桓为五军团政治部主任，毕占云调回军委，马良骏留五军团为团长，其他军政人员除加强五军团各团外，余应送军委四局及总政。

丙、五、八军团应利用行军中的间隙执行此电令中一切规定，限十八号前全部完成。首先须进行解释，并将结果电告和用书面报告军委。

朱　周　王

十三号二十时

注释：

［1］指 1934 年 12 月 4 日《军委命令》，该命令规定缩编各部后方机关。主要内容是：取消师的后方机关；师、团的卫生队各缩小一半（即团 30 人、师 90 人）；取消兵站；军团医院：一、三军团缩编为 2 个所，五军团为 1 个所；一、三、五军团后方部内只应有教导队、军团医院和供给

部附运输队,八、九军团取消后方部保留师后方机关;将后方机关、直属队编余人员补充到作战部队;抛弃、毁灭不必要的担子等。

中革军委关于取消第二纵队，合编第一、二纵队的命令*

（1934年12月13日于野战司令部）

一、军委决取消二纵队的组织，将一、二两纵队合编为一个纵队，并规定其序列如下：

第一梯队辖军委总司令部五局及其直属部队（缺炮兵营）、总政治部没委会[1]、中局队、中央队、国家保卫局及一医务所。

第二梯队辖总卫生部及一个医院（五个所）。

第三梯队辖总供给部及通信队。

三个梯队外，另以干部团、保卫团为独立的作战部队，归军委纵队司令部直辖。

二、依上项区分，各部门、部队应进行下列改编：

1.军委纵队司令部设一局，设参谋长一，参谋二，余均与一局合同办公；

2.一、二局组织不变，三局直辖无线电台五，其分配由总司令部临时规定，四局附医务所一个，收容第一梯队临时休养员，总兵站取消，其工作并入五局运输科；

3.总没委应兼纵队没委；一纵队没委取消；

4.国家保卫局附特务队与红军工作部合在一起；

5.一、二纵队两个医院应即合并为一个医院，编成六个所，以一个所随第一梯队行动，每一所应附担架十付；

6.总卫生部、总供给部工作人员应裁减，多余的医生应加强干部团、保卫团各卫生队，每队至少应有医生二人（一人兼队长），看护员亦应加强，但名额不得加增；

7.二纵队司令部取消，其一部分工作人员加强第三梯队，其携带的中央资材归入总供给部，第一梯队各部门、部队携带的资材，其不急需的部分，亦应归入总供给部，妇女工作队并入总卫生部；

8.干部团、保卫团组织与编制仍旧。

三、军委纵队以刘伯承为司令员，叶剑英为副司令员，陈云为政委，钟伟剑为参谋长，纵队司令员、政委、参谋长均兼第一梯队司令员、政委、参谋长，第二梯队以何长工为司令员兼政委，第三梯队以罗迈为司令员兼政委。

四、分编第二纵队限十五日进行完毕，并即于十五日起以军委纵队名义直接指挥所属各部队。

注释：

* 此命令按中国人民解放军档案馆提供的档案原稿刊印，原标题是“军委命令”，文后无署名。

[1]即“总政治部没收征发委员会”之简称。

朱德令各军团十四日进入贵州的行动部署

（1934 年 12 月 13 日）

各军团、纵队首长：

甲、敌情尚无新得。

乙、我军以迅速脱离桂敌、西入贵州，寻求机动，以便转入北上的目的，明十四号部署如下：

1.一军团主力应经马路口入黔，向黎平以北地域前进。对黎平方向派出侦察，对锦屏警戒并侦察经黎平以北汉寨、乌山、洋潭堡到剑河的道路。其十五师应前进至新厂地域，向靖县方向严密警戒。

2.九军团应经马路口入黔，向锦屏方向侦察前进，并有相机占领锦屏之任务。在行进及驻止时，均应加强对靖县方向的侧卫警戒。

3.三军团主力应进至播阳所地域，向林溪及来路严密警戒，其先头团应前进至洪州司以西地域，向黎平侦察敌情，及经黎平向茶寨、育洞前进的道路，在牙屯堡只须以后卫部队迟滞桂敌向我尾追。

4.军委一、二纵队进至洪州司、老地塘地域，并定于十四时全部通过播阳所。

5.五、八军团应进至深渡地域，向靖县、绥宁两方向警戒，并准备随十五师后入黔。

丙、一、三、九军团在前进中如遭遇黔敌堵截，有突击和驱逐该敌以便西进之任务。

朱德

十三号二十一时半

林彪、聂荣臻关于十三日继续西进的部署*

（1934 年 12 月 13 日）

罗、蔡、陈、刘[1]（罗、蔡抄转彭、肖、朱）：

军团今日以继续西进之目的，决定各兵团动作如下：

甲、九军团缺一个团及二师部队应经深渡到达新厂地域宿营并靖县宿营，向绥宁方向侦察警戒。九军团之另一个团，留通道担任向城步、绥宁、靖县警戒，该团待十五师部队接其任务后，部队随主力跟进。

乙、十五师应进至通道，并接替九军团留通道警戒任务，向绥宁、靖县派出游击侦察。

丙、第六团应从新厂地域团矿、梁平侦察前进，宿营地自定。直属队在二师先头行进到达马路口以西宿营。

丁、一师及后方部于□□从张坊出发，随九军团后到新厂宿营。

林　聂

十三日三时半

注释：

* 标题为编者所加，原件存中央档案馆。

[1]罗，指罗炳辉，当时任红九军团军团长。蔡，指蔡树藩，当时任红九军团政治委员。陈，指陈光，当时任红一军团二师师长。刘，指刘亚楼，当时任红一军团二师政治委员。

朱德关于红二、六军团发展湘西北苏区并配合西方军行动致贺龙等电

（1934年12月14日）

贺、任、萧、王[1]：

甲、我西方军现已西入黔境，在继续西进中寻求机动，以便转入北上。湘敌现分五路，其主力正向芷江、黔阳、洪江、靖县集中，企图先从湘边阻我北上，然后追我入黔。桂敌在我左侧后跟追，尚未脱离。黔敌情况不明。

乙、我二、六军团以发展湘西北苏区并配合西方军行动之目的，主力仍应继续向沅江上流行动，以便相当调动或钳制黔阳、芷江、洪江的敌人。如辰州[2]附近不便渡河，可改于保靖附近南渡至泸溪、乾城、凤凰地域活动，对桃源方面只须派一支队去行动，以钳制与迷惑湘中之敌。

丙、你们依此方针，决心如何，望电告。

朱

十四号十六时半

注释：

[1]贺，指贺龙，时任中国工农红军第二军团军团长、湘鄂川黔省革命委员会主席兼军区司令员。任，任弼时，时任中国工农红军第二军团政治委员、中共湘鄂川黔边省委书记、省军区政治委员。萧，指萧克，时任中国工农红军第六军团军团长。王，指王震，时任中国工农红军第六军团政治委员。

[2]古州、府名。此处指原州府所在地，即今湖南省沅陵县人民政府驻地沅陵镇。

朱德关于我军将于十五日夺取黎平、锦屏等地的行动部署*

（1934 年 12 月 14 日）

各兵团、纵队首长：

A.据尚未证实消息，黔军有一团在黎平城，锦屏、永从情况不明。湘敌薛路军正在黔阳、洪江、芷江布防，陶广一路军有一部由靖县向通道探进。桂敌昨在长安堡与我五军团后卫部队有接触，林溪敌人尚无前进消息。

B.我军以夺取黎平、锦屏开辟前进道路之目的，明十五号动作应如下：

1.一军团应以第二师攻占黎平，如黎平黔敌在一团以上且坚守工事，则二师应留一部监视黎平之敌，主力从北面绕过黎平，向洋潭堡、剑河方向迅速前进，以便先敌取得和控制剑河渡河点。一军团主力应准二师道路前进。

2.九军团应继续向锦屏前进，并相机占领锦屏，对靖县方向严密警戒。

3.三军团主力由播阳所前进至中温、平铺、地清（青）地域（距播阳所五十至六十五里），并准备在一军团未攻取黎平条件下进攻黎平。三军团之后卫师应进至杨曹地域，以一部扼守流团坳隘口，并派队向来路游击，以迟阻可能追我之桂敌。

4.军委一、二纵队在洪州司、小寨地域休息，并进行一、二纵队合编与改编。

5.五、八军团转移到深渡后，应即准十五师道路前进至平查（茶）所、马路口地域，并准备入黔。在行进与驻止中，应对来路及靖县方向严密警戒。

C.各军团侦察道路任务同昨电规定，并除行军外应保证其无线电台与军委经常联络，将布署电告军委。

朱德

十四号十七时半

注释：

* 标题为编者所加，原件存中央档案馆。

朱德关于五、八军团改道平查所转入黔境的指示*

（1934 年 12 月 15 日）

董、李、周、黄[1]：

甲、据彭、肖[2]昨十七时电，新厂发现由靖县来敌与我接触。

乙、如五、八军团现时尚在深渡或其以南地区。应即改道，经可团、七合山到平查所转入黔境。如平查所今日亦发现敌情，则五、八军团应更向西南，改经播阳所、流团坳以急行军赶到洪州所宿营，然后准（沿）一、三军团道路前进。

朱

十五日六时

注释：

＊标题为编者所加，原件存中央档案馆。

[1] 董，指董振堂。李，指李卓然。周，指周昆。黄，指黄苏。

[2] 彭，指彭绍辉，当时任红一军团第十五师师长。肖，指肖华，当时任红一军团第十五师政治委员。

朱德电询一军团攻占黎平情况*

（1934 年 12 月 15 日）

林、聂并告彭、肖[1]：

甲、望立复下列各项：

1.你们已否占领黎平，敌向何方退去。

2.昨日靖敌与十五师后卫团接触，该师是否已全都到宿营地。

3.军团部及各师今日位置。

4.古东是否即贵州明细图上之古顿。

5.由黎平到剑河有多少里。经过什么地方。由潭溪（不经黎平）经何地直通剑屏。

乙、望在黎平尽量收集资材，特别是洋油，除你们留用一部外，应供给全野战军。洋油明日由野战军司令部派员到黎平接收。

丙、野战司令部本日上午已抵地青。

朱

十五日十四时

注释：

＊ 标题为编者所加，原件存中央档案馆。

[1]彭，指彭绍辉，当时任红一军团第十五师师长。肖，指肖华，当时任红一军团第十五师政治委员。

朱德关于一军团侦察汉寨、剑河敌情和柳寨、剑河两渡河点的指示*

（1934年12月16日）

林、聂：

甲、一军团部及第二师今日应在原地不动，十五师向主力靠近，第二师不论攻占黎平与否，在第六师到黎平接替任务后，即令开鳌鱼咀。

乙、望侦察由汉寨、古顿经柳寨渡河到岭松、龙塘，邛水的道路及由黎平经剑河渡河到岭松的道路，并侦察柳寨、剑河附近两渡河点。据报清（水）江、沅江上游均有徒涉场。

朱

十六日二时

注释：

* 标题为编者所加，原件存中央档案馆。

林彪、聂荣臻关于目前我军应在黎平西北略事休整等战略行动建议致朱德电

(1934 年 12 月 16 日)

朱主席:

一、目前我军已脱离受敌侧面夹击的不利形势,敌对我入黔后之企图似尚不明,敌主力距我亦较远,而我军本身则甚疲劳且不集结。黔敌为极不团结、缺乏战斗力之诸小集团,其主力为王家烈部[1],报载该[部]集结镇远、施秉一带。

二、在上述情况下,我军主力应利用目前机会在黎平西北一带略事休息、整顿与集结,并以一部阻滞追击敌,一部(九军团)向锦平〔屏〕以北威胁,与掩护我军基本企图,并诱湘敌向锦屏方向前进(使我将来不能侧击他们[2],只能向我尾追)。我主力略事休息整顿后,重新布置经施秉以南向镇南关、绥□阳[3]、綦江、纳溪、毕节,而以桐梓、遵义、仁怀为中心之地域前进。在前进途中,须决心消灭阻我前进之黔敌,以便巩固尔后在新发展之便。

三、建议一军团全部明日在波洞、入漂[4]、鳌鱼咀之线再休息一天,如何盼复。

林　聂

十六日十八时

注释:

[1]王家烈,时任国民党政府贵州省主席,第二十五军军长。第二十五军(即黔军)辖第一、第二、第三师及教导师、暂编第八师,分属四派,其中属王家烈系统者为第一、第二师。下同。

[2]此句疑误,似应为“使他将来不能侧击我们”。

[3]镇南关、绥□阳,疑误,似指镇雄关(属贵州省镇远县)、绥阳。

[4]入漂,应为八漂,今名八瓢,属贵州省锦屏县。

朱德关于我军突破黔敌清水江、沅江第二道防线的部署

（1934 年 12 月 16 日）

各军团、纵队首长：

A.我一师昨占黎平城。黔敌在锦屏、黎平的防线已为我突破，现黔敌正企图固守清水江[1]、沅江的第二防线。湘敌、薛、周第二兵团[2]的先头部队，正开始向铜仁、玉屏、天柱之线前进，其陶广一路军[3]则尚在通道以西地域停止。桂敌周[4]师向榕江前进，企图向我军续行侧击。

B.我野战军以继续突破黔敌第二道防线与赶过薛、周两敌之目的，定明十七号部署如下：

1.一军团应以先头师前进至柳霁地域，并派出一团占领柳霁通南包、龙塘的渡河点，向玉屏、邛水侦察、警戒。一军团主力应进至柳霁东南地域，一师应经鳌鱼咀[5]向主力靠近。

2.九军团应由老锦屏沿清水河南岸约前进至时洞地域，以后即经拿洞、尧光[6]准备经柳霁以北渡河。在行进中应向对岸及来路警戒，宿营地点由罗、蔡自定。

3.三军团主力（缺四师）应前进至黎平通剑河道上之鳌鱼咀及其东南地域，侦察由鳌鱼咀到剑河之线以西的道路，四师则前进至黎平城。

4.军委纵队前进至黎平城。

5.五、八军团进至中朝地域，实行合编与改编，并破坏通播场〔扬〕所、洪州司的来路。

C.三、五军团及军委纵队的出发时间，另行规定。

朱德

十六号十九时半

注释：

[1]指贵州省东部之清水江，为湖南省沅江上游河流。

[2]指国民党“追剿”军第二兵团。1934 年 12 月 1 日，“追剿”军总司令何键，电令所部改定军队区分如下：第一兵团总指挥刘建绪，辖原第一、第四、第五路等部共约 8 个师；第二兵团总指挥薛岳，辖原第二、第三路，共 8 个师另 2 个旅；预备兵团总指挥刘膺古，辖 2 个师另 1 个旅，另有湖南保安部队所属团队。

[3]即“追剿”军第一兵团第一路军司令陶广所辖第十六、第六十二、第六十三师，共 7 个旅。

[4]指周祖晃。

[5]即今鳌市，属贵州省黎平县。下同。

[6]尧光，即今瑶光，属贵州省锦屏县。下同。

朱德关于一军团一师十七日向柳霁前进的指示

（1934年12月16日）

曹、徐[1]并转一师李、赖[2]：

A.我六师已否到达黎平。

B.一师是否本晚向鳌鱼咀前进，如已前进，应由曹、徐负责派员转知该师，明十七号继续经鳌鱼咀，向八标（瓢）、婆洞前进，以便靠近一军团主力。如一师尚在黎城，应于明十七号一时由黎平向鳌鱼咀、八瓢出发，并应超过鳌鱼咀。宿营以后则经婆洞、河口，向柳霁前进。一师到达新地域后，应即派员赶往一军团部受领新的命令。

C.六师应于明十七号五时出发，前进至鳌鱼咀地域，并限八时前全部离开黎平城，以便三军团部及五师继续经黎平前进。

D.一、六两师征集资材情形望告，如收买有洋油，望留交军委总司令部，以便补充电台用。

朱德

十六号二十一时

注释：

[1]曹，指曹里怀，当时任红三军团第六师师长。徐，指徐策，当时任红三军团第六师政治委员。

[2]李，指李聚奎，当时任红一军团第一师师长。赖，指赖传珠，当时任红一军团第一师政治委员。

朱德关于我军各部十八日的行动部署*

（1934 年 12 月 17 日）

林、聂、彭、杨，董、李、罗、蔡：

甲、敌情已电告。

乙、我野战军明十八号行动如下：

1.一军团应由婆洞、八瓢、鳌鱼咀地域移至柳霁、南家堡、唐洞地域，对剑河、天柱、锦屏各方向侦察、警戒，并准备占领剑河，不渡清水江，改由清水江南岸西进。

2.九军团应前进至蜡（拿）洞附近，向来路及王寨方向警戒。

3.三军团应（由）三郎、高屯、黎平地域，改向西北之五胡、罗里、抱洞地域移动，并侦察经育洞、朗洞到台拱的道路。

4.军委纵队在黎平不动。

5.五军团进至黎平城，并对严格施行破坏、警戒。

丙、各师明日前进里程，一般的不要超过五十里，具体位置由军团首长依实际地形自定。

朱德

十七日

注释：

＊ 标题为编者所加，原件存中央档案馆。

中共中央政治局关于战略方针之决定*
（黎平会议）

（1934 年 12 月 18 日）

各军团及军委纵队首长：

兹特电告中央政治局本十八日关于战略方针之决定，此决定经你们传达至师及梯队首长为止。在部队中关于本决定之解释总政治部另有训令[1]。

中央书记处

中共政治局[2]决定

一、鉴于目前所形成之情况，政治局认为过去在湘西创立新的苏维埃根据地的决定在目前已经是不可能的，并且是不适宜的。

二、根据于：甲、使我野战军于今后能取得与四方面军及二、六军团之密切的协同动作。乙、在政治的经济的及居民群众的各种条件上，求得有顺利的环境，便利于澈〔彻〕底的粉碎五次"围剿"及今后苏维埃运动及红军之发展。

政治局认为新的根据地区应该是川黔边区地区，在最初应以遵义为中心之地区，在不利的条件下应该转移至遵义西北地区，但政治局认为深入黔西、黔西南及云南地区对我们是不利的。我们必须用全力争取实现自己的战略决定，阻止敌驱迫我至前述地区之西南或更西。

三、在向遵义方向前进时，野战军之动作应坚决消灭阻拦我之黔敌部队。对蒋湘桂诸敌应力争避免大的战斗，但在前进路线上与上述诸敌部队遭遇时则应打击之，以保证我向指定地区前进。

四、政治局认为，为着保证这个战略决定之执行，必须反对对于自己力量估计不足之悲观失望的失败情绪及增长着的游击主义的危险，这在目前成为主要危险倾向。

五、责成军委依据本决定按各阶段制定军事行动计划，而书记处应会同总政治部进行加强的政治工作，以保证本决定及军事作战部署之实现。

一九三四、十二、十八

注释：

＊ 此决定按中央档案馆编《中共中央文件选集》第 10 册第 441—442 页刊印，中共中央党校出版社 1991 年 3 月版。

[1]《中共中央文件选集》编者注：指 1934 年 12 月 21 日总政治部代主任李富春署名发布的《关于实现"创立川黔边新苏区根据地"的训令》。

[2]《中共中央文件选集》编者注：现存两个档案版本都是中共政治局，而不是中央政治局。

参考资料

何键关于防止中央红军突围电*

（1934 年 10 月 19 日）

查本路军区域内股匪，迭经各部进剿，将其先后击溃，匪区均经收复，匪首亦多擒毙，所余萧匪一股，已西窜深入黔境，刻被我李[1]代司令督率各部协同黔、桂友军追剿，迭予重创，实力损失过半，势穷力蹙，歼灭可期。唯赣西及鄂南各地区残匪，综计枪支不过三千左右，仍啸聚窜扰，迄未肃清，且赣东主力被我东北两路军猛力攻破，石城、兴国先后收复，日暮途穷，势难再事挣扎。据报，该匪至万不得已时，即决心弃老巢西窜入川，企图苟延残喘，倘一但〔旦〕实现，则我西路军适当其冲要，其责任之重，当更十倍于前。若不趁此时机，迅将残匪根本肃清，则届时必至处掣肘，而无活动余地。本总司令有见及此，故迭次电令各部努力清剿，以期将来克膺重任，而负巨艰。兹为迅速完成初步任务，特再摘示清剿要点于下：

（一）本部江午电转委座手令，对于伏兵、夜袭、兜剿、围剿等项剿匪方略，指示详尽，各部应遵照严切实行。

（二）清剿散匪与围剿股匪方式不同，应注意游击战术，无分昼夜，不断梭剿；城市村镇碉堡仅留驻少数兵力足矣。

（三）与友军切取连络，协同会剿，以免误会，并详细规划往来路线为要。

（四）各游击部队应多派便衣队，广侦匪踪，作时时接战之准备。

（五）组织及训练民众，务使明了国军剿匪意义，乐为我用，不为匪助，庶几发奸摘伏，使匪无地可容，乃可收根本肃清之效。

上五项，仰即遵照，并准各自规定最短限期分别施行。如逾期不能分别办到，致碍全局成功，则国有常刑，决不宽贷。仍将遵办情形随时具报为要。

注释：

* 此件引自《赣粤闽湘鄂剿匪军西路第二纵队二十三年十月份剿匪概况报告书》，以皓戌长西参谍电发出。

[1] 李，指李觉。

何键转蒋介石关于消灭中央红军于赣信安寻封锁线以东地区给刘膺古电*

（1934年10月21日）

顷奉委座哿戌行战一电开：

伯南[1]删午电：毛泽东现在雩都[2]，伪中央政府现距雩都百六十里之西拥乡；雩都城附近及其西北二十余里之北斗山一带，新窜到匪三千余。薛岳[3]铣戌、巧午电：伪一、三军团世日由宁都向雩都方向移窜，并准备携带粮秣，有攻我赣州说。筱、洗〔铣〕两日该匪到银坑、马安石、三贯、汾坑圩、石马口、东头圩一带者万余；二十一、二十三两师亦在银坑、马安石一带整理。蒋鼎文[4]筱西电：罗匪炳辉[5]佳日率匪二千余、轻重机枪二十余挺西窜，长汀仅有杂色部队维持秩序，具〔俱〕甚恐慌。宁化、白水上之匪数千，亦向石城南之横江窜去。涂联络参谋维藩电：小溪东北四十里之黎村，寒日到匪三师；西北三十里之新陂，删到由兴国移来医院三所。又我无线电侦匪红中社[6]已五日无有通报，亦可证匪在行动中。综合各电，判断匪之企图西窜行将实现。我军方针，首在巩固赣、信、安、寻[7]第一纵线，务期聚歼该匪于此线以东地区。至第二、第三各纵线[8]无非用作补助。兹规定：

（一）南路军应迅将第一纵线工事，尤以信、安间为重点，迭电所述连点成线，充分储备粮弹。俟罗霖师接良口、储潭防后，即将此部兵力增防信、安间。

（二）李军长生达[9]所部速提前赶接李云杰师及罗霖师一部防务，俾罗师一部移接良口至储潭及李师第一步集结遂川以南地区。

（三）西路军应将湘南碉堡线提前完成，迅将十五、十六两师集结赣江西岸、遂川以南，并设法抽第十八、第五十两师[10]中之一师，或另抽队接第五十三师防，俾该师亦集结遂川以南地区。

（四）所有赣、信、安、寻、南、大、上、崇、犹[11]、南雄及湘南各县之城镇交通要点，均须赶筑据点，掳集物质〔资〕，以便坚壁清野，并组训民众，必能担任侦察、通信及自卫。

（五）在战略之要点，应赶速多屯粮食。

特达。希将遵办情形具报。等因。

本部部署命令，随即下达。特先电告。

注释：

＊ 此件引自《赣粤闽湘鄂剿匪军西路第二纵队二十三年十月份剿匪工作概况报告书》，以马西长西参机电发出。

[1]伯南，即陈济棠。

[2]雩都，今江西省于都县。

[3]薛岳，任国民党军第五军军长兼“赣粤闽湘鄂剿匪军”北路第六路军总指挥。

[4]蒋鼎文，任国民党军第二军军长兼“赣粤闽湘鄂剿匪军”东路总司令。

[5]罗匪炳辉，是国民党对红九军团长罗炳辉污蔑之称。

[6]红中社，指红色中华通讯社。

[7]赣、信、安、寻，指江西省赣县、信丰、安远、寻乌四县。

[8]第二、第三各纵线，参见1934年9月16日《何键转发蒋介石关于增强碉堡封锁线电》。

[9]李生达任国民党军第十九军军长兼第七十二师师长，辖3个旅6个团，属晋军系统。

[10]第十八师师长朱耀华，辖3个旅6个团；第五十师师长岳森，辖3个旅6个团。均属“赣粤闽湘鄂剿匪军”西路第二纵队序列，湘军系统。

[11]赣、信、安、寻、南、大、上、崇、犹，指江西省赣县、信丰、安远、寻乌、南康、大庾(今大余)、上犹、崇义各县。“上”“犹”均指上犹县，原电文重复。

蒋介石关于各路军严密构筑碉堡封锁线堵截中央红军电*

（1934 年 10 月 22 日）

查从前各部队筑碉往往仅注意山巅制高点，而于山麓每多忽视。守兵既高居山巅，于山麓难免有监视不周之弊，赤匪遂得乘隙偷窜封锁线，我守兵茫然无所觉察。近查各封锁[线]，果时有散匪乘隙穿窜，殊失严密封锁之旨。嗣后除山巅仍应筑碉以少数兵瞭望外，对于山下道路应多筑联络小堡，在交通扼要地点尤应构筑坚固主堡。守兵主力亦须配于山下，庶耳目较周，堵截较易，匪自无隙偷窜矣。此举极为重要。希转饬所属一体遵照。

注释：

* 此件引自《赣粤闽湘鄂剿匪军东路总司令部造呈二十三年度十月份剿匪工作军事报告书》，以养午行战六电发出。

何键关于扼守赣江上游西岸及湘东南各碉线的命令*

（1934年10月23日）

命令：

（一）赣东之匪，现已倾巢分数股向赣江上游信丰东北地区西窜，其先头部队已与我南路军之叶[1]师在信丰东南之韩坊、安息圩等处激战中。

（二）本路军为拒止该匪西窜计，拟以主力协同粤、桂军扼守赣江上游西岸及湘东南各碉堡线，以一部分守原有各防地，并协同东、北两路军对匪夹击，将其歼灭于赣江沿岸，或以西地区。

（三）着七十二师（另一旅）及七十七师为赣江守备队，以李军长生达为指挥官。应以七十二师全部防守泰和（含）至棉津（含）之线；以所附另一旅防守泰和至仁和圩之线；以七十七师防守棉津至储潭（含）之线，努力阻匪渡江。限下月江日以前到达。在未到以前，仍由李军长云杰负责指挥。二十三师于交防后，即集结大汾附近待命。

（四）着五十三师及十八师为永、宁、遂、莲、大[2]守备队，令李军长韫珩为指挥官。应以五十三师主力控置于雩田圩附近，策应泰和至储潭部队，努力阻匪渡河；以一部防守遂川至大汾（含）之线，限艳日前到达。十八师以主力防守永新、宁冈至黄坳之线，堵匪北窜；以一部驻守莲（不含）、安（含）[3]，限卅日前到达。

（五）着六十二师及六十三师全部、胡凤璋部为莲、汝、桂[4]守备队，以陶广为指挥官。应以李国钧旅[5]及莲、宁[6]两保安团防守莲、砻、大（不含）之线，置重点于砻市、大汾间。限下月江日以前到达。六十三师五团防守大汾（不含）至桂东之线，限俭日以前到达。六十二师五团及胡凤璋部防守桂东至广东桥（不含）之线，限俭日到达，堵匪西窜。

（六）着十五师附湖南保安团二团为耒、安、茶[7]界〔线〕守备队，以王东原为指挥官。应以主力控置于耒阳附近，赶筑耒、安、茶线各据点碉堡，堵匪北窜。

（七）着十六师附湖南保安团二团又机枪二十挺，为衡、零[8]、东安守备队，以章亮基为指挥官。应以十六师扼守祁、衡[9]线，保安团固守祁阳至黄沙河湘江西岸沿线，努力堵匪西窜。

（八）着段区司令珩为湘南守备队指挥官，督率所属各保安团及各县义勇队，固守各防御线以外之各县场〔城〕及衡、宜[10]线碉堡。

（九）各部于电到后，不待接防部队到达，即以大部向新位置移动，如限到达，不得稍有贻误。其所余小部交防后，即行归建制。

（十）以上各部均归刘纵队司令建绪指挥。

（十一）着五十师大部附赣西袁水各县保安团、义勇队为袁水守备队，以岳森为指挥官，扼守袁水沿岸碉堡线，堵匪北窜。限世日以前到达。并以一部节约分守上庄、铜鼓、大段、找桥、甘坊、上富、奉新、石鼻街、牛行之线（不含）以南，袁水以北地区各要点。

（十二）着独卅七旅[11]全部及二十六师[12]一部为修、铜、武、奉[13]守备队，以刘培绪为指挥官，分守修河以南及上庄、铜鼓、大段、找桥、奉新、石鼻街、牛行之线（含）以北地区。限下月东日以东〔前〕到达。

（十三）着湖南保安第三、第六、第二十四各团及十九师工兵营为平、浏、岳[14]守备队，以罗树甲为指挥官，负责维持各该县安全。

（十四）以上各部均归第二纵队刘司令膺古指挥。

（十五）第三纵队（欠独立第三十七旅及二十六师之一部）应酌量该纵队匪情，另行妥为部署防剿，并特别注意湘鄂铁路线之安全。

（十六）着二十三师及二〔一〕十九师（欠段旅）为总预备队，以李云杰为指挥官。应以二十三师暂置于大汾附近，以十九师（欠段旅）归段旅长[15]指挥，控置于长醴铁路线[16]上。

（十七）汝、桂守备队之补给，应由第一纵队刘司令及陶指挥官协商在酃县、桂东、汝城各县城分设军用仓库，预集必要粮秣、弹药及被服。其他各守备队应视当地物质〔资〕现状，预为准备。

（十八）各碉堡内均须遵照行营规定，切实准备必要粮秣、燃料、蔬菜、食盐、饮水等项，俾能固守多日。

（十九）各部队移动后，其未经指定接防部队之防地，均由各该原守部队酌以各该地区团队及义勇队暂行负责防守。

上十九项，仰即遵照具报。

注释：

＊ 此件引自《赣粤闽湘鄂剿匪军西路第二纵队二十三年十月份剿匪工作概况报告书》，以漾亥西参机电发出。

[1]叶，指叶肇，任国民党军第一集团军一军二师师长。

[2]永、宁、遂、莲、大，指江西省永新、宁冈、遂川、莲花四县及遂川县属大汾镇。

[3]莲、安，指江西省莲花、安福两县。

[4]莲、汝、桂，指江西省莲花县，湖南省汝城、桂东两县。

[5]李国钧，任国民党军第六十二师一八五旅旅长。

[6]莲、宁，指江西省莲花、宁冈两县。

[7]耒、安、茶，指湖南省耒阳、安仁、茶陵三县。

[8]衡、零，指湖南省衡阳、零陵两县。

[9]祁、衡，指湖南省祁阳、衡阳两县。

[10]衡、宜，指湖南省衡阳、宜章两县。

[11]独卅七旅，旅长刘培绪，属国民党军“赣粤闽湘鄂剿匪军”西路第三纵队序列。

[12]二十六师，师长郭汝栋，属国民党军“赣粤闽湘鄂剿匪军”西路第三纵队，辖2个旅5个团。

[13]修、铜、武、奉，指江西省修水、铜鼓、武宁、奉新四县。

[14]平、浏、岳，指湖南省平江、浏阳、岳阳三县。

[15]段旅长，此处原件有误，段珩旅当时尚在贵州与红六军团作战，此处应为邓旅长，即国民党军第十九师五十六旅旅长邓南骥。

[16]指湖南省长沙至醴陵的铁路线。

顾祝同转发蒋介石关于北西两路军守护遂汾横线和第二纵线电*

（1934 年 10 月 24 日）

奉委座漾辰电节开：

伪一、三、五军团窜扰南路军，以伪一军团任右翼，伪三军团任中路，伪五军团任左翼，马日攻我韩坊；马午，新田之廖[1]团被围古陂，与匪接战甚烈；由会昌经高排、大坑至龙布一带有匪万余；安远西北十里亦发现股匪。该匪此次南犯，是否主力，或先以一部渡河？虽难断定，而第二纵线[2]及遂汾[3]横线关系重要，除已令罗霖师先行南移接替储潭、良富防线及令李生达部即日开拔外，应由西路速派队守护上述两线及集结十五、十六两师于郴州，再看情形东移。五十三师应速设法抽集于遂川以南为要。等因。

希知照。

注释：

* 此件引自《赣粤闽湘鄂剿匪军北路总司令部剿匪军事工作报告书二十三年十月至十一月》。顾祝同，任国民党“赣粤闽湘鄂剿匪军”北路总司令。原件电文前有“本月二十四日给各总指挥、周指挥官[浑元]有巳电”一句，故此电应是 1934 年 10 月 24 日起草，25 日收到。

[1]廖，指廖颂尧，任国民党军第一集团军第一军一师二团团长。

[2]第二纵线，参见 1934 年 9 月 16 日《何键转发蒋介石关于增强碉堡封锁线电》。

[3]遂汾，指江西省遂川县及该县大汾镇。

南昌行营关于围堵中央红军的部署*

（1934年10月25日）

查匪徒此次南犯系全力他窜？抑仍折回老巢？或在赣南另图挣扎？刻下尚难断定。唯歼匪于第一线[1]以东地区已不可能，自应歼匪于第二纵线[2]及万、遂、汾横线[3]中间地区之目的，另为机动之部署。经详商拟定：

（1）先电芸樵[4]迅就上述纵、横两线加强工事，严密布防。

（2）令李云杰集结遂川，援助罗霖，巩固赣州以北江防。

（3）周[5]纵队抽调十六个团集结泰和；薛[6]路抽集十二个团集结龙冈。

（4）匪如他窜，即以薛、周会两李[7]进剿。如回窜，即以周纵队会罗、李[8]，由赣州东进。薛路仍服原来任务。

（5）东路及辞修[9]应加速向长汀、宁都分进。

注释：

* 此件引自《赣粤闽湘鄂剿匪军北路总司令部剿匪军事工作报告书二十三年十月至十一月》。

[1]第一线，指由赣江两岸沿线至信丰、安远之碉堡封锁线。

[2]第二纵线，参见1934年9月16日《何键转发蒋介石关于增强碉堡封锁线电》。

[3]万、遂、汾横线，指由江西省万安、遂川两县至遂川县大汾镇的碉堡封锁线。

[4]芸樵，即何键。

[5]周，指周浑元。

[6]薛，指薛岳。

[7]两李，指李云杰、李生达。

[8]罗、李，指罗霖、李云杰。

[9]辞修，即陈诚，任国民党军“赣粤闽湘鄂剿匪军”北路前敌总指挥兼第三路军总指挥。

蒋介石关于“追剿”方针及北西南各路军行动的部署*

（1934年10月30日）

一、综合情报：由赣南西窜之匪，尚徘徊于大瘦〔庾〕东北地区，有向西北逃窜之模样。判断匪将以全力经赣南西窜，或以一部北犯遂川，企图牵制。

二、追剿方针：应侧重堵截其西窜。冀可于万安、遂川、大汾以南，桂东、汝城、仁化、曲江以东地区，及其以南至湘、桂永〔之〕间，及纵横碉堡线之中间地区，消灭匪之窜力。

三、北路周[1]纵队限江日以前先行集中遂川、大汾线上；薛[2]路即速分由现地出发，经龙冈、吉安、安福、莲花、茶陵、安仁、耒阳、常宁，向永州附近集中，限下月（即十一月）敬（二十四日）以前完全达到。所遗防地，由顾[3]总司令派队星夜填驻。

四、西路应先巩固汾、汝、广[4]纵线，及万、遂、汾[5]横线。两线之守备部队应即日各就指定之位置。其余衡、郴、宜及衡、祁、永、黄与茶、安、耒[6]各纵横线上部队，暂以保安团队守备。其主力陆军，均先控置于相当地点，以资机动。尔后适应情况，再就守备位置。

五、南路军速就汝、仁、曲[7]线上，努力堵截，以迟滞匪之行动，并以大部追击之。

六、桂军应控于全、兴间，并速巩固黄、全、兴、桂[8]碉堡线。

七、空军张队长有谷[9]，率领第三、第五两队[10]，暂驻吉安，归周指挥官指挥。尔后相继推进衡、郴。该处机场应由何[11]总司令先行整理备用。

八、追击部队应轻装并携带炒米袋。

九、空军应逐日派机更番追匪，尽力轰炸，使匪白昼不敢行动。又所得情报随时分报行营、何总司令、周指挥官，并通报附近部队为要。

十、追击部队之给养就地采办；应由何总司令先行饬知境内官吏、团队先事筹备，尽力协助。

以上十项，希饬属遵办，并将办理情形随时具报为要。

注释：

* 此件引自《第六路军赣南—湘南—黔西间地区追剿朱毛股匪各役战斗详报》，以卅亥行战电发出。

[1]周，指周浑元。

[2]薛，指薛岳。

[3]顾，指顾祝同。

[4]汾、汝、广，指江西省遂川县属大汾镇，湖南省汝城县及该县南端的广东桥。

[5]万、遂、汾，指江西省万安、遂川两县及大汾镇。

[6]衡、郴、宜及衡、祁、永、黄与茶、安、耒，指湖南省衡阳、郴县、宜章三县及衡阳、祁阳、永

州三县和广西省（今广西壮族自治区）黄沙河镇，与湖南省茶陵、安仁、耒阳三县。

[7]汝、仁、曲，指湖南省汝城，广东省仁化、曲江（今韶关市）三县。

[8]黄、全、兴、桂，指广西省（今广西壮族自治区）黄沙河、全县、兴安、桂林。

[9]张有谷任国民党空军第三队队长。

[10]国民党空军第五队队长为杨亚峰。

[11]何，指何键。

第六路军“追剿”中央红军的作战计划*

（1934 年 10 月 30 日）

一、方针

（一）本路军以歼灭朱、毛赤匪[1]之目的，速向永州附近集中堵截匪之西窜，尔后视战况之推移，务压迫该匪于湘粤赣边境地区而聚歼之。于卅一日开始前进。

二、指导要领

（二）各师之防务速交北路军接替。

（三）部队行动务求迅速，遵守时间到指定之地点，免失戎机。

（四）各部队之行动，切不可因小匪牵制而迟滞其前进。

（五）朱、毛各匪若由湘、桂边境循萧匪故道北窜时，本路军应迅速进出于黔阳以西地区而灭之。

注释：

＊ 此件引自《第六路军赣南—湘南—黔西间地区追剿朱毛股匪各役战斗详报》。原件未署时间，现时间是编者根据内容所加。

[1]朱、毛赤匪，是国民党对朱德、毛泽东领导的工农红军污蔑之称。

蒋介石令薛岳部兼程前进电*

（1934 年 11 月 5 日）

汝城附近碉堡线已被匪突破，正围攻汝城中。第六路军亟应兼程前进，不失时机向匪堵截为要。遵办情形随时具报。

注释：

* 此件引自《第六路军赣南—湘南—黔西间地区追剿朱毛股匪各役战斗详报》。以歌酉行战电发出。中央红军突破汝城、仁化封锁线后，蒋介石发觉红军意图，于 1934 年 11 月 5 日接连发出歌酉、微酉两电，催促薛岳部兼程前进。微酉电与此电内容相同。

蒋介石关于消灭中央红军于湘、漓水以东地区给何键电*

(1934年11月6日)

(甲)综合本日情报,西窜匪部先头约千余,已返汝城,约八十里[1],继续向宜章方面逃窜,以一部在汝城城口与我军对战,掩护其侧翼,其主力向汝、仁[2]间西窜。判断该匪必沿五岭山脉,循萧匪故道,经兴、全[3]间窜,且其行动必速,不致北犯,既有亦不过以一部掩护其侧翼。

(乙)我军为欲歼灭该匪于湘、漓两水以东地区计,各方部队均须迅速出郴、永[4]以南,宜、道[5]以北,分别堵剿与追击。

(丙)薛[6]路虞日由吉安出发,已令兼程经茶赴永[7];周[8]纵队本日已过左安,已令兼程直趋郴州方面迎击与截击;并电约伯南[9]伪〔所〕部速出宜章以北夹击及崇、庚[10]以南部队追击。

(丁)为恐薛、周追赶不及,即希芸樵[11]兄尽先抽出湘中部队,分别迅速进出郴、永以南堵截,且设法迟滞其行动[12];倘顾虑万一该匪北犯,薛路到湘后,亦可就近堵剿。

(戊)桂军除巩固湘、漓两水及龙虎关一带碉线外,希德邻、健生[13]两兄以有力部队,迅出道县以北,与永州部队协同堵剿。此方极关重要,乃匪必经之路,务须严密防堵。

(己)各纵横线碉堡,依以前及最近经验,在多不在大,重密不重坚,每里最多两碉为宜。

以上各项,须将办理情形电复。

注释:

* 此件引自胡羽高编《共匪西窜记》,1946年11月贵阳羽高书店发行。以鱼亥行战一电发出。

[1]原文如此。

[2]汝、仁,指湖南省汝城、广东省仁化两县。

[3]兴、全,指广西省(今广西壮族自治区)兴安、全州两县。

[4]郴、永,指湖南省郴县、永州两县。

[5]宜、道,指湖南省宜章、道县两县。

[6]薛,指薛岳。

[7]经茶赴永,指经茶陵赴永州。

[8]周,指周浑元。

[9]伯南,即陈济棠。

[10]崇、庚,指江西省崇义、大庚两县。

[11]芸樵，即何键。

[12]何键接电后，于1934年11月7日下达阳未西参电令："着七十七师抽一部督同地方团队，提据皂口至凛阳（含）线之江防；着七十二师派部接替遂[川]、万[安]间防务兼顾遂城；着十八师以大部提接遂川、大汾（含）线之防务；着五十三师速开资兴附近；二十三师速开郴县向桂阳前进；六三师仍遵前令开赴耒[阳]、安[仁]之线；十五师开赴郴县附近。"还令"刘纵队司令建绪统筹指挥，并协同友军固守湘江沿岸，并须特别留意零陵上游与桂军切实联络"。

[13]德邻、健生，即李宗仁、白崇禧。

蒋介石关于改定西北两路军任务及指挥系统电*

（1934 年 11 月 8 日）

兹改定西、北两路任务、境界及指挥系统如下：

（1）西路总部移驻衡阳，注重追剿；

（2）北路总部移驻吉安，注重清剿；

（3）西、北两路改以湘、赣省界为界限，但现在鄂、赣境内之西路第三纵队及所属各部，仍归西路指挥，其区域仍旧；

（4）西路第一、二两纵队之部队，其在赣境者，如第十八、第五十、第七七各师，均改归北路指挥。

以上四项，希遵办具报，并饬所属遵照，但未交防前照旧负责。

注释：

* 此件引自《赣粤闽湘鄂剿匪军北路总司令部剿匪军事工作报告书二十三年十月至十一月》，以齐戌行战电发出。

蒋介石关于取捷径直趋永州给薛岳电*

（1934年11月12日）

赣匪西窜甚速，现正超过郴、宜[1]线。应照前令，兼程取捷径直趋永州。匪若阻进，击破继进；如在翼侧，掩护前进，不必停止进剿，以小匪而妨碍本任务。病兵可收容于适当地点派员料理，绝不能因此迟滞行动。切要。

注释：

* 此件引自《第六路军赣南—湘南—黔西间地区追剿朱毛股匪各役战斗详报》，以文酉行战电发出。

[1]郴、宜，指湖南省郴县、宜章两县。

何键关于防堵中央红军进军湘南的报告*

（1934 年 11 月）

查赣东南方面之大股匪伪一、三、五、七、八、九各军团及伪中央警卫师、独立师、独立团等匪部，共有枪约四五万支，人倍之。匪首为朱德、毛泽东、彭德怀[1]、林彪[2]、董振堂[3]、罗炳辉等，盘据赣江以东、盱江以南及闽西之地区，亘五六年之久。瑞金、会昌、广昌、宁都、兴国、云〔雩〕都为其主要巢穴。伪中央政府设于瑞金，为匪发号施令之总枢纽。

我委员长蒋为除恶铲暴，救民水火起见，坐镇赣垣，督师征剿。数年以来，宵旰未遑，匪区渐次收复，匪势日形崩溃。最近我东、北两路军，节节予匪重创，广昌、兴国匪巢先后经我收复，迫近瑞金。又本路军对于赣西之匪区，早已收复，股匪亦剿除殆尽。匪因势穷力蹙，兼受封锁压迫，不能立足，乃企图西窜黔、川为最后之挣扎。本部曾于数月前，遵照委座迭电，督饬第一纵队及湖南保安团，协同南路军构筑第二碉堡封锁纵线于赣、湘交界之宁冈、大汾及桂东、汝城方面，并督饬赣江防守部队，严密增筑西岸各纵、横线碉堡及工事，以遏匪之西窜，并期协同友军歼匪于赣江或第二纵线以东之地区。此我军数月以前防堵主匪西窜之准备。

十月十四、［十］五、［十］六、［十］七等日，朱、毛等匪率其匪部及伪中央各机关，由瑞金、会昌、宁都、兴国方面陆续窜抵云〔雩〕都、信丰、安远以北之地区。斯时，我南路军正调集部队在安远、信丰、赣县、南康、大廋〔庾〕之线堵剿。本路遵照委座防堵电令，已令第十五、第十六两师赶速提前完成湘南各碉堡线后，即向遂川西南推进。第二十三师与第七十七师一部之防务，移交李军长生达所部第七十二师附另一旅接替后，第二十三师即向遂川以南移动，集中良碧洲附近。第七十七师移接棉津至储潭之江防，严密防堵。第五十三师向遂川附近集中，策应江防。第六十二师移至汝、桂之线。第六十三师移至大汾、桂东之线，增强各该线碉堡工事。

据报，匪决以伪一、三、五各军团窜扰我南路军，伪一军团任右翼，伪三军团任中路，伪五军团任左翼，二十一日攻韩坊、新田、古陂等处，二十三日又向安息圩部队猛攻，当被我南路军击退。匪大部向大塘铺、坪石墟方面退窜。同时，伪八军团亦到窑下跟窜。又据报，伪七、九两军团及杂色匪部均留瑞金、会昌、长汀各处据守老巢。本部得报后，判断匪之企图，系一面牵制南路军，一面绕道赣江上游西窜。

为拒止该匪西窜计，拟以主力协同南路军扼守赣江上游西岸及湘东南各碉堡线，并协同东、北两路军对匪夹击，将其歼灭于赣江沿岸或以西地区。令第七十二师附另一旅及第七十七师为赣江守备队，以李军长生达为指挥官：以第七十二师防守秦〔泰〕和至棉津，以所附另一旅衔接至仁和圩之线；以第七十七师防守棉津至储潭之线，协同南路军阻匪渡河。令第二十三师集结大汾附近待命。令第五十三师及第十八师为永、宁、遂、万[4]、大汾守备队，以李军长韫珩为指挥官：以第五十三师主力控制云田圩，策应泰和至储潭部队，以一部防守遂川至大汾之线；以第十八师主力防守永新、宁冈、黄坳之线，一部驻守莲、安[5]线。令第六十二、第六十三两师及胡凤璋部为莲、桂、汝[6]守备队，以陶师长广为指挥官：以第六十二师李[7]旅附莲、宁[8]两保安团，防守莲、汾、大[9]之线，置重点于砻市、大汾间；以第六十三师防守衔接大汾至桂东之线；以第六十二师钟、王[10]两旅附钟涤松[11]团及胡[12]部防守衔接桂东至广东桥之线。令第十五、第十六两师控置衡、耒、郴、宜[13]之线。令第十九师段[14]旅及补充四团与湖南保安团八团，分守湘南各纵横碉堡线。以上各部均归刘纵队司令建绪指挥，协同友军，严密堵剿。又本部对于清野之法，亦经详为规划，严令赣西南及湘东南各县长遵照施行，并饬组训民众，担任侦察、通信及自卫，以期军民通力合作，使匪退无所据，进无所掠，容易将其歼灭。

至二十五日，匪之先头部队已渡河攻陷南康城，大部仍分向信丰及南雄东北之新田攻击。当时匪众经我南路军痛击，然突围西窜之势已不可遏。二十七日夜，匪由青龙、池江、新城、贤女埠、南康一带，纷向横江、扬眉、崇义等处窜走。本部得报后，除令各部严阵以待外，并电请委座转饬南北各路军派大部跟追夹击，并请派多数飞机协剿，以求歼灭该匪于第二纵线及遂川、大汾横线之中间地区。

二十八日至三十日，匪大部徘徊于大汾以北地区，其一部于三十一日窜抵营前、军田排一带。匪之最前部队于十一月一日窜到汝城属之热水圩，当经陶[15]师部队击溃。十一月二日，伪一、三、五军团均窜至汝城以东羊山港、连珠岩、东冈岭、南岭、热水圩、东岭、八丘田等处构筑工事，企图与我陶师作殊死战。自三日起，分向大坪、大来圩、腊岭坳、高排、汝城、新桥之碉线猛攻，与我陶师守兵激战八昼夜。仅大来圩二碉及腊岭坳一碉被匪炮击毁。我守碉官兵死者五十余员名。卒以我军坚守鏖战，飞机同时轰炸，汝城遂得不陷。计先后毙伤匪二千余，夺获长短枪二百余支，俘匪数百余名。我亦伤亡官兵百余员名。

匪大部于八日晚，绕道仁化属之城口及乐昌之九峰一带，向延寿圩、文明司逃窜。当匪围攻之际，本部一面令第廿三、第五十三两师取捷径开赴资、郴[16]，策应陶师；一面电请委座转饬薛、周[17]两部星夜兼程尾匪追击。并请陈[18]总司令饬李、叶[19]两师向匪夹击。同时又电请李[20]总司令、白[21]副总司令以主力集中黄沙河、全县、兴安之线，与我永、东[22]线李代司令觉所部连系准备堵剿。旋于十三日奉委座文酉电令，任何键为剿匪军追剿总司令，薛、周两部均归指挥追剿。等因。

遵于十四日赴赣督率各部从事追剿。

注释：

＊ 此件选自何键《赣粤闽湘鄂剿匪军西路清剿概要报告书》第一章“军事”第五节“防堵赣东南主匪西窜经过”。时间为编者所加。

[1]彭德怀，任中国工农红军第三军团军团长。

[2]林彪，任中国工农红军第一军团军团长。

[3]董振堂，任中国工农红军第五军团军团长。

[4]永、宁、遂、万，指江西省永新、宁冈、遂川、万安各县。

[5]莲、安，指江西省莲花、安福两县。

[6]莲、桂、汝，指江西省莲花县，湖南省桂东、汝城两县。

[7]李，指李国钧。

[8]莲、宁，指江西省莲花、宁冈两县。

[9]莲、汾、大，指江西省莲花县、遂川县属大汾镇、大庾等地。

[10]钟、王，指钟光仁，王育瑛。王任国民党军第六十二师一八六旅旅长，该旅辖步兵2个团。

[11]钟涤松，任国民党军第四路军总指挥部补充总队第五团团长。

[12]胡，指胡达。

[13]衡、耒、郴、宜，指湖南省衡阳、耒阳、郴县、宜章各县。

[14]段，指段珩。

[15]陶，指陶广。

[16]资、郴，指湖南省资兴、郴县两县。

[17]薛、周，指薛岳、周浑元。

[18]陈，指陈济棠。

[19]李、叶，指李汉魂、叶肇。

[20]李，指李宗仁。

[21]白，指白崇禧。

[22]永、东，指湖南省永州、东安两县。

蒋介石委任何键为"追剿"总司令电*

（1934年11月12日）

派何键为追剿总司令，所有北路入湘第六路总指挥薛岳所部及周浑元所部统归指挥，并率领在湘各部队及团队追剿西窜股匪，务须歼灭于湘、漓水以东地区。除任状、关防另发外，特电遵照。

注释：

* 此件引自《第六路军赣南—湘南—黔西间地区追剿朱毛股匪各役战斗详报》，以文西行战电发出。

何键关于消灭中央红军于湘、漓水以东地区的“追剿”计划*

（1934年11月13日）

剿匪军追剿总司令部追剿计划

民国二十三年十一月十三日于长沙总司令部

第一，迄十一月十二日晚之状况

一、自十一月九日以来，西窜之匪逐次进入宜章境内，其一部向宜章县城攻击，一部经由良田向万会桥北窜。匪之主力伪第一、三、五、八、九等各军团，麇集宜章东方之白石、平和、文明司间地区。迄昨（十二）日晚，文明司附近之伪第八军团（第廿一、第廿二两师），经我第六二师击破后，分向赤石司及九峰方向溃窜。万会桥附近之匪（伪第三军团）尚与我第十五师激战中。唯宜章县城因我兵力寡弱，驰救不及，业已失陷。且有匪之一部窜抵宜章北方之黄茅附近。

二、我广西方面，配置于湘、桂边之兵力，自咸水经黄沙河至永安关一带，仅有民团千余人。其正式军队已开始向全县、灌阳、兴安间地区集中中。我广东方面，于坪石至九峰之线，约有兵力五团。

三、本追剿军所属各兵团态势如左：

1.薛总指挥岳所部（五个师为基干）昨（十二）日先头抵江西之安福县，本（十三）日继续西进。

2.周指挥官浑元所部（四个师为基干）昨（十二）日先头抵桂东县，本（十三）日可抵资兴。

3.原西路军各兵团之行动如左：

第十六师及补充总队（大部已到大江口）及湖南保安三个团（附机枪十二个连[1]）守备自东安至衡州间沿湘水左岸地区。其主力配置于东安至零陵之间。

第十五师在郴县之南方之万会桥附近，与匪激战中。

第六二师昨（十二）日在文明司北方之勾刀凹附近击破伪第八军团第二一、第二二两师之匪，跟踪追击至文明司。昨晚在该地附近彻夜。其余由赣西西进各兵团计廿三师本（十三）日先头可到达郴县北方之高亭司；第五三师本日先头可到达资兴；第六三师本日可达耒阳。以上除薛总指挥岳所部及守备湘水沿岸之各部队外，其余各兵团预期可于十四、十五两日陆续到达桂阳、郴县之线。

第二，追剿方针

本追剿军以彻底消灭窜匪之目的，决取捷径集中主力于黄沙河（桂属全县东北边境)、零陵县、东安县间地域,期与桂、粤两军协力包围该匪于潇水、湘水以东地区而聚歼之。为不使匪有机先逃窜之余裕,别以一部于桂阳、嘉禾、蓝山各县之线,尽力截堵,以迟滞其行动。

第三,追剿指导要领

一、匪如在江华、道县之线稍事徘徊,我军可由宁远县属之平田、道县属之上埠港之线向南截击。

二、匪之主力若经寿佛圩、新桥、黄沙河向西窜时,预期可于黄沙河附近与匪遭遇,即以主力迫匪决战。

三、匪之主力若进出永安关、龙虎关向全县、兴安、灵川[2]之线西窜时,以主力包围匪之右侧背,与桂军协力歼灭之。

但若匪之行动迅速,机先窜过潇水,未能实施右述之围剿时,拟以主力转移于新宁方面,觅匪侧击。为此先派一部在该方面预行构筑工事碉堡,迟滞匪之北窜,使我之主力有转移之余裕。

第四,兵团部署

第一期:应机处置

一、第十九师师长李觉率补充四团及沿江保安三团(附机枪十二连)固守黄沙河、零陵、祁阳至衡阳之线,须置主力于零陵附近。

二、第十六师即日由祁阳经零陵,向黄沙河前进,限十六日以前在黄沙河附近集结完毕,与桂军连系布置防务。

三、第十五师着击破当面之匪,收复宜章,蹑匪尾追。

四、第六二师即日由文明司经郴县、桂阳、新田、零陵向黄沙河前进,限二十日以前全部到达。

五、第六三师即日由茶陵经耒阳、常宁至东安集结待命,并迅速构筑大庙口、渌埠头之碉堡封锁线。

六、第廿七军即日由郴县经桂阳向嘉禾、蓝山觅匪截击,阻其西窜。

七、第十六军继续由大汾、资兴、新田向黄沙河附近前进,限于廿一日以前集结完毕(但应乎状况或使由资兴经郴县向西南方向尾追,与第廿七军协力夹击)。

以上各部在本追剿军军队区分未颁定以前暂归原西路军第一纵队刘司令建绪指挥。

八、原第八路[3]周指挥官浑元部继续经由资兴、郴县、桂阳、宁远向道县前进,觅匪截击。

九、原第六路薛总指挥岳部,着取捷径兼程西进,限于廿四日以前在零陵附近集结完毕。

十、总司令率总司令部于明(十四)日移驻衡阳。

第二期:追剿实施

依第一期部署,我第廿七军若在蓝山、嘉禾之线与匪之主力惹起战斗,则拟如左部署实施追剿。

甲、军队区分

第一路追剿军

司令官刘建绪

第十六师

第六二师

第六三师

第十九师之第五五旅

补充第一至第四团

保安第九、第廿一、第廿二等三团

第二路追剿军

司令官薛岳

第五九师

第九〇师

第九二师

第九三师[4]

惠济支队[5]

第三路追剿军

司令官周浑元

第五师

第十三师

第九六师

第九九师[6]

第四路追剿军

司令官李云杰

第廿七军

第十五师

第五路追剿军

司令官李韫珩

第十六军

航空第二队[7]（战斗五机）

乙、各兵团之任务

一、着第一路集结主力于黄沙河附近，与桂军连系堵剿西窜之匪，并沿湘江碉堡线，下至衡州之东阳渡止，严密布防。

二、着第二路于本月廿四日以前，在零陵附近集结完毕，与第一、三两路连系，堵匪北窜，并截击西窜之匪。

三、着第三路仍继续向道县前进，限于本月廿二日全部到达道县。尔后[与]第一、二两路及桂军连络，截击窜匪。

四、着第四路与第三路连络，经由嘉禾向宁远及其以南地区，蹑匪尾追击。

五、着第五路与第四路及粤军联络，经由临武、蓝山、江华、永明，蹑匪尾追，并与粤、桂军适切连络。

六、航空第二队应乎情况，逐日实施侦炸，并担任各路军间之连络，更须随时准备一机，听候派遣。

七、总司令仍驻衡州。

第三期：各兵团到达第二期目的地以后之指导，另以计划定之

第五，交通补给运输

除长郴及长洪[8]汽车路，可利用少数汽车及湘江水道交通外，一律使用挑夫运输。关于补给运输诸事宜，统由各兵团自行办理。

第六，通信

除无线电信外，利用既设电报线及各县之长途电话线。

第七，卫生

除各兵团所有之卫生机关外，于零陵开设一兵站医院，于衡州及郴县各开设野战医院之半部，收疗病伤。其在郴县之半部，预定至黄沙河决战时期，令其向零陵转移开设。

注释：

＊ 此件引自《剿匪军追剿总司令部二十三年自十一月卌日起至十二月底止剿匪工作军事报告》。

[1]机枪十二个连，应为机枪第十二连。

[2]灵川，原县城在今广西壮族自治区灵川县东北部三街镇。

[3]应为国民党原“赣粤闽湘鄂剿匪军”北路军第八纵队。

[4]第五十九师师长韩汉英；第九十师师长欧震；第九十二师师长梁华盛；第九十三师师长唐云山。以上各师均辖步兵3个团，属蒋介石嫡系中央军。

[5]惠济支队，辖郑洞国第四旅，张耀明第七十五旅，共步兵4个团。

[6]第五师师长谢溥福，辖步兵3个团；第十三师师长万耀煌，辖2个旅6个团；第九十六师师长萧致平，辖步兵3个团；第九十九师师长郭思演，辖2个旅4个团。

[7]航空第二队，队长王勋。

[8]长郴及长洪，指湖南省长沙市、郴县及长沙市、洪江镇。

南昌行营关于“追剿”中央红军的计划*

(1934年11月中旬)

第一　敌情判断

一、萧克、贺龙两股匪军,在湘西之慈利、大庸一带合股后,似将继续活动于龙山、咸丰及川东地区,以图截断川、鄂及川、湘交通,并掠夺物资。

二、朱、毛股匪之第一、第三、第五、第八、第九各军团约十余万人,窜抵湘南后,将经桂北、黔东,向川南窜犯,图与川北之徐向前[1]股及湘西萧、贺股匪,互成犄角之势,再行相互策应,制我川中。

三、第四军团徐向前股,由陕南窜至川北之通江、南江、巴中地区后,似将继续窜犯嘉陵江之阆中、南部一带,以图牵制我川中进剿军,策应朱、毛、萧、贺各股匪军之行动。

四、各该股匪均将避实击虚,沿途流窜,破坏交通,掠夺物资,宣传赤化,以达成再度啸集之目的。

第二　方针

我军以歼灭匪军之目的,乘各股匪军尚未聚集之前,分别于湘、桂边境,湘、鄂、川边境,川北地区,各以有力部队分途围剿各个击灭之。

第三　指导要领

一、以川鄂湘边区总司令徐源泉[2]所部主力,配合追剿军总司令何键所部及四川剿匪军总司令刘湘所属各一部,围剿盘据于湘西慈利、大庸一带萧、贺股匪。由徐源泉总司令统一指挥,务将匪军包围于湘、川边境而歼灭之。

二、追剿军主力配合广西剿匪总指挥白崇禧所部,务乘朱、毛匪军主力窜至湘、桂边境之祁阳、零陵、全州一带,湘江以南,灌江以东地区围歼之。贵州之第二十五军王家烈部,应以有力之一部,在湘、黔边境之通道、锦屏、黎平一带扼要防守,堵匪北窜。

三、四川剿匪总司令刘湘,应以一部扼守嘉陵江之阆中、南部、蓬安[3]沿岸地区,主力在川北之通、南、巴[4]地区围剿徐向前股匪,务期歼灭,勿使向西流窜。

四、湘、鄂、川、黔、桂各省政府及部队,应动员民众,择要构筑碉堡,并加强地方团队组织,尤其湘省之湘江两岸、黔省之乌江、川省之嘉陵江两岸地区,应构筑绵密碉堡群,防匪越江流窜。

五、各县应严密保甲组织,并应督饬乡镇组织义勇队、侦察队配合进剿国军,围剿流窜匪军。

第四　军队区分

追剿军总司令何键

　　第一路追剿司令刘建绪

　　　　第十六师

第六十二师
第六十三师
第十九师一部
补充团(四个团)
保安团(三个团)[5]
第二路追剿司令薛岳
第七纵队吴奇伟
第五十九师
第九十师
第九十二师
第九十三师
第一支队[6]
第四旅
第七十五旅
第三路追剿司令周浑元
第五师
第十三师
第九十六师
第九十九师
第四路追剿司令李云杰
第二十三师
第十五师
第五路追剿司令李韫珩
第五十三师
广西剿匪军总指挥白崇禧
第七军
第十五军[7]
贵州剿匪总指挥王家烈
第二十五军[8]
第一〇二师
第一〇三师
新编第八师
独立第一旅
独立第二旅
独立第三旅
独立第一师
独立第二师

川湘鄂边区总司令徐源泉

第三十四师[9]

第五十八师[10]

暂编第十九旅[11]

四川剿匪总司令刘湘

第一路军（邓锡侯[12]）

第二路军（田颂尧[13]）

第三路军（李家钰[14]）

第四路军（杨森[15]）

第五路军（范绍增[16]）

第六路军（刘文辉[17]）

第五　兵团部署及任务

一、湘桂边境

（1）追剿军以一部由衡阳至祁阳、零陵（永州）沿湘江西岸布防，并加强碉堡封锁线之构筑；主力分由遂川、莲花、嘉禾、临武蹑匪尾追，务与广西剿匪部队切取连络，将朱、毛匪军主力包围于湘、桂边境之零陵、全州地区歼灭之。

（2）广西剿匪军主力，扼全州、兴安地区，严密堵剿，协力〔同〕追剿军围歼西窜之匪。

二、湘西方面

（1）川湘鄂边区徐源泉总司令，以一部沿长江南岸之津市、澧市[18]一带，防堵匪军渡江北窜；主力向常德、桃源推进，协同追剿军一部，围歼萧、贺匪军于湘西之永顺、大庸地区。

（2）四川剿匪军以一部推进至夔（奉节）、万[19]及鄂西一带堵匪西窜。

三、川省方面

（1）四川剿匪军，以第二十九军田颂尧部扼守嘉陵江构筑碉线，主力沿南江、巴中一带部署兵力，向通江方面围剿。

（2）以一部推进至川南之古蔺一带扼守，并构筑碉线加强守备。

注释：

＊ 此件引自国民党政府国防部史政局编《剿匪战史》第5部分，台湾中华大典编印会印行。计划前特说明南昌行营“于11月中旬策定追剿计划，原文如次”。

[1]徐向前，任中国工农红军第四方面军总指挥。

[2]徐源泉，任国民党军鄂湘川边区“剿匪”总司令。本文中“川鄂湘边区”“川湘鄂边区”均不准确。徐还兼第十军军长、第四十一师师长。

[3]蓬安，原县城在今四川省蓬安县相如镇（县人民政府所在地）嘉陵江右岸锦屏镇。

[4]通、南、巴，指四川省通江、南江、巴中三县。

[5]据中国第二历史档案馆史料查证，在湘南地区参加围堵中央红军长征的保安团在10个以上。

[6]第一支队，即惠济支队。

[7]第十五军，属国民党军第四集团军，军长由白崇禧兼，夏威代军长，辖第四十三、四十四、四十五3个师共9个团。

[8]第二十五军的编制有误，这是1935年4月整编后之编制。

[9]第三十四师，师长张万信，辖2个旅6个团。

[10]第五十八师，师长陈耀汉，辖2个旅4个团。

[11]暂编第十九旅，查参加"围剿"红二、六军团部队中没有这个旅。

[12]邓锡侯，任国民党军第二十八军军长。时国民党军有两个第二十八军，另一个系刘建绪部。

[13]田颂尧，任国民党军第二十九军军长。

[14]李家钰，任国民党军四川边防军总司令。

[15]杨森，任国民党军第二十军军长。

[16]范绍增，任国民党军第二十一军四师师长，此时第五路总指挥是唐式遵，不是范绍增。

[17]刘文辉，任国民党军第二十四军军长、川康边防军总指挥。刘不是第六路总指挥，第六路总指挥是第二十三军副军长刘邦俊。

[18]津市、澧市，今湖南省津市市和澧县。

[19]夔(奉节)、万，指夔州(今奉节县)、万县。

蒋介石关于消灭中央红军于湘水以东地区电*

（1934年11月14日）

现在匪已窜过一、二两线，今后倘再不幸窜过第三线[1]，则扑灭更难，遗〔贻〕害国家不堪设想。希芸樵[2]兄督饬两李[3]各部及军队、民团，并会同粤、桂两军，妥为部署，分别严密追堵，务歼灭窜匪于湘水以东[4]；尤须注意勿使迂回粤、桂，剿办更难。并须粤、桂两军严密防堵南窜，且压迫于郴水以北地区聚而歼之，最为有利。又亟须设计迟滞匪之行动。

注释：

* 此件引自《第六路军赣南—湘南—黔西间地区追剿朱毛股匪各役战斗详报》，以寒申电令发出。

[1]第三线，指湘江封锁线，参见1934年9月16日《何键转发蒋介石关于增强碉堡封锁线电》。

[2]芸樵，即何键。

[3]两李，指李云杰、李韫珩。

[4]何键接电后，即以寒申电令："着周[浑元]纵队指挥官率部由郴向匪进剿；着李[云杰]军长率第廿三师星夜由桂阳向嘉禾、蓝山，沿茭水之线相机堵击。"

何键关于更定部署给薛岳、周浑元、刘建绪等的命令*

（1934 年 11 月 16 日）

总指挥薛岳，指挥官周浑元，第一纵队司令刘建绪，军长李云杰、李韫珩，师长王东原、陶广、陈光中、章亮基，代理湖南保安司令李觉：

命令：

（一）匪先头已窜抵牛头粪、两路口、清和圩、华塘铺之线，主力在宜章、赤石司中间地区，似仍企图继续西窜。

（二）本追剿军为与粤、桂友军确取连络，使尔后会战容易歼灭该匪起见，决逐次截剿，不失时机，随在〔时〕予以打击，特酌更定部署如下：

（1）着李军长云杰仍遵前令，率廿三师配置于蓝山、嘉禾、桂阳之线，截击西窜之匪，并指挥王东原师在郴州以南及蓝、嘉、桂地区，协同追剿。

（2）着周指挥官浑元，克日率部经桂阳向道县前进，限皓日前到达，截击由嘉禾以南地区西窜之匪。

（3）着李军长韫珩，率部克日进驻郴、桂[1]之线，确实与李军长云杰所部连系，相机追剿，堵匪回窜或北窜。

（4）薛总指挥所部与陶、陈、章各师及李觉所部，均仍遵元亥电令办理。

上二项，仰即遵照具报为要。

总司令　何键

铣亥衡总参机

注释：

* 此件引自《剿匪军追剿总司令部二十三年自十一月卌日起至十二月底止剿匪工作军事报告书》。

[1] 郴、桂，指湖南省郴县、桂阳两县。

蒋介石关于湘水以西地区“会剿”中央红军的计划大纲*

（1934年11月17日）

查赣匪倾巢西窜,我大军正分头追堵,期于湘水以东地区将匪扑灭,唯虑该匪一部或其残部万一漏网,突窜湘、漓水以西,不能预为歼灭之计,兹特拟定湘水以西地区剿匪计划大纲。

（一）方针

防西窜之匪一部或其残部,如窜过湘、漓水以西,应以不使该匪能长驱入黔,会合川匪及蔓延湘西,与贺、萧合股之目的,围剿该匪于黎平、锦屏、黔阳[1]以东,黔阳、武冈、宝庆以南,永州、桂林以西,龙胜[2]、洪州[3]以北地区以消灭之。

（二）纲领

（1）应于匪未窜渡湘、漓水以前,于永、宝、武、黔、锦、黎、洪、胜、桂[4]线上,赶筑工事,先择定重要城镇,构成据点,然后逐渐加强、增密。

（2）于上述地区内,预为坚壁清野之准备,使匪窜过湘江时,进无所掠。

（3）先于上述地区内,严密组织民众,布成侦探网,并由湘、黔、桂军于上述工事线上,分布民众团队扼守,并扼要控置有力部队,预为区划守备地点。

（4）一旦匪若窜过湘、漓水以西,各军即迅就预定之地域,相机堵剿。

（5）原任追击之部队,即穷匪所至,追截抄袭,与各守备部队联合兜剿。

（三）指导要领

（甲）湘军（北路军派出之追击队附之）

（1）以黄沙河以北沿湘江经永州至宝庆,沿资江上游经武冈至黔阳,沿清江河至瓮洞,为其守备区域。

（2）应先完善冷水滩、郦家坪、宝庆、塘家口、桃花坪、黄桥铺、武冈、峡口（高沙西北三十里）、安江[5]、黔阳各处据点工事。

（3）匪如窜过湘、漓水以后,应防其回窜及北窜,并追击之。

（乙）黔军

（1）以瓮洞沿清江河上游至黎平,经中潮至洪州,为其守备区。

（2）应先完成瓮洞、远口、锦屏、黎平、中潮、洪州各据点工事。

（3）应于锦屏、黎平两地控置有力部队,俟匪西窜时,相机堵击,阻其入境。

（丙）桂军

（1）沿黄沙河、漓水上游至桂林,经义宁[6]、龙胜、古宜[7]至洪州（不含）,为其守备区域。

（2）除巩固湘、漓水上游原防外,须先完善义宁、龙胜、古宜各据点工事。

(3)匪如窜过湘、潕水以西,除防其回窜外,应协黔军拒止其入黔,并截击之。

以上各项,希分别查照办理具报。

中正

筱戌行战一印

注释:

＊ 此大纲南昌行营以筱戌行战一电发出。

[1]黔阳,该县原县城在今湖南省洪江市。

[2]龙胜,今广西壮族自治区龙胜各族自治县。

[3]洪州,属贵州省黎平县,位于该县东南部。

[4]永、宝、武、黔、锦、黎、洪、胜、桂,指湖南省永州、宝庆、武冈、黔阳,贵州省锦屏、黎平、洪州(属黎平县),广西壮族自治区龙胜、桂林。

[5]安江,今湖南省洪江市安江镇。

[6]义宁,原县城在今广西壮族自治区临桂县五通镇。

[7]古宜,今广西壮族自治区三江侗族自治县人民政府所在地。

何键关于赴道县截击中央红军给周浑元、王东原电*

（1934年11月18日）

指挥官周浑元、师长王东原：

综合各方情报，匪大部已窜抵楚江圩及业塘、大塘圩等处，有向宁远、道县方向急窜模样。现在桂、嘉[1]道上，我李云杰师与匪一部激战中。周指挥仍遵本部铣亥电令，迅速兼程向道县急进截击。王师长应与李云杰师切取连络，蹑匪追剿为要。

总司令　何键

巧辰衡总参机

注释：

* 此件引自《剿匪军追剿总司令部二十三年自十一月删日起至十二月底止剿匪工作军事报告书》。

[1]桂、嘉，指湖南省桂阳、嘉禾两县。

蒋介石关于取消“赣粤闽湘鄂剿匪军”战斗序列的电令*

（1934年11月19日）

现在赣南残匪西窜，原有匪区散匪无几，亟应另定部署，分别追堵清剿，期早肃清。除已任命何键为剿匪军追剿总司令，率领在湘各部队暨薛、周[1]两部及各省担任追剿之部队，分别追堵，以期聚歼该匪于湘、漓两水以东地区外，其赣、湘尚未收复之各县，统限于十一月底以前一律收复，并完成碉线。所有从前赣、粤、闽、湘、鄂五省剿匪东南西北各路军暨预备军[2]等战斗序列，着即于十一月三十日取消。自十二月一日起，另行划区绥靖，限期肃清残匪，完成公路，组织地方，训练民众，处理匪区善后事宜。除呈请国府明令暨另订定绥靖区域及指挥系统图表令行知照外，特电遵照。

注释：

* 此件引自《北路军总司令部二十三年十月、十一月剿匪工作军事报告书》，以皓巳电发出。

[1] 薛、周，指薛岳、周浑元。

[2] 预备军总司令陈调元。

何键关于围歼中央红军于湘、漓水以东的命令*

（1934 年 11 月 19 日）

总指挥薛岳，指挥官周浑元，第一纵队司令刘建绪，军长李云杰、李韫珩，师长王东原、陶广、陈光中、章亮基，代理湖南保安司令李觉：

命令：

（一）匪之伪第一、三、五、八、九等五军团西窜，其先头计已到达宁远、蓝山之线。但据粤军通报，伪第九、八两军团之各一部铣日在塘村附近被我军击破，沿临武以南地区西窜中。我桂军以夏[1]部三师之主力于桂林至黄沙河间，沿漓水布防，并集结廖[2]军于桂林附近。我粤军配置于坪石、九峰间者约有四个师。

（二）本追剿军以彻底消灭窜匪之目的，决分五路追堵，与桂、粤两军协力将匪包围于漓、湘两水以东地区而聚歼之。

（三）军队区分及各兵团之任务如次：

1.第一路追剿司令刘建绪指挥第十六、第六二、第六三各师，第十九师之一部及补充四团、保安团等部，着集结主力于黄沙河附近，与桂军连系堵剿西窜之匪，并沿湘江碉堡线，下至衡州之东洋渡止，严密布防[3]。

2.第二路追剿司令薛岳，指挥第五九、第九〇、［第］九二、第九三各师及惠支队[4]等部，限于敬日以前在零陵附近集结完毕，与第一、三两路连系堵匪北窜，并截击西窜之匪。

3.第三路追剿司令周浑元，指挥第五、第十三、第九六、第九九各师，着遵铣亥电令速向道县追击前进，限于养日全部到道县，尔后与第一、二两路及桂军连络截击窜匪。

4.第四路追剿司令李云杰，指挥第廿三、第十五两师，着与第三路连络，经由嘉禾向宁远及其以南地区蹑匪尾追。

5.第五路追剿司令李韫珩，着指挥所部与第四路及粤军连络，经由临武、蓝山、江华、永明蹑匪尾追，并与桂军适切连络。

（四）本总司令仍驻衡州。

上四项，仰各遵照实施为要。

总司令　何键

效午衡总参机

注释：

＊ 此件引自《剿匪军追剿总司令部二十三年自十一月删日起至十二月底止剿匪工作军事报告书》。

［1］夏，指夏威。

[2]廖，指廖磊。

[3]1934年11月19日，何键为加强防务增调朱耀华、岳森两师致电蒋介石："匪大部似有急趋江[华]、道[县]之样。我薛、周两部及李韫珩部，虽均以强行军之速度推进，但预计到达目的地，或将较匪相距二日或三日之行程。……万一有窜脱之股，则尔后兵力转移更感困难，围歼机会愈不如前。为防百密一疏起见，惟有及时以相当兵力位置于城步、新宁之线，乃可收补牢之效。过此以后，将徒有长追而无夹击矣。"

[4]即惠济支队。

蒋介石关于“堵剿”“追剿”各部队共同注意之要项的电令*

（1934年11月22日）

此次朱、毛被我压迫，离开赣南老巢，窜据湘、粤、桂边境。如任其窜过湘、漓[1]，将贻国家之巨患。各部如能协力追堵，亦为歼赤匪之最好时机。兹述各部应共同注意之要项如下：

1.匪之惯技，向利用边区之弱点，以图逃窜。此次无论追、堵部队，不分界域，协同歼灭而后已。

2.凡任堵剿之部队，须严密切实防堵，力求迟滞时间，以求追袭队之夹击。其据有城地及指定封锁工事之军政官吏，尤应固守待援，不得擅离职务，并须置烽火以告警。

3.任追剿部队，宜与匪保持接触，尤以追剿部队应力求匪主力穷破之，免失，好以空军连续尽力侦察轰炸，并与军队取连系，协同作战。

上项希通饬所属遵照。

注释：

* 此件引自《第六路军赣南—湘南—黔西间地区追剿朱毛股匪各役战斗详报》，以养酉行战电发出。

[1]湘、漓，指湘江、漓江。

蒋介石关于桂军南移恭城给何键电*

（1934 年 11 月 22 日）

衡州何总司令：

据德邻[1]号电：以据迭报，匪主力由临武分经嘉禾、蓝山西窜，龙虎关、富川、贺县同时吃紧。仁[2]部原在龙虎关以北防堵，故拟即将仁部主力移赴恭城附近，以策应富、贺、兴、灌[3]。但兴安、灌阳以北，仅能留一部，诚恐力量单薄，拨请转饬何[4]总司令所部，向江华、贺县推进，以期周密。等情。除电复外，希即查照办理具复。

中正

养酉行战一印

注释：

* 此件引自胡羽高编《共匪西窜记》，1946 年 11 月贵阳羽高书店发行。

[1]德邻，即李宗仁。

[2]仁，指李宗仁。

[3]富、贺、兴、灌，指广西富川、贺县、兴安、灌阳四县。

[4]何，指何键。

何键关于中央红军突破郴县、宜章封锁线给南京政府电

（1934 年 11 月 23 日）

南京。

国民政府魏文官长[1]呈主席林[2]钧鉴：

密。自中央采用碉堡封锁围剿赣匪以来，着着胜利。本可克期肃清，而职路军防地当其围窜之冲，事先构筑工事，尤极周密。此次伪一、三、五、八、九各军团约十万人，由赣州迂绕信丰、南康、崇义、大庾之线，分三路进犯湘之汝城。从江日起，伪三军团向我陶[3]师新铺至官桥车〔东〕碉线猛攻。同时，伪一、五、八军团亦向我大坪、腊岭、大耒东碉线突击，激战三昼夜，匪伤亡甚重，愤用大炮轰碉，仅被轰毁三座，我守碉官兵五十余人全体殉难，牺牲壮烈。凶焰始挫，匪乃分两路绕走，一经延寿、文明司、赤石，一经城口、仁化、九峰，沿粤、湘边境窜抵宜章，经我王东原师痛击，急向临武、嘉禾一带溃窜，又被我李云杰师截击流窜，昨又经我周司令浑元部在宁远袭击。匪迭受挫，死伤逃散甚多，故流窜迅速。昨已令刘司令建绪率领章亮基、李觉、陶广各师与薛司令岳所部，向零陵、东安、黄沙河、全州之线堵截；周[4]司令所部及李云杰、李韫珩、王东原各师蹑追，拟将匪包围于湘、漓流域地区聚歼之。仰纾钧廑，谨电呈詧。

职　何键叩
漾衡厅印

注释：

［1］魏文官长，指国民政府文官处官长魏怀。

［2］林，指林森。

［3］陶，指陶广。

［4］周，指周浑元。

何键关于尾追红军和增强湘水上游防线给刘建绪、周浑元的命令*

（1934年11月23日）

第一路司令刘建绪、第二路司令薛岳、第三路司令周浑元、第四路司令李云杰、第五路司令李韫珩：

命令：

一、据报，匪大部尚在宁远、道县间与我三、四路军对抗中。一部已窜富川。又据李[1]师长电话：匪一、九两军团在龙虎关与桂军激战；又桂军主力已移向恭城方面。判断匪以一部阳〔佯〕攻龙虎［关］等处，吸引桂军主力南移，其大部必循萧匪故道向西突围急窜。

二、我军应不失时机尾匪追击并应增强湘水上游防线，衔接桂军，防匪逸窜。

三、着三、四两路联合迅速击破当前之匪，尾匪追剿。

四、着第二路克日集结东安附近，与第一路连〔联〕合协剿，并酌派一部开赴城步沿唐家园、白毛坪、下水坪、水桥、头寨、桃林、丹口、长安营之线赶筑工事，扼要构成据点，以资堵击。

五、着第一路沿湘水上游延伸至全州之线，与桂军切取连络，堵匪西窜。

六、第五路经临、蓝[2]应尾匪追剿，随三、四路之进展连系策应，并与粤、桂军切取连络为要。

何键

漾申衡总参机

注释：

＊此件引自《剿匪军追剿总司令部二十三年自十一月卅日起至十二月底止剿匪工作军事报告书》。

［1］李，指李觉。

［2］临、蓝，指湖南省临武、蓝山两县。

何键关于桂军主力不可南移给蒋介石电*

（1934 年 11 月 23 日）

南京、南昌委员长蒋：

养酉祃未行战一电奉悉。窃自顽匪负隅，连年征战，仰赖威福，行将捣巢扫穴。讵料信丰漏窜，既失歼灭良机，逮攻汝城未逞，又南绕而出宜章。斯时南、北两路未及蹑追，而职军复以清剿任务分兵四驻，调集不易，致使该匪一再西窜，殊深遗憾。

查匪枪尚在四五万以上，迭奉钧令，务歼匪于湘、漓水以东地区。职于元日拚命追剿，寒日进驻衡阳，本最大之决心将所部区〔分〕为五路，分任追堵，并请粤、桂两军协剿，又经派刘建绪赴全州与白[1]商妥，联防堵击，节经呈报在案。刻奉养酉电，已准桂军主力移赴恭城附近，所有灌阳、兴安以北地区防务，责令职路军南移担任，闻命悚惧。缘职路军兵力，除已令周、李、李[2]三路跟匪进剿，尚在宁、道[3]间与匪主力对战外，薛[4]路正向零陵集结，尚未完毕；刘[5]路原以主力布置零陵以南、黄沙河之线，刻又令其伸延至全县与桂军衔接，实属再无余力继续南移，增任二三百里之正面防务，且两周以来，迭请将刘司令膺古所部朱、岳[6]两师西调，顷奉祃未电，仍未邀准，刻下新宁、城步、绥宁及其以北等县无兵控置，若灌、兴、全[7]间又准桂军移调，则不免门户洞开，任匪长扬而去；加之萧、贺两匪现复乘机窜扰桑、永[8]，逼近辰、沅[9]，湘西全部阢〔阢〕陧不定，似此情势迫切，忽予变更计划，兵力、时机两不许可。合围之局既撤，追剿之师徒劳。职受钧座付托之重，虽明知粉身碎骨，难免一篑功亏，亦惟有勉策驽骀，不稍回顾，继续追剿。用敢历陈利害，幸乞钧座睿察详筹，指示机宜，俾资尽力，无任惶悚待命之至。

何键

漾戌衡参印

注释：

* 此件引自胡羽高编《共匪西窜记》，1946 年 11 月贵阳羽高书店发行。

[1]白，指白崇禧。

[2]周、李、李，指周浑元、李云杰、李韫珩。

[3]宁、道，指湖南省宁远、道县两县。

[4]薛，指薛岳。

[5]刘，指刘建绪。

[6]朱、岳，指朱耀华、岳森。

[7]灌、兴、全，指广西省灌阳、兴安、全县三县。

[8]桑、永，指湖南省桑植、永顺两县。

[9]辰、沅，指湖南省辰溪、沅陵两县。

何键关于派队赴渌埠头、东安“截剿”红军给薛岳电*

（1934年11月24日）

（一）匪一部窜富川，匪主力确在四眼桥、水打铺一带；漾午文村已发现匪之便衣队；龙虎关方面尚无激战。永安关、清水关等处桂军已移驻新圩；第一路章[1]师敬晨进驻沙子铺；陈[2]师进驻黄沙河；补充二旅何平部进驻庙头；补充一旅成[3]部进驻渌埠头；陶[4]师正向黄沙河急进中。

（二）请伯陵[5]兄迅派一部开赴渌埠头、东安、大庙口之线，协同刘[6]路截剿，并速具报为要。

注释：

* 此件引自《第六路军赣南—湘南—黔西间地区追剿朱毛股匪各役战斗详报》，以敬午衡总参机电令发出。

[1]章，指章亮基。

[2]陈，指陈光中。

[3]成，指成铁侠。何平、成铁侠所辖补充团分别改为补充二旅和补充一旅，各辖步兵两团。

[4]陶，指陶广。

[5]伯陵，即薛岳。

[6]刘，指刘建绪。

何键关于向零陵、黄沙河、全州间推进给刘建绪、薛岳的命令*

（1934年11月25日）

第一路司令刘建绪、第二路司令薛岳：

命令：

一、据报，窜匪万余本日到王母渡，似为敌之右侧卫。讯俘匪供称，匪系伪三军团、伪中央机关、伪九军团、伪一军团之行军序列。推测任右侧卫者为伪五军团；任左侧卫者为伪八军团。

二、着第一路追剿司令刘建绪指挥所部担任黄沙河（不含）至全州之线，置重点于全州东北地区，便与桂军及第二路部队夹击。

三、着第二路追剿司令薛岳指挥所部担任零陵至黄沙河（含）之线，集结主力于东安附近，并策应第一路。

四、第一、第二路均限明晨开始行动。第一路所遗零陵至黄沙河之线防务，俟第二路接替完毕，逐渐移防。

上四项，仰即遵照为要。

总司令　何键

有戌衡总参机

注释：

* 此件引自《剿匪军追剿总司令部二十三年自十一月删日起至十二月底止剿匪工作军事报告书》。

何键关于各路军速向指定地推进给薛岳、周浑元、李云杰、李韫珩电*

（1934 年 11 月 27 日）

第二路司令薛岳、第三路司令周浑元、第四路司令李云杰、第五路司令李韫珩：

匪循萧匪故道西窜企图甚明。彭匪德怀到达文市，有晚在江西渡架设浮桥，今晨续向古岭头、鲁荇、两合坊移动。其右侧卫经桥庄村、黄腊洞，宥日已到西头附近；左侧卫在永明附近地区构筑工事中；与第三、四两路保持接触之匪仅少数后卫。我桂军十五军全部感午可在灌[1]属新圩、全[2]属石塘圩、咸水以南之线展开完毕。我第一路章、陶、陈[3]各师，感日推进全州；第二路向东安、黄沙河推进；第五路仍遵前令迅经零陵、东安西进。着周司令浑元、李司令云杰速督所部觅匪猛攻，以收包围之效为要。

总司令　何键

感巳衡总参机

注释：

＊ 此件引自《剿匪军追剿总司令部二十三年自十一月删日起至十二月底止剿匪工作军事报告书》。

[1] 灌，指广西省灌阳县。

[2] 全，指广西省全县。

[3] 章、陶、陈，指章亮基、陶广、陈光中。

何键关于湘水布防情形给蒋介石电*

(1934 年 11 月 27 日)

南昌、南京委员长蒋:

有戌行战一电奉悉。此次匪众数在十万以上,故我一旅或一师动辄与匪二三万接触。谓非匪之主力,则其数实众;谓系匪之主力,则他窜或又发现大股,不综合各方面之情况,颇难为确实之判断。日来迭接桂、我各军情报,匪之主力似在桂属文市及湘属寿佛圩以西地带。其先头已进至桂属石头圩、蒋家岭。匪左翼正在龙虎关、桃川地区与桂军持战中;右翼进至黄沙河东南之西头之线。我王、李[1]师及周[2]路于宥午后,完全收复道县,仍跟匪追击中。我刘、薛[3]两路,延伸至全县感可完毕。由全[4]至咸水当与全民团指挥陈恩元部署,由咸水至灌阳归桂军部署。职受钧座重寄,谨当严督各部奋勇夹击,期收聚歼之效。

注释:

* 此件引自胡羽高编《共匪西窜记》,1946 年 11 月贵阳羽高书店发行,以感午衡电发出。

[1]王、李,指王东原、李韫珩。

[2]周,指周浑元。

[3]刘、薛,指刘建绪、薛岳。

[4]全,指广西省全县。

刘建绪关于依托全州、桥头之线阵地夹击中央红军电*

（1934 年 11 月 27 日）

1.据报，匪两万余本（二十七）日晨抵文市。其最先头便衣散匪约二三千人，刻正分途通过茅埠、屏山渡、凤凰嘴之线，向我侦察。东山徭方面尚无匪情。我桂军一部正在灌阳西三峰山、镰刀湾一带与匪激战。另有桂军八团已集结新圩、唐家园之线，会同我军向匪夹击。

2.本军以协同桂军夹歼该匪之目的，决先依托全县沿飞鸾桥至桥头（图上大石塘附近）之线占领阵地，以主力集结大石塘、石角村、全县、五里牌，待机出击。

3.着章[1]师迅即占领飞鸾桥、桥头之线阵地，主力控制桥头后方，另派精锐一营，轻装星夜兼程，占领寨圩，切实固守，但桥渡须构成据点。

4.着何平部迅即就秀衣渡、王家、茅埠沿河之线，严密布置警戒，主力控制全县城北端。

5.着陶广师即集结五里牌附近待命。

6.着陈光中师以一部严密固守黄沙河至秀衣渡沿河之线；主力即集结太平铺待命。但沙子街仍须留兵固守。

7.着李司令觉即率成铁侠部，迅即集结全城西北端待命。

8.着喻炮兵营即在大石塘附近选定阵地，对各方测定射［击］距离。尔后暂归章师长指挥。

9.予在全县。

注意：（一）全县城防系由桂军陈[2]指挥担任；（二）各部队均应于直前方远派侦探及游击队。

右命令九项，注意二项，仰即遵照。

注释：

* 此件引自《陆军第六十二师二十三年十一月份五省剿匪军事工作报告书》。

［1］章，指章亮基。

［2］陈，指陈恩元，任广西省桂林区民团指挥。

刘建绪关于向渡湘江红军攻击电*

（1934 年 11 月 28 日）

1.据报，西窜之匪约五六万，其先头万余已在麻子渡、屏山渡等处渡过湘水，出没于路板铺、珠塘铺、沙子包、界首一带。我桂军主力在新圩、灌阳、龙虎关之线，其黄振[国]团[1]在光华铺、卖猪岭一带。

2.我军以与桂军协歼股匪于兴、全[2]地区之目的，决乘匪主力未渡以前，先将渡河之匪歼灭之。

3.着陶广师为预备队，位置于五里牌、石角村中间之金家村附近，策应各方。

注释：

* 此件引自《陆军第六十二师二十三年十一月份五省剿匪军事工作报告书》。

[1]黄振国任国民党军第四集团军第十五军四十三师师长，辖步兵 3 个团。

[2]兴、全，指广西省兴安、全县两县。

蒋介石关于红军先头部队从容渡河给何键、白崇禧电*

(1934 年 11 月 28 日)

据恢先[1]感戌参机电:匪先头已于宥、感两日,在勾牌山及山头与上米头一带渡河。迭电固守河流,阻匪窜渡,何以全州沿至咸水之线并无守兵,任匪从容渡河,殊为失策。窜渡以后,又不闻我追堵各队有何处置,仍谓集结部队,待机截剿。匪已渡河,尚不当机立断痛予夹击,不知所待何机?可为浩叹。为今之计,惟有一面对渡河之匪,速照恢先、健生[2]所商夹击办法,痛予歼除;一面仍击匪半渡,务使后续股匪不得渡河,并照芸樵[3]预定之计划,速以大军压迫。匪不可测,以迟滞匪之行动,使我追军得以追击及兜剿。总之,窜匪一部漏网,已为失策,亡羊补牢,仍期各军之努力,歼匪主力于漓水以东、四关[4]以西地区也。前颁湘水以西地区剿匪计划[5],已有一部之匪西窜,并望即按计划次第实行,勿任长驱西或北窜为要。

中正

俭亥行战一印

注释:

* 此件引自胡羽高编《共匪西窜记》,1946 年 11 月贵阳羽高书店发行。

[1]恢先,即刘建绪。

[2]健生,即白崇禧。

[3]芸樵,即何键。

[4]四关,指湘桂边境地区的清水关、高木关、永安关、雷口关。

[5]指蒋介石于 1934 年 11 月 17 日颁布的《湘水以西地区会剿计划大纲》。

何键关于向渡湘江红军攻击给刘建绪电*

（1934 年 11 月 29 日）

刘司令建绪：

据空军本日报告：（一）莲花塘、大福桥、石塘圩、铁路头、大岭背一带各村落中发现多数匪军。（二）文市甚寂静，匪一部似已窜抵咸水西北之蒋村附近。我军追剿队之先头较匪稍后。（三）永州电话：本日周浑元部在寿佛圩将匪后卫击退，匪向蒋家岭窜走；周浑元、王东原均到寿佛圩。等语。判断匪循萧匪故道西窜已甚明显。仰饬五五旅固守梅溪口，遏匪北窜，截匪西窜，并督率主力务于全州、咸水间，沿河乘匪半渡而击灭之为要。

总司令　何键

艳戌衡总参机

注释：

＊ 此件引自《剿匪军追剿总司令部二十三年自十一月卅日起至十二月底止剿匪工作军事报告书》。中央红军先头部队渡过湘江，何键奉蒋介石电，急令刘建绪夺回湘江渡口，1934 年 11 月 29 日连发两个艳戌电催促刘建绪压迫红军“于湘水以南地区而聚歼之”。本书选其中一篇。

何键关于主力速移新宁、城步堵截中央红军给薛岳电*

（1934年11月30日）

据报，匪由宥日起在兴城东北五里许之界首架桥，随到随渡，经由咸水向西急窜。据空军本午报告，文市至石塘圩有匪数千；水车有匪渡河；桂军有二团由灌阳北进，距匪不远；勾牌说〔所〕、屋山渡之匪被我侦炸，受创甚巨；我周浑［元］部先头已过蒋家岭，进达东流。又接刘恢先[1]电话：匪大部已到咸水、西延[2]之间；我军刻占领沙子包之线与匪激战中；匪数千由大肚岭、白沙方面企图侧击，已与我陶[3]师接触；我主力沿汽车路、漓水西岸向南攻击。各等语。即请吾兄以梁[4]师一部担任太平铺、沙宫街、黄沙河沿水防务，以主力迅速转移于新宁、城步堵剿，至盼。新宁有我十九师之五十五旅，已派一团固守梅溪。并闻。

注释：

* 此件引自《第六路军赣南—湘南—黔西间地区追剿朱毛股匪各役战斗详报》，以卅午衡总参机电发出。

［1］恢先，即刘建绪。

［2］西延，今广西壮族自治区资源县。

［3］陶，指陶广。

［4］梁，指梁华盛。

刘建绪关于到咸水、城步、绥宁堵击红军给李觉、陶广、陈光中电*

（1934 年 11 月 30 日）

一、匪主力已过界首，向西延急窜中。伪三军团之一部，枪约五六千，在界首、石塘圩之间。其在觉山经我击溃之伪第一军团一部已退据朱兰铺、五里排附近，仍在顽抗中。又，窜扰全城南端大肚岭、白沙之匪，已经陶[1]师钟[2]旅击溃，向界首窜走。我桂军主力已由新圩、古岭头，一部由光华铺分向界首追剿中。我周[3]纵队先头已达文市附近。黄沙河、沙子街、太平铺之线江防已请薛[4]纵队梁[5]师接替。

二、着李代司令觉率章亮基师、补充四团、陈子贤旅，仍遵前令续向咸水攻击前进。惟驻寨圩之戴鼎甲[6]团应由该司令迅饬经雪滩、大帽岭向西延截剿。

三、着陶广师（缺李[7]旅）即由现地出发，随李[8]司令后跟进。

四、着陈光中师（缺陈[9]旅）即由现地出发，经四板桥限江日到达城步，迅速构筑城步、梅口、绥宁之线碉堡，堵匪西北窜。

上四项。

注释：

* 此件引自《陆军第六十二师二十三年十二月份剿匪军事工作报告书》，以卅戌参机代电发出。

[1]陶，指陶广。

[2]钟，指钟光仁。

[3]周，指周浑元。

[4]薛，指薛岳。

[5]梁，指梁华盛。

[6]戴鼎甲，任国民党军第十六师四十七旅九十四团团长。

[7]李，指李国钧。

[8]李，指李觉。

[9]陈，指陈子贤。

白崇禧关于中央红军已渡过湘江给蒋介石等电*

（1934年12月1日）

特急。

南昌委员长蒋、南宁总司令李、广州陈总司令、衡州何总司令[1]：

某密。顷奉委座俭亥电，拜诵再三，惭悚交集。赤匪盘踞赣闽，于滋〔兹〕七载，东南西北四路围剿，兵力达百余万，此次任匪从容脱围，已为惋惜，迨其进入湖南，盘踞宜章，我追剿各军，坐令优游停止达十余日不加痛击，尤引为失策。及匪沿五岭山脉西窜而来，广西首当其冲，其向桂岭东南之富、贺[2]，抑向东北之兴、全[3]，无从判定。职军原遵委座电令，将兵力集中兴、全，后以共匪分扰富、贺，龙虎关之警报纷至沓来。复奉委座电令，谓追剿各军偏在西北，须防共匪避实就虚，南扰富、贺西窜，更难剿灭。等因。兹以湘、桂边境线长七百里，我军兵力总数不过十七团军，处处布防，处处薄弱，故只得以军一部，协同民[团]防堵，而以主力集中于龙虎、恭城一带，冀以机动作战，捕捉匪之主力而击破之；又虑匪众我寡，顾此失彼。迭经电请进入全州附近之友军，推进兴、全，并经与湘军协定，共匪主力侵入兴、全时之夹击方案。自匪以伪一、九两军团由江华、永明方面分扰富、贺边境及龙虎关，与我防军接触后，当指挥进击，经两日激战，将其击溃，并判明匪之主力窜入四关，即以十五军全部及第七军主力星夜兼程转移兴、灌[4]北方之线截击该匪。感日以来，在文市方面苏江、新圩之线与匪第三、五、八军团主力决战四日，未结战局。其经过情形，曾经陆续电呈在案。委座电责各节，读之不胜惶恐骇异。无论职军在历史立场上，已与共匪誓不并存，而纵横湘、赣边境数年之萧匪主力，目前为我七军追至黔东将其击溃。即此次共匪入桂以来，所经五日苦战，又何尝非职军之独立担负，不畏螳臂挡车之识，更无敌众我寡之惧。至于于全、咸[5]之线，因守兵单薄，被匪众击破，则诚有之；谓无守兵，则殊非事实。以我国军百余万众尚被匪突破重围，一渡赣江，再渡耒河，三渡潇水，如职军寡少之兵力，何能阻匪不渡湘江，况现届冬季，湘江上游处处可以徒涉乎。职军之历史士气，职历来作战指挥，向抱宁为强敌粉碎之志，决无畏敌苟存之心，尤其对于共匪，向来深恶痛绝。淞沪清党，频年剿共，事实俱在，可以复按，夙隶委座帡幪，谅邀洞鉴。共匪虽多，欲求安全通过桂境而不遭我军痛击者，无此理也。道程虽远，飞机不难侦察。周司令浑元所部，宥日进入道县，本日已入桂境，通觅匪我决战之场，亦可令其实地调查，究竟何军与匪决战，战斗经过几日，共匪死伤几何，又何军瞻望不前，何军迟迟不进，便明真象矣！至示以遵照芸、先[6]计划，速为亡羊补牢各节，当遵令执行。唯目前问题似不全在计划，而在实际认真攻剿，尤忌每日捷报浮文，自欺欺人，失信邻国，贻笑共匪。至若凭一纸捷电，即为功罪论断，则自赣、闽剿共以来，至共匪侵入桂北止，统计各军捷报所报，斩获匪众与枪械之数，早已超过共匪十有几倍，何至此次与本军激战尚不下五六万乎！至于此后追剿，仍当决尽全力与匪周旋，功罪毁誉，不暇顾及也。

白崇禧叩

东戌平行印

注释：

＊ 此件引自胡羽高编《共匪西窜记》，1946 年 11 月贵阳羽高书店发行。

[1]收电人中各称谓依次指蒋介石、李宗仁、陈济棠、何键。

[2]富、贺，指广西省富川县、贺县。

[3]兴、全，指广西省兴安县、全县。

[4]灌，指广西省灌阳县。

[5]咸，指广西省全县咸水乡。

[6]芸、先，指芸樵、恢先，即何键、刘建绪。

何键关于未能消灭中央红军于湘江以东地区的通电

（1934 年 12 月 5 日）

敝部奉令追匪〔剿〕西窜股匪，未能达到歼匪于漓水以东地区之任务，实深惭悚，谨将经过据陈查照。当该匪初由赣南突围，我李觉部尚远在黔东北追剿萧匪；该股匪绕陷宜章，我陶广师仍在汝城文明司与其一部激战；我陈光中师仍在桂东防堵北窜；我薛岳、周浑元、李云杰、李韫珩各部，次第由赣西开拔入湘；仅王东原、章亮基两师，一位置于郴州，一位置于衡、祁[1]江防线。湘南地区辽阔，匪众亦号称十万，以我两师兵力兼顾追与堵二者，诚不自量，唯奉委座新命，义无反顾。元日奉电，寒日抵衡。一面以王师收复宜章，尾匪追剿；一面调周、李、李[2]各部，取道嘉、蓝[3]向南侧击；一面调薛、李、陶、陈、章[4]各部，于自衡州至黄沙河之线布防，当集结主力于东安、零陵二点。除［王］、章两师外，皆属昼夜兼程，强行千里，本在匪后，而先匪到达。尤以薛、周两部，久战道远，劳苦更甚。所韦〔幸〕各部将士，莫不忠勇奋发，予匪重创。陶师汝城、东岗岭、勾刀坳各役，毙匪近千；文明司之役，毙匪六七百，获枪百三十余支。王师良田、万会桥之役，毙匪数百，获枪百数十支；樟树桥之役，获枪数百支；梅田、保和圩之役，俘匪百余，获枪百五十余支；下灌之役，毙匪千余。李云杰师仙人桥、冷水铺、土桥圩、洪观圩、永乐圩、下灌各役，共计伤亡匪官兵二千余，获枪五百余支。周浑元部宁远附近之役，斩匪数百；文市之役毙匪数百，获枪八十余支。匪经过之各县团防义勇队所俘获散匪散枪，已据电报解部者，如汝城、宜章、郴县等，多则千余，少则数百，而空军之轰炸不计焉。该股匪将抵桂边，一部窜龙虎关、富、贺[5]，经桂军痛击，一部由道县北窜王母桥、西头、东山徭等处，企图牵制我零陵兵力，而其主力则由蒋家岭出四关，步萧匪故辙，其先头漾午达文市，幸彼因顾虑桂军堵截，未敢急进，不然我薛部敬日方达零陵，我陶广师有日方达黄沙河，大可乘我兵力未集，强渡而西也。梗日奉委座养酉电，准桂军将兴、全、灌[6]之主力南移恭城，敝部向南伸延，弟虽以时间、兵力难以办到，但军机迫切，故立令刘司令建绪率章、李、陶、陈各师，赶赴全州，于感晚到达。不意匪于宥、感等日，已在兴安、界首架设浮桥，窜过漓水。我刘司令建绪急率所部向咸水、界首猛力堵剿。自感晚经俭、艳等日，在寨圩、路板铺、沙子包、珠兰铺、五里牌、觉山一带，连日激战，匪死伤约六千余，俘匪二千余，夺获步枪三千余支，机枪、迫炮三四十门。我军伤亡逾千。残匪乘夜向西延溃窜。此半月来追剿经过之大概情形也。弟力薄任重，一篑功亏。虽总计各役，匪部实力确已消灭三分之一，而残匪西窜，乃劳廑念，惶愧未余。唯有再督各部，遵照委座指示方略，为第二步之围剿。所有尔后进剿情形，当随时奉达。

何键

微未衡参印

注释：

[1]衡、祁，指湖南省衡阳、祁阳两县。

[2]周、李、李，指周浑元、李云杰、李韫珩。

[3]嘉、蓝，指湖南省嘉禾、蓝山两县。

[4]薛、李、陶、陈、章，指薛岳、李觉、陶广、陈光中、章亮基。

[5]富、贺，指广西省富川县、贺县。

[6]兴、全、灌，指广西省兴安、全县、灌阳三县。

何键关于编组第一、第二兵团的电令*

（1934 年 12 月 1 日）

第一路司令刘建绪、第二路司令薛岳、第三路司令周浑元、第四路司令李云杰、第五路司令李韫珩、代理湖南保安司令副司令李觉：

兹为便利指挥起见，更定军队区分如左：

剿匪军追剿总司令直辖追剿军第一、第二兵团及湘南保安部所属团队。追剿军第一兵团总指挥刘建绪，辖第一、第四、第五各路并直辖李觉师（缺邓、陶[1]两旅）并补充各团。第一路司令陶广，辖十六、六二师（缺李[2]旅）、六三各师；第四路司令李云杰，辖廿三、十五各师；第五路司令李韫珩，辖五三师。追剿军第二兵团总指挥薛岳、副总指挥吴奇伟，辖第二、第三两路。第二路司令吴奇伟，辖五九、九十、九二、九三各师及惠支队[3]；第三路司令周浑元，辖第五、[十]三、九六、九九各师。

仰即遵照并转饬所属一体遵照。

总司令　何键

东申衡参机

注释：

* 此件引自《剿匪军追剿总司令部二十三年自十一月删日起至十二月底止剿匪工作军事报告书》。据薛岳《第六路军赣南—湘南—黔西间地区追剿朱毛股匪各役战斗详报》中记载，此电文中尚有“追剿军预备兵团指挥刘膺古，辖新三十四、第二十六各师、独立[三]十四旅”。另外，第五路司令李韫珩除辖第五十三师外，还辖第七十七师。

[1]邓，指邓南骥。陶，指陶柳。

[2]李，指李国钧。

[3]指惠济支队。

何键关于在湘西地区修筑碉堡封锁线情况的报告*

（1934年12月）

本部奉委座十一月篠戌电[1]，颁发西窜共匪如万一漏脱于湘、漓水以西围剿计划大纲。当遵照选定碉堡四线于湘西方面：

第一碉堡线

自新宁县城经崀山、七星桥、窑上、豆子坪、寨安〔子〕背、上南容、唐家园、五里湾、城步县城、江渡、丹口、大圳岩、岩砦、木路口、石壁、临口、菁抚洲、通道县岩门铺、地伏屯、靖县飞山、太平界、烟敦界、龙孔坳、广平〔坪〕、酿口、安顺溪、东城场、牛埠、托口、牛角界至芷江。

第二碉堡线

自新宁县江口桥、飞仙桥、马头桥、龙潭桥、高桥、石狮子、迪贤水、李家渡、黄皮坳、浆坪、横江子、五里湾、铜鼓岭、城步县城、江渡、科头塘、田头、梅口、柳塘、江口塘、岩脚田、枫水坪、寨坡、十里铺、绥宁城、文昌阁、黄土桥经天塘界、乐安铺、烟敦界、杨柳塘、寨牙、磨石、城墙界、靖县飞山、太平界、龙孔坳、广平〔坪〕、酿口、安顺溪、东城场、牛埠、托口、牛角界至芷江县[2]。

第三碉堡线

自新宁县江口桥、飞仙桥、龙潭桥、石门司、半山、江口、石山背、西岩市、山口、高坪、茶溪、梅口、柳塘、江口塘、长铺子[3]、佘家滩、竹舟、江河口、麻塘、长寨溪、若水、洪江至黔阳。

第四碉堡线

自新宁经安心观、武冈田心铺、花园、瓦屋塘、金屋塘、雪峰界、西坡、袁马、洪江至黔阳。

以上四碉堡线之选定，原为防匪回窜或北窜。迄匪窜过湘、漓水以西，经龙胜、古宜以北及通道地区向黔急窜。本军注重追剿截击。对于湘西方面碉堡修筑完成者，计绥宁境内砖碉十一座、土碉八十四座，黔阳境内砖碉七座，靖县境内砖碉六座，城步境内九座，会同境内九十四座，共碉堡二百十一座。

注释：

* 此件引自《剿匪军追剿总司令部二十三年自十一月删日起至十二月底止剿匪工作军事报告书》。

[1] 篠戌电，即1934年11月17日发出的《蒋介石关于湘水以西地区“会剿”中央红军的计划大纲》。

[2]芷江县，今湖南省芷江侗族自治县。

[3]长铺子，今湖南省绥宁县人民政府所在地。

薛岳关于取捷径直趋洪江堵截中央红军给何键电*

（1934 年 12 月 1 日）

东辰衡总参电[1]奉悉。全州、兴安间之匪，依恢先[2]兄所得情报，已于三十午到达咸水、西延间。则匪于目前或已到达城步，复分经绥宁及通道、会同各地，会犯黔阳、洪江一带地区暂停喘息，再作他图。预计本路到达新宁，匪则远窜绥宁，与匪适成梯次队形。如本路到达新宁后，即取捷径，经武冈直趋洪江，则可望先期到达堵剿，破坏其企图，使匪失其凭藉，可徐图之。谨电察核，并乞示遵。

注释：

* 此件引自《第六路军赣南—湘南—黔西间地区追剿朱毛股匪各役战斗详报》。

[1]东辰电，是何键 1934 年 12 月 1 日给薛岳的电报。其主要内容是令薛岳“督部迅速移于城步堵匪北窜，截匪西逃。并希乾初兄率部到达文村后，即经全州向新宁转移，隶伯陵兄指挥”。乾初，即周浑元。伯陵，即薛岳。

[2]恢先，即刘建绪。

何键关于速向湘桂边区转移给刘建绪、薛岳的命令*

（1934 年 12 月 1 日）

刘总指挥建绪、薛总指挥岳：

命令：

1.匪主力已被我军击溃，残部经界首向西延急窜中。

2.我军以继续截剿之目的，迅速向新宁、城步、绥宁、靖县方面转移。

3.着刘总指挥建绪指挥所部，除以第一路之一部（李、章[1]所部）跟匪追剿外，其第一路主力即由现在地经新宁、城步、绥宁第二封锁线[2]，节节截剿；第四路着王东原师先出洪江，李云杰师继后，暂位置于梅口、长铺子附近第三封锁线[3]；第五路着位置于武冈、花园、瓦屋塘第四封锁线[4]。

4.着薛总指挥岳指挥所部，由现在地先向武冈前进。

5.本部仍在衡州，随后移驻邵阳。

总司令　何键

东西衡总参机

注释：

＊此件引自《剿匪军追剿总司令部二十三年自十一月卅日起至十二月底止剿匪工作军事报告书》。

[1]李，指李觉。章，章亮基。

[2][3][4]第二、三、四封锁线，参见 1934 年 12 月《何键关于在湘西地区修筑碉堡封锁线情况的报告》。

何键关于请川、黔军堵截中央红军西进给刘湘、王家烈电*

（1934年12月2日）

急。

重庆刘总司令甫澄[1]兄、贵阳王总指挥绍武兄：

赤匪伪一、三、五、八、九各军团，人号称十万，枪半数，自经我节节痛击，已消灭三分之一。原拟此次协同桂军尽歼于漓水以东，因咸水、兴安一带无兵堵击，致使残部漏脱，仍取萧克旧径向西急窜。现我正一面转移兵力于武、新、城、绥[2]之线，一面尾匪跟追。如绍武兄能集结兵力扼要堵剿，可收夹击聚歼之效。甫澄兄如能以相当兵力协助绍武兄堵剿，则歼灭更易。盖该匪自离巢后，首尾受敌，兵无斗志，所惜在我军方面屡失良机，遂致功亏一篑也。如何布置，唯二兄亟起图之。

盼复。

弟　何键叩

冬亥印

注释：

* 此件引自胡羽高编《共匪西窜记》，1946年11月贵阳羽高书店发行。

[1]甫澄，即刘湘。

[2]武、新、城、绥，指湖南省武冈、新宁、城步、绥宁四县。

何键关于消灭中央红军于湘黔边境给刘建绪、薛岳的命令*

（1934 年 12 月 3 日）

刘总指挥建绪、薛总指挥岳：

命令：

一、匪残部由咸水、西延、车田、蓬洞，循萧匪故道，向西急窜。其一部似分向龙胜窜走。

二、本路军以继续追剿并节节截击，期彻底歼灭该匪于湘、黔边境之目的，决定如左之部署：

（1）着第一兵团刘总指挥即以一部尾匪追剿，主力经新宁、城步间觅匪，节节予以截击。

（2）着第二兵团薛总指挥先以大部由武冈经长铺子、竹江舟，径开会同，并与洪江王东原师连络，截击西窜之匪，并堵匪北窜；以一部策应第一兵团，逐次推进，扼要堵剿。

上二项，仰即遵照。

总司令　何键

江午衡总参机

注释：

＊此件引自《剿匪军追剿总司令部二十三年自十一月卅日起至十二月底止剿匪工作军事报告书》。

薛岳关于向洪江、武冈推进的训令*

（1934年12月6日）

据报，伪一、三、五、八、九军团残部，现正向绥宁、通道以西地区逃窜中。我刘[1]纵队现向城步、绥宁前进中。我周[2]纵队本（六）日可到东安、大庙口一带。我李韫珩、李云杰两部现正由东安、武冈推进中。本路军以兜剿残匪之目的，决自明（七）日起向洪江进出，其日程应依照表之策定实施之。

又着周浑元部到达新宁后，继续向武冈推进。

注释：

* 此件引自《第六路军赣南—湘南—黔西间地区追剿朱毛股匪各役战斗详报》。

[1]刘，指刘建绪。

[2]周，指周浑元。

何键关于防堵中央红军与红二、六军团会合给刘建绪、薛岳的命令*

（1934 年 12 月 8 日）

刘总指挥建绪、薛总指挥岳：

命令：

（一）窜匪自经我在咸水附近击溃后，狼狈不堪，窜匿兴安、龙胜以北山地，昼伏夜动，闻枪即逃，似有沿湘、桂边境西窜贵州之企图。我桂军刻正以夏[1]军由西延继续追剿，以廖[2]军经龙胜、古宜进出通道，与我连络围剿中。

（二）我军遵奉委座筱戌电令[3]，应以不使该匪漏窜入黔，会合川匪或蔓延湘西，与贺、萧合股之目的，将其围剿于湘、黔、桂边境而歼灭之。

（三）第一兵团应以一部位置于城步附近堵剿北窜残匪，以主力集结于绥宁附近，向南觅匪截击，并堵〔增〕修所任地区内之碉堡线[4]。

（四）第二兵团着经由洪江迅速进出会同、靖县，向通道方面觅匪截击，并督修所任地区内之碉堡线。

（五）金屋塘、王家塘、寨牙、通道之线为第一、第二两兵团作战地境线，[线]上属第一兵团。

（六）本部准真日移驻邵阳。

上六项，仰即遵照。

总司令　何键

庚午衡总参机

注释：

＊此件引自《剿匪军追剿总司令部二十三年自十一月删日起至十二月底止剿匪工作军事报告书》。

[1]夏，指夏威。

[2]廖，指廖磊。

[3]筱戌电令，指 1934 年 11 月 17 日发的《蒋介石关于湘水以西地区"会剿"中央红军的计划大纲》。

[4]刘建绪接电后，即以庚申参电下达堵截命令："着陶司令所部以主力向靖县、通道地区火速扼要防守，一部暂在绥宁，并扼堵木路口、临口、菁芜洲之线；着李司令云杰所部迅经西岩市直趋梅口、长铺子之线待命；着李司令韫珩所部进至西岩市、水东之线待命；着刘代旅长[建文]所部及晏区司令[国涛]所属团队，仍在城步地区防堵；绪率补充各团，佳日由武冈经武阳进驻长铺子指挥。"

薛岳令周浑元部向洪江、黔阳集中电*

（1934年12月10日）

本路军为便于此后进出各方面之目的，决先集中洪江、黔阳。即请贵纵队自明（真）日起，循光远市、高沙、洞口、青草湾、草寨、宝瑶、龙船塘、沙坪各地向洪江推进，并盼参照吴[1]纵队各部行军计划及携带三日份粮秣为要。

注释：

* 此件引自《第六路军赣南—湘南—黔西间地区追剿朱毛股匪各役战斗详报》，以灰西龙参电发出。

[1]吴，指吴奇伟。

刘建绪关于务期消灭中央红军于湘黔边境给李云杰、李韫珩、陶广等的命令*

（1934 年 12 月 11 日）

李司令云杰、李司令韫珩、陶司令广、王师长、章师长、陈师长、何主任、刘代旅长[1]：

命令：

一、伪一军团之一部已由长安营、岩砦、木路口西窜。其先头灰抵临口、下乡、菁芜洲之线。匪主力似在龙胜、通道边境。我薛[2]兵团先头已抵会同。桂军正分向龙胜、古宜追剿中。

二、本兵团以协同友军继续追截，务期歼匪于湘、黔边境之目的，决定部署如次：

1.着第一路陶司令所部，除以一部赶筑绥宁大道封锁干线堵匪北窜外，迅以主力向临口、通道方面觅匪截剿。

2.着第四路李司令所部，迅速进驻绥宁，策应第一路截剿。

3.着第五路李司令所部，迅即进驻长铺子待命。

4.着刘代旅长所部，除留团队守备城步外，迅向岩砦、木路口尾匪追剿。但到岩砦后，须派团队向长安营方面警戒。

5.着何主任所部由长铺子经黄桑坪，向木路口、石壁道上截击。

三、绪[3]文日进驻绥宁指挥。

上三项。

刘建绪

真戌参

注释：

* 此件引自《剿匪军追剿军第一兵团二十三年度十二月份剿匪工作军事报告书》。

[1]收电人，指李云杰、李韫珩、陶广、王东原、章亮基、陈光中、何平、刘建文。

[2]薛，指薛岳。

[3]绪，指刘建绪。

陈济棠、李宗仁、白崇禧关于请命出兵“追剿”中央红军给国民党中央及南京政府电*

（1934 年 12 月 11 日）

南京中央党部、五中全会、广州西南执行部、西南政务会、国民政府林主席、行政院长汪、军委会蒋委员长钧鉴：

共匪朱、毛正突围西窜，号称十万，气焰紧张，天诱其衷〔衰〕，是我军最好歼灭之机会。途次信丰、安息、铅厂、城口、仁化、延寿、九峰、良田、临武、下灌、四眼桥、道县、洗砚圩、桃川、四关、文市、新圩、苏江、界首、寨圩、珠兰铺、宝洛冈、石塘等处，经我湘、粤、桂各军节节兜剿，计已歼灭过半。计凭隅匪众约五万人，转向湘、黔边境，所过之地，焚毁掳掠，庐舍为墟，非各路大军继续追剿，不能根本肃清，若任其转黔入川，会同萧、贺、徐匪，则共祸之烈，不堪设想。盖川、黔两省，卵谷西南，山深林密，形势险峻，远非赣、闽无险可恃之比，若不趁其喘息惶恐未定，加以猛力攻剿，则匪众一经休养整顿，组织训练，北进足以赤化西北，打通国际路线；南向足以扰乱黔、桂，影响闽、粤，破坏东亚和平，危害友邦安宁；而党国民族之危亡，更将无从挽救。济棠、宗仁、崇禧等，迭承各方同志奖勉有加，亦应当仁不让，继续努力，窃以为共匪不除，国难未已，一切救国计划，皆属空谈。粤、桂两省军旅，素以爱国为职志，拟即抽调劲旅，先组编追剿部队，由宗仁统率，会同各路友军，继续穷追，以竟全功。如蒙采纳，即请颁布明令，用专责成，并请蒋委员长随时指示机宜，俾便遵循。除另派专员面陈一切机密外，谨此电闻。

陈济棠　李宗仁　白崇禧叩
真印

注释：

* 此件引自胡羽高编《共匪西窜记》，1946 年 11 月贵阳羽高书店发行。蒋介石于 1934 年 12 月 25 日复电：“兄等对西窜之匪，拟抽调劲旅编组追剿部队，会同友军继续穷追，以竟全功，至深感佩。尚望勇往迈进，不分畛域，歼灭于黔境，不使其入川合作，尤所得盼。”

薛岳关于联合黔军夹击红军于贵阳、镇远地区给蒋介石、何键电*

（1934 年 12 月 12 日）

甲、据报，匪之右侧卫灰日窜通道城。其主力经新厂、马路口，似向黎平、锦屏方向逃窜，恐匪西窜镇远而犯贵阳。

乙、我恢先[1]兄陈[2]师到靖县，章[3]师到绥宁。乾初[4]兄部正由武冈向洪江推进中。

丙、本部主力暂控置于黔阳、洪江线上，一部在芷江[5]，一部在托口[6]，一部在会同，一部在黔河防堵。

丁、如恢先兄部能分由靖县、通道衔尾追剿，本路军似宜经晃县[7]、玉屏[8]，直出镇远兜截；即不能歼灭匪于镇远城附近，亦可与黔军夹击于贵阳、镇远间地区。当否，尚请钧裁示遵。

注释：

* 此件引自《第六路军赣南—湘南—黔西间地区追剿朱毛股匪各役战斗详报》，以文午洪参电发出。

[1]恢先，即刘建绪。

[2]陈，指陈光中。

[3]章，指章亮基。

[4]乾初，即周浑元。

[5]芷江，今湖南省芷江侗族自治县。

[6]托口，位于湖南省黔阳县西南部。

[7]晃县，今湖南省新晃侗族自治县。

[8]玉屏，今贵州省玉屏侗族自治县。

蒋介石重申
湘水以西地区“会剿”计划大纲电*

（1934 年 12 月 12 日）

查赣匪西窜，前已拟定湘、桂、黔各军会剿计划大纲，业经十一月筱戌行战一电知在案。兹为严防赣匪入黔，重申前令起见，各军守备区域，按照筱电规定地点，迅速完成碉堡，严守之。

（1）黔军除巩固原防外，于玉屏、锦屏、黎平、永从[1]、洪洲线工〔上〕，赶筑坚固工事，先择重要城镇，构筑碉堡，以防匪之突窜。

（2）桂军除巩固原防外，须以一部迅由长安[2]、古宜进至榕江，协助黔军堵剿。

（3）湘军除巩固原防外，以追剿部队之一部，追至铜仁，巩［固］黔军左侧之防线。

（4）各军对于各该区兵力之部署及工事之程度，并犹[3]总指挥所部现抵何处？迅速详细电复。

除分电外，希分别查照办理具报。

中正

文戌参京印

注释：

* 此件引自胡羽高编《共匪西窜记》，1946 年 11 月贵阳羽高书店发行。

[1]永从，该县已撤销，今属贵州省黎平县永从镇。

[2]长安，今广西壮族自治区融安县人民政府所在地。

[3]犹，指犹国才。

何键关于在湘桂黔边境消灭中央红军给刘建绪、薛岳的命令*

（1934 年 12 月 13 日）

刘总指挥建绪、薛总指挥岳：

命令：

（一）主匪自经我军节节击溃后，其残部似仍沿萧匪故道向黎平、锦屏方面继续西窜。

（二）我军以遵奉委座筱戌、文戌电令，会合友军将残匪围剿于湘、黔、桂边境而聚歼之目的，规定部署如次：

（1）第一兵团应即以一部收复通道，主力推进于会同、靖县、绥宁之线构筑工事，肃清残匪。

（2）第二兵团迅以一部进驻铜仁，巩固黔军左侧之防线，主力推进于晃县、玉屏、天柱等处，构筑工事，堵匪北窜。

上二项。仰即遵照。

总司令　何键

元亥邵参机

注释：

* 此件引自《剿匪军追剿总司令部二十三年自十一月删日起至十二月底止剿匪工作军事报告书》。

薛岳关于向芷江、黔阳推进电*

（1934年12月14日）

一、综合匪情，匪右侧卫本月十日由通道以南地区，窜往锦屏方面，其主力于十一日窜抵平茶、黎平一带，似有趋向镇远转犯黔中之模样。

我陈光中师现由靖县向通道前进；陶广师亦由绥宁向通道前进。

黔军何知重部[1]十二日到达马场坪堵剿。

桂军廖磊部十一日经石门卡、林溪，向通道前进中。

二、本路军以便于进出黔东方面追剿之目的，决将集中地推移于芷江、托口、会同、黔阳、洪江间地区。

三、兹策定兵团之行动及集中地如左：

1.第七纵队[2]（欠梁师、唐师[3]）明（十五）日进至芷江城及其附近地区。

2.第九十二师、第九十三师应受唐师长之区处，明（十五）日向乾溪坪，十六日向芷江城推进，到达后即归还第七纵队建制。

3.第八纵队[4]（欠萧师、万师[5]）明（十五）日到达洪江后，应于十七日派出第九十九师向黔阳城推进。第五师、第九十六师俟洞口服装补充完毕后，即向洪江推进。

4.第一支队十六日应进至黔阳城[6]。

5.本部及直属部十六日进至黔阳城。

四、各部队到达集中地后，应即分别警备、整理待命，并于下列区分以师为单位派出游击支队（集合各师之师、团侦察队，以干练中校团附统率之）。

1.第七纵队任麻阳[7]、晃县方面。

2.第八纵队任大垅、广平方面。

注释：

* 此件引自《第六路军赣南—湘南—黔西间地区追剿朱毛股匪各役战斗详报》。

[1]何知重，任国民党军第二十五军一师师长。1934年12月14日，王家烈任命何知重为贵州省"剿匪"副总指挥，犹国才未到职前代行其职权。同时任命副军长侯之担为贵州省"剿匪"后备总指挥。

[2]第七纵队，指吴奇伟纵队。七纵队番号系沿用国民党军对中央苏区第五次"围剿"时的番号。

[3]梁师、唐师，指梁华盛、唐云山两师。

[4]第八纵队，指周浑元纵队。八纵队番号系沿用国民党军对中央苏区第五次"围剿"时的番号。

[5]萧师、万师，指萧致平、万耀煌两师。

[6]蒋介石于1934年12月4日致电薛岳，要抽调该支队赴武汉。薛岳至12日始收到电报，13日复电蒋介石，正在“注全力以求决战，拟俟此项预期行动告一段落即饬惠支队回师武汉”。

[7]麻阳，原县城在今湖南省麻阳县西南部的锦和镇。今该县人民政府在高村镇。

王家烈建议各军不分畛域“进剿”红军电

（1934年12月15日）

顷据前敌副总指挥何知重电话报称：股匪约六七千人，在黎平城东五里桥与我第七旅周芳仁部接触。激战约两小时，毙匪甚多。继以该匪更渐增加，对我施行包围，只得放弃黎平城，退据距城十里之大坡顶，扼要固守待援，以图恢复等语。当饬第一旅旅长杜肇华，率五、六两团向黎平增援；李旅长成章率二、三、九各团，推进剑河相机策应；何指挥韬率团队增防榕江，期将黎城早日恢复。惟是该匪乘虚突窜，事实不免百密一疏。除电请各友军不分畛域进剿，俾便联合早将该匪扑灭外，特闻。

王家烈恳请南京政府飞令到湘各军及桂军入黔电

（1934 年 12 月 18 日）

南京。

国府主席林、行政院长汪、委员长蒋钧鉴[1]：

顷据何副总指挥知重巧晨电称，据锦屏杜旅长肇华筱亥电报：赣匪一部约五六千人，删日在黎平被我周旅长芳仁击退，折向老锦屏，图绕天柱、青溪北窜，被我五、六两团迎头痛击，匪伤亡甚众。铣日匪分数股向南嘉堡、平兆、瑶光等处猛攻，企图强渡清江河[2]，向剑河、台拱[3]方面沿萧匪旧路北窜。当与我河防守兵激战半日，匪部续到甚众。复以机炮向我岸猛轰，江岸碉堡多被摧毁，官兵死亡二百余人，致被突破。等语。当饬该旅长集结所部，尾匪痛击，并令李旅长成章率二、三、九各团，推进施洞、剑河截堵；王参谋长伯勋督率团队及第三团扼守锦屏至清江河下流；周旅长芳仁转饬团队肃清后方，即行率部尾匪追剿。等语。查该匪号称十万，若今日久蔓延，不仅黔省被其赤化，恐川、湘及其他各省，亦同感危殆。除集中所部进剿堵截外，并恳中央飞令到湘各军，西移黔境；及桂省各部队越境会剿，以期聚歼该匪，挽救黔难，无任感祷。

王家烈叩

巧印

注释：

[1]收电人，指林森、汪精卫、蒋介石。

[2]清江河，即今清水江，位于贵州省东部，流经凯里、剑河、锦屏等县入湖南省，在洪江汇入沅江。

[3]台拱，今贵州省台江县。

蒋介石关于到镇远截击中央红军给薛岳电*

（1934年12月18日）

据报，现匪主力由黎平向剑河、溶〔榕〕江逃窜。黔军力弱，恐难防堵，希督励所属，克日迅由晃县、玉屏直趋镇远截击，以期一举聚歼。除电何[1]总司[令]知照外，希速照办具报。

注释：

* 此件引自《第六路军赣南—湘南—黔西间地区追剿朱毛股匪各役战斗详报》，以巧戌行战电发出。

[1]何，指何键。

刘建绪关于向锦屏、黎平追击红军给李云杰、王东原、陈光中的命令*

（1934年12月20日）

“电话报码”。

第四路李司令、王师长、陈师长：

密。命令：

着王东原师派兵一部向锦屏，陈光中师派兵一部向黎平追匪痛剿具报。

此令。

刘建绪

号午参

注释：

* 此件引自《剿匪军追剿军第一兵团二十三年度十二月份剿匪工作军事报告书》。

何键关于协同黔军堵截中央红军给刘建绪、薛岳电*

（1934 年 12 月 20 日）

巧戌电转达委座铣战电指示，关于追剿赣匪全部署纲要，自应遵办，但匪情变化，其指导要领所示，我军以龙胜以北，经江头、城步、绥宁、黔阳、瓮洞、天柱、邛水[1]、台拱至榕江为其守备区，事势〔实〕上不能办到。经本部详陈，刻下我第一兵团除巩固同、道、靖[2]原防外，应以一部进至远口策应黔军；第二兵团除遵前令于晃县、玉屏、天柱、铜仁等构筑工事外，应以大部直趋镇远，协同黔军，相机堵截为要。

注释：

* 此件引自《第六路军赣南—湘南—黔西间地区追剿朱毛股匪各役战斗详报》，以哿亥邵参机电发出。

[1] 邛水，今贵州省三穗县。

[2] 同、道、靖，指湖南省会同、通道、靖县三县。

第三章　红二、六军团长征在湖南

（1934 年 10 月—1936 年 1 月）

概　　述

一、策应转移，恢复和创建湘鄂川黔根据地

1934年10月，中央红军退出中央根据地进行长征，敌人调集40万大军，前堵后追。在此严峻形势下，红二、六军团为了策应中央红军的战略转移，并创建新的苏区，任弼时、贺龙（图3-1）、关向应（图3-2）等果断提出了两军集中行动，返回湘西，向敌人侧后的永顺、桑植、龙山等地发动进攻的建议。这样，不仅可以使红军立稳脚跟，还可以威胁沅陵、常德等重要城市，影响长江水上交通，创造有利于开辟根据地的大好形势，牵制湘鄂两省敌人，更有利于中央红军行军作战。中共中央批准了他们的建议。根据中央的命令，从红六军团抽调30多名政治干部到红二军团工作，充实和加强了红二军团的领导力量。中央还批准，两军在政治上确定以中央代表任弼时为首的党的领导；在军事上由贺龙、任弼时、关向应（图3-3）等统一指挥。这些措施，使来自两个战略区的红军，结成了一个团结战斗的整体，形成了一支强大的战略突击力量，为进军湘西，展开湘西攻势，创建湘鄂川黔革命根据地，形成了领导核心，打下了坚实基础。他们于10月下旬从黔东出发，向湘西发动攻势，开始了创建湘鄂川黔苏区的斗争。

图3-1　贺龙，红二军团军团长、中革军委湘鄂川黔军区司令员、红二方面军总指挥

图3-2　关向应，红二军团副政治委员、红二方面军副政治委员

1934年11月7日，红军占领湘西北重镇永顺县城，取得了湘西攻势的初步胜利。湘西军阀陈渠珍奉何键命令，纠集3个旅合计1万余兵力，向永顺地区反扑。红军决定采取诱敌深入、聚而歼之的作战方针，主动撤离永顺城，诱敌于永顺城北十万坪地区。11月16日，设伏十万坪（图3-4），歼敌周燮卿、龚仁杰两个旅的大部，俘敌旅参谋长以下2000余人，缴枪2200余支。十万坪大捷，是红二、六军团会师后的第一个胜仗，是两军团广大指战员团结一致、密切配合的结果，是扭转红二军团离开湘鄂西根据地及红六军团西征以来困难局面的重要转折点，为配合中央红军长征创造了有利条件，也为湘鄂川黔革命根据地的创建与发展奠定了良好基础。战斗结束后，红二、六军团乘胜收复永顺，并相继占领桑植、大庸两县。12月初，红二、六军团主力由大庸南下，袭击沅陵，没有得手，转而顺沅江东下，进击桃源、常德地区之敌，先后取得浯溪河战斗胜利，占领桃源县城，围攻常德并一度打到小西门。12月24日，根据中革军委电令，红二、六军团退出常、桃地区，向慈利开进。26日，占领慈利县城。30日，西返大

图 3-3　红二军团（该军团部统一指挥红二、六军团）军团长贺龙（左）、政治委员任弼时（右）、副政治委员关向应（中）

庸、永顺休整。

红二、六军团发动的湘西攻势，共击溃、歼灭国民党军近 20 个团，恢复与开辟了约 2.5 万平方公里地区，控制了永顺、大庸、桑植三县的大部，龙山、保靖、桃源、慈利、常德各县的一部，并占有永顺、大庸、桑植等县城，奠定了湘鄂川黔边苏区的基础。

图 3-4　1934 年 10 月下旬，红二、六军团胜利会师后进军湘西，于 11 月 16 日在永顺十万坪歼灭大量敌人。这是当年不少溃敌陷落的地方——乌龟洞天坑

在湘西攻势中，任弼时、贺龙等红二、六军团领导人，立即着手以原湘鄂西苏区之永顺、桑植、大庸、龙山、来凤、鹤峰、古丈、慈利等地为基础，建立新的湘鄂川黔革命根据地。红二军团离开湘鄂西苏区游击作战已近两年时间，按照贺龙的说法“根据地就在脚板下”，吃够了没有稳固的根据地的苦头。红六军团西征远离湘赣苏区数千里转战，也深感当务之急是建立一块能够站稳脚跟、以图发展的新根据地。1934 年 11 月 26 日，根据中共中央书记处电示，中共湘鄂川黔临时省委发出第一号通告，宣布在大庸成立中共湘鄂川黔省委，作为党在当地的最高领导机关，任弼时任书记，贺龙、关向应、夏曦、王震、萧克、张子意、刘士杰（后叛变）、周玉珠为省委委员；成立湘鄂川黔省革命委员会（图 3-5），贺龙任主席，夏曦、朱长清任副主席；成立

湘鄂川黔边军区，贺龙为司令员，任弼时为政治委员。领导机关先驻在大庸县永定镇，12月10日，迁至永顺县塔卧镇（图3-6、图3-7）。

图3-5　红二、六军团1934年会合后，创建了湘鄂川黔省革命委员会。图为省革命委员会所在地——永顺县塔卧

图3-6　湘鄂川黔省委旧址——湖南省永顺县塔卧

为了开创根据地斗争的新局面，中共湘鄂川黔省委于1934年12月16日作出了《关于创造湘鄂川黔边苏维埃新根据地任务决议》，提出进行土地革命（图3-8），领导组织城市工人的斗争、壮大主力红军、组织地方武装、开展广泛的游击战争、肃清地主武装和土匪、建党建政等各项任务，号召红军、游击队和工农群众中的共产党员为完成这些任务而斗争，并对创建新的苏区作出了明确指示。于是，在省委、省革委和省军区领导下，红二、六军团分兵各路，发动群众，为恢复和发展湘鄂川黔革命根据地而英勇斗争。

图 3-7　红军在永顺县塔卧写的标语

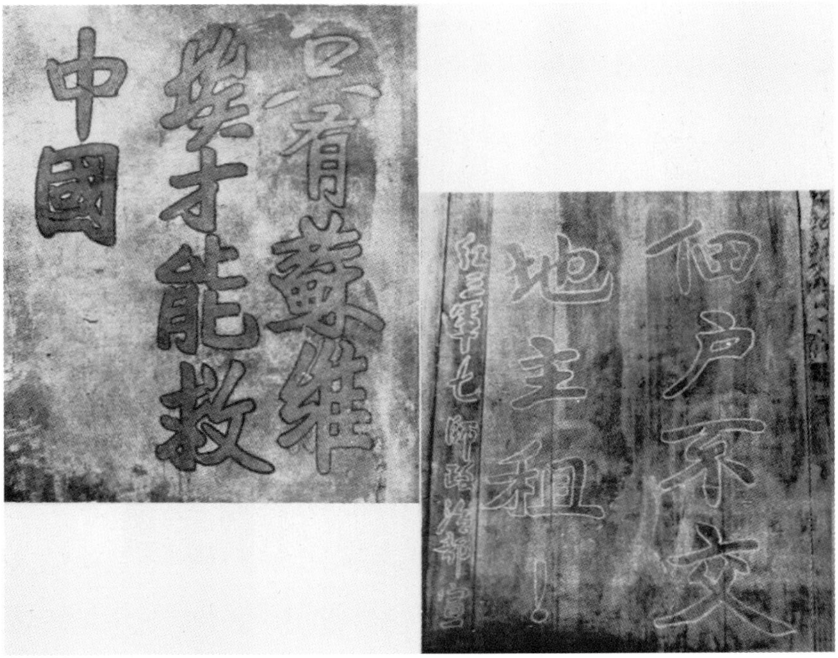

图 3-8　红军在永顺县十万坪写的两条标语

1934 年 12 月 24 日，永顺县和保靖县部分地区划为永保、郭亮两个县，分别建立了县委，接着，桑植、龙山、大庸（图 3-9）、慈利等地县委相继建立，还建立了中共永（顺）沅（陵）中心县委、大庸中心县委以及中共黔东特区委、鄂川边工委等。据不完全统计，到 1935 年春，桑植县党员发展到 500 多名（图 3-10、图 3-11、图 3-12），永保县 300 多名，大庸县 100 多名，郭亮县也发展了 60 多名。党组织的建立和发展，保证了苏区各项工作的胜利进行。党领导下的军事斗争节节胜利，各县革命政权和群众组织的建立和巩固，使湘鄂川黔革命根据地得以开创、初具规模。任弼时于 1935 年 1 月指出：自从红二、六军团

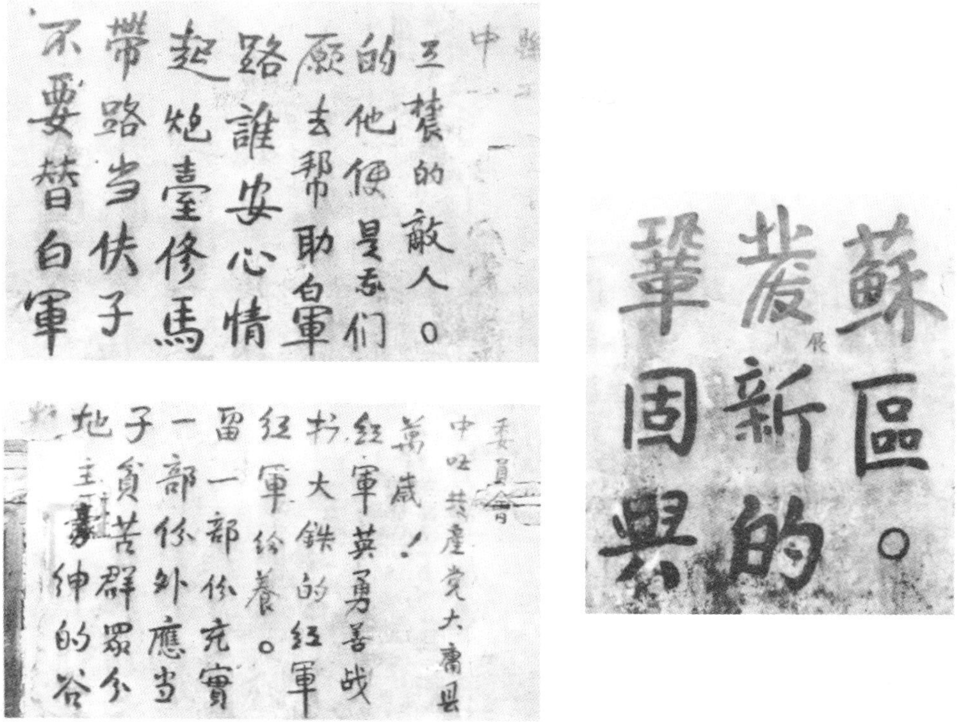

图 3-9　红二、六军团在大庸建立湘鄂川黔省苏维埃政府时，中共大庸县委写的标语

图 3-10　贺龙同志在桑植县刘家坪的住房

会合在中央和军委指挥之下，进到湘西北一带地区之后，在不到两个月时间内，即创立了一个新的形势，这在中国苏维埃运动发展上具有极大意义。经过近一年的英勇作战和艰苦斗争，到 1935 年 9 月，湘鄂川黔根据地开辟了较大范围的中心区域和游击区域，东至洞庭湖西岸，西至酉阳县境，西北到咸丰、恩施，南至沅陵县边，北到鹤峰太平镇，包括湘西北 10 余县和黔东特区、鄂川边区，总人口达 200 万。在黔东边区，组建了以段苏权为书记的中共黔东特委和以王光泽为师长、段苏权为政委的黔东独立师，开展边区斗争。在鄂川边区，鄂川边独立团也积极配合红军主力的斗争。以永顺（图 3-13）、大庸、龙山（图 3-14、图 3-15）、桑植为中心的湘鄂川黔根据地由此进入发展兴盛时期。

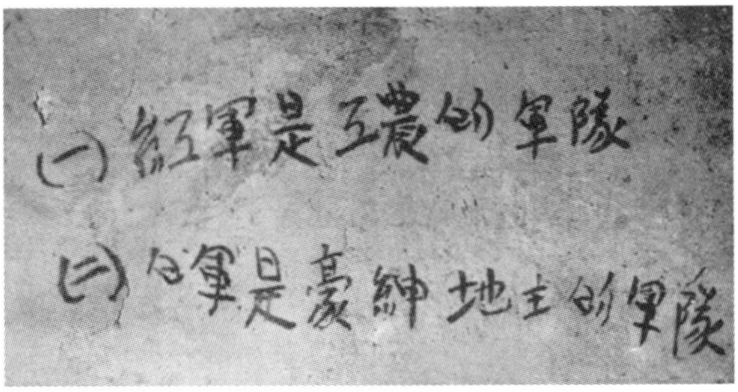

图 3-11　红军在桑植县刘家坪写的标语

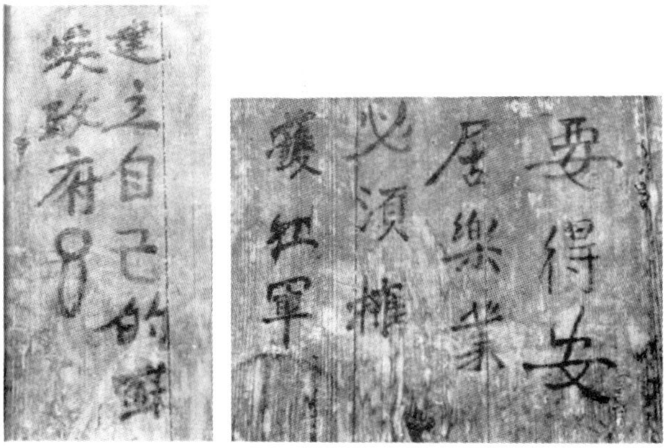

图 3-12　红军在桑植县龙潭坪写的标语

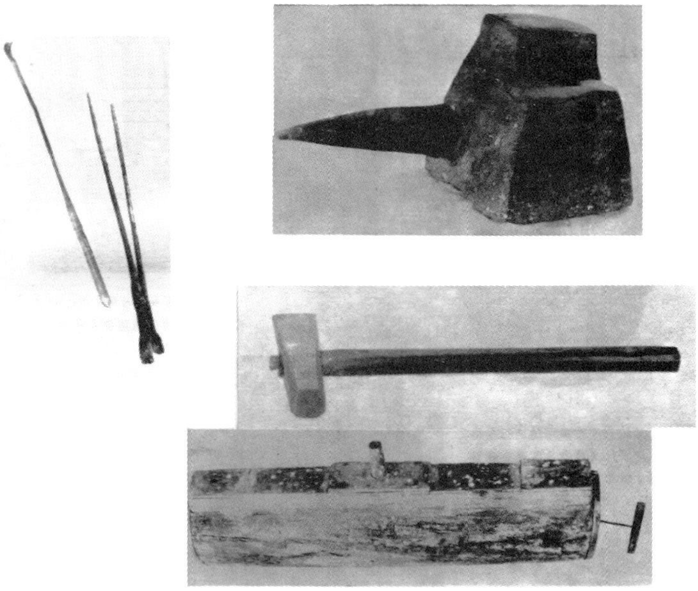

图 3-13　1934 年，红二、六军团在永顺多士坪和塔卧两处设立了中华苏维埃湘鄂川黔革委会兵工厂，这是兵工厂使用的铁耙、铁钳、铁砧、铁锤、风箱等工具

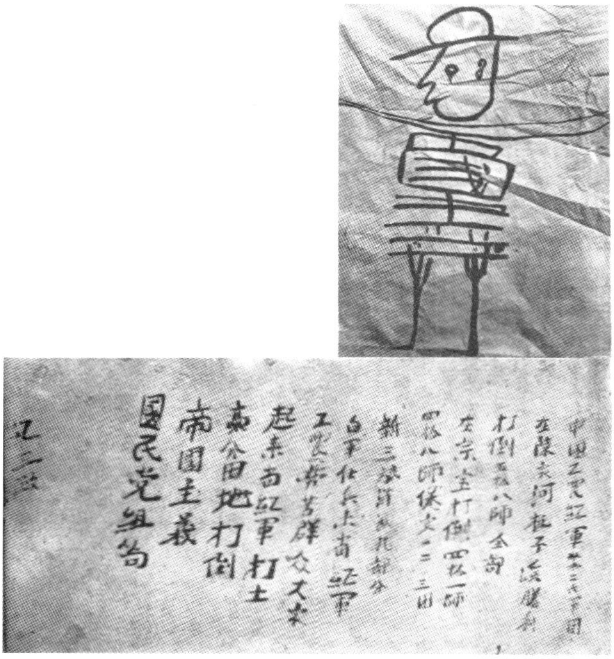

图 3-14　红军在龙山县新城、鸡公寨写的组字画：帝国主义

图 3-15　红军在龙山县新城、鸡公寨写的标语和组字画：国民党狗

湘鄂川黔革命根据地的建立和发展，对国民党反动派造成新的威胁。1935 年 1 月，湘鄂两省敌人集中 11 个师又 4 个旅，共 40 多个团，约 11 万人的兵力，编成 6 个纵队，在地方保安团的配合下，采取堡垒主义和分进合击、攻堵结合的战术，对湘鄂川黔革命根据地发动“围剿”，企图趁红军立足未稳之机，迅速将红军孤立、限制和围歼于湘鄂两省西部边境地区。

为了进行反“围剿”的准备，红二、六军团主力早在 1934 年 12 月下旬，就由常德、桃源（图 3-16）等地回师大庸地区，进行休整训练。红军在回师途中，曾占领慈利县城，缴获敌人一个步枪厂的全部机器设备，并教育争取了 40 多名技术工人和 40 多名缝纫工人

图 3-16　红军在桃源县写的标语

参加红军，这是湘鄂川黔根据地军事工业的重要来源。

面对敌人即将发动的大规模“围剿”，任弼时在省委召开的活动分子会议上，作了反“围剿”动员报告。中共湘鄂川黔省委发布了《为粉碎敌人新的进攻保卫新的苏维埃宣言》，提出最大限度地集中红军，配合群众的一切力量，消灭敌人主力部队，粉碎敌人围攻，巩固和扩大新的苏区。

为动员苏区军民参加和支援反“围剿”斗争，任弼时领导干部、战士开展了大规模的宣传活动。根据省委的指示，各级党委、苏维埃政府和部队政治机关，展开了广泛宣传动员。在部队内部，红二军团通过1935年1月27日召开的大庸丁家溶会议，批判了夏曦主持中共湘鄂西中央分局和红二军团党的工作期间，在连续肃反、解散党团组织以及苏维埃政府、政治机关等问题上的严重错误，纠正了一些冤假错案，澄清了是非，统一了思想，增强了团结，提高了战斗力。在地方上，开展了肃清地主武装的斗争，巩固了后方，扩大了红军12000人，还组织群众参加战勤工作，这为反“围剿”战争的胜利打下了基础。

1935年1月初，国民党军开始向根据地进攻。中共湘鄂川黔省委和红二、六军团领导人，决定集中红军主力于大庸、永顺之间地区，等待敌人前进，正面迎击由沅陵北进的陶广纵队3个师，而后迅速转移兵力，在运动中各个击破，以粉碎敌之“围剿”。

2月11日，中革军委电示红二、六军团：“应利用湘鄂敌人指挥上的不统一，与何键部队的疲惫，于敌人离开碉堡前进时，集中红军主力，选择敌人弱点，不失时机地在运动中各个击破。总的方针是决战防御，而不是单纯防御；是运动战，而不是阵地战。辅助的力量是游击队和群众武装的活动。对敌人需要采取疲惫、迷惑、引诱等方法，造成有利于作战的条件。”并指示在湘鄂川黔根据地成立革命军事委员会分会（图3-17），由贺龙任主席，任弼时、萧克、关向应、王震、张子意等为委员，建立军事上的集体领导。

中華蘇維埃共和國中央革命軍事委員會湘鄂川黔分會佈告 第一號

中國廣大工農勞苦群眾，在中國地主資產階級與帝國主義殘酷的剝削與壓迫之下，造為奴隸，饑餓，死亡的境遇。九一八事變以來，國民黨及其黨閥巨魁，更出賣東北四省與華北領土，向其全力進攻已經脫離封建與帝國主義統治的蘇區與紅軍，更加緊地全國廣大群眾而加速的推進了中國蘇維埃革命。本分會在共產黨中央，蘇維埃中央政府，中央軍委直接指導之下，領導紅二六軍團，進行土地革命，與開展反日反蔣的民族革命戰爭。適應蘇維埃臨時中央政府頒佈的各種法令，經過紅軍中政治部及其各級政治機關，堅決執行蘇維埃的政策，以保障工農的利益。本會特將蘇維埃法令中，摘出最重要的幾條，向最廣大工農勞苦群眾宣佈，並望以我們的熱血與鋼鐵擁護這些法令的實現，望全國群眾一致動員起來為蘇維埃而奮鬥。

（一）沒收地主豪紳軍閥官僚的土地房屋及一切財產由工農群眾分配，富農的土地亦沒收，但富農家分得壞田，不沒收富農的財產，地主豪紳當商業者，商業部份不沒收。

（二）實行工人八小時工作制，增加工資，實行勞動保險與社會保險，救濟失業工人。

（三）沒收帝國主義在華的租界，海關，銀行，鐵路，航業，礦山，工廠等企業。在目前條件下，如這些企業，能真正遵守蘇維埃一切法令，實行八小時工作制，及其他各種條件，允許同這些企業重新另訂租借條約，繼續生產，但如違反這些條件實行怠工關閉企業或干涉蘇維埃政府的內政，援助反革命者，則立即沒收。

（四）商人可以營業自由，紅軍絕不干涉或沒收，但必須遵守蘇維埃的法律，故意高賣高買或關閉停業危及工農群眾與紅軍的供給，即分別加以懲辦。

（五）取消一切國民黨政府的苛捐雜稅，實行統一的累進稅，取消高利貸債約，凡城市與鄉村貧民被典當的一切物品，完全無代價的退還原主。

（六）改善城市貧民的生活，沒收城市中土豪的房屋財物，分給城市工人失業工人與城市貧民。

（七）實行紅軍優待條件，在分配土豪的物品時，首先分給紅軍家屬。

（八）男女婚姻完全自由，廢除一切封建的包辦強迫和買賣婚姻的制度，禁止童養媳，發動廣大婦女群眾，參加革命戰爭。

（九）在白軍或國防中工作的，如能投誠紅軍者，即分別給之以獎勵，并享受蘇維埃各種權利！

本會除將蘇維埃各種法令分別經由政治部向群眾宣佈切實執行外，并此佈告，望各界廣大工農群眾，踴躍參加土地革命與神聖的民族革命戰爭，求得社會與民族的解放。如有故意違抗蘇維埃法令者，即分別按革命紀律制裁。此佈。

主席 賀龍

委員 任弼時 蕭克 關向應 王震 張子意

公曆一九三五年 月 日

图3-17 湘鄂川黔军委分会的布告

红二、六军团从1935年2月开始第一次反“围剿”作战。在国民党蒋介石大军的压迫下，任弼时、贺龙率部队跳出敌人的包围圈，转入外线作战，选择有利时机，集中优势兵力，各个击破敌人。2月上旬，红军初战郭汝栋纵队失利，大庸被李觉纵队乘机侵占。红军回师再战李觉纵队，又未打好。郭汝栋纵队于3月22日乘机占领桑植。两个月的反“围剿”作战，由于没有很好地贯彻中革军委指示精神，制定和实施正确的作战方针，而是从正面迎击敌人，以致一再受挫，根据地只剩下以塔卧、龙家寨（图3-18）为中心的狭小地区，使红军处于被动地位。中共湘鄂川黔省委立即在3月22日向党中央发出请示电报，询问中央红军的行动方向，并提出在情况不利时，红二、六军团北渡长江，向南漳、兴山、远安地区转移。4月5日，中革军委复电，指出胜利的可能还是存在的，仍然应尽力在原地区争取胜利，只有在原地区不利于作战，且红军主力非转移地区不足以保持有生力量时，才可实行转移。省委认为，敌人自4月9日占领永顺县城后（图3-19），从四面向根据地中心区推进，原地区已经不利于红军作战，于是决定向北转移。这时，遵义会议的决议也传到了湘鄂川黔根据地，省委及时向县团级以上干部传达了会议决议，坚定了红二、六军团转移的决心。4月12日，红军从塔卧、龙家寨向北转移。

图3-18 红二、六军团在永顺县龙家寨设立的红军医院旧址

这时，鄂军第五十八师第一七二、一七四两旅进驻陈家河、万民岗、周家峪一线，与西北面的敌第四十一师、独立第三十八旅合成一势，协力堵截红军北上之路。4月13日，红军进至陈家河附近，与敌第五十八师第一七二旅遭遇。该敌贪功冒进，孤军深入，红军抓住战机，于14日予以全歼。敌师部和第一七四旅慌忙逃窜。次日，红军又在桃子溪地区，将南逃之敌第五十八师师部和第一七四旅全歼，乘胜收复了桑植城和塔卧以北的大块根据地，从而彻底粉碎了敌人的第一次“围剿”。

国民党军骇于红军凌厉的攻势，纷纷后撤，转入防御。红二、六军团因形势好转，决定放弃北渡长江的计划，仍在原地区坚持斗争。4月下旬，红二、六军团主力东进，攻占江垭，派一部分兵力前进至慈利城北，造成进攻津市、北渡长江之势，以调动敌人。从1935年5月开始，红军开始进行第二次反“围剿”作战。这次，敌人兵力达到了约80个团。任弼时、贺龙根据湘鄂两省敌人存在的矛盾，重新考虑了作战行动的方向和作战对象，作出了对湘敌采取守势，对鄂敌采取攻势的方针。5月上旬，红军在塔卧、永顺之间歼敌一部。

6月中旬,红军主力采取攻城打援的战略,在湖北咸丰忠堡地区歼敌第四十一师师部和一个旅另一个营,活捉敌纵队司令兼第四十一师师长张振汉。

红军继续开展了几次出击,因为过于分兵作战,没能取得大的战果。国民党军为加强来凤至宣恩的封锁线,把第八十五师从江西调到鄂西。该敌初到鄂西,人地生疏,缺少作战经验,当其由小关向李家河前进时,红军再入鄂西,设伏于板栗园地区。8月3日,突然对敌人发起猛攻,歼敌第八十五师师部和两个团另一个特务营,击毙师长谢彬。板栗园战斗后,红军即返回根据地。8月8日,又在芭蕉托一举击溃陶广纵队10个团。至此,湘鄂敌军被迫转入防御,纠集重兵对湘鄂川黔根据地的"围剿"遂告失败。8月下旬,红二、六军团开展攻势行动,向东出击,先后占领石门(图3-20)、澧州、津市、临澧等地,根据地和红军得到进一步扩大。

图3-19 永顺县十万坪公社上坪大队设立的红军烈士纪念碑

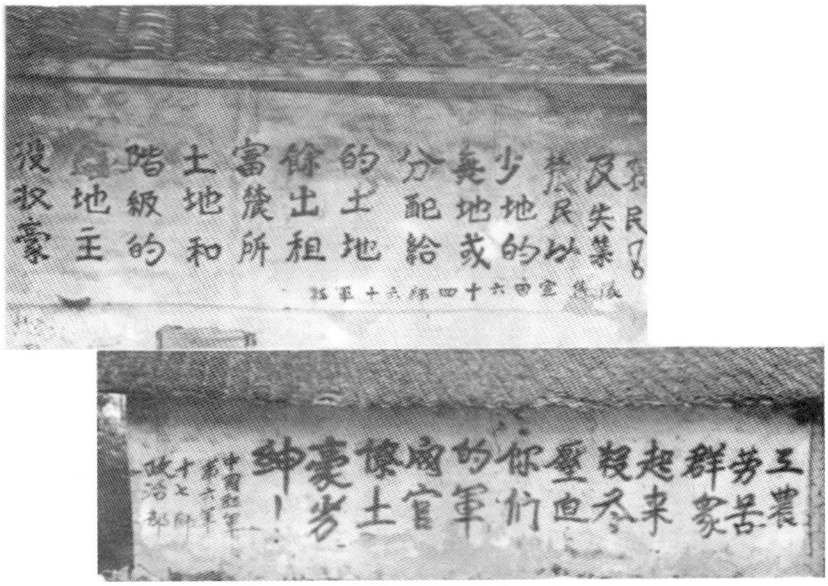

图3-20 红军在石门县磨市写的标语

湘鄂川黔根据地反"围剿"斗争历时半年,红军先后作战30余次,共歼灭国民党军2

个整师、2个师部和1个旅，缴枪8000余支，缴轻重机枪100多挺、各种大炮20多门，新建立了慈桑（图3-21）、宣恩、龙山3个县的革命政权，牵制了湘鄂两省的大量敌军，有力地策应了中央红军的长征。

图3-21 桑植县革命烈士纪念塔

在反“围剿”斗争中，各级党组织和革命政权陆续建立和巩固，为苏区的土地革命创造了有利条件。1934年12月1日，湘鄂川黔革命委员会颁布了《没收和分配土地的条例》，规定：豪绅、地主、军阀、官僚、大私有者的土地、房屋、财产、用具，须一律没收（但地主兼商人的，其商业及与商业相连的店铺、住房、财产等不没收）；祠堂、庙宇、公堂、会社的土地、房屋、财产、用具，一律没收。富农的土地应该没收（但富农兼商人的，其商业及与商业相连的店铺、住房、财产不没收）。还规定，凡是雇农、贫农及农村工人、苦力一律平均分配土地；中农土地是否拿出来与雇农、贫农一律平分，以中农群众自己的意见来决定。同时，还对市镇独立生产者、医生、教员、和尚、道士、尼姑、牧师及富农，或家庭是贫农本人嫁与地主为媳的，或本人是贫农而被地主招郎的这些人的土地分配，都作了具体规定。在分配方法上，规定以乡为单位（如雇农、中农大多数以村为单位亦可），按人口多少、田地好坏均匀分配；对茶山、竹林、矿山、鱼塘、耕牛、农具等的分配也有详细的规定。条例还规定了土地分配及土地买卖、继承等原则。12月16日，省委又制定了《分田工作大纲》，就分田的意义、办法和工作的领导方式，作了进一步规定和说明。1935年1月28日，省委作出《关于土地问题的决定》，再次强调：彻底解决土地问题，是肃清农村封建势力与半封建势力，巩固与扩大新的苏维埃区域，动员广大群众参加革命战争的主要前提之一，也是中国革命的基本任务之一；强调在土地斗争中，必须执行“以农村无产阶级为基础，依靠贫农，巩固与中农联盟，以消灭地主和削弱富农”的阶级路线，充分发动群众参加运动。省委还利用旧历年关阶级矛盾激化的有利时机，发动农民抗租抗债，直接配合土地革命。

根据省委颁布的政策，土地革命首先在苏区中心的大庸县城郊及永顺县塔卧、刘家寨、龙家寨等地区进行，到1934年12月底基本结束，取得了一些经验。此后，在苏区内普遍开展，到1935年春天，基本完成土地革命。据各县的不完全统计，大庸县分配土地15.19万余亩，约占全县田亩总面积的66%，得到田地的农民约9.5万余人；永保、郭亮两县分田1.7万多亩，得到田地的农民1万余人；桑植县4个分田较好的区统计，共分田4.4万多亩；龙山县共分田2.5万多亩；慈利县的溪口区，分田4000多亩。土地革命的开展，激发了贫苦农民和广大群众的生产积极性，支援革命战争，巩固和发展了根据地。

湘鄂川黔根据地的土地革命吸取了以前各根据地土地革命的经验教训，因此搞得比较成功，并在一些具体政策上有所修正和创新。如只没收富农的土地，不没收其房屋、财产及兼营工商业的资产，特别注意不侵犯中农的利益；道士、和尚、尼姑、斋公、牧师、神甫等人，同样分配土地；对地主家属，采取区别对待的政策；对工商业者，采取保护政策等。这对于活跃根据地经济，扩大革命统一战线和孤立敌人，起到了一定的积极作用。但分田过程中，有些地区沿用了过去那种“地主不分田，富农分坏田”和对中农土地倾向于打乱平分的过“左”政策，扩大了打击面，侵犯了中农利益，对根据地的巩固和发展造成了不良影响。

湘鄂川黔根据地的各级地方政权机关称革命委员会或苏维埃政府。到1935年春，苏区先后建立永保、郭亮、桑植、大庸、龙山等9个县和51个区的革命委员会或苏维埃政府，230多个乡苏维埃政府。与此同时，共青团会、贫农团、反帝拥苏同盟、互济会、女工妇女代表会、儿童团等群众组织广泛建立，在团结群众、支援苏区建设和革命战争中起了重要的作用。

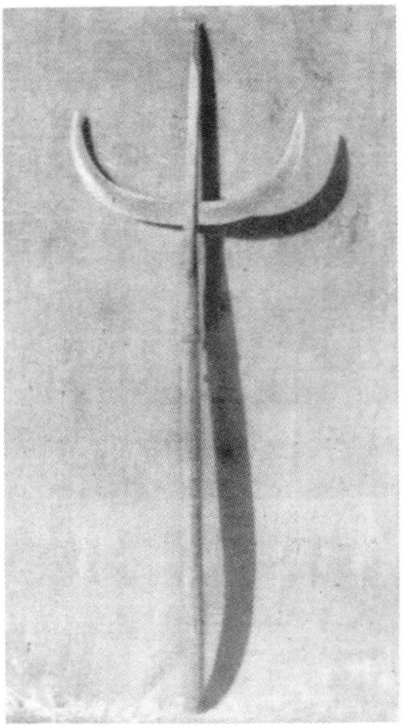

图3-22 1935年，湘鄂川黔根据地人民在红军的帮助下建立了自己的武装——游击队。图为大庸县老游击队员保存的当年使用过的羊角叉

湘鄂川黔根据地的地方武装也有较大的发展。据永保、郭亮、大庸（图3-22）、桑植、龙山、保靖、慈利、石门、沅陵以及酉阳、宣恩等地的不完全统计，有游击大队（支队）36个，游击分队、中队200多个，游击队员上万人。另外，大庸县独立团、慈利县独立团、永保县独立团、龙桑独立团、郭亮县独立营、龙山县独立营、永沅联县独立营等也相继成立。为加强对地方赤色武装的领导，在省军区下建立了两个军分区。第一军分区指挥大庸、慈利、石门等县革命武装，第二军分区指挥永保、郭亮、龙山、桑植等县革命武装，在发展游击战争和配合主力红军作战中发挥了主要作用。

在中共湘鄂川黔省委的领导下，广大军民保卫苏区、建设苏区，取得了显著成就。根据地进行了必要的经济、文化、教育、卫生等各项建设，推动了湘鄂川黔苏区的巩固与发展。至1935年9月，湘鄂川黔革命根据地进一步扩大，其中心区域和游击区，加上黔东和鄂川边两个游击区，人口约200万。湖南的永顺、大庸、龙山、桑植（图3-23）、保靖、慈利、沅陵、桃源、常德、石门、临澧、澧县、津市等地的大部分或一部分，均属于湘鄂川黔革命根据地的范围。在战斗中，红二、六军团迅速发展壮大，达到4个师12个团，约2万人，其中红六军团发展到1.1万人，红二军团发展到9000多人，成为中国工农红军三大主力部队之一。湘鄂川黔革命根据地成为长江南岸苏维埃运动的重要战略区域。

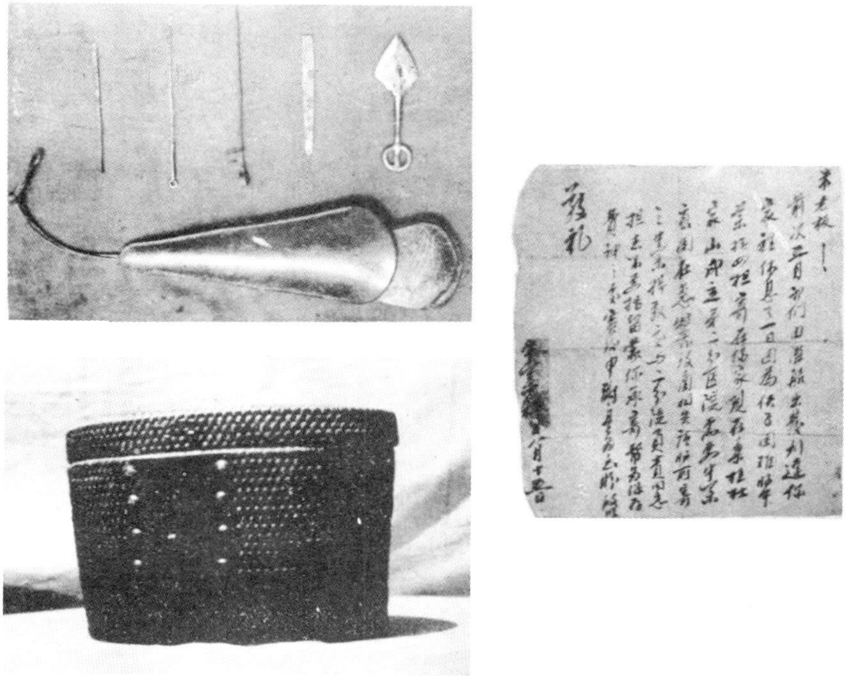

图 3-23　1935 年红二、六军团在湘鄂川黔根据地使用过的医药器械、藤制手提药箱以及红军中药科给桑植县朱廷科同志的信

二、突围长征，南下湘中

中央红军长征时，红二、六军团在湘鄂川黔广大地区执行牵制任务，连战连捷，作了有力的策应和配合，开辟和发展了湘鄂川黔革命根据地（图 3-24）。1935 年 10 月，中央红军到达陕北之前，蒋介石加紧了“围剿”湘鄂川黔革命根据地的部署。中央红军胜利到达陕北后，蒋介石调集 130 个团，加上地方保安团，约 30 万大军，向湘鄂川黔根据地发动了第三次大规模的“围剿”。敌人以中央军为主组成“进剿”军，以地方军为主组成“堵剿”军，采取堡垒政策，蚕食根据地，企图把红二、六军团逐步压缩并聚歼于龙山、永顺、桑植之间的狭小地区。

中共湘鄂川黔省委和军委分会研究分析了形势和敌情，一面休整备战，一面加紧同中央联系，请示打破敌人“围剿”的正确战略方针。可是，红二、六军团与中共中央、中革军委失去了直接电讯联系，接到的是张国焘以红军总政治部名义发来的两次指示电，要求红二、六军团“在敌人包围线外原有苏区附近诱敌出碉堡，用进攻路线集中全力以击破之”，并说“上述意见供参考”，“请按实际情况由你们自行决定”。10 月 17 日，军委分会在石门渡水坪开会讨论行动方针，认为固守原根据地已不可能。一是红二、六军团只有 4

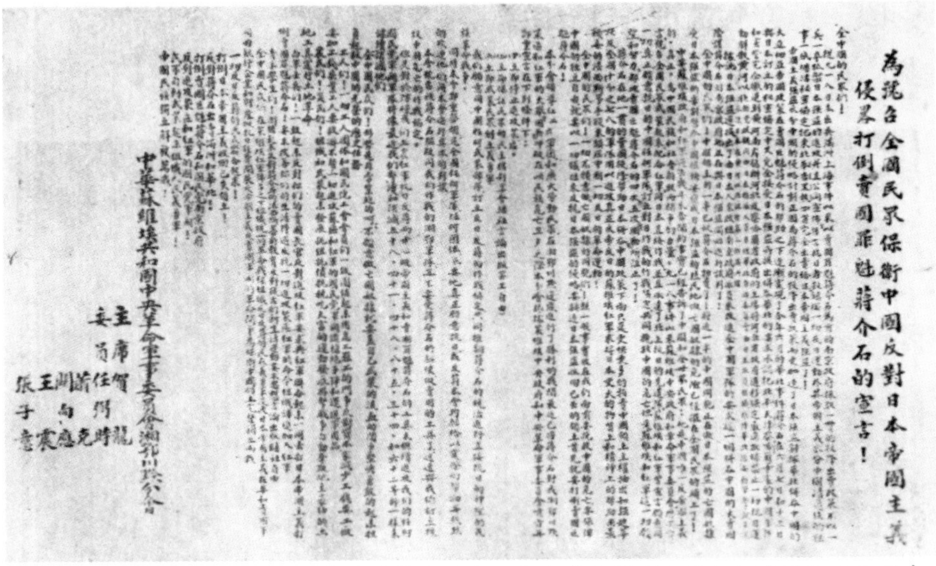

為號召全國民眾保衛中國反對日本帝國主義侵略打倒賣國罪魁蔣介石的宣言！

中華蘇維埃共和國中央革命軍事委員會湘鄂川黔分會

主席 賀龍

委員 任弼時 蕭克 關向應 王震 張子意

图 3-24　1935 年 8 月 26 日，中华苏维埃共和国中央革命军事委员会湘鄂川黔分会发表宣言，号召全国民众保卫中国、反对日本帝国主义侵略、打倒卖国罪魁蒋介石

个师 12 个团，加上红军学校、独立团，不及敌军的十分之一，而南方革命根据地仅剩湘鄂川黔一处，缺少战略配合；二是根据地经济落后，红军给养筹措困难；三是政策过“左”造成根据地不巩固，而到外线作战也不适宜，难以展开机动，长期脱离根据地作战是红军战略之大忌。11 月 4 日，省委与军委分会决定，红二、六军团实行战略转移，突破敌人的围攻线，转向湘黔边，在广大无碉堡地带同敌人展开运动战，争取在黔东石阡、镇远、黄平地区创建新的根据地。并根据敌人兵力部署的空当，将突破口选择在向南突破澧、沅二水的方位上。

根据总部制定的突围方针，11 月上旬，红二、六军团各部队集中在贺龙的家乡桑植县休整，进行紧张的突围准备。首先，广泛深入地进行思想教育和政治动员，以保证突围的成功。其次，扩大红军武装，整编和充实作战部队的战斗力，妥善安置伤病员，精简非战斗人员，将地方武装升级为正规红军，使红二、六军团由 4 个师 12 个团扩编为 6 个师 17 个团，近 2 万人，并开展军事训练，提高部队的战斗力。在战略上认真总结和吸取了中央红军长征初期的经验教训，从战略方针的确定到行动前的准备，以及转移时间与方向选择，都做到了有目的、有组织、有计划的行动。

1935 年 11 月 18 日，总部下达了突围命令。19 日，红二、六军团分别在桑植刘家坪的干田坝和瑞塔铺的枫树塔举行突围誓师大会（图 3-25），贺龙、萧克分别向部队下达突围命令。当晚，各部队分别踏上了向南挺进湘中、突围转移的征途。红六军团第十七师是突围的先头部队，该师四十九团和五十团一营担任突击先头团、先头营，任务是突破澧水、沅江两道封锁线，为主力打开通道。红军选择的突破点是湘军十九师一个团与大庸保安大队防线上的结合部。20 日下午 4 时许，日夜兼程的红四十九团和五十团一营到达澧水北岸的黄家铺、张家湾、周家坊一带（图 3-26、图 3-27）。由于对岸敌人火力集中，初

图 3-25 1935 年 11 月 19 日，红二、六军团在桑植县刘家坪、瑞塔铺分别举行突围誓师大会。这是誓师地址之一——刘家坪

渡未成。四十九团团长王烈当机立断，以一部兵力从老鸦口突破封锁，另以尖兵连突击组偷渡安坝渡口，然后袭击对岸的官塔碉堡，占领杨林铺渡口碉堡，迎接大军过江。突围战斗异常激烈，团长王烈及少共省委书记周玉珠先后牺牲。突击团、突击营相继突破澧水封锁，占领了南岸杨林铺、老鸦口等渡口，为主力突围开辟了第一条通道。随后，红军先头部队连夜向南急进，经慈利奔袭沅水。仅三昼夜时间，红二、六军团就胜利突破了敌人在澧水沿岸布置的所谓双层封锁线。

突破沅水之后，红二、六军团在沅陵桥梓坪会合，再兵分三路直插湘中，国民党地方民团、警察闻风而逃。左路，萧克、王震率红六军团军团部及所属第十六、十七师占领安化东坪。28 日，占领新化县城。29 日上午，到达锡矿山，随后进占兰田、冷水江，并在这一带开展活动。12 月 2 日，红六军团军团部从新化(图 3-28)向留守根据地的第十八师发出“立即突围，赶上主力”的急电。中路，任弼时率红二军团军团部、红军学校及红二军团第六师，于 11 月 27 日进占溆浦县城。12 月 1 日，在溆浦深子湖围歼湖南省暂编补充团的两个加强营。红二军团第六师先遣部队在新化鸭田遭遇骚扰地方的国民党湖南第六区保安团，当即展开一场激战，歼敌 150 人，俘敌 300 人。右路，贺龙率军委分会和第四、五师约 8000 余人，于 11 月 27 日上午进占辰溪县城，之后派出第四师堵截沅陵方向的追敌，第五师十三团顺流而下，于 28 日晚占领沅水重要码头泸溪浦市镇，与湘军李觉部发生两次激战，第十三团团长刘汉卿牺牲。12 月 1 日，红四、五师分两路向溆浦进发，红二、六军团突围长驱直入湘中。12 月初，红二、六军团会合于溆浦，前后在溆浦迂回转战 20 多天。以上数次进攻打破了国民党军企图聚歼红军的妄想，迫使敌人重新调整部署，

图 3-26　大庸县黄家铺渡口。1935 年 11 月 20 日，红二、六军团在这里强渡澧水，挺进湘中，开始长征

图 3-27　湖南省澧水。红二、六军团 1935 年 11 月长征时突破的封锁线

图 3-28　红六军团部分干部在湖南省新化县合影

而红军则获得一周多的休整时间。红军到湘中之后，把武装斗争与群众工作、部队休整与“扩红”宣传结合起来，广泛开展民运工作，通过访贫问苦、集会宣传、审判劣绅、分发浮财等各种形式，宣传党的抗日主张和红军宗旨，动员人民同反动派作斗争，对湘中人民产生了巨大的政治影响。

湘中是人口稠密、工商矿业较为发达的地区，为此，红二、六军团政工人员利用召开城镇工商业者座谈会等形式，宣传红军“没收官僚资本，保护民族工商业”的工商政策，赢得了民族工商业者的同情与支援。在辰溪县城乡，红二军团宣传队跑遍10多个乡镇近百个村子，刷标语，打土豪，分粮物，深得劳苦大众的欢迎。贺龙发出不得滋扰工商户住宅、保护民族工商业的手令，使工商业者感激万分，自动筹集了3800块银元交给红军。贺龙还登门走访老部下、北伐军团长陈策，晓以北上抗日的革命道理，促使陈策父子参加红军，带动了300多辰溪青年参军。在新化县城，红六军团借用唤民书局的印刷机，组织工人印刷各种宣传标语，扩大了党和红军在新化的影响。红军打开官办的淮盐局仓库，把食盐分给连盐都吃不起的贫苦百姓。红军在涟源（图3-29）召开有2000多人参加、在锡矿山召开上万名工人参加的群众大会，宣传红军是穷苦人民的军队，是共产党领导的打富济贫、帮穷人闹翻身求解放和北上抗日、赶走日本强盗的革命队伍。红六军团政委王震在新邵三溪桥群众大会上讲话，揭露地主阶级的剥削本质和劳苦大众的贫困原因，号召大家团结起来，打倒土豪劣绅、贪官污吏，争取过上好日子，在群众中产生了很大影响。在锡矿山，红军发动工友同矿霸作斗争，为贫苦工人撑腰说话。在农村，红军组织发动农民打土豪、分浮财、镇压劣迹昭彰的恶霸和保甲长。据统计，红军在湘中打土豪劣绅上百户，捉拿土豪500余人，镇压了民愤极大的劣绅50余人。

图3-29　1935年10月红二、六军团一部在涟源县三角塘打土豪时，分给农民的一口水缸

三、退出湘中，进军贵州

红二、六军团突破澧、沅二水封锁线，直插湘中的神速行动，把蒋介石纠集的30万“围剿”军甩开，敌人大为震惊，被迫改“围剿”为“追剿”。李觉纵队3个师从永顺王村赶到浦市、辰溪，进占溆浦县城。樊嵩甫纵队4个师由慈利分两路向溆浦、新化推进。陶广、郭汝栋纵队则向红军两侧迂回堵截。因此，军委分会命令红军各师集结于溆浦底庄（今溆浦低庄镇）东北地区，相机歼敌。12月5日，红军1万余人集结于安化江溪（图

3-30)，准备突袭敌二十八师、四十三师，不料敌情变化，该敌先红军一天通过，而李觉纵队已袭占辰溪、溆浦。红军改于9日、10日撤至底庄、桥江一带。敌“追剿”军7个师迫近，企图将红军限制或消灭在资、沅二水之间。为了粉碎敌军阴谋，军委分会认为，红二、六军团挺进湘中后已经达到休整和调动敌人的战略目的，遂决定采取大范围迂回、声东击西的战术，调动占优势的敌人，退出湘中，向黔东转移，并电令红六军团集结溆浦桥江。

图3-30　1935年12月，红二、六军团到达安化县江溪时，送给群众的公文包

图3-31　这是红二、六军团长征时使用过的刺刀(洞口县太平公社段世伯保存)

图3-32　1935年12月22日，红二、六军团击退敌章亮基、钟光仁两师在绥宁黄土坑、鸡公坡的阻击。图为鸡公坡战地

12月11日，红二、六军团主力分别从溆浦的谭家湾、底庄、桥江等地出发，兵分两路向东南转移，造成抢渡资水、重返湘赣苏区之势。李觉、王东原部连忙向溆浦东南方向的龙潭“追剿”；陈光中师由两椏坪截击；樊嵩甫纵队则由烟溪向西下江、黄金井等地追击，妄图堵截于资水，防止红军东渡。红军经过隆回、洞口(图3-31)、绥宁(图3-32)、会同、黔阳、芷江的转战，忽东忽南，牵着敌人绕了一个大圈后，突然西向，将追击之敌甩在后面

（图 3-33）。这样，蒋介石限制并消灭红二、六军团于资、沅二水之间的企图又成泡影。

图 3-33　1935 年 12 月 21 日，红二、六军团一部从洞口马高河向西进军，行至李家渡，有 20 余位同志在敌机轰炸下牺牲，当地群众把他们安葬在黄土湾旁边，并修建了烈士墓

1936 年 1 月 1 日，红二、六军团进抵芷江以西的冷水铺地区，利用新年佳节举行政治干部会议，进行新年战斗动员，检查突围转移途中的政治工作，提出在湘黔边创造新苏区的任务。这时，国民党李觉部章亮基师 4 个团突进晃县，势处孤立。任弼时、贺龙等及时抓住战机，发起便水战役（图 3-34），计划消灭敌人的有生力量。但由于红二、六军团在指挥和联络上的失当，个别部队没有按时投入战斗和完成任务，拖延了战斗时间，导致打成了平局。虽然消灭了上千名敌人，但也造成数百名红军战士伤亡。1 月 7 日，红军进军黔东玉屏、江口，12 日，进占石阡县城，胜利完成向黔东地区转移的第一步战略任务。

图 3-34　1936 年 1 月 5 日—6 日，红二、六军团在芷江便水歼灭尾追之敌近千人，缴获大量枪支弹药。图为便水歼灭战的一角——牛屎垅

红二、六军团从桑植誓师长征时，贺龙代表军委分会把留守湘西、保卫苏区、牵制敌人的艰巨任务交给红六军团第十八师。该师是在红六军团五十三团的基础上发展起来

图 3-35　红二、六军团留守湘西的红十八师的驻地茨岩塘。1935 年 11 月，红十八师完成钳制敌人的任务，掩护红二、六军团长征以后，于这里出发，突围长征

的，具有能攻善守的特点，辖五十三团和新组建的五十二团，留守兵员包括医院、机关、干部计 3000 余人，师部设在根据地中心龙山县茨岩塘（图 3-35）。师长兼政委张振坤是有名的“游击专家”。主力突围之前，萧克、王震和张振坤召开团以上干部会议，研究布置了红十八师的行动方案。1935 年 11 月 15 日，张振坤率五十二团一营佯攻保靖，将敌人引向西水河南岸，然后直插永顺，速返茨岩塘。红五十二团向鹤峰出击，牵制敌张万兴师；红五十三团主力向召市出击，将陶广纵队两个师拖住。敌人被迷惑住，以为红二、六军团主力仍在龙山、永顺、桑植一带，派重兵跟踪上来，造成东南防线空虚。红二、六军团主力乘虚南下突围成功。敌人恼羞成怒，集结陶广、李觉、徐源泉三个纵队向红十八师猛扑过来。红十八师为牵制敌人，在根据地人民的支援下，开展游击作战，同数十倍于己的强敌浴血周旋。在十多天时间内，红十八师争取主动，东奔西突，袭扰敌人，或凭险固守打阵地战，拖住敌人。总计牵制了敌人兵力近十万，付出了重大牺牲，有力地配合了军团主力的突围长征。12 月 3 日，红十八师收到军团部“立即突围、赶上主力”的来电后，为了把追剿之敌甩得更远一点，决定放弃直接突围的有利时机，而在根据地内兜圈子，继续迷惑敌人，然后寻找间隙突出重围，保证主力的安全。16 日，全师掉头西向，转进永顺、龙山。在洗车河与敌人一个团遭遇，后绕过周燮卿旅防线向招头寨以北马阻岭突围。红五十三团、师直单位、红五十二团一部顺利通过封锁线。五十二团一营、医院及地方干部一部被封锁阻击，牺牲较大，突围出来的 1000 多人强渡西水，进入湖北来凤漫水。

1936 年 1 月 9 日，红十八师几经辗转征战，在黔东江口的磨湾与红六军团主力会合。至此，红二、六军团全部撤离湘境。

红二、六军团在任弼时、贺龙等的指挥下，自桑植誓师突围出湘入黔，在将近两个月

的时间里转战数千里(图 3-36),成功地实现了原定战略意图,进入预定地区。红军坚持运用毛泽东正确的军事思想,在运动中机动灵活地打击敌人,冲破封锁,在湘西、湘中、湘西北广大地区播下了革命火种,充分显示了英勇无敌、奋斗献身的伟大精神。特别是留守根据地的红十八师,孤军转战近两个月,以奋不顾身的牺牲精神,辗转 20 多个县,行程 5000 余里,同数十倍于己的强敌进行大小战斗 20 多次,出色地完成了钳制敌人重兵,策应主力突围,最后胜利归队的重大任务,集中地表现了红军的英雄气概。

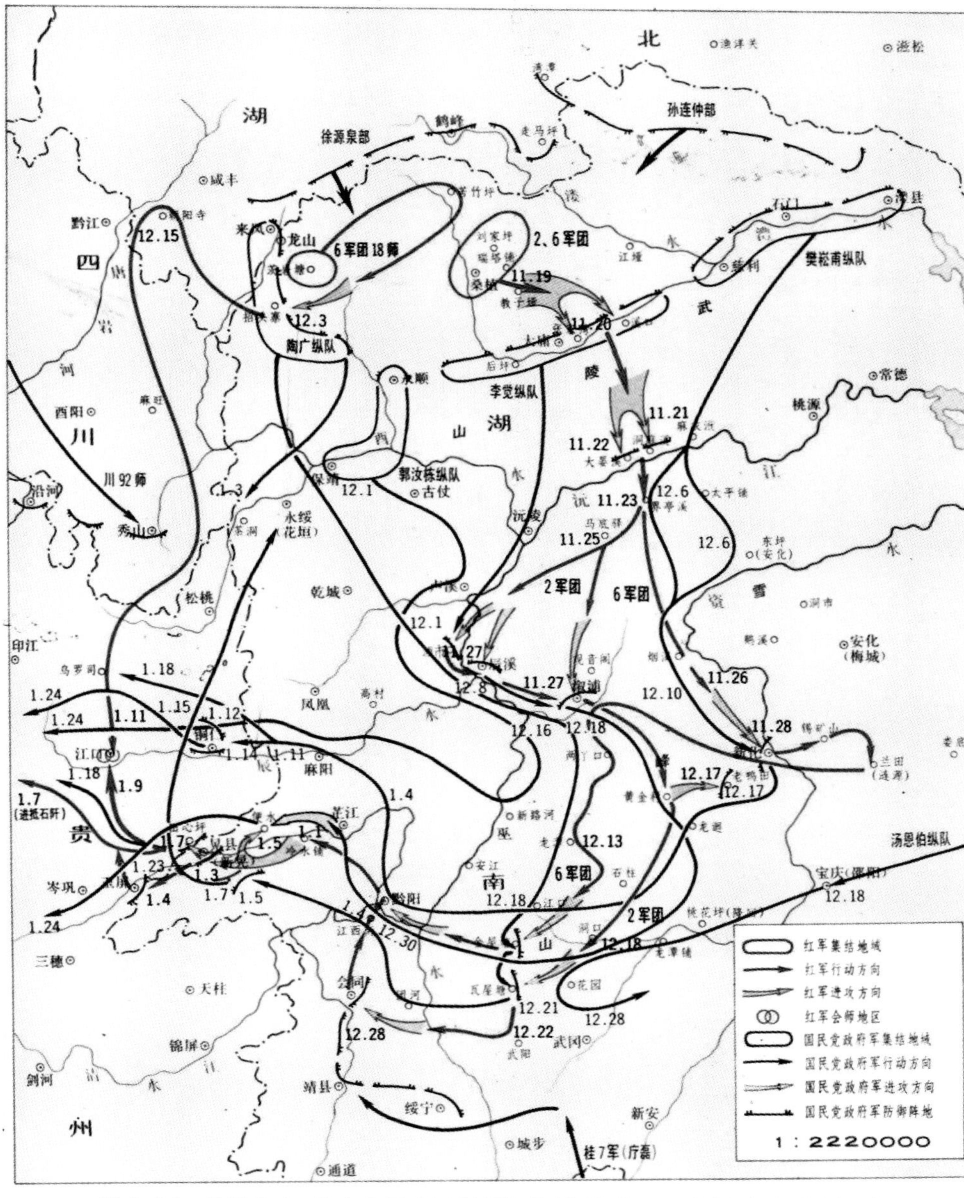

图 3-36　转战湘中、黔东路线要图(1935 年 11 月 19 日—1936 年 1 月 12 日)

文　献

红二、六军团关于会师后敌我情况及行动方针致朱德、周恩来、王稼祥电*

（1934 年 10 月 25 日）

（二、六军团来）

朱、周、王：

甲、二、六军团昨在印江之石良，明日进至酉、秀、印[1]间南腰界，离苏区四十余里，拟在该地休息一短期。

乙、贵州苏区在印江、沿河间，在正东岸，北岸无苏区；以风香溪、憔铺、云厂坝[2]为中心，南北一百里，东西六七十里，人口□万。西靠乌江，东、南、北均系徒涉场，很少的小河，粮食很缺乏。地方武装有独立师约千人，两独立团□余人，五游击队三百余人。数日前，黔敌[3]三团进至不及中心，现未退。

丙、六军团现只五十二团八百余人差余人未到[4]。其余已集中编成三团，总数约三千（无以后统计）。二军团为七、九两师，总数约三千二三百，精良充足，但子弹缺乏。

丁、腾与夏、贺会议[5]，二军团以下，七、九两师编成三团，独立师编一团，如〔共〕四团；六军团暂编三团[6]。两军的行动，由二军团统一。六军团政治部及保卫局编入二军团。任、萧[7]随二军团，想王、李[8]随十七师。

戊、围绕苏区附近之某处十一〔二〕三团，内陈渠珍三团，□李各敌[9]不明其附〔何〕日行动。

己、湘西之敌陈渠珍本身□□□团[10]，此外[杨]其昌、廖怀中、事〔车〕鸣异〔翼〕、雷恁九共计四团，保安团三四团，分驻凤凰、乾城、桑植、龙山、麻阳、永顺、保靖、永溪[11]、辰溪等县。

庚、以目前敌情及二、六军团力量，两个军团应集中行动。我们决定加强苏区党和武装的领导，开展游击战争，巩固发展原有苏区；主力由松桃、秀山间伸出松、乾、凤[12]地区活动，建立新的根据地。望即复。

二十五日

注释：

* 关于红六军团与红三军会师的时间、地点，未查到历史文献记载，据研究资料记述，系 1934 年 10 月 24 日于贵州省印江县东北部的木黄地区会师。

[1]指今重庆市酉阳土家族苗族自治县、秀山土家族苗族自治县与贵州省印江土家族苗族自治县。

[2]风香溪，应为枫香溪，属贵州省德江县；憔铺、云厂坝，似指憔家铺（亦名谯家）和铅厂

坝，均属贵州省沿河县。

[3]指国民党军第二十五军，包括王家烈、侯之担、犹国才、蒋在珍等各派系部队，系贵州地方军阀部队。下同。

[4]此句原文如此。据查，第五十二团在贵州省石阡县境内被敌军截断后，英勇苦战，终于全部损失。

[5]此句中，“腾”系错字，据内容判断，应为“任”，即任弼时。夏，即夏曦，时任中共湘鄂西中央分局书记、中革军委湘鄂西分委会主席。贺，即贺龙，时任中国工农红军第三军军长。

[6]本句中关于红二、六军团的整编情况，据查：两军会师后，经中共中央批准，红三军恢复红二军团番号，军团长贺龙，政治委员任弼时，副政治委员关向应，参谋长李达，政治部主任张子意；原红三军第七师改为第四师辖第十、第十二团，原第九师改为第六师辖第十六、第十八团；全军团4400人，红六军团，军团长萧克，政治委员王震，参谋长谭家述，政治部主任甘泗淇；军团直辖第四十九、第五十一、第五十三团，共3300人。红二军团军团部即总指挥部，统一指挥红二、六军团。

[7]任，指任弼时。萧，指萧克。

[8]王，指王震。李，指李达。

[9]据国民党军资料，此时由贵州省石阡地区拟向印江等县防堵和“追剿”红二、六军团的敌军为黔军王家烈部，由第二十五军参军长刘民杰任前敌总指挥，辖李成章旅及柏辉章师（杨昭焯旅、蒋德铭旅）等，共三路，约10个团。

[10]据国民党军档案资料，新编第三十四师陈渠珍部，此时辖3个旅9个团。

[11]永溪，疑误，似指永绥（今花垣县）。

[12]指贵州省松桃苗族自治县，湖南乾城（今吉首市）和凤凰县。

红二、六军团致电中央书记处、中革军委建议撤销夏曦职务，提议贺龙任分革军委主席，肖、任副之

（1934年10月27日）*

中央书记处、中革军委：

夏曦同志领导中央分局，以离开湘鄂西苏区时是执行了退却逃跑的机会主义路线，曾使党[遭]到先后□取消党团、取消红军中政治组织和苏维埃及群众组织的取消主义。在军委、三军只有二百多党员，个别连无支部，连指导员及军政治部最近[才]调整齐和建立，肃反中十分之九的连以上军事、政治干部当反革命拘捕了。因他的错误领导，使湘鄂西苏区受到损失。在逃出湘鄂西苏区后（当时夏曦领导部队逃出，对后方武装和地方工作毫无布置），每日忙于逃命，完全没有创造新的苏维埃根据地的决心。在湘鄂边抓紧的敌情和群众条件，均有利脱离粉碎敌人五次"围剿"的任务，直到现在还是继续实行退却逃跑路线。敌人据一方面进攻黔东苏区，不去领导红军第三军及地方武装，动员群众各方面去打击敌人。在三军力量不够的机会主义错误之下，决定红军退出苏区，引退敌人，立即放弃打击和消灭敌人的机会，引起群众不满。最近三军到白区配合和迎接六军团时，敌进入苏区。夏曦领导独立师脱离苏区逃命，以致这块新苏区缩小。现南[北]只有六七十里，东西只有三十里，人口三万余。二十个区缩小到十二个区。地方武装扩大的三千多新战士，缩小了一半。地方党的工作由于夏曦取消主义的□□，所派干部有一部分自首及消极分子，以致经过了几个月的工作，苏区党员还只有五十、团员二十。苏维埃和□□工作，没有真正建立。□□□发动群众的□□决是由上而下的分配。分局关向应、贺龙动作是相当了解过去工作路线错误且推了许多错误实质他只商量对夏的领导早已不满（原文如此，不便断句。——编者注）。但国内战争经过会议始终没有承认他政治路线的错误。因此，我们认为他不能继续领导，建议中央撤销他中央分局书记及分革军委会主席。分请另略[列]名单，并提议贺龙为分革军委会的主席，肖、任副之。

肖 任 王

注释：

*此文时间是由编者判定的。

红二、六军团决定东进湘西给中央军委的电报

(1934 年 10 月 27 日)*

朱、周:

1.我二、六[两]军团明日向龙潭前进,到酉阳、龙山、永顺、保靖、永绥间;用□秀山附近民众根据地,且向凤凰、乾城发展。

2.我们不直接向乾城、凤凰,有于[如下]原因:

A.凤凰、乾城、松桃,大半系苗吃子孙粮,武装多且极强,经常可动员万人,多受陈渠珍节制。

B.廖、李三十一和二十七日即进到乌罗司,分开□我们,如□向凤凰、乾城,有被敌侧击之虑。

肖 王 贺 关

注释:

* 时间是编者考证的。

红二、六军团领导人关于部队情况并建议暂时集中行动致军委电

（1934 年 10 月 28 日）

军委：

1.根据总司令部及我们所得谍报，敌五、一两支队在松桃、秀山间，三十四师傅〔龚〕仁杰旅在茶洞防〔布〕防。松桃之木岩河船只少，不能徒涉，且敌必有守备。

2.六军团除五十二□〔团〕外，计三千三百余；□〔除〕留伤病员三百余外，只存三千。二军团合独立师三千九百余，卫戍及伤病员二百余，枪三千七百余。二军团每枝枪子弹不过十发。

3.在敌我及地方情形条件下，我们建议：二、六军团暂集中行动，以便消灭敌一二个支队，开展新的更有利于两军团将来分开行动的局面。目前分开，敌必取各个击破之策。以□一个军团的力量对敌一个支队无必胜把握；集中是可打敌任何一个支队的。且两军在军事、政治上十分迫切要求互相帮助。

4.今天两军进至向酉阳、龙山道上的马黄井[1]才接到军委二十六日指令[2]，因敌情、地形关系，明日仍续进到山东南四十里之板溪洼[3]、分水岭一带。盼电复。

夏　贺　关　任　萧　王[4]

二十八日二十三时

注释：

[1]即今蚂蝗镇，属重庆市酉阳土家族苗族自治县，位于该县西南部。

[2]指 1934 年 10 月 26 日《中革军委关于二、六军团不应合并一起行动致任弼时、萧克、王震电》。

[3]即今板溪镇，属重庆市酉阳土家族苗族自治县，位于该县中部。

[4]夏，指夏曦。贺，指贺龙。关，指关向应。任，指任弼时。萧，指萧克。王，指王震。

任、王、关、张关于在二、六军团中恢复党的工作致周恩来的请示电

（1934 年 11 月 1 日）*

任、王、关、张致周：

甲、二军团在长期艰苦斗争中表现了战士的英勇与为苏维埃政权而奋斗的决心，但因长期与中央断绝关系，在夏曦同志的右倾取消主义领导之下，使政治工作受到大的损失，解散了整个党的组织，取消了政治机关和一切政治组织，直到最近才开始恢复。部队中的党团员还不到十分之一，在连队还没有党的支部，有的两个连队成立一个支部，多数支部只有几个党团员，也没有划分小组，只有一个支部书记。师团政委都是新提拔的，工作能力很弱，指导员缺少。一大部分政治工作系统还未建立，部队中肃反的□□仍然存在。中央指示信与五中全会决议到达后，并未在部队中开展[广]泛的讨论与思想斗争。师团参谋长还有是最近俘虏来的，成份在军事干部[中]多不是党团员。

乙、我们决定以原六军团政治部为二军团政治部，六军团另成立政治部。已调原五十二团政委方理明任四师政委，袁任远任六师政委，原五十三团政委缪聚群。五一团分开，政委□、冼恒汉各任团政委。另从六军团调一批同志和四个总支书，设法建立两个师政治部，迅速的普遍建立支部。并准备在最近几天期间召集大的会议，传达五中全会与全国苏维埃代表大会决议□思想斗争。

丙、关于目前政治工作请求电示。

注释：

＊此文时间是编者判定的。

中共湘鄂川黔边区临时省委通知
（第一号）

（1934 年 11 月 26 日）

（一）根据党中央电示，在湘鄂川黔边成立新的临时省委，为这个区域党的最高领导机关。以任弼时同志为省委书记，贺龙、关向应、夏曦、王震、肖克及张子意、刘士杰等同志及少共省委一人为省委委员。

（二）根据中央军委电示，在湘鄂川黔边区成立军区，以贺龙同志为军区司令员，任弼时同志为军区政治委员。特此一并通知。

湘鄂川黔边区临时省委

于大庸城

湘鄂川黔省革命委员会没收和分配土地的条例

（1934 年 12 月 1 日）

一、哪些人的土地应该没收

（一）豪绅、地主、军阀、官僚、大私有者的土地、房屋、财产、用具须一律没收（但地主兼商人的，其商业及与商业相连的店铺住房财产等不没收）。

（二）祠堂、庙宇、公堂、会社的土地、房屋、财产、用具须一律没收。

（三）富农的土地应该没收（但富农兼商人的，其商业及与商业相连的店铺、住房、财产不没收）。

二、哪些人应该分配土地

（四）凡是雇农、贫农及农村工人、苦力须一律平均分配土地。中农土地是否拿出来与雇农、贫农一律平分，以中农群众自己的意见来决定。如中农群众中多数愿意平分，即使有少数不愿意，应即实行平分。如中农群众中多数欲保留原有土地，不愿意平分，应不实行平分；少数愿意平分者，仍给那少数人以平分的权利。

（五）乡村工人、苦力的家属须一律平均分配土地。工人家庭是富农和地主者，工人本身及其妻子依工人成分不变更应分得土地，但家庭中其他的人照地主或富农成分处理。

（六）农村及本市镇独立生产者、医生、小学教员等失业者应分配土地（农村工人、独立生产者、小学教师、医生等人中有兼小块土地，因乡村不够维持生活，而将其小块土地出租，并非依为主要生活来源者应分配土地，不得当地主看待）。

（七）富农按劳动力与人口混合原则分坏田，即有劳动力者，按照当地每人分田数量分以坏田，无劳动力者酌量补以坏田，不能超过当地分田每人数量三分之二。

（八）凡在暴动前结婚的，地主、资本家女子嫁与工、农、贫民从事劳动依为主要生活满一年者，才可承认其为工人或农民或贫民成分。但工、农、贫民女子嫁与地主、富农、资本家者，如生活不与地主、资本家同等，而与工、农、贫民同等，或过同等生活不满五年者，依原来成分不变更。分配土地时依其成分处理（以女招郎及工、农、贫民以子女卖与地主、资本家及工、农、贫民与地主、富农互相以子过继者，均适用本条）。

（九）凡属豪绅、地主及反革命、富农的妻女，在暴动后用招郎的办法与工人、雇农、贫农、中农结婚，企图保存原有财产者，政府仍应将其财产、房屋一律没收，但分配房屋、财产时候，结婚的工人、雇农、贫农、中农应分得本人的一份。

（十）和尚、道士、尼姑、斋公、算八字的、地理先生等封建残余及基督教、天主教的牧师、神父，本人是以宗教为职吃饭的不得分配土地。如果是以宗教为副以耕田为主的，经群众赞成者可以分配土地。这些人的家属，如果不靠上述职业为生，而是工人、雇农、贫农、中农或是富农的，仍按照工人、雇农、贫农、中农或富农的地位分配土地。

（十一）豪绅、地主及其家属全家不得分配土地。

（十二）在暴动前后，有重大反革命行为的富农及其家属中参加了这种反革命行为的人，不得分配土地，并应没收其财产。

（十三）在革命以前，乡村小商人以做生意为主而能供给全家生活的不分配土地，如果失了业可以分田。

（十四）小圩场的贫民失业的，应该分配土地。

（十五）凡妇女出嫁时，土地由本人自由处理。

三、土地怎样分配法

（十六）应以乡为分配土地的单位，但据贫农、中农大多数意见，要以村为单位分配土地时，亦得以村为分配土地的单位。

（十七）雇农、贫农、中农、农村工人、失业独立生产者，应按照人口，将田地好歹均匀、多少均匀的去分配，但中农须按照自愿的原则。

（十八）茶山、竹木山、杂粮山，可算成田亩或确定价钱，按照当地情形平均分配，富农只能分得荒山。大森林应交苏维埃政府负责管理。

（十九）矿山须由国家管理，由政府决定租借或组织生产合作社开采，但目前应以租借为主要办法。

（二十）鱼塘可作田数或作价或合股养鱼去分配，只分养鱼不分水。塘水以灌田为主，养鱼为次。

（二十一）富农多余的耕牛、房屋、农具须没收，按照贫苦工农需要（没有或缺少）来分配。

（二十二）凡一切没收来的房屋、财产、耕牛、农具、用具，除留部分交苏维埃及革命团体应用一部分救济红军家属、被难群众外，其余的分配给贫苦工农。

（二十三）政府及各革命团体工作人员，如果不是雇农、贫农、中农、工人、苦力与失业的独立生产者，一律不能分配土地。

四、红军土地怎样分法

（二十四）红军本人及家属土地的分配与贫农、中农一样，但须分得附近与不太远的地方（离红军家属家里）。

（二十五）长期在红军中服务的红军战士中地主、富农出身的份子，在他们坚决为工农利益作战的条件之下，不论指挥员、战斗员本人及其家属均有分配土地之权。但如被开除军籍者，则应收回其土地。

（二十六）留红军公田标准：每乡每人分得五担田以上的，每乡须留红军公田三人到五人。如田多的地方，应多留公田，田少的地方（分不到五担田的），亦必须留出至少二人的公田，山林木梓不要留。红军公田主要的是发动群众耕种。耕牛、肥料、种子由群众自愿供给，必要时再由政府帮助，如在某种困难条件之下可以出租，租额由租田人与政府商定。

五、租借买卖承继及其他

（二十七）凡属经过平均分配土地，土地革命的利益确系雇农、贫农、中农得着的地方，应立即由土地部登记并发土地所有证，确定土地所有权，但分配不彻底的地方应即进行查田运动来彻底解决。如有土地革命的利益未为雇农、贫农、中农得着，而为富农得着的地方，便应由雇农、贫农、中农群众重新分配土地。

（二十八）土地分配后可以租借，但不能租借豪绅、地主家属，租谷多少由双方议定。

（二十九）土地分配后可以买卖，但不可以卖给豪绅、地主家属，土地价钱由双方议定。土地买卖须报告当地政府登记。

（三十）土地分配后实行家人承继，生的不补，死的不退，但死者无家属的，其土地由政府收回。

（三十一）被迫逃走了的工雇群众，[除]逃跑首领外，余者一律分配土地，如耕种时仍未回家时，可由亲属代为耕种，回来时作为租借论。但一年不回者，其土地得归政府收回。

（三十二）由工农出身当白军、保卫团、土匪、义勇队、民团、精选队士兵的本人及家属一律分配土地，但豪绅、地主、富农出身的不能分配土地。对保卫团、义勇队、民团、精选队、土匪、警察队、团丁、士兵，须在一年以内回来耕种，过期后本人土地可由政府收回。

（三十三）被欺骗加入反革命组织（如 AB 团、改组派、社会民主党等）的工人、雇农、贫农、中农等自首自新分子须照样分配土地，现在拘押者、尚未判决者，除富农外仍须留田。

（三十四）在分配土地时，应留出为了桥梁、渡船、茶亭及农事试验场等公共事业场而使用的土地。

主席　贺龙

副主席　夏曦

朱长清

中共湘鄂川黔省委关于创造湘鄂川黔边苏维埃新根据地任务决议

（1934 年 12 月 16 日）

甲、在中国干涉战争与革命形势激剧发展的局势下，苏维埃政权反抗地主资产阶级国民党统治，为着中国独立解放的民族革命战争，是进到了更高的剧烈的阶段。

英勇的中国工农红军粉碎了敌人一、二、三、四次的进攻，取得了粉碎敌人五次“围剿”的第一步伟大胜利。□□全国反帝、反国民党革命斗争的猛烈开展，根本动摇了帝国主义国民党的统治。在中国革命形势发展的前面，党的任务就在于动员组织更大的力量，彻底粉碎敌人的进攻，争取在革命战争的胜利当中完成一省几省的革命首先胜利。

今天中国苏维埃革命最有基础的地区是在江西和四川，把这两个基本区域以及其他苏区联成为整个的一片，是争取一省几省革命首先胜利不可分离的当前的战斗任务。我红二、六军团是负着完成这一历史任务最重大的责任。为着江西和四川两个基本苏区迅速的连成为一片，迅速夺取反动统治的中心城市；为着开展和掀起湘鄂川黔苏维埃革命的巨潮，使得这一地区的广大工农劳苦群众得到解放；为着我红二、六军团有着巩固的根据地，来实行他所负担的历史任务，省委决定在湘鄂川黔边区创造巩固的新根据地。

乙、湘鄂川黔边区是陈渠珍等中小军阀所统治的范围，同时也是反动统治力量比较薄弱的区域。这一地区的工农劳苦群众在这些军阀长期统治下（这种军阀的压迫与剥削常常比□大军阀更加凶恶）的生活是达到异常穷困的程度，他们是极端需要革命来解除痛苦的。过去红二军团在这一地区的游击，特别是最近红二、六军团的伟大胜利，共产党、苏维埃和红军在广大工农群众中有着极深刻的影响，我们是具备着赤化这一地区创造新根据地极端有利的条件。

党必须以最大的决心，用布尔什维克的工作速度，来创造开展这一新的苏区。这里必须反对一切对苏维埃革命缺乏信心，不相信群众力量，以为没有党的基础不能开展工作等，对于创造新苏区的机会主义动摇，同时一切把创造新苏区看成是容易的事，忽视敌人对于我们的进攻，而放松艰苦群众工作的左的有害观点，也必须给以打击。

党必须深刻认识我们在这一地区巩固的发展，国民党军阀必然组织他更强大的力量，来向我们进行残酷的绝望的进攻。现在敌人正从湖北和江西抽调兵力，配合陈渠珍残部对我二、六军团和新苏区布置大举“围剿”。我们同敌人新的决战已经迫近了。依靠坚强的红军和广大群众的拥护，配合着全国红军，特别是西方军和红四方面军胜利的开展，以及全国反帝反国民党革命斗争增长，我们深信是具有消灭敌人大举进攻胜利条件的。

丙、下列工作是党动员千百万新区工农群众，为巩固发展□新苏区，争取决战胜利，配合西方军和全国苏区红军，争取彻底粉碎敌人五次“围剿”的紧急战斗任务。省委号召地方和红色部队中的党员为着完成这些任务而斗争。

（一）根据苏维埃土地法令，领导基本农民群众和农村工人，立即开始进行没收分配土地的斗争，彻底肃清土地上的封建残余，这一斗争要依据于发动广大贫农群众，联合中农。在农村工人领导下去深入的开展，严格防止地主、富农假冒农民来窃取土地革命的果实。一切对于解决土地问题的迟延消极，认为地主都跑走了，和企图由少数人以强迫命令的方法去没收分配，都是帮助地主、富农的危险倾向。同时个别地方所发生侵犯中农利益，消灭富农的现象，必须纠正，防止他继续产生。在有工作基础的区、乡，今年年底应做到彻底的解决土地问题。

（二）在工人中，特别是大庸、永顺、桑植城市工人，澧水船工中，应按各种职业经济条件的不同，提出工人具体要求，领导组织工人为着实现这些要求而斗争。立即开始经过工会领导订立劳动合同、集体合同的运动。对失业工人应加以救济，使着新苏区工人在工资、工作时间和工作待遇上，立即得到激进的改善。发扬广大工人群众参加政权和战争，动员高度积极性与创造性，以巩固无产阶级在苏维埃土地革命斗争中的领导作用。这里必须反对忽视工会工作与工人斗争的倾向。城市贫民目前最迫切的要求，要粮食和衣服，我们必须领导他们，参加打土豪的斗争来满足他们要求，并即开始将所没收的房屋，分配给城市工人、贫民，使着他们生活得到进一步的改善。

（三）号召新区广大工农群众，为着反对国民党军阀的进攻，保卫分田胜利，而积极起来参加主力红军和独立团营、游击队、赤少队的组织，三个月内应扩大一万二千主力红军。党在红军□级上要注意无产阶级骨干的加强，健强政治工作、政治机关和党内支部领导（特别二军团），培养二、六军团成为坚强的铁军。党必须以最好的力量加强新成立之地方部队的领导。严格防止地主、富农反革命分子的混入，并迅速清洗已经混入了的地主、富农、反革命分子。建立支部和政治委员制度，保障每个独立团营、游击队在党的绝对领导之下，配合主力红军争取决战胜利。普遍建立赤少队，创立模范赤少队组织是党当前最主要任务。三个月内至少有十万赤卫军、二万模范营的组织，保障能随时动员参战。模范营应有计划的进行野营演习，准备整批动员加入红军。

（四）开展广泛游击战争，迅速肃清新区内的地主武装和土匪的活动。消灭土围、土洞，大批收缴地主手中的枪支来武装工农群众。这里必须坚决反对认为地主武装倾向革命，不去剿灭，而与和平共处和任意委以名义的危险的倾向。游击队应深入白区敌人侧后，进行破坏敌人交通、后方，瓦解白军团队组织，发动领导群众分粮、抗捐税的斗争，繁殖游击队，这是捍卫发展新苏区极重要的工作，但须保障施行明确的阶级路线，严格防止造成赤白对立的现象。

（五）在我们工作的地区，应立即从发动群众分发地主粮食、财产斗争中，建立城乡、区乡的临时政权——革命委员会。临时政权要大批吸引群众中特别是工人、雇农积极分子参加各部门和各种委员会（特别是没收分配土地委员会），健强自己的工作，保持与群众最亲密的联系。消灭只建立一个形式的机关或由党代替政府处理一切日常事务的现象。在广大群众中树立革命委员会强固的威信，使之成为当前剧烈开展的群众斗争和革命战争强有力的领导者与组织者。城乡革命委员会□在分田斗争、深入查明阶级成份时进行选举运动，申□为正式苏维埃。准备明年三月召集全省工农兵代表大会，正式成立省苏维埃政府。

（六）被推翻了统治的地主、富农、资产阶级，时刻企图恢复原来统治。一方面勾引白军和运用地主武装来进攻，同时采取各种方式来破坏阻止分配土地斗争，或冒称中农、贫农混入政权武装和群众组织，进行阴谋活动。革命委员会必须采取严厉的赤色恐怖政策，来镇压一切反革命活动，随时检举政权武装及群众组织中隐藏的地主、富农、反革命分子来巩固革命的队伍。现在存在着对肃反工作消极、对反革命放任的危险现象，要立刻纠正过来。各级肃反委员会组织必须加强，并应建立省县坚强的保卫队组织。

（七）在群众斗争发展当中，应去努力进行组织群众的工作。首先把城市和农村中工人、雇农、苦力最大限度的组织在工会和农业工会之内，开始去建立各个产业的和地方联合的工会组织，准备明年四月召集全省工人代表大会。迅速普遍建立各乡贫农团的组织，并以村为单位将贫农团小组成立起来，使贫农团和农业工会在没收分配土地斗争中起到重大的作用。同时反帝拥苏同盟、互济会以及青年、儿童和女工、农、妇代表会组织亦应开始建立，吸引工人、雇农、贫农、中农与贫民、成年青年参加，使之成为广泛的群众的斗争的组织，经过这些群众组织把广大工农劳动民众来团结在党的周围。

（八）党应在广大群众当中，把帝国主义侵略中国、瓜分中国战争和国民党投降帝国主义、出卖民族利益、进攻苏区红军的每个事实，进行广泛宣传，揭破国民党和各反革命派别一切改良欺骗政策。同时应通俗的解释苏维埃中央政府各种法令、训令、宣言、苏区建设和红军胜利，特别是党的基本主张，来提高群众对帝国主义和地主、资产阶级国民党的仇恨，加深群众的阶级教育。

（九）为着加强党在这一新苏区的领导，必须广泛的建立党的组织。党对工人、雇农、苦力和贫农，特别是工人、雇农应大开其门，大胆吸引这些群众当中的积极分子加入党。迅速在每个工厂、作坊、街道和每个乡村、每个武装部队的连队和游击队当中建立党的堡垒——支部，这里必须坚决反对对发展党的关门主义。对于加入党的新党员应有计划的进行教育工作，培养大批干部应成为党当前极端重要的任务之一，这必须大胆吸引积极党员，参加党和政权、群众组织、□□机关工作，从实际工作中来训练。同时省、县、区委都应开办短期和流动训练班，大批训练新干部，加强党的各级委员会的领导。党在自己的建设任务中，应把帮助青年团建立组织看成是重要任务，使青年团成为广泛的青年群众的阶级的斗争组织。

保障上列任务充分的完成，党必须与一切对目前形势和我们胜利□估计不足，在敌人大举进攻前面，失却胜利信心，消极悲观、退却逃跑的机会主义，以及脱离群众的官僚主义，实际工作中的机会主义者和两面派分子进行无情的斗争。只有粉碎一切机会主义的动摇，执行明确的阶级路线，经过充分的群众动员，把我们的面向着群众，深入群众，解释党目前的政策与主张，了解群众每一细小要求与意见，学习领导群众的艺术，满足群众的要求，发扬群众为巩固发展苏维埃政权斗争高度积极性与创造性，造成群众一切为着争取决战胜利的热忱，这是保障这一决议每一条文圆满实现的主要条件。

中共湘鄂川黔省委制定的分田工作大纲

（1934 年 12 月 16 日）

甲、分田的意义

彻底解决土地问题是提高群众的政治觉悟与阶级觉悟，动员群众积极参加革命战争，巩固与发展新的苏区的主要条件。自龙家寨战争胜利以后，由于党与苏维埃的影响更加扩大，群众为粮食、为土地、为苏维埃政权而斗争的热情日益提高。由于我二、六军团红色战士与党的努力与团结，在中央路线与中央军委给予我们创造湘鄂川黔新的苏区，与新的根据地的总的政治任务底下，积极组织与领导群众的斗争，我们在永顺、大庸、桑植等县广大地区内建立了许多乡、区的临时政权；建立了许多党与群众组织；组织了许多乡、区的游击队；动员了成千的工农群众加入红军，群众分粮、打土豪的斗争是大大的发动起来了。摆在全党面前的紧迫任务是继续开展和深入农村的阶级斗争，求得这一广大区域迅速赤化与巩固发展，迅速动员更广大的群众参加快到来的新的决战，是目前工作中心一环。我们要用最大的努力求得在最短的期间（十二月份），将基本区域内的土地完全分配好，在分配土地斗争中创造许多新的经验，培养大批的工农新干部来开展和深入湘鄂川黔全省的土地斗争。分配土地是一个广泛的群众运动与残酷的阶级斗争，因此在分田当中应坚决反对一切脱离群众的官僚主义与非阶级路线，反对任何机会主义的动摇。根据我们过去分田与查田的经验草写成这一个工作大纲，以作分田的标准。须要同志们在分田的斗争中创造和收集许多宝贵的经验，新的工作方法与领导群众的艺术，以求得全省土地问题之迅速彻底解决。

乙、分配土地的办法

1.分配土地的运动是艰巨的残酷的阶级斗争，必须依靠广大群众的发动和动员。当然群众是迫切要求土地，党和苏维埃的土地政纲纯粹代表工农阶级的利益，毫无疑义的，定能获得广大工农群众的热烈的拥护。但是要使党的关于平分土地的口号正确的在群众中执行起来，还须要许多艰苦的深入的宣传解释工作与组织工作，使广大工农群众深刻的了解而团结在党的周围。要在乡村屋场中广泛的宣传分配的意义与苏维埃的《土地法》《没收分配土地暂行条例》和怎样分析阶级。要动员区、乡革命委员会团结当地积极分子（首先给他们的教育使他们了解），到乡村屋场的群众中去讲阶级，讲怎样分田。经过群众大会，贫农团、工会会员大会，赤少队、游击队队员会议以及晚会等来深入这一宣传到广泛的工农群众中去。

2.分配土地是一个广大的群众运动，不是少数分田突击队和土地委员可以完成的。一切企图放弃组织群众参加分配土地的工作，一定要遭受失败。因此，在进行分配土地的宣传工作当中，必须紧密的联系着组织群众的工作。但一定要随着做宣传工［作］的时候，立即建立与广泛发展工会、贫农团的组织，组织群众参加村与乡没收和分配土地委员会。按照地区和工作需要,可以吸收积极的工农群众,到几十个暂时脱离生产来没收分配土地委员会,参加没收分配土地的工作(乡村没收分配土地委员会可在群众大会上选举,应注意吸引中农参加),吸收大多数的雇农加入农业工会,吸引整个雇农支部与不分年龄、性别的贫农及工人、贫农的家属加入贫农团,要使工会、农业工会、贫农团成为分配土地斗争中的先锋队与领导者。

3.分配土地的运动是要把土地的果实完全落在工人、雇农、贫农、中农的手里,不让豪绅地主窃取一块土地,富农窃取一丘农田。这必须:①执行明确的阶级路线,清晰的分析农村的社会阶层,正确的判断各个阶级。首先要动员整个的雇农支部、贫农团和土地委员会去进行阶级调查、人口统计与土地数量和质量的登记(另有两种表格发下)。这里必须要反对由几个人挨家挨户登门造册的办法,以作延缓土地的分配。另方面要反对放弃艰苦的从各种组织动员去□□□□,□□统计人口、土地、数量和质量,而只马虎检查一下,就召集群众的分配土地的方式。关于阶级分析、土地登记,必须动员工会支部、贫农团及土地委员会去进行调查与收集材料。登记户口、土地,不必挨户登门造册填表。应首先开工会、贫农团会议及群众举发地主、富农及一切异己分子,登记他的土地、人口和剥削。应着重查清与登记地主、富农,同时应发动贫苦工农自动的迅速的来登户口表。土地登记表则由土地委员会实际的到田野去填。已登记□□土地、户口调查表及从各方面所收集的材料,经过当地没收分配土地委员会的整理,即用大纸多写几张在大路旁及屋场中公布起来,使群众大家来看来评论。并须首先提交农业工会的会议讨论和审查,来彻底举发隐藏在贫苦工农中的豪绅、地主、富农等,然后再经过贫农团大会的讨论审查与举发。如工会组织的地方则又要经过贫农会议,最后再经过村或乡群众大会的讨论和通过。必须坚[决]执行中央政府的指示,最后决定阶级之权,要属于当地大多数群众。巩固工人、雇农、贫农与中农的亲密联盟,使豪绅、地主、富农等阶[级]异己分子无法假装贫苦工农。同时要防止把富农当地主、中农当富农,而进行消灭富农、动摇中农的倾向。②开展反对隐瞒土地的斗争。主要的是要粉碎豪绅、地主、富农隐瞒土地的企图。这就要加紧群众的阶级教育,提高群众对于豪绅、地主、富农的阶级仇恨。打破地方界限与族姓界限,揭破地主、富农的改良欺骗与阴谋。反对个别受地主、富农利诱而包庇地主、富农分子。并且要严格镇压破坏分田的豪绅、地主、富农。③确定土地的所有权。在调查和登记土地、户口,判断阶级清楚以后,即由乡革命委员会经过充分的宣传与准备工作,召集全乡的群众大会,由土地委员会做详细的报告。经过群众的讨论与决定,原则上应以乡分配土地为单位。但如大多数乡要求以村为单位分配时,应即以村为单位分配。这必须征求大多数群众的意见,按照少数服从多数的原则,由全乡群众大会表决。中农的土地是否平分,必须特别集合中农,征求大多数中农的意见,由中农表决。经过群众大会决定后,再由乡革命委员会领导土地委员会协同工会与贫农团,按照群众的意见,根据没收和分配土地条例,实行以村或以乡为单位均匀分配。要留出红军公田与公共事业田。分配完毕则召集全乡的庆祝分配土地胜利的群众大会,报告分配土地的经过,和通过某人分得某丘田;宣布确定他的土地所有权,给土地所有证;以后种到的谷子、麦子等都是自己的,不要完租给豪绅、地[主]、富农。

4.分配土地的运动是农村中最残酷最尖锐的阶级斗争。豪绅、地主、富农等封建半封建阶级，几千年来奴役剥削贫苦工农，占有大多数土地，一旦被群众没收和分配，这是给了封建势力致命的打击。所以豪绅、地主、富农（封建与半封建阶级）必然要利用一切办法，明的或暗的进行破坏分配土地运动，或公开造谣和威胁群众，以及利用地主武装与勾引白军向我们进攻，或假冒贫苦工农钻进革命队伍秘密破坏。必须提高我们的阶级警觉性，严厉镇压分配土地运动中的反革命活动，洗刷投机的阶级异己分子。特别是要驱逐隐藏在革命委员会、没收分配土地委员会以及工会、贫农团中的豪绅、地主、富农，揭破他们破坏分配土地的阴谋和欺骗宣传。对于乡村的“大老□”□须首先由革命委员会逮捕起来。

丙、关于领导方式

1.分配土地的运动，是目前党最基本的紧急任务，是一切工作最中心的一环。分配土地运动胜利的开展，将要推进着各项工作的成功。如果把分配土地运动与各项工作分离和对立起来，必要受到工作中的损失。必须抓住分配土地的中心一环，紧密的联系着各项工作，完成省委决定：各级党部扩大红军；发展党员；收集粮食；编制赤少队与模范赤少队；建立与[扩]大游击队的计划。

2.在过去一时期中，有些地方工作同志表现出实际工作中的右倾机会主义，以及官僚主义脱离群众的错误，这必然要阻碍分配土[地]运动的开展。因此，猛烈开展反对实际工作中的机会主义与官僚主义，是完成彻底分配土地的先决条件之一。

3.分配土地运动的开展，毫无疑[问]的要涌现出千百万群众的积极分子和群众领袖，这就加重了我们提拔和培养他们成为最好干部的任务。必须在分配土地的工作当中和斗争当中加紧他们的教育，使他们学习怎样管理政权与怎样领导群众；使这一批在土地斗争中培养的干部，能够动员去帮助落后区的分配土地运动，与担负其他新区的较重要的工作，以求得湘鄂川黔苏区工作的猛烈与迅速的开展，这是粉碎敌人五次“围剿”中我们的基本任务。

最后，分配土地的斗争，是要经过宣传以组织群众的艰苦的工作，须要更深入群众的组织的动员。但绝不能借口“麻烦”“复杂”“群众组织未建立好”等而延迟分配土地的斗争，担[耽]搁土地久不分配好。我们必须以突击的精神，组织强干的突击队，向着中心乡与重要的乡突击。一个乡的土地必须求得在十天上下分配完毕，并完成在十二月底彻底解决基本区域的土地问题。

中共湘鄂川黔省委

中央政治局关于战略方针之决定

（1934 年 12 月 18 日）

各军团及军委纵队首长：

兹特电告中央政治局本［月］十八日关于战略方针之决定，此次［决］定经你们传达至师及梯队首长为止。在部队中关于本决定之解释，总政治部另有训令。

中央书记处

中共中央政治局决定

一、鉴于目前所形成之情况，政治局认为过去在湘西创立新的苏维埃根据地的决定，在目前已经是不可能的，并且是不适宜的。

二、根据于：

甲、使我野战军于今后能取得与四方面军及二、六军团之密切的协同动作；

乙、在政治的经济的及居民群众的各种条件上，求得有顺利的环境，便利于彻底的粉碎五次“围剿”及今后苏维埃运动及红军之发展。

政治局认为新的根据地区应该是川黔边区地区。在最初应以遵义为中心之地区，在不利的条件下应该转移至遵义西北地区。但政治局认为深入黔西、黔西南及云南地区，对我们是不利的。我们必须用全力争取实现自己的战略决定，阻止敌驱迫我至前述地区之西南或更西。

三、在向遵义方向前进时，野战军之动作应坚决消灭阻拦我之黔敌部队，对蒋、湘、桂诸敌应力争避免大的战斗。但在前进路线上与上述诸敌部队遭遇时则应打击之，以保证我向指定地区前进。

四、政治局认为，为着保证这个战略决定之执行，必须反对对于自己力量估计不足之悲观失望的失败情绪，及增长着的游击主义的危险。这在目前成为主要危险倾向。

五、责成军委依据本决定，按各阶段制定军事行动计划，而书记处应会同总政治部进行加强的政治工作，以保证本决定及军事作战部署之实现。

中共湘鄂川黔省委关于新区党的组织问题决定

（1934 年 12 月 22 日）*

（一）湘鄂川黔边新的革命形势与苏区组织上的中心任务。

自省委提出在湘鄂川黔边创造新的苏区与新的根据地的任务以后，我英勇的红二、六军团团结在中央路线与军委统一战略意志之下，争取了几次战争的伟大胜利，掀起了湘鄂川黔边广大工农群众革命浪潮。城市工人斗争、游击战争与农村暴动是到处互相呼应着，临时革命政权是到处树立起来了。这一新的形势的转变，决定了湘鄂川黔党的严重的组织任务。

最近检查各地党的组织的扩大，以及党在斗争中的领[导]作用是远落于客观革命发展形势后面的。各县、区委与红军政治机关，对于发展群众革命斗争、建立临时革命政权与地方武装，虽得到了不可否认的成绩，然而对于党的当前许多组织任务的非常重要，还没有明确的了解。有许多乡村中、游击队中、生产中还没有建立党的支部，甚至没有发展一个党员。如桑植县有五个区，有五百以上的地方部队，包括十万以上群众的地区，而全县党员仅有五六十名。这证明桑植的党还只是在机关内而没有打进生产中、农村中、武装中去。这是一刻也不能容许的现象。

城市与农村的革命斗争，游击战争与临时革命政权胜利的保障，将依靠本党的路线的正确；依靠于党在每一街道、工厂、作坊，每一乡村、市镇，每一武装部队群众中领导力量的加强；依靠于党在生产中的堡垒（支部）去领导群众，去实现党的政纲、主张、决定和党所提出来的任务。因此，要求党以布尔[什]维克的速度去大胆吸引工人、雇农、贫农中的先进分子入党。建立每一乡村、市镇与每一武装队伍中党的支部。动员组织与领导他们参加保卫新区的国内战争与粉碎敌人五次“围剿”的斗争。

（二）广泛进行征收党员运动，强固党的无产阶级基础。

在新区“党应大开其门，让志愿者来加入队伍”。要反对任何不相信群众的右倾观点与“左”的关门主义。当然对志愿者应经过详细审查，严格防止地主、富农、投机分子混进到党内来。党应经过支部或自己派出之代表在各种斗争，尤其在工人斗争中，广泛宣传党的主张、政纲和策略及在共产党领导之下的苏维埃和红军的胜利与成功，进行征收运动。

新区党应严格注意强固无产阶级基础，大批吸收无产阶级和半无产阶级中的先进分子入党。在永定等大的城市中应成立以产业为原则的支部，即按照各职业工厂、作坊，成立单独的党的支部。在小的城镇中亦应划分党□各小组，以加强党对各业斗争的领导。

（三）加强支部工作，健全区委的领导。

各级党委必须面向支部，立即派人去召集各支部的支部大会（在游击区召集代表会），检查支部工作。以后必须定期开支部会和小组会（游击区只开小组会），经常讨论上级的决议与当地群众斗争问题。必须随着发展党的运动中扩大支部委员会的组织，划分支分部和小组支委会，应按照新的分工建立常委，至少五天召集一次讨论和布置工作。各县委区委应培养支部干部，并选择几个中心乡建立中心支部与模范支部。

健强区的领导机关不是依靠上级派干部——这在目前是不可能，并且是不适宜的——而是要从斗争中大胆的吸引当地有信仰的积极分子，特别是工人、雇农分子参加区委常委。并有五个到十个不经常脱离生产之巡视员经常出席支部会议，帮助支部执行党的决定与解决一切问题。区委应经过区革命委员会、肃反委员会及工会的党团，去加强对于政权与群众团体的领导。

新区党的组织应保存着秘密或半秘密的状态，只有一定的干部完全公开（如只公开支书、乡苏工作委员、军委委员等），其余的干部和党员都应以工会会员、贫农团员等名义去活动。并准备□□干部以便万一转入秘密环境时能继续其活动，领导斗争。游击区域与边境作战地区，应遵守秘密党的条件，小组不能超过五人以上，但游击队中党的支部应完全公开。

（四）加强党对武装组织与群众团体的领导。

县、区委应直接指导游击队中党的工作，按照红军政治工作条例建立政委制度及支部的组织和工作。游击队中的党、团员应占全体队员百分之五十以上。赤卫军中应建立政治机关，应由县、区委的书记或军事部长兼任政治委员。实行党员军事化，每个党员都应加入赤卫军与模范营，在模范营中做到有百分之二十以上的党员，并成立党的支分部。

共产青年团是党的得力助手，党必须经过青年团动员青年群众实现党的决议和任务。各级党部委员会直到支部必须有专门负责指导团的“青年工作委员”，必须帮助团发展组织，建立支部，使团的组织赶上和超过党。其他如工会、贫农团、反帝拥苏同盟、互济会、女工农妇代表会都是党动员群众的有力武器，必须立即广泛的建立起来。

（五）开展党内两条战线的斗[争]与巩固铁的纪律。

新区党内的思想斗争必须“耐烦的细心原则的解释，同志关系的批评”。一切不经过教育和解释的惩办制度是□□的，特别是对于新的干部的个别错误应采取教育而不是动辄撤职。党必须在各种斗争中与实际工作中，联系到个别工作和个别同志的倾向的揭发。目前主要的是抓紧反对在新的环境下所产生的机会主义动摇。如最近在土地斗争中个别表现的“原耕不动，抽多补多”的富农路线；肃反斗争中没有丝毫的阶级警觉性（如大庸游击支队负责同志）；不积极消灭地主武装，甚至与地主武装和平共居，单纯的进行上层勾结之机会主义路线（如桑植）；以及忽视敌人的进攻放松战争动员的“左”的倾向，特别是集中火力反对在敌人新的进攻前面表现张惶失措，退却逃跑，对于创造新的根据地缺乏胜利信心之右倾机会主义。

为着巩固党的行动的一致，对于经过党的斗争教育批评还不改正错误的分子，必须执行党的纪律，更加重要。如少数不到会，不为党工作的同志，支部中要同他作斗争。个别贪污腐化的同志，支部中要采取必要的纪律制裁。在新□公开领导专政与领导战争的党，“每个党员特别是领导工作的同志对于上级机关指示的执行，以及与居民群众的相互关系，都要特别严格的负责”（国际指示）。对于革命纪律和苏维埃的法律，“党员比非党的工农更要严格的负责”。这主要的是依靠于党的教育工作的加强，使每个党团员从政治上自觉的遵守党的纪律。

（六）开展教育新党员的工作与提拔干部。

在目前群众的伟大的革命斗争的猛烈开展，成千成万的群众中的先进分子大批涌进到党里面来。因此，开展教育新党员的工作，对于新区党有特别严重的意义。这里首先只吸引每个新党员参加支部工作，按期开会，缴纳党费，经常读党的文件和决议。吸收每个新党员到党的实际工作中去（如宣传组织群众分田斗争与游击战争、工人斗争，工会与贫农团工作，扩大红军组织与动员赤卫军等），并教育他们怎样去进行这些工作。各县、区工作委员会应经常开办短期训练班，征调支部中的积极分子，于一周或十天内将《五中全会决议》《省委创造新区决议》《新党员训练大纲》《苏维埃的土地法》《劳动法》《优待红军条例》《没收分配土地条例》《怎样分析阶级》《分田工作大纲》等材料教授完毕，提出问题讨论。再经过短期训练班毕业的优秀学生去开办支部中的流动训练班与学校，进行支部中的教育工作。同时地方领导机关，还应采取个别谈话与党的活动分子会议、委员会议等形式去培养支部与区委的干部。

党必须大胆提拔从斗争中涌现出来的当地积极分子与群众中的领袖。特别是工人、雇农成份，只要他阶级意识坚强，成份好，工作积极，就可以担任指导机关工作。要把各级党团部革命委员会、工会的组织（各部或各科）充实起来。要分配他们以简单的具体的工作，利用检查工作的会议、汇报、讨论会、研究会等形式去加强他们的政治水平与工作能力。

（七）学习新的领导方式。

学习领导群众的艺术，对于新区党是特别重要。党必须反对以少数工作人员代替广大群众斗争的包办主义，反对脱离群众的命令主义与委派制度。只有艰苦的深入群众的宣传鼓动工作与组织工作，彻底的解决群众切身问题，使群众得到实际利益，才能吸引广大群众，参加各种斗争与新的革命政权的各项建设工作，以及保卫新区的革命战争。党必须倾听大多数群众的呼声，征求大多数群众的意见，到群众中去学习一切新的伟大的革命事业，必须吸引大多数群[众]自己动手来干。各级委员会须建立集体领导与个别负责制，深刻了解下层实际情形，收集各地斗争的经验。常委会应规定议事日程，经常分别讨论各个斗争与各个地方的工作。少说空话，多做实际工作，少空谈，多做些改善群众生活的日常事业，应当在实际工作中执行起来。

注释：

＊ 此文时间系编者判定。

中共湘鄂川黔省委、军区政治部关于游击队中党的工作的指示

（1934年12月22日）*

农村阶级斗争的开展，尤其是土地斗争的发动，常常一开始便容易进到工农阶级与豪绅地主武装冲突，工农群众纷纷的自动起来组织游击队，进行打土豪、分粮与分配土地的斗争。

最近由于我红二、六军团的几次伟大胜利与群众革命怒潮的高涨，农村阶级斗争的尖锐，在永、保、龙、桑广大地区内，各乡、区游击队，如雨后春笋，纷纷自动成立起来。这些游击队成为保护土地革命、保卫新的苏区的伟大的群众的武装力量，将成为红军的最好的助手与后备军。

然而各地党部对于从群众斗争中所纷纷涌[现]出来的游击队的领导是异常忽视的。有些游击队还没有政治委员和共产党员；有的游击队把中农甚至贫农做土豪打（如龙家寨区），有的游击队混入了地主、富农、土匪头目等分子，甚至地主当队长。这种危险的现象将造成极严重的罪恶与损失，应引起我们极大的警觉与注意。

过去的经验证明，游击队中如果没有坚强的党的领导，便不能发挥其英勇伟大的作用，来担负其在土地斗争与革命战争中的光荣任务；或者要做出很多错误，造成脱离群众、侵犯工农利益，造成地方界限的严重现象；甚至为富农利用，破坏革命，或被地主、富农混入进行各种反革命活动，使游击队走到失败或消灭的危险。这对于新区游击队更为重要。因此□□□郑重向各地方党部与政治机关提出加强党对游击队的领导，巩固扩大与健强游击队是保证土地革命胜利，争取战争胜利，保卫与扩大新的苏区的重要条件之一。关于游击队党的工作有如下的指出[示]。

1.各县委、区委和在当地工作之红军政治机关，必须立即派遣最坚强之共产党员去担任游击队政委，立即在游击队中，大胆征收先进之工人、雇农、贫农及最好之中农入党，得到当地上级党部或红军政治机关之批准，建立党的支部（区乡游击队的支部，应直接受当地区委管辖，县游击队支部直接受当地县委管辖）。

2.游击队中党的工作的主要任务是保障党和苏维埃政策的执行，保证游击队绝对在党的领导之下行动。游击队的政治委员、党的支部和每个党团员，必须经过党的支部会与军人大会，随时随地同破坏党和苏维埃政策、违反阶级路线的举动（如侵犯工农利益、乱打土豪等）作最残酷的无情的斗争。从这一残酷的斗争中，驱逐混入游击队的坏分子与教育全体党团员与游击队员。

3.游击队中党的支部，必须同游击队中可能发生的坏的现象作最坚决的斗争。支部必须在队员中，发动反对贪污腐化、违抗命令，反对嗜好赌博□烟的运动。必须加紧党内与队员中的教育，预先防止这些现象的产生，与从斗争与教育中坚决消灭这些现象。

4.游击队中党的支部，必须加紧对于党团员与队员的军事、政治教育。党团员必须领导队员学习瞄准、刺枪、劈刀、掷手榴弹；学习使用新式武器与各种旧式武器；学习游击队动作；广泛的宣传军事与政治纪律。必须立即开始上政治课。红军读本（主要教材）、土地法令、怎样分析阶级、没收分配土地条例等，必须有计划的立即开始在队员中讲授与讨论。党团员须上党团员特别课（材料可用新党员训练大纲），列宁室工作（如识字运动、墙报、文化娱乐工作）必须立即建立起来。

5.游击队中党的支部，必须同混入游击队之投机阶级异己分子与反革命分子，进行残酷与最坚决的斗争。在支部的领导之下，进行队员成分严格审查，坚决洗刷地主、富农及一切异己分子。长期脱离生产之惯匪亦不应留在游击队内。从斗争中改造游击队的成分，吸引大批积极的工农分子，特别是工人、雇农成份加入游击队。立即建立反逃亡十人团的组织。支部内应讨论肃反工作，并帮助特派员建立工作。以最高度的阶级警觉性来破获一切反革命阴谋破坏活动、企图与组织。

6.支部委员会，应建立其集体领导与日常工作，依照红军政治工作条例建立支部的系统工作。支委会应有书记、副书记、组织、宣传、青年、地方工作等的分工。支委应分配与检查每个同志的具体的工作，每月终应向当地上级党部或政治机关作工作报告。

中共湘鄂川黔省委

湘鄂川黔军区政治部

注释：

* 此文时间系编者判定。

中共湘鄂川黔省委为粉碎敌人新的进攻保卫新的苏区宣言

（1934 年 12 月）

湘鄂川黔边的工人、农民、一切劳苦民众与革命士兵们：

全中国的民众是处在生死存亡的关头！

日本帝国主义，经过国民党，不费一枪一弹占领了华北，进行攫取内蒙古，并在福建开始其侵略的企图。英帝国主义，占领康、藏、黔边，进攻新疆、四川。半个中国，已被帝国主义瓜分去了。

国民党无耻的卖国，它不仅将华北奉送给日本帝国主义，而且要将整个的中国奉送给帝国主义。使中国完全变为帝国主义的殖民地，使全中国的民众，变为帝国主义的奴隶——亡国奴。

国民党七年来血腥统治的结果，不特造成了中国的奇耻大辱，而且造成了中国空前未有的灾难。由于国民党的反动统治，帝国主义的侵略，军阀的苛捐杂税，豪绅地主的压榨掠夺，使劳苦群众陷于破产穷困、失地失产、流离失所，过着悲惨的非人的奴隶的生活。

封建军阀的割据，使得湘鄂川黔的民众，遭受更深刻更惨痛的压迫与剥削。大军阀（如陈渠珍）霸占一方，小军阀（如周矮子、朱华生等）割据一县数县，俨如土皇帝。奸淫掳掠，拉夫派饷，残害民众之暴行应有尽有。巧立名目搜括民众，苛捐杂税之繁重甲于全国。白军民团屠杀工农，打劫贫苦民众，抽收烟捐，包运烟土，鸦片之流毒普遍民间。集天灾兵灾匪祸烟毒之大灾难，加以极残酷的封建的奴隶的剥削，使湘鄂川黔广大工农陷于水深火热、民不聊生的道路。

亲爱的工农劳苦群众们！我们再不能忍受了。起来！寻找危机中革命的生路，推翻帝国主义、国民党、军阀、地主、资产阶级的统治，建立自己的苏维埃政权，为土地、为粮食、为增加工钱而斗争。

全国苏维埃运动的发展与红军的胜利以及我红二、六军团最近几次的伟大胜利，摧毁了湘鄂川黔边的反动统治与豪绅地主封建势力，创造了大块苏维埃区域。广大工农群众革命热情的高涨与兴奋，成千成万的群众踊跃的加入红军，自动的起来打土豪，分粮食，成立游击队，进行分配土地的斗争，是为苏维埃的巩固发展而斗争。这是直接威胁和动摇了帝国主义国民党的统治，帝国主义及其忠实的走狗蒋介石不得不指挥与组织湘鄂川黔的军阀，准备新的对于湘鄂川黔边区与红二、六军团的绝望的进攻。

工农群众们！国民党军阀正在手忙脚乱，调兵遣将，准备对我们新的进攻。徐源泉、郭汝栋、陈渠珍等军阀的部队，已经开始移动了。红军占领区域内，已被打倒和尚未肃清之豪绅地主与反革命分子，正准备在内面响应敌人新的进攻。他们为的是要恢复豪绅地主之军阀的统治，夺回我们从分粮分田与打土豪的斗争中所已经得到的利益，准备新的大屠杀与镇压工农的斗争！

我们坚决相信，以我们工农自己的武装力量，以我们英勇红军的铁拳，一定要粉碎敌人新的残酷的进攻。

屡遭惨败之徐源泉、陈渠珍、何键等军阀，在红军胜利的前面发抖。特别我中央野战军的胜利，逼近湖南和贵州的边境，与红四方面军在四川的伟大胜利，使敌人更加崩溃与动摇了。英勇的红军得到广大工农劳苦群众的拥护与共产党的正确领导，是更加强大与无敌了。我们已有了争取战争胜利的一切条件。胜利一定是我们的。

工农劳苦群众们！要保障我们已得的利益和土地革命果实，就要粉碎敌人新的进攻，争取革命战争更伟大的胜利。城市的工人与贫民们！武装起来参加分配豪绅地主的粮食与房屋的斗争，提高我们的工资，改善我们的生活待遇，加入工人的赤卫军，反抗敌人的进攻，为保卫城市的赤色的政权而斗争。乡村的基本农民与手艺工人们！武装起来，彻底消灭封建与半封建势力，自己动手来没收与分配豪绅地主的土地、粮食与财物，组织赤卫军少先队与赤色游击队，坚决消灭豪绅地主的武装与土寨子，同进攻我们的国民党军阀斗争到底。

工农群众们！武装上前线，加入红军，配合红军作战，帮助红军带路、侦探消息及担架运输，消灭陈渠珍、何键、徐源泉。

赤少队与游击队的队员们！夺取地主的枪枝，用一切旧式武器来武装我们自己。学习军事与政治，配合红军行动，破坏敌人后方与交通，加紧赤色戒严，巩固赤色后方，发展游击战争，扩大与保卫新的苏区。

青年们！劳动妇女们！争取妇女青年的特殊利益与解放，积极参加分粮与分田的斗争，参加武装斗争与苏维埃政府的一切工作。先进的贫苦工农青年与劳动妇女到苏维埃政府办事，学习自己管理自己的政权。

白军士兵们！反对军阀的奴隶的压迫与打骂，反对军阀屠杀工农与进攻红军，要求发清欠饷，组织兵暴兵变，同暴动起来的工人农民携手，一同去打土豪分田地！同红军战士携手，一同去打倒帝国主义、国民党，进行神圣的反日反帝的民族革命战争。

全湘鄂川黔的工人、农民、贫民与革命的学生们！起来！反抗军阀的拉夫派饷、奸淫掳掠，反对一切苛捐杂税，反对豪绅地主的压榨与剥削，实行罢工与武装自卫，反对国民党军阀进攻苏区和红军，反对法西斯蒂的血腥恐怖。拥护苏维埃与红军，实行分粮抢粮，夺取地主与军阀的武装，捕杀反动之乡长保长豪绅地主，实行农村暴动，响应红军胜利，为土地粮食而斗争。

工农武装上前线！

保卫与扩大新的苏区！

粉碎敌人新的进攻！

彻底的粉碎敌人五次“围剿”！

保障分粮分田胜利！

为苏维埃政权而奋斗到底！

中共湘鄂川黔省委
关于旧历年关斗争的决定

（1934 年 12 月）*

旧历年关是地主、富农、高利贷者向贫苦工农逼租、逼债的最凶恶的时期。在新的苏区虽然推翻了地主阶级的统治，然而豪绅、地主、高利贷者仍未肃清。最近在许多地方发现地主、富农秘密收租、收债，威吓贫苦工农，而在白区工农群众正处在刀枪绳索的威胁之下，受着雷厉风行的逼租、逼债的痛苦，更是一刻也难忍受的难关到了。因此，省委为着铲除一切封建的压迫和剥削，开展新区与白区广大群众的年关斗争，特有如下的决定：

（1）立即在党内和群众中进行广泛的宣传鼓动，在"不还地主、富农、高利贷者一个钱的账""不交一粒稞""捕杀收稞收债的地主、富农""谁秘密还稞还钱给地主富农，谁就是帮助地主富农来反对革命""捕杀替地主富农收稞收债、压迫贫苦工农的地主富农走狗""没收土豪的粮食、财物、肥猪分给贫苦工农过年"等号召之下，召集各种群众会议解释，多写传单标语散发，动员广大群众参加年关斗争。不让地主、富农从贫苦工农手里取到一粒稞一文钱的债，但工农原来有少数钱出借，仍然要还（不准取多的利息，今年还不起要推到明年还）。

（2）在新区要利用豪绅、地主、高利贷者、反动首领回家过年，或回来挖地窖，以及逼租、逼债等的机会，动员广大的群众武装，捕杀豪[绅]地主、反动首领。应立即动员所有的赤少队加紧赤色戒严，通夜巡查和埋伏在山路小道和豪绅、地主房屋的周围，以及检查与搜索地主、富农、反革命分子的屋子，并发动群众查阶级，调查与没收地主、高利贷者隐藏的粮食与财物，发给当地最贫苦的工人和农民过年。

（3）在白区和游击区要经过游击队和各种秘密组织动员群众捕杀逼租、逼债之地主、富农、高利贷者，尤其是消灭他们的爪牙——民团。武装工农，发动他们打土豪、分粮食、分猪肉、分衣服的斗争，以广泛的开展游击战争，与建立临时革命政权。

（4）在城镇应发动工人、贫民的年关斗争。实现工人年关发双薪与年关例假，增加伙食钱。反对资本家老板雇主开除工人。增加工钱与改订合同。反对奸商年关货物涨价。不完奸商、高利贷者一文钱的债。并在党的领导之下，提出具体的斗争纲领，镇压资本家、商人，一切进攻工人、贫民与反攻的企图。

各级党部接到这一决定后，应立即提交常委会与同级党团会议讨论，同时派人到各支部传达与帮助布置工作，并将执行情形报告省委。

附：年关斗争的标语口号

①工农劳苦群众们！一致起来实行年关斗争！

②反抗豪绅、地主、富农、高利贷者收稞迫债！

③不完豪绅、地主、富农、高利贷者一粒稞、一文钱！

④捕杀收稞迫债的豪绅、地主、富农、高利贷者及其走狗!

⑤谁秘密还稞还钱给地主、富农,谁就是帮助地主、富农来反抗革命!

⑥ 加紧赤色戒严,防止地主武装掩护土豪回家来收稞迫债!

⑦努力完成编制赤少队,组织与扩大游击队,反抗土豪跟随地主武装回家收稞迫债!

⑧肃清地主武装、团防、土匪,免得豪绅、地主、富农利用回家来迫收贫苦工农群众的稞和债!

⑨深入分田斗争,没收土豪的粮食、财物、肥猪给贫苦工农过年!

⑩实现工人年关发双薪与年关例假,增加伙食费及改善生活待遇!

⑪反对资本家、店主、老板对于工人的进攻与反攻!

⑫反对资本家、店主、老板克扣工人的工钱!

⑬反对资本家、店主、老板开除工人!

⑭增加工人工钱,减少工作时间!

⑮实行劳动法,普遍订立劳动合同与集体合同!

⑯工农劳苦群众们! 要保障年关不完稞、不完债的利益,就要加入红军中去,粉碎国民党军阀的大举进攻!

⑰加紧战争动员,最后的粉碎敌人五次“围剿”!

⑱工农劳苦群众解放万岁!

中共湘鄂川黔省委宣传部印

注释:

* 此文时间系编者判定。

中共湘鄂川黔省委关于
粉碎敌人大举进攻湘鄂川黔的标语口号

（1934 年 12 月）*

各县委、区委和支部及红军政治机关：

由于我二、六军团最近伟大胜利，掀起了湘鄂川黔边苏维埃革命剧烈的火焰，帝国主义国民党军阀现正从进攻西方军和湘鄂赣苏区抽调兵力，组织对我二、六军团及新苏区的大举进攻。为着动员新区千百万群众以一切牺牲为着决战胜利，特制定下列鼓动的标语。除送石印以后分发外，你们必须根据这些标语和省委宣言，一方面在群众中进行广泛的口头宣传鼓动，同时要写成纸标语贴在壁上。或用石灰和红、绿、黑等颜料涂写在容易看见的壁上。要把这些标语的内容很普遍深入的传达到每乡、每村、每屋场的群众中去，成为战争动员有力的宣传品。

粉碎敌人对湘鄂川黔新苏区大举进攻的标语口号：

①工农群众们！我们要巩固和发展新建立的苏维埃区域，就一致起来配合红军，粉碎敌人的“围剿”！

②我们要保持分得的粮食、衣服和财产不让地主豪绅抢回去，就要粉碎国民党军阀对我们新区的进攻！

③要保障分得的田地不被地主豪绅抢回去，要保持一家人有吃、有穿、有屋住，不冻、不饿，就要配合红军消灭敌人！

④我们不让周矮子[1]、朱疤子[2]、陈渠珍等国民党军阀再来剥削压迫、奸淫抢掠、屠杀工农群众，就应当用一切力量粉碎敌人对我们的大举进攻！

⑤国民党军阀政府投降帝国主义，出卖了东三省和热河，现正帮助帝国主义瓜分整个中国。我们不愿做亡国奴，只有粉碎敌人的“围剿”，推翻国民党政府，建立苏维埃政权，把帝国主义驱逐出去！

⑥日本和其他帝国主义努力在瓜分中国。国民党军阀不派兵去打帝国主义，拿全国十分之七的军队，对真正反帝的苏区和红军进行第五次“围剿”。彻底粉碎五次“围剿”，就是保障中国独立自由的重要步骤！

⑦各乡、各村、各区赶快把赤卫军、少年先锋队和模范赤少队普遍建立起来。每人背一根武器，加强军事政治训练，随时动员来配合红军作战！

⑧赤卫军、少先队日夜要放哨，加紧赤色戒严，查问行人，不让敌人一个侦探混进我们苏区里面来探消息！

⑨捕杀敌人的侦探。谁帮白军做探子，捉起来交群众，公审枪决！

⑩不要替白军带路、当伕子、起炮台、修马路。谁甘心情愿去帮助白军的，他便是我们工农的敌人！

⑪红军打仗要大批粮食,以后没收地主豪绅的谷子,贫苦群众分一部分外,应当留一部分充裕红军的给养!

⑫要接二连三打大胜仗,彻底粉碎国民党军阀的“围剿”。工农群众应当踊跃的加入红军,大家努力扩大我们自己的军队——红军!

⑬只有工农贫苦劳动群众才有资格当红军,不让一个地主富农资本家混进红军。大家当红军去,迅速完成共产党扩大一万二千新战士的号召。

⑭当红军最光荣,红军家属应受到优待。大家帮红军家属耕田、种菜、砍柴、挑水,没收地主豪绅的米面,要多分些给红军家属。

⑮红军打了仗,我们大家要努力去搬胜利品,抬伤兵。这是每个工农应尽的一分责任。只有这样,红军更能够迅速移动地方,消灭别方面的敌人。

⑯赤少队每五个人做好一副担架,没编好赤少队的几家人共做一副。听到红军打仗,就自动拿担架去帮红军搬运战利品和伤兵。

⑰赶快把田分好,彻底消灭地主阶级,使土地革命的果实,完全落在贫农、雇农、中农的身上,免得豪绅地主利用这些财产来接济敌人。

⑱被我们推翻了统治、没收了土地财产的豪绅地主、军阀官僚和其家属,大家要严格监视他们的行动。他们如果勾引白军,替白军带路、送信、办粮食,就立即把他捆起枪毙。

⑲白军士兵们!你们是工农出身,你们不要替卖国的国民党军阀打自己的弟兄。暴动起来拖枪过来当红军,一同去打帝国主义、国民党军阀!

⑳白军士兵们!不要听你们官长欺骗威吓你们的鬼话。苏区农民分得田;工人加了工钱;红军优待俘虏,这难道不是事实么?把枪口向着你们的官长,同红军一起去打倒帝国主义、国民党!

㉑白军士兵们!国民党政府不让你们打帝国主义,强迫你们打红军。蒋介石说:“侈言抗日者杀。”你们不情愿做亡国奴,就要勇敢的来当红军,去打倒帝国主义,消灭国民党,军阀!

㉒白军士兵们!红军是工农的军队,是为中国和工农自己谋解放的武装。红军里没有打骂,生活平等。当红军的家属受优待。打倒打骂你们、克扣你们薪饷的长官,拖枪过来当红军!

中共湘鄂川黔省委

注释:

* 此文时间系编者判定。

[1]周矮子:即周燮卿,是湘西地方军阀陈渠珍下属。

[2]朱疤子:即朱际恺,是湘西地方军阀陈渠珍下属。

湘鄂川黔省革委印发的告农民小传单*

（1934 年 12 月）[1]

劳苦农民们！你们年头苦到年尾，总得不到饱饭吃。这是你们的命运不好吧？不，不是的，绝对不是命运的作怪，而是由于万恶的国民党、军阀、土豪劣绅把你们苦辛一年换来的价值——谷子、麦子、包谷等剥削去了，重租、重利、各种捐税的重担加在你们的身上，使你们贫到如此地位。

你们要解除这一切痛苦，只有拥护红军，加入红军，组织农民委员会和赤色农民协会。实行不还租，不还债，不缴国民党军阀的任何捐税。组织赤色游击队，打土豪，分粮食，吃大户，分田地，发展游击战争。推翻地主资产阶级国民党军阀的统治，建立工农自己的苏维埃政权，这就是唯一的出路。

中国苏维埃共和国湘鄂川黔省革命委员会制

注释：

＊此文标题系编者所拟。

[1]此文时间系编者判定。

中共湘鄂川黔省委关于地方战争动员给各级党部与各级政治机关的指示

（1935 年 1 月 4 日）*

亲爱的各县委、区委、支部同志们！
各级政治机关的亲爱同志们！

由于中国民族危机与经济浩劫的极度的深刻与尖锐，由于全国红军之伟大胜利与民众革命怒潮的空前高涨，我二、六军团自进入湘西北以后，连获了几次的伟大胜利，消灭和驱逐了永、保、龙、桑、大庸、慈利等县广大地区内之国民党统治与地主军阀军队。广泛的发动了群众斗争，树立了群众的临时革命政权及党与群众组织，武装了成千成万的工农民众。有些地区正在激烈的进行分配土地与武装斗争。我们正在向着彻底粉碎“围剿”，创造新的苏区与新的根据地的道路上，大踏步前进。这一新的战斗局面的开展，是有力的配合了五次战役决战中全国各个战线上的胜利，造成了我二、六军团争取新的决战胜利的更顺利的条件，使湘鄂川黔的反动统治更进一步的崩溃与动摇。因此，国民党法西斯蒂蒋介石、何键不得不从进攻苏区和红军的各个战线上，抽调几师的兵力，动员了三四十团以上的白军，向着我们组织新的绝望的进攻。企图以“血洗”屠杀的手段，来镇压湘鄂川黔边广大群众的革命斗争与苏维埃运动。

目前战争的形势，是全湘鄂川黔边的工农群众与红军，正在与进攻新区的敌人进行决战的紧急关头。我们战争动员的中心口号是：“工农武装上前线”“参加保卫新区的革命战争”“保障分粮分田的胜利”“保卫永顺”“保卫大庸”“开展湘鄂川黔新的苏区”。我们的策略要旨是最大限度的集中红军的有生力量，配合群众的一切力量，消灭敌人的主力部队，以游击战争与群众武装斗争配合红军作战，钳制和吸引次要方向的敌人，巩固与扩大新的苏区。省委为着使你们顺利的完成战斗动员的光荣任务，与争取新的决战胜利，特写给你们这个指示信。

（一）动员群众武装起来，参加革命战争，发展广大的游击战争

为着粉碎敌人新的进攻，首先要求各级党部与政治机关在群众中进行广泛的政治动员，立即召集党的会议、乡村群众大会、赤少队队员大会，特别在列、李、卢纪念周中召集各地示威大会。在“每个工农武装起来，反抗敌人的‘围剿’，反抗法西斯蒂的白色恐怖与血洗政策”的号召之下，动员所有的工农群众，在他们切身的利害上来响应这一号召，参加红军，加入独立团营游击队，组织赤卫军、少先队。最近，地方党对扩大红军的工作异常忽视，没有在各种斗争与宣传鼓动组织工作中，紧密的联系□扩大红军。为着使主力红军在与敌人进行持久的连续的残酷的战斗中，能够得到更大的更迅速的补充，必须从党团、政府、群众团体的各种组织上，进行扩大红军的动员，完成省委号召三个月内扩大一万二千新战士的计划。各级政府必须广泛宣传与发动群众，执行优待红军条例，从省

到乡的各级机关必须执行优待红属的礼拜六。打土豪的东西，必须多分一些给红军家属，使扩大红军与优待红属，成为广大群众的运动。严格防止个别地主、富农以及反革命分子混进红军。反对过去有些地方随便委一个团长或营长去进行招兵买马，收一些地主、富农的非阶级非群众路线。

农村阶级斗争的深入与开展，各地工农群众已纷纷的自动起来组织游击队。这是一个伟大的力量，是辅助红军作战的有力助手。然而无疑义的，这些游击队混进了一部分地主、富农成分，有些并且是地主、富农领导着。他们借此混到红旗底下来破坏革命事业。党在游击队中的领导作用，还是异常薄弱。特别是在我们没有派去干部之游击队中，乱打贫苦工农，保护土豪，造成地方械斗，进行反革命活动之事件到处发生。这种游击队中严重现象如不赶快克服，将有转变到敌人方面的危险。因此，争取这些游击队，改造游击队的成分，巩固与扩大这些游击队，发展游击战争成为新区党的第一等重要任务。对于争取这些游击队的正确办法，应该是立即把各游击队的领导者调来训练检查，同时派得力的同志去领导检查他们的成分。加紧他们的宣传训练；动员当地党、团员领导新的勇敢成分加入；建立党的支部与政委制度。对于混入游击队中进行反革命活动，勾引反水，组织逃跑，乱打贫苦工农，破坏革命的地主、富农及反革命分子，必须发动群众及游击队员的斗争，紧急的实行逮捕、枪决。防止因发生严重现象，便采用解散游击队的办法，因为这是抑制群众斗争情绪与积极[性]的有害行为。但如果发生有整个叛变或组织反革命暴动时，应采取紧急手段处置，直到缴械。

为着集中力量消灭敌人，为着便于集中领导与统一指挥，必须说服与动员游击队整批加入独立团、营或成立新的独立团、营，创造游击队中的基干部队。零散的小的游击队应大量的集中编制。这并不减弱了广大游击队伍的繁殖和发展，相反的在创立中心力量上更有力的发展游击战争和扩大群众武装，创造与繁殖许多新的游击队。

在游击动作中，必须锻炼这些游击队积极活动，发展广大的游击战争。在敌人左右前后，在敌人堡垒间隙之中，在敌人的远近后方，到处寻找敌人作战，以钳制、疲惫、迷惑、瓦解与分散敌人，进行艰苦的武装斗争，团结广大群众在他的周围。在目前，特别是一刻不停留的去猛烈消灭零星的地主武装来武装自己，壮大自己。

在群众武装斗争的开展当中，为着将所有的工农都武装起来，除开组织脱离生产之游击队外，必须扩大建立赤卫军与模范营的组织。这种组织的建立，必须依靠着我们的政治动员，在“打土豪”“消灭地主武装”“保卫‘贫家’人的生命与安宁”“保卫新区寸土不让敌人蹂躏”的动员之下，去组织武装他们。反对登门造册有名无实的形式主义，反对强迫命令。在目前战争极度紧张之新区，可以首先组织模范赤少队，动员他们配合红军与游击队参战，加紧赤色戒严，同时经过他们去发展赤少队。组织这一运动，必须密切的联系到参战动员。一方面动员赤少队帮助红军运输，打扫战场，挑胜利品与扛伤兵。另一方面要尽可能的利用一切参战的动员去组织和武装群众，扩大赤卫军和模范营。机关工作人员应成立机关赤卫军，成为地方赤卫军的模范，与实行武装自卫。在大的城镇中，当着敌人进攻的炮火之下，更应组织工人的罢工、参战，以反抗敌人的进攻。

为着加强对游击战争的领导，在战地最大部分精壮的党员、团员和工会会员都应加入游击队。党、革命委员会、工会和青年团的负责同志，除开少数必须留作地方工作外，大部分应当去担负游击队的军事指挥与政治委员。必须准备好一切，在任何情形之下，即使自己的地区已被敌人占领，也绝不向后面逃跑，而应留在敌人后方翼侧活动，以争取整个战争的胜利。同时游击队不是离开群众去登山或单纯的自己行动，必须到处发动群众斗争，武装群众，依靠群众力量来扩大游击队与游击区域，创造游击根据地。

为着保障红军不受到物质上的任何困难与顺利的进行与敌人决战，必须动员群众将自己的粮食、柴、菜大批贱价的卖给红军，打土豪的谷应留一部分给红军吃，游击队捉土豪的罚款除自给外，必须尽数交军区作红军给养，并发动群众慰劳红军。同时在战地应号召与说服群众进行“坚壁清野”以饿困敌人。当着敌人要占领这一地区的时候，预先将自己的粮食和一切东西埋藏与隐蔽起来，使敌人得不到一点东西。

最后指出：一切战争动员工作必须与改善群众生活紧密的联系起来。在新区必须彻底的分配土地与土豪的财物，增加工人的工钱，解决群众的切身问题，使群众得到实际的利益，以提高群众参加革命战争的积极性与保卫新区、同敌人战斗到底的决心。

（二）厉行赤色恐怖与消灭地主武装

阶级斗争更进一步的深入，地主、富农、法西斯蒂反革命以及反动武装的活动，也更加积极起来。为着巩固战争的阵地与后方，为着使群众革命斗争与武装斗争提到更高的阶段，必须以赤色恐怖镇压地主、富农、法西斯党徒的破坏与捣乱，从肉体上来消灭这些反革命的先锋队，从政治上来消灭他们的影响与欺骗宣传。然而在一个多月的工作当中，在这一方面表现着不可容许的右倾危险。有许多领导机关对反革命缺乏甚至没有阶级警觉性，看不见混入政权武装中之地主、富农、反革命活动（如当家塔乡革命委员会主席，在我们县游击队内组织十余人反水，并勾引地主武装来进攻包围县一级机关，结果里应外合造成刘家寨的严重事件）。在分田与扩大红军运动中表现同样的错误。

工农专政，是依靠在以暴力制服剥削阶级的革命政权。同时在新区肃反委员会的权力，由于当地革命斗争的需要，往往是没有限制的。我们必须依照这一原则，加强对肃反委员会的领导，防止反革命混入肃反机关。党必须派最坚强的工人、雇农党员到肃反委员会工作，发挥下级肃反委员会的权力，给以逮捕、审讯、枪决反革命之权。

为着巩固临时革命政权与防止反革命活动，必须将地主与有活动能力之反革命分子逮捕、拘押起来。如地主反动首领已经逃跑，即应拘押其家属作抵押品。这里必须加深群众的阶级仇恨，发动群众参加肃反斗争。组织乡村群众不脱离生产的秘密侦察队、特务队等，化装携带小刀与利刃，在革命委员会、肃反委员会与支部的领导之下，捕捉敌探。特别利用晚上去捕杀积极反动之地主、富农以及反革命首领，逮捕一切反革命分子，检查可疑之来往行人。对于已拘捕之重要犯人，在群众要求与同意之下，应迅速处决，以防止劫狱、冲监等事件。在紧急时应立即就地处决，不必等待召集群众大会，只要处决后宣布其罪状。

最近有些地主武装和被地主所收买的土匪到处活动，屠杀工农与革命者，包围机关。这不仅是捣乱后方，破坏红军交通，而且是勾结团聚一切反革命分子的力量。对于一切反动武装，首先应采取坚决的军事上的进攻，动员广大工农群众配合红军游击队去猛追猛打，消灭他们，绝不能采取放任与防御政策。同时应采取政治工作，号召民团与土匪士兵回家打土豪分田地。发动他们的家属、亲戚、朋友去宣传,邀他回来。派人到他们中间去工作。对于俘虏应分别清楚,其首领或阶级异己分子应公开枪决;被欺骗的工农分子应优待他,从政治上去瓦解他们的组织。这里"杀土匪""剿匪"的口号,以及不分阶级,不分首领,捉到便杀的办法,只有帮助敌人,巩固敌人的阵地。特别是对于被豪绅地主欺骗与压迫而向我们喊"捉"喊"杀"或打土炮之群众,我们应该以同志的态度去争取他们,说服和领导他们与我们一起去进行武装斗争(参看省委对民团土匪的传单与标语)[1]。

为着肃清混入革命委员会之地主富农反革命分子,加强革命委员会对战争与革命斗争的领导。对于为地主富农所把持之区、乡革命委员会,必须发动群众起来,驱逐阶级异己分子,由群众团体重新选派代表组织,或由上级革命委员会指定名单到群众大会上宣布与通过。对于个别混入阶级异己分子的革命委员会,只要在驱逐阶级异己分子后,补选委员。一切企图以命令取消或解散革命委员会的办法,都是错误的。

(三)关于敌人远近后方的工作

为着各方面配合红军胜利的进攻,争取新的决战胜利,必须开展敌人远近后方的工作。首先就是白军士兵运动。各级党部与破坏部,必须在边区战地,经过党团支部、工会支部在群众中吸收妇女、儿童、老头子加入白军工作组。经过他们去宣传与组织白军与民团士兵,组织士兵哗变,反对进攻新区和红军。发动士兵的日常斗争,号召他们行动起来,同工农携手,一同去打土豪分田地。

边区战地的党必须集中一切力量,来武装群众,来保卫新的苏区。同时为了"万一本地被敌人占领,能够迅速改变自己的各种组织,一分钟不间断的继续领导斗争",应该预先准备秘密工作的干部,给以特殊训练,并准备交通网。对于暂时被占领区域中之党与团、革命委员会、工会各种组织,在县、区两级应组织集中领导的一个委员会。但并不取消党、团、工会等下层组织与工作。秘密工作干部,必须隐藏在群众中,在广大群众掩护之下进行各种活动,领导群众反对白色恐怖,反对苛捐杂税,反对修马路、筑炮台等日常斗争,迅速的进入武装的游击战争。但这一准备工作,绝对不能曲解为对革命战争悲观失望,对创造新区没有胜利信心或作为首先的工作,而放松今天动员群众保卫新区的当前任务。

最后,在战争动员中,必须坚决反对不相信群众(如认为群众反水,群众斗争低落等)的右倾机会主义,反对退却逃跑,反对对反革命分子的容忍姑息,同时要反对"左"的忽视敌人进攻与强迫命令的方式。省委号召你们立即动员起来,为保卫新区,争取新的决战胜利而奋斗到底!并向你们致以热烈的

革命敬礼!

中共湘鄂川黔省委

注释:

* 此文时间系编者判定。

[1]传单与标语未找到。

中共湘鄂川黔省委第二次活动分子会议弼时同志的报告
——关于粉碎敌人大举进攻最后的彻底的粉碎敌人五次“围剿”前面党的紧急任务

（1935 年 1 月 6 日）*

同志们！今天到会的有郭亮、永保、龙山党的积极分子和已经毕业就要分到各县、区、乡工作的党校学生，并有省级活动分子参加。所以我要把目前战争形势和党的紧急任务，向同志们做一个简要的报告。

一、湘西北革命运动的新形势和敌人新的进攻

自从我红二、六军团汇合在中央和军委指挥之下，进到湘西北一带地区之后，党即决定在这一地区创造新的苏区根据地。不到两个月时间，的确我们在湘西北创立了一个新的形势，这在中国苏维埃运动发展上是有极大意义的。

首先是我们英勇善战的二、六军团，由于坚决的执行了党的进攻路线，在短短的两个月当中，给了陈渠珍以致命的打击。打败了朱疤子和刚由江西调来进攻我们的罗启疆部，总共击溃了敌人十五个团，消灭了四五个团的有生力量。接连占领了永顺、大庸、桑植、桃源、慈利等城市。特别是我们进攻辰州，包围常德，给了湖南敌人和进攻我中央野战军的敌人总后方以很大的威胁，有力的配合了野战军的行动。

在红军胜利影响和党的正确领导之下，永保、龙、桑、大庸、慈利的工农群众都踊跃起来革命，到处撑起了红旗，组织游击队，普遍建立了工农的临时政权。现在从洗车河到溪口有四百多里，从桑植以北到永顺石田溪以南有二百四五十里路的地区，已经成为我们苏维埃共和国的版图了。

在这一区域，包括有四五十万群众。群众的斗争，从打土豪、分粮、分衣服财产的斗争，已经进到分配土地，彻底来消灭封建残余势力的更高阶段。广大工农劳苦群众，从国民党军阀长期压迫之下解放出来，得到了切身的基本的利益，参加革命战争的积极性大大的提高。首先表现在群众热烈的参加红军，使我们的主力红军扩大了一倍以上。其次是创立了大批的独立团、营，游击队，正在同地主武装进行残酷的武装斗争。各地群众都在积极的分配土地，组织工会、贫农团，建立赤少队的组织，为保卫革命政权和已得利益而坚决斗争。

同志们！正因为我们的伟大胜利与成功，我们在这一广大地区内推翻了地主资产阶级的统治，驱逐了帝国主义的势力，动摇了蒋介石“追剿”西方军的计划，掀起了苏维埃革命运动的巨烈潮流，这就给了帝国主义、国民党军阀以很大的威胁。因此，垂死的最后挣扎的国民党军阀，正在征调力量，组织对我们二、六军团和新区的大举的绝望的进攻。据我们由各方面得到的消息，湖南军阀何键从进攻我西方军的战线上，抽调了两三个师，湖

北敌人也调动了三四个师的力量，总共调了几十团兵力，布置对我们进行大规模的“围剿”。

二、最后彻底粉碎敌人五次“围剿”和我们这一战线上的任务

这里我们应当清楚认识和估计的就是：在整个国内战争中今天的任务是什么，我们在这一战线上是否有这样的力量来粉碎敌人这一进攻。同时我们在这一战线上的胜利或失败，对于彻底粉碎敌人五次“围剿”，对中国苏维埃革命运动发展的前途上有些什么关系，这是需要我们详细来说明的。

这里我们首先要指出的，就是在整个国内革命战争战线上，我们已经进到最后的彻底的粉碎敌人五次“围剿”的阶段上。

蒋介石在五次“围剿”中，调动了全国十分之七的兵力来进攻中国的苏区和红军。我们在过去的艰苦奋斗中，全国各个战线上都给了敌人多次的打击，消灭了敌人巨量的有生力量，已经取得了粉碎五次“围剿”第一步的胜利。

以前敌人在我们苏区周围是依靠费了很久时间很多兵力建筑起来的炮楼，和许多坚固的工事来进攻我们。他不敢离开炮楼、工事和我们主力决战，所以我们很难找到在野外在运动当中来打击敌人，大量消灭敌人的机会。现在呢？进攻中央、湘赣和整个江西苏区的敌人，被我中央野战军和二、六军团把他最大部分调动出来了，这正是我们在野战、在运动中来消灭他们的好机会。

不仅我们有了消灭敌人主力的好机会，而且我们现在有了许多新的阵地。这就是说帝国主义、国民党拼死命来进攻中国苏区红军，苏区和红军不但没有被他消灭，而且生长出了几大块新的苏区。以前我们苏区在江西一大块（包括湘赣、湘鄂赣、赣东北等苏区）、川陕边一大块、鄂豫皖一块。现在我们在湘鄂川黔创造了一大块，中央野战军在贵州最近占领了镇远、黄平、施秉、遵义等县城市，那里也是一大块新苏区。这是我们消灭敌人更加有利的条件。

同志们！我们占领许多新阵地，敌人又被我们调动出来了。在中国存在着的革命形势剧烈发展的基础上，正是我们最后的彻底粉碎敌人五次“围剿”来争取革命一省、几省首先胜利的时期，我们是具有彻底粉碎敌人五次“围剿”极有利的胜利的条件。

我们现在的战线是很宽很广的。各个战线在军委单一意志之下，来互相配合呼应的进行战斗。每一战线的胜利或失败都可以影响整个战局的。我们这块苏区在整个战线上是处在一个很重要的位置，是靠近反动中心的武汉和长沙，是整个战线上一个前进阵地，同时又是在进攻中央野战军和四方面军主要敌人的侧后方。我们的任务就是要巩固这个新阵地，迅速粉碎敌人对我们的大举进攻，打坍和消灭我们阵地前面的敌人，大踏步的开展这块苏区，牵制、分散敌人，袭击敌人的后方，来动摇敌人的整个阵势，直接帮助野战军和四方面军迅速取得决战的胜利。若是我们在这个战线上不能粉碎敌人的进攻，或者是失败了，那便要影响整个战线，使其他战线方面增加一些困难，这是我们应清楚看到的。

三、我们能够战胜敌人的胜利条件是什么

同志们！我们同敌人的决战已经迫近了，我们这个战线又负担着这样重大的历史任

务，我们是否有这样的力量来粉碎敌人的大举进攻，来打坍我们这一阵地前面的敌人，稳住我们这一阵地，大踏步向前发展呢？

我们的答复是：我们有这样的力量。我们能够战胜敌人的主要条件是：

1.首先是我们红二、六军团在最近几次胜利中，是更加巩固和强大起来了。军事、政治上的进步，在数量上的扩大，缴获了敌人很多的武装，武装了我们的新战士，创造了很多地方武装——独立团、营，游击队。我们的武装战斗力量是几倍的加强了。同时我们不是孤立的战斗，到处有红军配合我们作战的。

2.红军是工农的武装，是为贫苦工农谋利益的军队，他能得到广大群众的拥护和参加。周矮子、朱疤子和其他白军一来，群众就逃跑上山，或者与之武装对抗；红军来了，群众都来拥护。这就是说现在苏区有几十万群众，除了地主、富农之外都是拥护红军，反对白军的。我们组织和领导得好，这几十万群众能当十万、二十万军队的力量。同时在白区还有广大反帝、反国民党斗争来与我们配合。这就是说，白区的广大工农群众也是反对白军，拥护红军的。这种伟大的力量，只有我们才有，国民党军阀是不会有的。

3.国民党军阀的统治是在动摇崩溃着□□，在政治上欺骗群众的范围更加缩小了，财政上的困难更加增加了。他们在一致进攻红军当中，内部的矛盾还是存在着，特别是他所依靠来进攻红军累遭惨败的白军士兵表现得更加动摇。譬如陈渠珍被我们打败后，地盘缩小，财政困难，士兵生活更加痛苦，甚至有每月只发九毛伙食钱，士兵开小差的很多。何键的队伍都是过去被我六军团打败过的，这次长途远征走得很疲劳，士兵非常动摇。过去白军十六师士兵时常说：“我们只想同红军打仗，打仗就好缴枪，领三块大洋回家。”这表示工农出身的白军士兵是不愿坚决打红军的动摇状态。虽然目前敌人在数量上是超过我们几倍，但白军是存在着没落死亡命运的弱点。

我们具备着战胜敌人的条件，我们相信是能打坍敌人的，但是同时要看清我们自己的弱点。在今天我们还有下列的主要弱点存在：

①我们这个区域是新创造的新苏区。我们在动员和组织群众方面还存在着许多弱点。

②我们瓦解白军的政治工作还是一般的薄弱。

但是这些弱点我们是有办法来消灭的。我们只要能以布尔什维克的工作速度，努力去动员组织武装群众，加紧派人到白军中去工作，加紧对白军的宣传鼓动工作。这些弱点和困难是可以克服的。

四、过去二个月工作的检查

同志们！根据目前这些紧张的战争形势，来检查我们过去两个月的工作，上面已经讲过，我们在短短的时期内是获得了伟大的胜利与成功。这些胜利与成功是在党的正确领导、红军英勇奋斗和广大群众斗争积极性发扬基础上得来的。谁看不见这些成绩就是机会主义者。但同时又要指出我们这一时期工作中的弱点和错误，在这两个月中我们最大的弱点是：

1.这个区域的革命斗争是很快的发展起来了，但我们党的领导力量的强大还赶不上斗争发展的需要。如在这个地区有四五十万群众，但地方上党员还不超过一千人。这可以看出党在群众中领导力量是薄弱的，有许多斗争是自发的。我们还没有在每一个乡，每一个游击队，每一个企业、作坊、工厂和街道上建立党的支部，因此，在有些地方发生了严重现象。如最近刘家寨有几个乡的游击队，因为没有党的坚强领导，甚至没有党的组织和政治委员，在敌人包围时没有坚决同敌人斗争，被混入的反革命分子领导去投降敌人去了。有些群众自动组织的游击队，因为没有党的领导，发生乱打土豪的严重现象，如桑植有几个区。但我们只有很少的党员，加上领导机关没有坚决执行党的路线，各种工作都推不动。地主、富农、反革命分子，也就容易混进了我们的政权机关和部队中来进行反革命活动。我们要了解没有党的坚强领导，我们的工作是不能收到成功的。

2.这个广大地区的工农群众虽然得到一部分利益，但我们还没有能够最大限度满足群众的要求，没有很迅速的解决土地问题，使农民和农村工人都得到土地。城市与农村工人虽然有些部分增加了工钱，但这不是普遍的，没有广泛发动工人的斗争，来争取更多的实际利益。永顺城的店员工会直到现在还没有很好的组织起来。省委第一次活动分子会要求十二月分在基本苏区——塔卧、刘家寨、龙家寨、颗沙等，彻底解决土地问题。今天检查起来，没有一个区已经全部分好了土地的。不能深入群众的阶级斗争，给群众以更多的实际利益，是不能把群众参加革命战争的积极性发扬到最高限度的。

3.我们没有迅速坚决的消灭地主武装，求得新区应有巩固。在有些地方，如以前桑植县委认为，地主武装大多数是会革命的，因此放弃了进攻地主武装的革命斗争，结果是给了地主武装聚集力量的时机，反而到处屠杀革命群众。我们在这一时期对于积极活动的地主、富农、反革命分子，没有能够采取赤色恐怖手段来严厉的镇压，甚至有捉到的反革命分子还放走他，或不敢去捉他。以妥协、姑息、放任反革命的活动代替党所指出以群众暴力来镇压反革命的正确策略，这便要阻碍群众阶级斗争的深入。

4.在这个时期中，特别最后一个时期，对于粉碎敌人“围剿”的群众政治动员工作，和实际武装组织群众来参加战争的动员工作是做得异常不够的。在扩大主力红军方面，虽然是完成并超过了十二月分的规定计划，但地方党扩大主力红军工作是万分不够的，没有从分粮、分田、增加工钱等等斗争中很好联系到扩大红军的任务。在编制赤少队和模范赤少队、收集粮食、筹款等工作，没有一个县完成了省委的计划，而且都是相距计划很远的。

同志们！我们要指出这些弱点和错误是很严重的。若是不能迅速消灭与克服下去，这对于彻底粉碎敌人“围剿”，争取决战胜利，是要受到很大影响的，是不能保障这一广大苏区的巩固与发展的。同时这些弱点和错误的存在不是偶然的，最主要的原因是：

①在我们党内还存在一些机会主义的观点。如过去桑植的负责同志充分表示不相信桑植工农群众的力量，在敌人进攻前面表示无办法的机会主义动摇。其他地方有个别同志存在有不相信群众的机会主义观点。如说群众怕当红军，不愿编赤少队等说法。这都是对目前革命发展形势估计不足，对苏维埃革命缺乏胜利信心的表示。

②由于我们不善于领导群众，不能适合斗争新环境，创造领导群众新方法，相反的脱离群众的官僚主义的工作作风，还是普遍严重的现象。我们不能深入群众，了解群众中的实际情形，解决群众中一切迫切问题，那自然不能够很好去开展深入群众斗争，组织群

众，发扬群众的积极性。要转变我们的工作，首先就要开展党内斗争，消灭这些阻碍我们工作转变的原因。

五、目前党的紧急战斗任务

湘西北的革命斗争形势已进到更残酷艰苦斗争的阶段。我们要粉碎外面来进攻我们的敌人，同时要消灭苏区内部的封建残余势力和一切反革命活动，来保卫巩固和发展我们这个新的苏区，来彻底粉碎敌人的五次“围剿”，开展中国苏维埃革命运动新的胜利的局面。摆在我们党前面最基本的战斗任务，就是以争取决战胜利为一切工作的中心，去动员组织武装广大工农群众，在满足群众要求基础上发扬群众积极性，造成群众一切为着战争的热潮。关于战争动员工作，省委已有一个给各级党的详细指示信。这里只简单说明几项工作的中心内容。

1.目前战争动员的第一个问题，就要在广大群众当中进行艰苦的政治动员。首先要使全体党、团员个个都了解现在战争的紧张形势和目前战争动员工作的重要。到会的同志到各县、区、乡去，应当有计划的来召集县或区的活动分子会议，布置战争动员的工作，随即召集支部小组会，在党员中来报告和讨论执行的具体办法，并实际分工，做到每个党、团员都做一件战争动员的具体工作，成为战争的组织者和领导者。在党的各种会议当中，要反对一切不正确的倾向。首先是反对在敌人大举进攻前面表示张惶失措，悲观动摇，退却逃跑的右倾机会主义，同时对忽视敌人进攻，放松艰苦战争动员的“左”的倾向，也要给以严厉打击。我们的动员不仅仅在党团内，最主要的是要去告诉广大群众，使群众清楚了解目前战争形势，相信我们能够胜利，来巩固他们对战争的胜利信心。因此，党应经过革命委员会和各群众团体、赤少队、游击队去召开各种会议，报告和讨论战争动员工作。县、区一般应组织战争动员的宣传队，到各乡各村各屋场中去，经过会议或谈话，根据省委关于战争动员的宣言标语，做广泛的宣传鼓动工作。

2.在战争动员中，摆在党前面最基本任务，就是如何去加强对武装的领导和组织，加强游击战争的领导。我们在组织武装、领导武装方面：

第一，要保障完成省委扩大一万二千新战士的计划。一月份（一月十号至二月十号）应扩大四千新战士。我们如何去扩大：甲、依靠党、政府及各群众团体，经过自己组织去动员在分粮、分田、增加工资的斗争中，密切联系到扩大红军工作。这里要反对认为群众不愿当红军，当红军的早已去了的观点。乙、整批动员赤少队加入红军。我们编好了赤少队，就要抓紧其中心的工作。特别是模范营，准备整批动员起来加入红军。此外，应将游击队一部分加入主力红军，一部分加入独立团、营去。我们提出永保、郭亮、大庸每个县在一月份至少要做到一个模范营加入到主力红军。丙、切实实行优待红军家属的十八条。过去这一工作是未引起各级党和政府的注意的，立即动员群众去优待红军家属，实行共产党的礼拜六。在群众中造成当红军最光荣的社会舆论。

第二，我们应广泛发展游击战争。要认识这是配合主力红军，争取决战胜利的一个主要条件。游击队要真能深入到敌人侧后方，积极行动，吸引分散敌人，破坏敌人后方交通，瓦解白军，并领导群众斗争，消灭地主武装和敌人单个部队，繁殖游击队。这里必须保障游击队能绝对执行明确的阶级路线。现在有许多区、乡都有游击队，领导不强，力量又分散。我们应该将分散的游击队，以区为单位集中起来，编成区或县的游击队。加强游击队，独立团、营中党的领导，是异常迫切的问题，这首先在每一个连队中应建立党的支部，坚决洗刷其中地主、富农、反革命分子。

第三，是迅速把赤少队编制起来。我们若能将几十万群众武装组织起来，这的确是可以当得几万、几十万军队力量的，因为他能迷惑、钳制、疲困敌人。譬如敌人进到永顺城，我们以赤少队配合少数部队四方八面将敌人围困起来，断绝他们的粮食，可以做到敌人不敢随便出城行动。这是便利我们主力来各个击破敌人，消灭敌人的。

赤少队编制好了，应加紧训练。一个月至少应下两次操，由区委或支部派人去上政治课。应经常准备好一切，以便能随时动员去参战。最近全省应做到动员三个模范营，四营赤少队去前方配合作战。

巩固部队，保障战争胜利，不可分离的就是收集粮食的工作。这一方面是要从深入阶级斗争中，把查出地主的谷子，在说服群众得到群众赞助下，留出大部分供给红军，并且将他搬到安全地方集中储藏起来。另一方面就是组织群众随游击队到白区去搬土豪的谷子。这里要防止脱离群众的现象，就是说要分一部分给当地群众，并向群众宣传解释充裕红军给养的重要，把谷子搬进来，分发一部分给搬运的群众，留出大部分保存起来。各区乡要组织粮食委员会和保管委员会，来负收集和保管责任。

3.很快消灭在新区内的地主武装，用赤色恐怖来镇压反革命的活动，造成巩固一片的赤色后方，是目前一个很重要的工作。最近的事实证明，地主武装在敌人大举进攻和新区内阶级斗争深入的时候，必然要更加积极活动起来。我们若不能迅速消灭他，将给我们以很大的阻碍。消灭这些地主武装的办法：一是靠我们武装去打。但必须去领导游击队，独立团、营配合赤少队去袭击包围消灭他，利用土枪、土炮、土炸弹去对付他，不应依赖主力红军去打。除了打的办法，还应该用政治工作去瓦解地主武装和土匪队伍。分田时他们中间工农出身的士兵应同样分得土地，利用他们的家属或派人进去进行瓦解的工作。

其次是被我们推翻了的豪绅地主及富农必然要更积极活动起来。他们活动方法主要是：①□起零星的枪支，隐藏在山上，袭击暗杀我们的工作人员。②混进我们的武装和政权中来破坏革命，阻碍分田斗争。③用欺骗威胁的办法来和缓群众的斗争，欺骗落后的分子。我们对付这些反革命是要以革命群众的暴力，用赤色恐怖手段来镇压他。第一，我们对付藏在山上的豪绅地主反革命分子，应该发动赤少队搜山捕捉。对积极反革命活动的地主、富农，应立即由群众公审枪决。平时应发动群众严密监视地主、富农的行动。第二，要揭破豪绅、地主、反革命的欺骗阴谋，使群众从自己的经验和利益上不相信他的欺骗。④立刻检举混入政府、群众团体和武装部队中的豪绅、地主、反革命分子。积极活动的必须捉起来公审杀头。

过去在肃反中表现最危险的倾向就是对反革命容忍姑息、妥协让步的右倾。我们应开展反对这种倾向的斗争。少数地方发生过捉到土匪，不审查成分，不分别首领就杀，这也是不对的，因为这要妨碍我们瓦解他们的工作。今后必须建立坚强的肃反委员会。在新区，肃反委员会不管他是乡是区一级，他的权限应当是很大的。从乡肃反委员会起都有杀人的权限。但这里最主要是保障执行阶级路线，不要使反革命分子混入了肃反机关来杀我们贫苦工农。省、县肃反委员会，应建立坚强而有战斗力的政治保卫队，省要有二连到一营，县要有二排到一连，用他来肃清地主武装和镇压反革命的活动。

4.彻底分配土地是完成战争动员不可分离的任务。这个工作我们已有一些经验。最主要的问题，就是靠我们发动农村中的基本群众，热烈来参加这一斗争。群众起来了，地主、富农是容易清查出来的，土地、人口也很快可以登记，并且瞒田也无办法，很快便可把田分好。这里贫农团和工会的作用是很重要的，必须加强扩大其组织并发挥他的作用。我们要反对迟缓分田的现象，因地主、富农就是希望迟延分田的。我们要反对原耕不动的分田原则，因为这要□分进田的贫农、雇农、工人得不到好田，而且富农可以从中作怪。过去有些地方分配土地斗争中不去经常严格检查，甚至地主、富农混进了土地委员会都不知道，这必须严格纠正过来。各级土地没收分配委员会必须坚强，首先就是检查这里面的成份，经常指示他们进行工作的方法。龙家寨、杉木村分田时不要土地委员会，由群众去互相盘田，这并不是好的办法，而且是错误的。因为分田中有许多事情必须要有一定的机关来领导指挥，没有这种机关是做不好的，并且富农、地主可以利用机会，偷取土地革命果实。分田的时候要特别注意中农的态度，不使他们发生动摇、恐慌。要向他们解释土地革命是不会侵犯他们的利益，而且是于他们有利益的。使他们没有丝毫的怀疑，站在贫农、雇农方面一同来反对地主、富农。这里首先就要靠我们从打土豪分东西起，直到分田都不致侵犯他们利益。特别要防止把富裕中农判作富农，弄错了的要立刻纠正，并赔偿他的损失。把富农当地主打，消灭富农的个别错误，也必须纠正和防止，因为这样的事情也是可以引起中农动摇的。

在分好了田的地方，应即进行分山、分鱼塘、房屋的斗争，并应进行查田的运动。如分田分得很坏的地方，地主、富农窃取了土地革命利益的地方，则应重新分配过。各地方党应不放松的抓紧这个基本的斗争，求得迅速彻底解决新区的土地问题。实际经验告诉我们，土地问题正确解决了的地方，群众积极性要高些，各项工作都有成绩。

5.加强和巩固党与政权机关的领导力量，改善领导方式，成为目前一个很重要的任务。首先是要反对依然存在着的关门主义，求得迅速在各部分都有我们党的组织。在每个乡村、工厂、企业、街道、学校等和武装中的每一个伙食单位，都要有党的支部，这才能够保障党的领导的加强。在今天发展党的组织，要把力量向那些没有党组织的地方去突击。特别要向工人、雇农、苦力大开其门，大胆的吸收无产阶级、半无产阶级的先进分子。这里要反对那些“和平发展”的说法。要晓得我们今天是一个斗争的环境，有什么和平可说。问题只是在于大胆发展当中，要注意防止异己分子混入我们党里来。

6.仅仅有了很多党员还是不够的，必须健全支部的生活和领导。支部要有很好的分工，每一个党员都要负担一件经常的工作。要健全支部委员会的工作，使他真正能领导本乡的政府、赤少队和其他群众组织的工作，真正成为执行党每一决定的机关，群众中间的核心，这才是健强和巩固了党的领导力量。加紧党员的教育是很重要的。这主要是分配党员的实际工作去训练。其次办法是要经常开办流动训练班。县委应开办干部训练班，培养大批新干部。首先是加强区委的领导，因为区委组织和领导加强，才能推进支部的工作。

7.改善党和政府的工作方式,学习领导群众的艺术。我们在工作中碰了钉子,工作推不动,就要研究其原因,在其中去学习领导群众的方法。譬如塔卧乡开始分田的时候,群众会议总召集不成功,后来发现土地委员会中有个反革命分子,他在周矮子时代,帮周矮子压迫群众。红军来了,他就借红军名义打"贫家人"□土豪,并且威吓群众说,现在分田将来革命军来了就要杀头。后来把他捉起[来]经群众公审枪决了,群众热烈起来分田,什么工作都好做。所以领导群众的艺术就是在于去了解群众中一些实际问题,而给以适当的及时的处置,满足群众的要求。党和政府要经常检查下面的工作,指示工作方法。如果只管发决议,下命令,不去检查,这种官僚主义的领导方式,对于我们是最有害的。各革命委员会的工作应当把他健强起来。党不能去代替包办政权的日常工作,而是应该加强对政权工作的领导,培养政权独立工作的能力。决定了大的问题,大胆交给政府工作人员去做,建立政权在群众中的威信和权力,使群众认识政权是自己的权力机关。革命委员会里面的消极怠工分子,阶级异己分子,应加以清洗。多吸收群众中的积极分子来改选并健全本身的组织机能,使他成为目前战争中坚强的组织者、领导者。在分好了田的地方,应马上进行苏维埃的选举运动,把革命委员会转变成为正式的苏维埃政府。各级军事机关也必须以大力去健强其组织与工作。我们要认识党、政府、军事机关在领导革命战争当中,是三个最主要的机关。我们要反对党不管军事机关工作的错误倾向,同时也要特别注意防止军事机关超过党,不把重要问题提到党的会议上讨论,只是通知一下党,脱离党领导的危险倾向。当然军事机关是有他的直接指挥系统的,但在军区指示方针下各级军事机关,必须协同当地同级党讨论决定具体执行的办法。

在边区、战区的党,我们应有秘密工作的准备。特别是边区的党更要注意,因为敌人容易伸进来破坏我们党的组织。在敌人暂时占领区域的党,应在当地继续活动,领导群众反抗白色恐怖,反对拉夫、修马路、筑炮台的斗争,不应取消一切活动的退却逃跑。全党应注意瓦解白军的工作,除进行对白军士兵一般的宣传鼓动外,应利用各种关系打入白军中活动。特别是边区乡、战区和被敌人暂时占领地区的党,要努力进行瓦解白军的工作。

同志们！这就是目前党最紧急的战斗任务。我们同敌人决战快要到来了,我们担负着伟大的历史任务。各个战线上正在那里与敌人肉搏冲锋,前方战士正在那里磨拳擦掌,准备同敌人拼个你死我活,战争形势是很紧张严重的。我们及时把上面任务完成,才更能增加前方的战斗力量,保障迅速粉碎敌人的大举进攻,彻底最后粉碎敌人的五次"围剿"。

中共湘鄂川黔省委

注释:

* 此文时间系编者判定。

红六军团政治部
关于党团员在战斗中的任务*

（1935 年 1 月 16 日）

A.战斗前

1.每一党团员要知道，战斗是战争之主要的与决定胜负的重要关键。因此，政治工作的主要任务是加强与提高部队的战斗力。这种任务党团员应负担，因为党团员手内握有启发□□红色战士勇气的钥匙，握有“帮助”胜利的广大可能。所以，每个党团员应努力发扬共产党的坚毅性，而且给共产主义者开展了巨大的工作场所，以表现并发展共产主义的质量。“在战斗中谁的目的明显，谁详细□□敌我的情况，谁的动作坚决勇敢奇妙，谁为达其目的而表示顽强，谁即可得到胜利。”（苏联野战条令第四七条）

2.每个党团员应深刻了解战争的重要政治意义，并向非党团群众作解释。

3.党团员应明了敌我力量的对比和我们胜利条件，向群众宣传，坚持战斗胜利信心，提高战斗勇气。

4.在预备战斗时，进行参加党的支部会、小组会，并以英勇战斗，执行上级命令，起到核心作用。

5.适合每一战斗情况，不间断地同非党团群众谈话，以坚定其为苏维埃，为工农利益而奋斗到底。

6.加紧军事宣传，领导全体战士加紧战斗准备（把自己手中所握着的武器，枪支、弹药、刺刀、手榴弹……等，准备领导战士投入冲锋）。

B.战斗时

1.在战斗中，党团员首先就要保障上级和自己首长命令的执行，勇敢冲锋或顽强抵抗。

2.党团员在战斗中应为战士的模范，以身作则地表现出怎样与敌人搏斗，帮助指挥员来建立射击纪律和防毒、防空、对空纪律等。

3.党团员在战斗中，应互相认识，互相激励，监视自己及党内同志，互相保持亲密的团结，准备于每分钟内彼此互相援助。

4.在战斗中党团员须领导瓦解敌军工作，领导全体战士对白军士兵作宣传鼓动工作。

5.共产党不仅是工人阶级最革命的而且是最觉悟的一部分，这种觉悟在战斗中尤其需要。因此，每个党团员在战斗中要有充分的阶级觉悟，能为阶级利益而领导群众奋斗到底。

6.在战斗中，要求每个党团员具备有牺牲、英勇、果敢、坚决、无畏、顽强的决心来以身作则，作为非党团群众的模范先锋作用。

7.攻击前，党团员提出简单的鼓动口号与提出具体战斗目标（这里党团员须注意保障军事秘密），这常是很有作用的。

8.在攻击中，每个共产党员要为保证战斗任务的完成而牺牲一切的英勇坚决作模范，与一切动摇与慌乱现象作斗争，如发现拖枪投敌的叛逆分子就地射击。

9.支部的党团员在战斗中，须以自己的勇敢与毅力做模范。在战斗危急之际，党团员须站在最前线，不顾一切，坚决沉着地消灭敌人，争取最后的全部胜利。

10.在追击中，党团员应以身作则，防止一切洋财观念或借口收容战利品、照料伤员，而掉在后方。并与这些现象作斗争。

11.在追击中，党团员应提出"不让敌人走脱一枪一弹""猛烈追击""加紧搜索""收集胜利品"，以争取战争的园〔圆〕满胜利。

C.战斗后

国内战争的环境，使我们在战斗胜利后，休息整理时间常很短促，还要进行连续战斗。因此，战后党团员的工作应要求极速度的紧张：

1.采取各种方式，进行巩固部队的战斗情绪。

2.检查党团员在战斗中的工作。

3.整理党的组织，补充及提拔党的干部。

4.重新配备党团员，发展党团组织，加强党的□□。

5.与地方党团建立联系制度，进行扩大红军工作。在战斗胜利后，占领新的区域应努力扩大红军工作。

6.党应派出自己的同志去安慰伤员。

7.加紧胜利宣传，巩固和发扬部队中的战斗情绪，进行连续战斗，争取新的伟大胜利。

附：这一材料是供给每次战斗中党团员的参考，并在每次战斗的政治准备工作中，提到支部、小组会去讨论，使每个党团员都能了解这些问题，并在实际的战斗中负起这些责任。

红六军团政治部

于大庸毛坪

中央军委总政治部
关于我军渡江的作战计划*

（1935年1月20日）

（甲）情况估量：目前敌人正以何、徐两敌围攻我二、六军团，以川、陕之敌围攻我四方面军，而另以湘敌主力及粤、桂、黔、川、滇之敌配合薛岳兵团向我野战军实行进逼包围，企图束缚我野战军在乌江西北地区，以便各个击破。我二、六军团及四方面军与我野战军，并成为蒋介石新的围攻的预先步骤。在贵州方面，黔敌主力约六个团于昨十九日占领遵义，并向我三军团实行追击。判断薛岳兵团吴、周各一部正协同黔敌主力分向仁怀、茅台两方实行追击和堵截我军。侯敌部队似在仁怀、茅台、土城、官店、赤水地域企图阻我西进。滇敌则将进驻毕节。四川方面，刘湘判断我军将入川，并渡江深入川中。因此刘敌第一步，正调集约三个师八个旅，在彭水、重庆、綦江、合江、沪〔泸〕州、叙州之线，企图堵我入川与渡江。并加紧对四方面军的进攻，阻其与我配合。我们判断其第二步，将更调集主力阻我渡江，或在川中地域，乘我立足未稳，与我决战，而以次要部队扼守堡垒，钳制我四方面军。而蒋介石的嫡系部队将逐渐沿长江进入四川，实行其新的围攻部署。

（乙）作战方针：我野战军目前基本方针，由黔北地域，经过川南渡江后，转入新的地域，协同四方面军，由四川西北方面实行总的反攻。而以二、六军团在川、黔、湘、鄂之交活动，来钳制四川东南会剿之敌，配合此反攻以粉碎敌人新的围攻，并争取四川赤化。

（丙）初步任务。为实行上述基本方针，我野战军目前初步任务应是：

1.由松坎、桐梓、遵义地域迅速转移到赤水、土城及其附近地域。渡过赤水，夺取蓝田坝、大渡、江安之线的各渡河点，以便迅速渡江。

2.消灭和驱逐阻我前进之黔敌与川敌，尽力迟滞和脱离尾追与侧击之敌。

3.在尾追之敌紧逼我后，而我渡赤水与渡长江发生极大困难，不能迅速渡河时，则应集结兵力突击尾追之敌，消灭其一部或多部。

4.在沿长江为川敌所阻，不得渡江时，我野战军应暂留于上川南地域进行战斗，并准备渡过金沙江，从叙州上游渡河。

（丁）实施计划：

1.右纵队一军团。

A.任务：迷惑和抑留綦江、合江之敌，驱逐和消灭温水、鳛水黔敌，并迅速夺取赤水、纳溪。

B.行进路线：二十二号温水，二十四号鳛水，二十七号百簾厂。

2.中央纵队五、九军团及军委纵队。

A.任务：迟滞和脱离可能的尾追敌人，驱逐官店、东皇场、土城之敌，迅速夺取赤水，并掩护我左纵队的左侧后方。

B.行进路线：二十二号丁栏、大坝、市河村。二十四号东皇店、良村、温水。二十七号兴隆厂、老葫芦、土城。

3.左纵队三军团。

A.任务：迅速脱离尾追和侧击之敌，并准备在土城、江门及江安之线，于必要情况下与尾追和截击之黔军一部，或协同其他兵团与黔军和薛岳兵团作战。

B.行进路线：二十二号放牛坪，二十三[号]回龙场，二十四[号]土地垭，二十五[号]土城，二十六[号]进至土城猿猴地域。准备渡河以后则进至江安（执行此计划时，如情况变动与实际不合时，得由总司令部单独命令修改之）。

（戊）在实施计划中的战术要点

1.渡江要夺取先机，各纵队均应以迅速秘密的行动，达到目的地域。每日行程约六十里左右，必要时则以急行军赶到目的地。

2.须有充分的战斗准备，以迅速和包围的手段，坚决消灭阻我之敌。当其溃退时，应乘胜急追，夺取前进的要隘及渡河点。

3.对尾追之敌，应使用少数得力部队（约一团兵力左右）进行运动防御，并向敌前出游击，以阻止敌人前进，而主力则应迅速脱离敌人。对侧击之敌，应以少数部队掩护，而主力应迅速脱离敌人，勿为敌人所抑留。

4.当我必要与尾追或侧击之敌进行战斗时，则应集结主力进行消灭敌人的进攻战斗，不应以防御战斗等待敌人来攻。

5.夺取和控制长江各渡河点，为实施此计划之最后关键。我先遣兵团应以秘密、迅速、勇敢、坚决的行动，实行最大机动。首先要派遣得力便衣队，夺取沿河船只，以便能以得力部队迅速渡河，占领和控制两岸各渡河点，掩护船渡。当取得某一渡河点，并已开始船渡时，应即扩张船渡范围。可能时，野战军应改在同一地域内进行渡河。在某一部队先到渡河点而不能渡河时，应机动的转到另一渡河点，一般的应向泸州上游延伸。

（己）为配合这一计划的实施。我二、六军团应及时转移和依托酉、秀、黔、彭、松桃、印江、沿河地域发展，并以一部发展咸丰、来凤、宣恩、恩施地域的游击运动，以便造成深入川东活动，威胁敌人长江下游水路交通的有利条件，钳制和分散蒋敌新的围攻兵力，而配合我野战军及四方面军来争取四川赤化。四方面军在我野战军渡江之先，应向重庆方向积极行动，吸引重庆川敌之主力于自己方面，以便野战军顺利渡江。在我野战军渡江后，则转向苍溪至南部之嘉陵江西岸反攻，密切配合我野战军与川敌实行决战，以打通横贯川西北的联系。

（庚）总政治部应根据此作战计划，在“实行反攻”“消灭敌人主力部队”“创造新的苏区”的中心口号下，进行最高度的战斗动员，并在每一重要的作战阶段，发出政治训令。

（辛）这一计划只发给军委委员及各军团首长，妥为保存。

注释：

＊ 此文时间系编者判定。

任政治委员在红二军团党的积极分子会议上的报告[1]

（1935 年 1 月 27 日）

关于夏曦同志过去取消主义的错误，和过去两个月来二军团工作转变的成绩和弱点。

（一）在革命与反革命斗争尖锐的历史时候，党内反机会主义思想斗争的重要

同志们，当阶级斗争极端尖锐的时候，党内的动摇分子往往脱离党的路线，而走到另外一条道路上去，在中国党内近年来的斗争历史上，就可以看到这样的事实。

今天正是中国苏维埃革命发展更进到最激烈最高的阶段上。已经走到这样紧张的历史时期，或者是中国苏维埃和红军胜利，推翻国民党在全国的统治，驱逐帝国主义，确立中国的独立自由——苏维埃道路胜利。或者是帝国主义、国民党把我们战败下去，使中国成为帝国主义的奴隶——殖民地道路胜利。在这尖锐的斗争关头，党内机会主义分子，只看到国民党军阀调动全国百分之七十以上兵力进攻苏区和红军，使用残酷的法西斯蒂白色恐怖，屠杀工农和我们的党员，镇压革命运动；而看不到国民革命运动的发展，和苏联社会主义建设伟大的成功，极有利中国革命的发展，看不到中国是存在着日益发展的革命形势和我们自己的力量。总之，这些机会主义者，只看见敌人进攻的严重，看不到革命胜利的一切条件，便对革命失却胜利信心，而动摇失望。

在这一种情况下，河北省委有个别负责同志，以为在北方提出创造苏维埃，是不可能的事实，攻击党中央的决议是不合实际的官僚主义，公开提出在北方不能建立苏区和红军的取消主义政纲。在中央苏区也产生了一种机会主义的罗明路线。福建省罗明同志，对于闽西群众完全不相信，以为闽西群众看到敌人进攻便上山，将红军帽子取下，已经是敌人的群众了。他认为如果要动员群众参战，就是列宁同志复活，斯大林同志跑到闽西来，讲三天三夜，也是没有希望的。夏曦同志领导湘鄂西中央分局最后一个时期，在敌人严重进攻面前，也走上了公开取消主义道路。

因此目前党内一个重要任务，便是开展党内的思想斗争，特别是对右倾机会主义的斗争。只有这样来团结党的布尔什维克的一致，成为保障我们战斗任务圆满完成的先决条件。

（二）二军团过去英勇斗争成绩与夏曦同志机会主义取消主义错误

红二军团过去有他最光荣的战绩，他在湘鄂西的时候，曾经粉碎了敌人无数次的进攻，取得了很多次的伟大胜利。这些英勇的战绩，不仅为中国工农群众所爱戴，就在全世界的工农和被压迫群众的心坎中，都有很深的影响。我二军团在离开湘鄂西以后，过了几年的游击生活，尚能保持我们基本的有生力量，这可见我们指战员能够艰苦奋斗，为阶级利益流最后一滴血的决心。如果有着党的正确领导，我们相信经过这几年奋斗，肯定

是创造了很大的苏区,和几倍几十倍于现在这样大的红军。

二军团离开湘鄂西苏区后的长期中,是在夏曦同志错误领导下过着流浪生活。现在我要比较有系统地来揭发夏曦同志过去机会主义、取消主义领导错误的实质、恶果和其根源,因为这是对我们工作转变和进步绝对有利益的。我不去算一件一件的老账,因为这是算不尽的,而且是无益的。现在只把过去夏曦同志的错误,归纳在几个问题上来讲。

1.最明显而基本的错误,是看不见无产阶级和共产党,在中国革命运动中的力量和作用。

在夏曦同志起草的许多文件中,都表露出这一错误。我们都知道,目前中国是工农民主革命,是在无产阶级和党的领导下而发展的。在去年四月初,夏曦同志所起草《关于发展湘鄂川边区苏维埃运动任务的决议》中,全盘精神看成在鄂黔边的任务完全是一种农民运动。如决议中所谓党的正确路线"就在发动广大群众的抗税、分粮、抗租、抗债的斗争,来扩大游击战争,以至于组织农民暴动"。在总的任务方面,也只讲到"提出极明确的政治斗争纲领,提高农民群众的这一斗争彻底的消灭地主阶级和建立民主专政苏维埃政权的农民暴动"。没有一句话讲到工人的阶级斗争,工人怎样领导革命,领导农民暴动。这表示夏曦同志没有认识和否认无产阶级在革命中的领导作用,把苏维埃运动看成是单纯的农民斗争。

这样忽视工人作用,还表现在他自己起草或是在他领导下起草的其他文件中。如湘鄂西革命禁令中,"禁止没收中农、贫农的财产物件",忘记了工人和雇农。似乎工人、雇农的东西,是可以任人没收的。在没收条例中,只说"没收地主阶级土地,归给贫农、中农",这里又忘记了工人、雇农。我想这种遗忘绝不是偶然的,而是证明夏曦同志眼光下看不见工人、雇农。

在这种否认无产阶级领导的下面,夏曦同志便把共产党看成是大家的党,而不是无产阶级的政党。所以在湘鄂西中央分局公开征收党员的宣言中(一九三四年九月),便笼统地号召"在阶级决战中觉悟的先进的英勇的分子加入共产党","共产党……是群众的党,任何一个革命者,只要愿意加入共产党,服从共产党章程,……谁都可以加入党"。这是他模糊了党的无产阶级性,表现他有一种孟什维克的观点。关于他不相信无产阶级和共产党的领导作用,认为共产党是可要可不要的东西,竟走到公开地解散党和团的组织,取消党所领导的各级苏维埃政府,号召群众"重新组织……真正苏维埃政权",取消红军中政治组织和工作,公开走上了取消主义的道路。

2.夸大反革命力量,形成错误的肃反路线,造成党和部队中的严重现象。

在阶级斗争尖锐时,反革命无疑的要努力混入革命队伍中来破坏革命。要肃清一切反革命,当然是绝对正确的。但夏曦同志当时夸大反革命力量,在反革命活动面前,惊慌失措,认为部队中连长以上的干部,有百分之九十以上都是改组派,逮捕的在二千人以上,这里当然有一部分是真正的反革命分子。但一定是有部份,是因政治觉悟不够,而被反革命欺骗麻醉的。还有一部分,是忠实的共产党员,完全是反革命分子的诬告,或被严刑所逼而乱供的。当时没有详细审查而逮捕枪决,或开除军籍。那时部队还有苏联学习回来,经中央派到湘鄂西的四十多个学生,有不少的产业工人,也都被认为是改组派,拘捕枪决了。这里面固然是有加入反革命的，难道几十个都加入了改组派？没有一个是忠实于党和苏维埃的吗？如果这样设想，这是对苏维埃、共产党和军事学校教育加以污蔑。夏曦同志同样认为，湘鄂西地方党、苏维埃区、县、省级的干部，也有百分之八九十是改组派。只是由于退出苏维埃太张惶仓促，没有来得及把他们都拘捕和枪决，只好以命令来宣布解散这些组织。总之，照夏曦同志的估计，当时反革命改组派是完全统治了湘鄂西的党、政府和红军。如果事实真正是这样，那湘鄂西苏区不要国民党调动许多兵力来进攻，老早就已变成了白区，红军也早已成为白军，至少也会有部分的公开叛变，绝不会有今天这个力量存在。

我们应当如何估计当时反革命力量，才是正确的估计呢？这里党中央告诉了我们说："事实上改组派只是最少数。不过因为我们没有充分的政治工作和党的警惕性，这少数反革命分子能在紧急和困难的时候，影响我们队伍动摇和恐惧分子，取得他们的声援而支配广大的部分。"夏曦同志不能正确估计反革命，夸大反革命组织力量，而采取扩大化的、简单化的、错误的肃反路线，这正是帮助反革命达到破坏党、政府和红军的阴谋，上了反革命的当。

在当时肃反中心论底下，把工作中同志们所有的错误缺点都看成是反革命捣鬼，因而取消了思想斗争，造成党和部队中严重的肃反恐怖现象。把战士和党团员的自发性、创造性、积极性完全抑制下去，同志们有意见不敢说，甚至互相猜疑。夏曦同志在那时恐怕只能相信自己一个人是唯一坚决革命的，其他的似乎都不可靠了。在这种恐怖与不信任，以肃反为一切工作中心的下面，没人敢说话，或自动去工作，人人觉得有被人认为是改组派而遭拘捕杀头的危险。这种情况的严重，的确可以走到自己解体的危险前途。

3.由于不信任群众，不相信红军力量，在敌人进攻面前悲观失望，退却逃跑，没有决心创造苏维埃根据地，使红军长期过着流荡游击生活。

自从红军离开洪湖苏区的几年流浪生活过程当中，夏曦同志虽曾企图建立新苏区根据地，但只是决议，而没有真正下决心去执行。如王店会议，决定恢复湘鄂边苏区，没有什么结果。后又决定在龙山、咸丰、利川创造苏区，也没有实现。大村会议决定占领酉、秀、黔、彭，作为新根据地，但不去布置地方工作，结果敌人来了，我们又逃到另一个地方去。当时的情况是，黔江退去后，对巩固红三军和发展的企图没有明确的方向了。去年四月，十字路会议又决定决心创造鄂川边新的苏维埃根据地，实际上也没有去作。枫香溪会议又确定发展黔东苏区的任务，在黔东算是建立了一个小的游击区域，但没有真正去巩固它。

从上面的事实，我们可以看出当时那种在敌人进攻面前悲观失望，没有决心建立根据地的情况。那时对红军力量估计不足，总之不敢同敌人作战，采取退却逃跑的作战路线，以致失掉了许多消灭敌人的机会，而且给了群众和战士以极不好的影响。

夏曦同志"认为自金果坪会议至十字路会议这一时期党的工作渐渐走到不正确的道路"（"分局接受中央指示决议"，而认为十字路会议是"才开始党的路线的初步转变"）。这种估计到底有多少真理呢？

我认为这不合事实，为自己的错误辩护，掩饰自己错误的说法。关于发展鄂川边区苏维埃运动任务的决议,就是在十字路会议通过的。这个决议里面表现有什么转变,我认为是没有的,同样是不相信群众,没有决心创造苏区,而且整个决议案精神,就如上面指出,把苏维埃运动看成是农民斗争。在这一决议案中,还在那里继续诬蔑群众是“企图依赖外来红军力量得到解放”。认为鄂川边区农民中是包括着严重的“中小地主富农改良主义的影响”,“这种影响……可使革命斗争走向妥协和失败的道路”。

我们说,要决心创造苏维埃根据地,既有红军在那里活动,就必须采取立刻推翻地主资本家的统治,建立临时革命政权,领导群众分粮分田斗争,创造群众的武装组织,建立党的坚强领导,……的明确的策略路线,真正迅速建立新根据地的基础,但是决议案上并非如此。而且认为,主要任务是发动广大群众的抗税、分粮、抗租、抗债斗争……以致组织农民暴动。

这表示有什么创造新根据地的决心呢?没有的。这种发动群众抗税、抗债斗争,以至于组织武装暴动,我们平常对白区党,也可以是这样一般的指示。

在这种浓厚的失败情绪,没有创造苏区决心底下,黔东苏区的工作也就没有好多成绩。中央去年五月指示信,虽然有了一些警觉,但是工作没有真正转变工作路线,所以黔东苏区不仅没有得到应有巩固,而是缩小的。

因为没有创造新的苏区,所以我们红三军,没有后方依托,只好东奔西走。打了仗,伤兵只好沿途寄居群众家里。人员减少,得不到适时补充,弄成枪多于人的怪现象。部队疲劳的时候,也得不到一个安全地方休息、整理、训练。这样就使红军受到不应有的削弱。

以上一切,都是夏曦同志过去所犯错误的实质。这不是什么个别问题上的错误,而是一条有系统的、与党中央路线完全相反的机会主义、取消主义的路线。

夏曦同志机会主义、取消主义路线领导之下所造成的严重恶果是什么呢?

①使着我们的苏区(湘鄂西、黔东苏区)受了不应有的损失。

②削弱了红二军团的有生力量,使红二军团在粉碎敌人五次“围剿”的全国战线上,未能起到应有的作用。

③损害和削弱了党和苏维埃在广大工农劳苦群众中的威信。

夏曦同志这些错误产生的根本原因,与其它机会主义、取消主义者产生的原因,没有什么不同。总括起来就是由于:

①不相信群众的革命力量与作用。在他看起来,到处是群众不好,而不是自己领导的错误。

②否认中国革命的形势的存在,丧失了中国苏维埃革命的胜利信心。因此感觉到处都不宜建立苏区根据地。

③夸大敌人的力量,在敌人进攻面前悲观失望,退却逃跑,无出路。因此走上公开露骨的取消主义道路。

但是这里我们要提出一个产生错误的原因,就是因为与中央交通困难,二年多曾得不到中央的指示。这确实是一件很痛苦困难的事。不过我们今天是在于彻底揭发错误,来教育全体党员,绝不能因为有这个原因来减轻或是放松对错误揭发。

（三）二、六军团会合得到了中央的指示后，在反机会主义斗争中得到的成绩和存在的弱点

我们的成绩：

1.党的基础初步地建立，党的生活开始走向健全化的道路。去年十一月以前，党团员只有二百一十三名。现在除十一、十七两团外，有党员七百零三名，团员四百一十三名。三个月中增加了两三倍党团员。现在各个伙食单位都有了党的支部组织。

2.开始恢复系统的政治工作。在二、六军团会合时，师团无政治机关，连队中的政治组织也没有建立起来，现在已系统地建立起来了，虽然还不完备。

其他如司令部、供给部、卫生部等，也在开始建立系统的工作。

3.指战员的积极性正在发扬，肃反恐怖的现象逐渐消灭，战斗员的胜利信心大大的提高了，所以取得了龙家寨、大庸、陈家河几次伟大的胜利，创造了广大的新苏区根据地的基础。

4.部队扩大了一倍以上。战斗力增强，部队一天天的强健化。虽然在今天我们还说不上是铁的红军，但是正在向着铁军的道路前进。

如果看不到这些成绩，那就是机会主义。然而仅仅讲成绩，而不看到自己的弱点，这对工作转变是无益的。据最近的考查，现在部队中还存在着以下严重的弱点：

1.对于红军的政治委员制度和政治工作的重要，缺乏深刻的认识。在部队中还不了解政治工作是红军的生命线，甚至轻视政治工作和政治机关，以为“政治工作不能打仗”，是可要可不要的东西，形成一种不尊重政治委员制度，反抗政治工作路线的危险倾向。这种错误与过去取消与克扣政治机关，是有连带关系的。

2.对新战士力量的估计不足。有某团长说：“新兵带好带，只是打仗就没有用。”有一排长说：“老战士提走了，要我带新兵我就请假不干。”这与过去不相信群众的错误是有关系的。要晓得这些新战士是贫苦农民出身，他们是具备有消灭阶级敌人的决心的，只要我们从积极方面加紧对新战士的军事、政治训练，有老战士作里面的干部，同样是有战斗力的。

3.提拔干部，非阶级路线的残余还没有肃清。不按干部的成份和政治觉悟程度与工作能力，只凭自己相信得过，甚至是以地方观念，来提拔干部，这是极错误的。同时又有一种对新干部不信任的倾向，这也是有害的。干部军阀习气残余还没有肃清。

4.游击主义的传统和保守主义。这在执行军委一切命令、训令，在提高军事技术和战术问题上面表现出来。不了解我们已经是正规的红军，不是过去的游击队了。我们不但要在中革军委的战略意志下行动，而且要在军委的战术意志下去进行战斗。我们检查部队中对于提高军事技术的工作，则可看到手榴弹还有许多战士不会打，刺枪有许多战士还不会刺。在慈利，某营人担任游击，打了一千四百多排子弹，而没有打死好几个敌人，这可以看出我们技术上的弱点。但在我们提出要努力提高技术的时候，保守主义若还说什么：“六军团没有来，我们就不打仗了吗？”“以前几架飞机都不怕，现在还怕飞机吗？”“我们已经不错了。”狭隘的经验论调还在那里阻碍我们工作的转变呢！

5.在敌人新的大举进攻面前产生了新的机会主义动摇。如有个别同志以为：“打朱

疤子,周矮子是有把握!但与湖南、湖北敌人打仗就没有多大把握了!"这种不相信自己力量,缺乏战争胜利信心,是一种很危险的倾向。

6.我们的政治机关最近一时期是作了一些工作,但对于展开思想斗争,克服我们部队中的一切倾向和新的机会主义动摇,是没有能够尽到应有的责任的,这是一个最大的弱点。

(四)目前战斗形势,二军团当前建设上的紧急任务

由于我们的胜利,敌人不得不向我们举行新的大举进攻。我们不但要粉碎敌人的大举进攻,而且要最后彻底地粉碎敌人五次"围剿"。在这一全国决战战线上,我们是处在进攻西方军和四方面军的敌侧方和后方。在这配合各方战线决战当中,我二、六军团占着很重要的地位。我们的任务就在于迅速粉碎敌人对我们的大举进攻,争取粉碎五次"围剿"的全部胜利。

同志们!大家都知道我们是具备着许多胜利条件的。然而我要特别提出同志们注意的,就是我们在今天来讲,掷手榴弹、刺枪的军事技术还赶不上我们的敌人。这一点是值得每个同志最大警觉,来消灭这一弱点。根据这一紧急战争形势,我们二军团当前的建设任务应当是:

1.以最高强度来提高军事技术,要作到短期内每个战士都很纯熟地使用手榴弹,会刺枪,会射击。班、排长还要学会使用机关枪,干部要特别努力学习新的技术。这里必须反对保守主义,狭隘经验论,还要反对政治工作人员不学习军事和军事指挥员不学习政治的错误倾向。

2.建立强固的无产阶级骨干和加强党的领导。在扩大红军时,要注意多吸引工人、雇农;提拔干部要特别注意工人、雇农的培养;发展党的组织,要作到有百分之六十以上的党团员。确立和巩固政治委员制度,健全政治工作机关,加强连队中支部工作的领导,来建立经常的健强的系统的政治工作。

3.加紧战士的阶级教育,保证每个战士具备红军读本中的基本常识,并且了解目前形势和党的主张,坚决为苏维埃事业流血到底。这必须经过党的组织、政治机关、报纸、列宁室等进行系统的有计划的工作,提高指战员政治素养。

4.健全军事行政机关,是一个很重要的工作。各部如供给部、卫生部、司令部等军事行政机关,必须健全自己的组织,人员不齐的马上调齐。工作应表现有计划性、系统性。要严格纠正过去供给部工作的混乱状况,以及从这中间发生严重的贪污现象。各部门和机关应培养和发挥其工作能力,使首长不致忙于事务主义,而专力于部队整个工作思索与实施。

5.扩大我们的部队,创造新的师、新的团,努力在短期间内扩大一倍。同时应加紧干部的培养,加强新战士的教育训练,最高限度巩固新扩大的力量。

这五个问题是目前红军建设的基本任务。这里就要我们展开无情的思想斗争,消灭上述部队中存在着的一些不正确的倾向,肃清新的机会主义的动摇,彻底消灭实际工作中的机会主义、官僚主义和形式主义,改善我们工作方式和方法,使已建立的列宁室、十人团等组织成为有工作内容的工作机关。特别要用最大的力量去健全连队中和支部中

的工作,要发扬连队中每个战士的积极性,在他们的自觉的热情上去进行工作。

我希望我们的同志看到当前任务的严重和工作中的缺点,以最大的决心来彻底转变我们的工作。我相信我们的干部和党团员,一定能够团结在党中央的路线下,克服一切不正确思想和倾向,彻底肃清机会主义、取消主义的残余影响,为完成上述任务而努力奋斗的。

湘鄂川黔军区政治部翻印于塔卧

注释:

[1]此文按打印件刊印,仅供参考。

中共湘鄂川黔省委关于土地问题的决定

（1935 年 1 月 28 日）

彻底解决土地问题，是肃清农村封建与半封建势力，巩固与扩大新的苏维埃区域，动员广大群众参加革命战争的主要前提之一，也是中国革命的基本任务之一。只有使土地革命的果实完全落在雇农、贫农、中农的身上，才能大大的提高广大群众的政治积极性，更进一步的改善工农群众的物质的文化的生活，吸引他们整个的力量与热忱，卷入于工农民主专政、新的国家建设工作之中，卷入于神圣的保卫苏维埃领土的民族革命战争之中。

最近二三个月来党在艰苦的领导斗争中，运用了老苏区，特别是江西苏区过去分田与查田的宝贵经验，领导了塔卧、龙家寨等区，以及其他各地个别乡村的广大群众的分配土地的运动。在这些区域内许多乡村已经依照党的正确的路线与策略分好了田，群众的积极性与保护土地革命利益、保卫苏维埃的决心是大大提高了。然而多数地方党部与革命委员会不了解分配土地斗争的重要意义，缺乏充分动员群众的工作方法，甚至重复了过去分田中的许多错误。如抽多补少，抽肥补瘦，原耕不动，分田不分青苗，以及登门造册，挨户调查等非阶级非群众路线。特别是有些地方地主、富农，以及地主、富农派遣忠实走狗混进革命委员会与土地委员会造谣、威吓、欺骗、阻止群众的分田斗争。而我们党政工作人员，尤其是肃反机关的工作人员，没有高度的阶级警觉性，尖锐的揭破与动员群众严厉的镇压一切地主、富农、反革命的活动。所有这些错误和缺点，必然要阻碍分田运动，造成地主、富农窃取土地革命果实，或者“分假田”的恶果。省委为着迅速的彻底的解决全省土地问题，防止与纠正土地斗争中的一些错误，特有如下的决定：

（一）各级党部必须立即领导青年团、革命委员会、肃反委员会、工会与贫农团等，一致动员起来，进行分配土地的突击运动。立即以县为单位召集政府负责人员、土地委员与贫农团主任的联席会议，同时在县、区两级及先进区乡征调积极干部，给以几天的训练，组织分田突击队。首先集中力量，抓住几个重要的区乡突击。定出十天或半个月的工作计划与工作日程，并以县为单位，征调各乡干部，开办分田训练班（十天一期，每月两期）。

（二）估计到新区环境的复杂，才暴动起来的农村无产阶级和农民的阶级觉悟程度的不够。同时，刚被推翻之封建与半封建阶级，利用他们现在还保存着的经济的政治的势力，过去统治的经验与一切封建关系，疯狂的企图复辟，首先就是反抗土地斗争。因此，必须充分的说服群众，揭破地主、富农的阴谋活动与欺骗宣传，尤其是镇压他们破坏分田的企图。各级党部必须根据省肃委会第一号训令，提高阶级警觉性，大量发挥各级肃反机关的权能，执行革命群众暴力的赤色恐怖，严厉镇压地主、富农的阴谋破坏、公开的秘密的活动与反抗分田斗争。

（三）在土地斗争中必须执行明确的阶级路线，以农村无产阶级为基础，依靠贫农，巩固与中农的联盟，以消灭地主和削弱富农。这里首先必须正确的分析阶级，判定其一个地主或富农必须经过工会支部与贫农团会议的讨论，再由群众大会表决通过。对于那些介在中农与富农之间的疑似成分，以及没有把握判定的成分，必须报告上级批准。其次在分配土地方面，必须反对"抽多补少，抽肥补瘦"以及"原耕不动"等错误办法。贫农自己少数的土地，原则上应拿来同没收来的地主、富农土地一起混合均匀的分配。中农的土地不得本人同意不能平分。再次是避免一切氏族与地方斗争。在过去或现在发生姓界斗争的地方，在分田时应首先召集两姓的代表会，缔结"团结公约"。充分说服群众，解释过去这种受豪绅地主欺骗的错误，发动本村本姓的贫苦工农，反对本村本姓的地主、富农，以阶级斗争代替姓界斗争。

（四）只有发动了广大群众，自己动手来没收与分配土地，才能彻底解决土地问题。因此，必须进行充分的群众动员，派出大批的流动宣传队与分田突击队，到村子屋场群众中去"讲阶级""讲土地法令"及分田方法。宣传老苏区群众得到土地革命利益、生活大大改善的事实。发动党团支部、工会、贫农团中热烈的讨论与"查阶级"的运动。首先将地主、富农彻底查出，然后进行户口登记。关于登记土地的数量和质量，必须动员整个的工会支部，贫农团会员，吸引中农在党支部的领导与乡革委、土地委员会或突击队的指示之下，分几路到田野中去正确估量与按丘登记。在分配时关于距离、春肥、分青苗（青苗应归分得田地的人耕作与收割，不过要偿还原耕之贫苦农民以人工、种子、肥料费或估计成本与劳动力，由分得田的人收获后，分几分之几给原耕之贫苦农民）等问题，应倾听与遵照群众的意见，由土地委员会协同工会、贫农团委员会将田分好，发展群众的讨论与认识自己的田。

（五）分配土地与武装斗争是不可分离的任务。因此，动员广大群众，消灭民团及一切反动武装，用一切旧式武器武装广大群众，建立赤少队与游击队，必须与分田斗争同时并进。过去有些地方脱离武装斗争去分田，以致工作人员、土地委员被民团、土匪杀害，或者因动员群众消灭反动武装而停止分田，这都是错误的。

（六）在土地斗争中，应抓住群众高涨着的政治情绪，与立即执行红军优待条例，帮助红属春耕，解决红属的一切困难问题。发动群众耕种红军公田，来造成热烈的扩大红军运动，动员广大工农加入红军。在分田的各种群众会议上，进行充分的鼓动与征求新战士工作。同时从彻底消灭地主经济，没收与查出地主财物、粮食，向地主罚款等工作中（在已经确定了阶级的乡，应开始向富农捐款），筹足大批战费与收集粮食（与征发富农多余粮食的一部分），充实红军给养，争取前线上的胜利。

（七）在分配土地之先，县区政府必须重新划分乡的行政区域，破坏旧的行政疆界。划定后，哪乡的土地，即归哪乡的群众去分配，防止乡与乡发生争田的现象。分好了田之后，应立即进行分山（大森林不分），分土，分池塘、房屋等，并没收地主及富农多余的耕牛、农具，组织犁牛合作社，解决贫苦农民的种子与粮食问题。同时由政府发给土地所有证，使农民深信，已经分得的土地，即是自己的土地，使土地在农民手中巩固起来，并热烈参加生产。发动广大的春耕运动,进行土地建设,使农民由土地上得到更多的利益。

(八)各级党部接到这一决定后,应立即召集会议,检查土地斗争,开展反对富农路线。反对对革命斗争估计不足,和不相信群众力量的右倾机会主义。反对"左"的侵犯中农利益,与消灭富农的倾向。反对脱离群众的官僚主义。并定出工作计划,进行分田突击运动。在已经分配了土地的地方,立即检查土地,继续深入"查阶级"的斗争。在分配了土地而没有查出什么地主、富农的地方,立即进行查田运动。只有在土地果实落在地主、富农身上的地方,才应重新分配土地。在分田斗争中应实行严格的工作检查,执行"三日检查"制,随时纠正下面的错误与给以分别的指示,防止"分一次错了又分一次"的现象。

中共湘鄂川黔省委于塔卧

中共湘鄂川黔省委为筹足革命战争经费、收集粮食、统一财政、反对贪污浪费给各级党部的指示

（1935 年 1 月 29 日）*

各级党部亲爱的同志们！

目前在我们战线上与敌人新的决战，对于湘鄂川黔苏区的巩固和发展，以及配合全国红军最后的粉碎五次“围剿”是有严重的意义。我们党的中心任务，应当以一切努力来争取这一决战的全部胜利。筹足革命战争经费，收集粮食，保证革命战争的物质供给，是争取这一决战全部胜利的条件之一，同时统一财政，反对贪污浪费，是筹足革命战费不可分离的工作。因此，省委特有下列的指示：

（一）关于收集粮食

粮食恐慌已经威胁在我们的前面了，而收集粮食工作恰是我们工作中最薄弱的部门。各级党部与政府必须立即动员，在分配土地斗争中收集大批粮食。一方面在分田查阶级当中，全部没收地主粮食，另方面发动群众在解决种子与粮食斗争中，来彻底调查地主以前隐藏的或寄存的粮食（但今年没有缴给地主的租的，我们不能向贫苦工农取这种租谷）。在广大群众的发动之下，我们一定能查出很多粮食，但没收来的粮食，一定要分一部分给当地最贫苦的群众，以解决他们的粮食问题。否则定要脱离群众，而收集粮食运动，亦无法完成。

其次要从发展游击战争中，去白区运一部分粮食回来。白区地主粮食，应大部分给当地群众；同时发动新区群众同武装队伍去挑一部分，宣传他拿出一半或三分之一来供给红军。并建立各级政府粮食部的组织和工作。

（二）关于筹足革命战争经费

新的苏维埃区域革命战争经费的负担应当完全加在剥削者——地主、富农、资本家身上，这是苏维埃财政政策的原则。在阶级斗争与土地斗争深入的地方，我们已经获得了一些成绩，但是地主的经济势力并未完全消灭。而在阶级斗争与土地斗争不深入的地方，更有隐藏的豪绅地主及其财物没有查出来。为着完全消灭地主封建的经济势力，筹足革命战争经费，必须于深入阶级斗争和土地斗争的当中，团结工会、农业工会、贫农团等群众团体。发动广大的工农群众“查阶级”，调查地主隐藏的财产，给以完全的没收，同时要严厉向地主罚款，反对对地主丝毫的怜悯姑息。特别是现在才查出的地主，要立即没收与捉他罚款，要很好的进行没收征发的工作。凡是金、银、花边、铜元都应缴交财政机关。衣服、被窝、用器等东西，尽量的散发给当地贫苦工农。应用技术审讯地主与搜挖地主的“地窖”，而且要积极设法去捕捉潜伏或已逃跑之地主罚款（但已缴清款之地主，必

须经过肃反委员会严格审查后,才能释放)。

我们不仅要在新的苏区内部消灭封建的经济势力,来筹足革命战费,而且要在白色区域发动群众斗争与游击战争,来筹足革命战费。这就是要游击队在深入白区当中捉土豪筹款。各独立团营、游击队应把收集资[财],看成是自己的主要任务之一,但是要保障阶级路线的执行,防止脱离群众的现象。

富农捐款是削弱富农的经济势力,是筹足革命战费的来源之一,但是只有在已经经过群众确定了阶级的地方才能进行。现在有个别地方没有确定阶级,便无限制的随便的举行向富农捐无限制的款,以供给他们零星的应用,这一定要走到消灭富农,动摇中农的倾向。为着执行我们的正确的政策,巩固工人、贫农与中农的联盟,坚决反对富农,必须立即纠正这一错误(富农捐款不能超过他的流动现金百分之四十)。在已分了田的地方,应征发富农多余的粮食的一部分。在城镇中必须向资本家、商人征收商业累进税,以扩大财政的收入,充裕革命战费。

(三)关于统一财政

首先建立与健全各级财政机关。各级革命委员会应该把财政机关的工作看作是自己一个重要部门。同时各级党部应当加强对于财政机关的领导,以保证财政的统一与环绕党的政治任务,适合革命战争的需要。党应派忠实的同志到财政机关工作,提拔大批财政工作干部,充实与健强财政机关。实行预决算制度。各级机关的用费和地方武装(独立团、营,游击队)必须有预算和决算。在财政机关整个计划和规定之下,实行审查批准开支。以后一切没有预算和决算的用费,财政机关都不能负责认账和不发款。乡、区筹得现金不应保留,县亦不应多留现金,而应集中送到省革命委员会财政部。各级机关的行政费须有预算、决算,报告省财政部,批准发给和转账。一切自由动用公共的款子和各自保守公共的款子,都是破坏财政的统一,必须给以严厉的打击。

(四)关于反对贪污浪费

在我们财政工作还未统一,反对贪污浪费斗争没有开展,阶级斗争还未普遍深入的情形底下,混入在我们革命队伍中间的,特别是混入财政机关的害虫,毫无疑义的是有不少的贪污浪费。如龙家寨最近发现的贪污浪费案,已可引起我们的警觉。这种贪污浪费是破坏苏维埃的财政,直接危害革命战争的行为。这是说明了我们加紧反对贪污浪费斗争的重要。我们除了统一财政,在根本上杜绝贪污浪费的源泉以外,还应当消灭已经产生出来的贪污浪费现象,及破获隐藏着的贪污案件。首先要开展反对贪污浪费的群众斗争,把中央政府关于反贪污浪费的命令在群众中广泛的宣传和解释,抓住某一个贪污浪费的分子及其具体的事实,给以严格打击,来教育群众,把混入在我们队伍中的贪污分子洗刷出去。同时各级财政机关应立即组织经济审查委员会,审查过去各机关及地方武装中的一切账目,在群众中间公布出来。审查的标准应根据地主罚款,富农捐款,没收祠堂、庙宇各种会的款子,没收豪绅、地主的粮食,各项用费等去审查。并且须深入群众中去□□考察以破获一切贪污案件,不让一个钱落在贪污分子的肮脏手里,使我们筹得的一切经济都能集中用到革命战争上面,争取战争的胜利。

注释：

* 此文年份系编者判定。

怎样开办支部流动训练班

（1935 年 1 月 31 日）

（一）开办支部流动训练班的意义

支部流动训练班是支部教育党员、培养干部最主要的方法。在我们湘鄂川黔新的苏区猛烈发展的形势当中，无数的群众领袖和积极、先进、觉悟的分子似潮水一样的涌进到党内来，这就加重了我们教育新党员的任务。新党员教育的加强，就是增加了党的战斗力量，直接帮助着战争动员工作的开展，和彻底的最后的粉碎五次“围剿”。在这里，支部流动训练班的开办更有严重意义。

（二）支部流动训练班的组织

以小组为单位，人数五个至十五个组成一班。如人数少的小组，可以两组合并组成一班，内推班长一人，负管理的责任。如人数多的班，可在班之下划分学习小组，人数三人至五人，设组长一人，做辅助班长管理的工作，同时在全班上课后，领导全组同志去研究和复习上课的材料。

小组多的支部，可以同时组织几个班。上课的时间，则按照班的数目轮流去上。如某个支部组成了三个班，则每班每隔三天轮流上课一次。其次[以此]类推。

支部流动训练班是不脱离生产的组织，因此上课的时间，应在晚上，每次顶多只要上二点钟。训练班的地点，要设立在训练班内同志集中的中心地方。每上课十五次至二十次为一期。

（三）教员、教材与教授的方法

1.教员：区委宣传科要组织流动训练班教育委员会，吸收支部的党员教育干事和支部中文化程度较高的同志参加委员，并训练他们为支部流动训练班的教员，要使他们深切了解教材的内容和教授的方法。一切不耐心的去训练当地的教员，而请求上级派教员来，在当前这种情况底下，是不可能的，事实上是对开办流动训练班机会主义的消极。

2.教材：采取省委翻印的《新党员训练大纲》、苏维埃各种法令以及党每一时期发出的各种决议、决定和工作指示。在每个问题底下，提出详细的讨论提纲。材料的供给由区委宣传科计划。

3.教授方法：要使教授的材料深入学生的脑海。不只是对于每个问题包括的内容，分条的详细的解释和浅近比喻的说明，而且要把教授的材料与支部的环境、生活及其工作紧密的联系起来。这样，一方面能够把讲的材料反映学生脑海里，另方面又可在实际工作中去□□□。同时要用先报告与解释，后讨论和结论的会议方式。最后，要用问答的方式去考察学生的程度和警起学生的注意。区委宣传科应该要很好训练教员。教员在上课之先有很好准备，才能达到这样的教授方法。

（四）区委宣传科对于支部流动训练班的领导

区委宣传科要把领导支部流动训练班的工作看作是自己的主要工作之一，对于支部流动训练班的忽视是不能容许的错误。区委宣传科不但要经过流动训练班教育委员会去训练教员，计划开办，而且要加强对支部党员教育干事的领导，使他成为支部流动训练班的主要负责者，同时要派人去帮助和检查支部流动训练的工作，创造支部流动训练班的模范。

中共湘鄂川黔省委宣传部印

中央及军委致湘鄂川黔省委及二、六军团关于战略问题的指示电

（1935 年 2 月 11 日）

省委及二、六军团负责同志：

（甲）关于目前湘鄂敌人向你们进行的围剿，是用了何键的全部兵力及徐源泉、郭汝栋等部，情形是严重的，但在你们正确与灵活的领导下是能够打破的。目前南京政府的统治正进一步崩溃，全国革命斗争是增长不是低落。一些苏区及红军虽遭到暂时的部份的损失，但主力红军存在，游击战争是发展着。四方面军正在向川敌进攻，我野战军正在云、贵、川广大地区活动，与你们相呼应，新的胜利正摆在你们与全国红军的面前。

（乙）你们应利用湘鄂敌人指挥上的不统一与何键部队的疲惫，于敌人离开堡垒前进时，集结红军主力，选择敌人弱点，不失时机在运动战中各个击破之。总的方针是决战防御而不是单纯防御，是运动战而不是阵地战。辅助的力量是游击队与群众武装的活动。对敌人须采取疲惫、迷惑、引诱、欺骗等方法，造成有利于作战的条件。

（丙）当目前敌人尚未急进时，你们可以向陈渠珍进攻，但须集结五至六个团行动，对陈部作战亦不可轻敌。

（丁）你们主要活动地区是湘西及鄂西，次是川黔一部。当必要时，主力红军可以突破敌人的围攻线，向川黔广大地区活动，甚至渡过乌江。但须在斗争确实不利时，方才采取此种步骤。

（戊）为建立军事上的具体领导，应组织革命军事委员会的分会，以贺、任、关、夏、肖、王为委员，贺为主席，讨论战略战术的原则问题及红军行动的方针。

中共湘鄂川黔省委
关于扩大红军突击运动给各级党部和突击队的指示信

（1935 年 2 月 29 日）

各级党部和突击队亲爱的同志们：

（一）红二、六军团的连续胜利，湘鄂川黔新的苏区的出现与发展，他不仅要配合各个苏区的工农红军完全推翻湖南、湖北、四川、贵州的地主资产阶级国民党统治，而且他还要推翻帝国主义、国民党在中国的统治，实现苏维埃中国的伟大的光荣的历史任务。所以帝国主义的走狗蒋介石指挥何键、徐源泉调动五十团以上的白军，从常、桃、石、慈、辰、保、龙分几路大举进攻我们，首先以夺取红色大庸为目标，继续进攻永顺，以法西斯蒂的屠杀、血洗手段来镇压湘鄂川黔苏区工农群众的革命斗争，把湘鄂川黔苏区沦为血海，使已经得到解放的永、保、龙、桑、庸、□等县八十万工农群众重复在地主资产阶级国民党的铁蹄底下，这是我们胜利或死亡的紧急关头。我们要以自己的热血和头颅，为着争取前线上的胜利，粉碎敌人的大举进攻，为着“保卫大庸”“保卫永顺”“保卫湘鄂川黔苏区”“保卫工农已经得到的利益和解放”而奋斗！这首先就是要猛烈扩大与加强我们的工农红军。有了坚强的铁的红军，我们无论如何要胜利，把地主资产阶级国民党军阀葬送到坟墓中去。在这样胜利或死亡的战争紧急关头，全省工农已成千成万的自动的涌进了红军，使红二、六军团扩大了一倍以上。然而最近一时期扩大红军的工作，没有引起各级党部和革命委员会的注意，而落后于革命战争发展与需要的后面，使一、二月分扩大红军的计划未能完成。为了争取战争的胜利，克服扩大红军工作的落后，省委决定从三月十号至四月十号为扩大红军突击运动月。以突击的精神、非常的速度完成动员五千新战士上前方。

（二）扩大红军突击运动是一个广大的群众运动，只有运动深入了群众，才能保证扩大红军突击计划的胜利和成功。这就要在有组织的与无组织的群众中进行广泛的动员，动员千百万的工农群众，成年的、青年的、妇女的、儿童的都来担任扩大红军的突击运动的任务。各级党部、革命委员会、军事部、肃反委员会、工会等，必须一致动员起来，召集比较大的积极分子会议，传达和布置扩大红军突击运动。同时要把目前战争形势，“扩红”突击的意义，敌人的大举进攻与每个工农群众的切身利害关系，在乡村群众大会、赤少队会议、工会、贫农团会议上深入广泛的宣传鼓动。还要进行个别的谈话，抓住和宣传群众中的积极分子带头领导群众当红军，散播群众当红军的光荣例子和社会舆论。并利用发传单、写标语、演新剧、唱歌曲，来扩大红军突击运动的宣传。造成群众为着“粉碎敌人大举进攻”“反对国民党法西斯蒂血洗屠杀”“保卫湘鄂川黔苏区”“保卫土地革命利益”“保卫春耕运动”，热烈加入红军的巨大潮流。

（三）扩大红军突击运动，同时是残酷的阶级斗争。地主、富农、反革命看到千百万工农群众似潮水一般的加入红军，完成扩大红军突击运动，就是证实敌人的死亡，和我们要取得战争的全部胜利。所以地主、富农、反革命一定要用造谣、欺骗、威吓和掩蔽其本来的面目，混入党、政府、红军中来，阻止工农群众加入红军，破坏红军突击运动。我们在“扩红”突击中，就要加强肃反委员会在这一方面的工作，揭破反革命的造谣、欺骗与威吓，提高阶级警觉性，洗刷混入在党、政府和红军中的地主、富农、反革命分子，以赤色恐怖政策，无情对付破坏“扩红”突击的反革命分子。我们的突击队，要站在负责的地位，而不要反对肃反委员会的肃反斗争，要执行明确的阶级路线。但同时要反对机械的成分论，而放松对于工农成分出身之坚决反革命分子和反动首领的镇压。

（四）满足群众的切身利益，更进一步的改善群众的生活，这是动员广大工农群众加入红军，完成“扩红”突击计划的主要条件之一。三个月来，我们给了群众不少的利益，但是还很不够。为了“扩红”突击计划的完成，必须深入分田的斗争，使土地革命的利益完全落在雇农、贫农、中农的手里；同时准备群众的春耕运动，没收豪绅、地主及富农多余的耕牛、农具，组织犁牛合作社，供给贫苦工农使用；彻底清查与没收地主的粮食，征发富农多余的粮食，以解决群众与红军的粮食问题。在工人方面必须普遍的增加工钱，实行八小时工作制，组织各种合作社，救济失业工人，保护工人利益，使工人踊跃加入红军，加强红军中的无产阶级领导。在妇女方面，必须领导妇女的斗争，反对封建旧礼教的束缚，实行婚姻条例，争取妇女的特殊利益，使劳动妇女得到政治上经济上与男子一律平等，为热烈加入“扩红”突击，鼓动男子当红军，帮助优待红军家属及慰劳红军工作。在青年工农群众方面，必须增加青工工资，实行工作六小时，反对老板、师傅打骂青工学徒，废除三年学徒制；青年农民应与成年农民分得同样的田地，以及开办学校，提高青年文化水平等，使他们成为加入红军的先锋队。

（五）优待红属工作是扩大红军不可分离的部分，优待红军家属工作的彻底执行是扩大红军工作胜利的保障。因此要普遍的执行优待红军家属工作，实现中央政府优待红军条例十八条。各县、区、乡都要组织优待红军家属委员会，讨论与计划“优红”的工作。在春耕时要动员群众，首先帮助红军家属耕田，强迫地主，组织劳役。劳役要经常替红军家属耕田。同时富农要每月规定他替红军家属耕田的时间。要执行中央政府礼拜六条例，从省一级机关起一直到乡一级机关，必须在每个星期动员工作人员帮助红军家属做一天工□。要解决红军家属的一切困难问题，如果红军家属没有饭吃，首先，革命委员会必须在没收土豪的粮食中间分一部分给他们，从地主罚款、富农捐款中拿百分之五来救济红军家属；没有柴烧，没有水吃，要动员群众帮助他们砍柴、挑水；要组织妇女、儿童经常慰问红军家属，送光荣匾；打了土豪要请红军家属吃饭，以及开红军家属的会议，提高红军家属的神圣地位。

（六）赤少队和模范营是红军的后备军，是扩大红军的主要来源之一。因此加强赤少队和模范营的工作，胜利完成“扩红”突击有着重要的意义；因此要继续□扩大赤少队，建立模范队，加紧军事的、政治的教育，洗刷地主、富农、反革命分子，严密他们的组织，派最好的干部去工作，加强党在其中的领导。首先动员赤少队和模范营先进的分子加入红军，同时争取有工作基础的赤少队或模范营，整排整连的加入红军。但必须完全依靠党和干部积极分子做领导和充分的政治鼓动说服群众的工作，绝对不能采取丝毫的强迫命令。虽然我们不能放松每一个整批动员的机会与准备工作，但在各地赤少队组织尚不普遍，赤少队工作尚很薄弱的时候，在广泛的群众中进行个别的动员是我们主要的方式。

（七）为了完成“扩红”突击的任务，各级党部必须领导与协同各级机关，组织突击队，把最好的干部去领导突击工作，杜绝消极怠工贪污腐化，机会主义等的分子混入突击队，保证突击队组织的健全。各级党部、革命委员会、军事部、肃反委员会……等，应把“扩红”突击看作是自己的主要任务。如认为“扩红”突击是突击队的工作，而站在突击工作以外，这是最大的错误。同时突击队亦不应当去代替包办当地党部和各机关的“扩红”突击工作，脱离当地党和政府，而应当去与当地党部、团部、政府及各种群众组织取得密切联系，帮助和指导他们完成突击任务。在突击运动中，必须实行严格的工作检查与报告制度。乡二天检查一次，报告区。区三天检查一次，报告县。县五天检查一次，报告省。及时检查与纠正“扩红”突击中的错误与缺点，及发挥“扩红”突击中的光荣例子和经验，迅速完成与超过“扩红”突击计划。每县必须抓住几个中心区，集中力量□突击，以先进区推进落后区，同时发扬革命竞赛的办法，来代替一切摊派强迫命令方式。要开展反“扩红”突击中机会主义的斗争，首先是反对夏曦同志认为“桑植扩大红军困难”“群众当红军的早已去了”的机会主义。因为不反对机会主义，定要阻碍“扩红”突击运动完成的。

（八）为得要使扩大来的新战士，都能够集中的坚决的到前方去，必须加紧巩固新战士的工作：①防止地主、富农、反革命分子混入红军。要在新战士中发动检举的斗争，清洗已混入红军的地主、富农、反革命。杜绝他们破坏红军阴谋。②解决新战士的困难问题。如新战士没有毯子、磁碗、手巾等，主要的要依靠政府在进攻地主、富农的中间来解决。另方面可发动群众在自动的条件底下送东西给新战士。同时新战士家属发生困难，要按照上述优待红军家属的办法，求得很好的解决。③发动群众、赤少队、儿童团、妇女，打锣、打鼓、放鞭炮欢送新战士。同时各级党部和革命委员会等必须派负责同志作政治护送，沿途招待新战士和鼓励他们到前方去勇敢杀敌的勇气。④消灭开小差的现象，严厉处置开小差的分子。对领导组织开小差的分子，必须拘捕、公审以至枪决。但因政治觉悟不够，个人开小差的，必须采取政治教育与宣传鼓动，指出他开小差的错误，督促他□□□□，而不能够动辄拘捕，致妨碍“扩红”工作。⑤进行广泛的慰劳红军工作。强迫地主、富农打草鞋、做鞋子。同时鼓动群众，特别是妇女群众做鞋子、打草鞋送给红军，首先送给新战士，满足他们□□□鞋子的需要。完成“扩红”突击月，送三万双草鞋，一万双鞋子给红军的计划。

红二军团政治部训令
——关于后坪战斗后的政治工作指示
（政字第六号）

（1935 年 3 月 21 日）*

后坪战斗给了李觉、郭汝栋残部约八团之众以迎头痛击，严重地打击了敌人侵占永庸苏区的企图。我们缴获了敌人的武器——机关枪、自动驳壳、步枪及许多子弹，敌死伤近千。证明我英勇果敢的红色战士，在其继续的胜利进攻中，必能彻底粉碎敌人的进攻，保卫与开展湘鄂川黔苏区。但因我们在战斗中还表现有许多错误与缺点，以致未能全部消灭敌人。我们应深刻学习这些教训，准备连续战斗。各级政治机关应即进行如下的工作：

（一）立即召集各种会议，出版墙报，组织晚会，将这次战斗伟大意义在部队中党内，作广泛的解释工作，提高部队的战斗情绪，指出英勇牺牲，为工农利益奋斗，是非常光荣的。

（二）将这次战斗中最英勇的指战员的各种光荣例子，加以特别的奖扬（墙报上、会议上，个别谈话……）。对逃避战斗，动摇逃跑的分子，应给以处罚。并由各级政治机关立即搜集这些材料，汇送本部。开展思想斗争，严格打击各种悲观失望的情绪（如对干部和战斗员的部分伤亡表示悲观……）。我们应坚决相信，大批的坚强干部，正从流血战斗中如潮水涌出来，后方正在动员大批新战士来前方补充，广大工农群众正是因我们以艰苦的居民工作必能大批的自动加入红军。

（三）应明确指出：这次战斗没有取得全部胜利的原因，首先就是我们部队中还存在着严重的游击主义倾向。如某团没有按照上级指定的时间，预先占领鸡公脑阵地，使敌得以乘机夺得这一高地，配备火力，作为他的固守与前进的支点。假若我先头部队早已进入阵地，则我居高临下，必能迅速的将敌人全部压倒于河边而歼灭之。这是一个血的教训。以后我们应绝对遵守时间，坚决执行上级命令，如违须给以应有的处罚。

（四）这次战斗未能获得全部胜利的另一原因，便是我们部队中还有些指挥员，在战场上违反战术原则。如当在鸡公脑阵地反复冲锋的时候，我们的红色战士以英勇牺牲的精神，勇往直前，连夺几个阵地，但因未继续夺取其最高点，而停止于敌火力有效射击地域。对夺取的阵地，不迅速配合火力射杀敌人反攻的部队，使敌得以继续整理，而[对]我们实行反攻。这是一个血的教训。我们应时刻记着。其次，还有些不遵守射击纪律。当我们冲锋与敌人运动时，不去有组织的射杀敌人，反而在停止时乱打子弹，消耗弹药。这也是绝对不容许的。还有些同志在运动或停止时，不注意利用地形地物，掩蔽目标，以致遭受无意的杀伤。这也是血的教训。各级政治机关，应在部队中搜集这些材料，领导思想斗争，反对不学习战术，与在战场上违反战术原则的倾向。以政治工作的成绩，保障军事技术与战术的提高。

（五）各级政治机关，应即将各种政治组织整理完善，补充干部，并帮助军事机关提拔与鉴定军事干部。对干部加以紧急的军事、政治教育，准备迎接新的决战胜利。

红二军团政治部

三月二十一日印于九官坪

注释：

＊此文时间为编者判定。

中共湘鄂川黔省委关于敌人暂时占领区域党的工作的指示

（1935年3月）*

（一）目前是决战最紧张的最后的关头。在敌人的堡垒主义，分进合击，企图限制我红军主力在狭小区域内而消灭我们的形势之下，我们在敌人远近后方的党与游击队的基本任务，是要把敌人远近后方和被占区域的工农群众武装起来，广泛的开展游击战争，组织与领导群众斗争，以配合红军争取决战的胜利。“只要决战胜利，‘围剿’粉碎，那不但放弃的苏区可以恢复，而且还可以扩大。”（中央政治局二月八日决议）

（二）然而最近各级党部对于武装斗争与游击战争的组织与领导，是异常忽视的。如大庸、桑植，自敌人占领县城与部分地区后，该地党部便仓惶退出，毫无部署，甚至在中心区域（如郭亮、永保一部分地方），因为地主武装的骚扰，而使我们在该地的工作坍台。现在必须立即纠正这一错误。各级党部必须领导当地军、政机关，创造基干游击队，派遣得力的工作团，去恢复被占区域的工作。或派遣当地干部，回到这些区域去工作。首先是把被占区域的党、团员与工作人员武装起来，成立游击队，吸引群众参加游击队，并在当地创造群众的游击组，捕杀豪绅、地主、反动首领，打土豪，消灭零星分散之地主武装，破坏敌人的交通后方。这种武装群众的游击战争，是被占区域群众斗争的最主要的方式。

（三）为了发动群众的游击战争，必须不放松任何的群众日常斗争。如反对拉伕，反对派军米，反对苛捐杂税，反对豪绅、地主逼稞、逼债，反对白色恐怖等各种斗争。但是不停留于日常斗争，党应提高与发展这些斗争到武装的游击战争。

（四）瓦解白军、民团，争取土匪下层群众，是我们最中心工作之一。最近白军士兵生活的恶化，新兵的多，特别是陈渠珍部队士兵生活的百倍痛苦，因编遣而产生之冲突与不满，更有利于我们进行士兵运动。党与游击队必须经过当地群众，尤其是老头、妇女、儿童等，进行对白军、民团、士兵的宣传鼓动与组织工作。同时训练与派遣干部党团员及可靠之工农分子，打进白军、民团中去，领导士兵的日常斗争，建立各种感情的通俗的群众组织，发动与组织兵变、兵暴。党与游击队内，应有专门担任白军士兵工作的同志，来计划与领导这一工作。

在被占区域的土匪，通常是与白军、民团有不可调和冲突，并是互相仇视的。我们对土匪主要的策略是：应使其内部的分化，争取其下层群众，排除内部的反动的不可靠的分子，使群众脱离其领袖（地主、富农与土匪头子）而参加革命斗争，扩大党的影响，建立党的组织，以争取他们在党的领导之下行动，而改造他们成为赤色的游击队。党需加强对土匪的政治宣传鼓动，并派遣干部到土匪中进行工作。

（五）进行广大的宣传鼓动，抓住军阀、豪绅、地主每一屠杀、压迫群众的事实，鼓动群众武装起来反抗，揭破敌人号召群众与工作人员回家参加“剿共”工作，只是欺骗群众与工作人员去给他们屠杀、活埋与罚苦工。对于被强迫加入守望队或各种反动组织之群众，甚至敌人欺骗与压迫他们向我们打土炮的群众，必须用同志的态度去争取他们。对于叛徒分子与坚决反革命分子，必须以赤色恐怖镇压他们。

（六）各级党部与工作委员会，必须立即设法找到被占领区域党的秘密组织的关系，经常给他们以指示，建立秘密的交通网（工委下设立交通科），不使一个支部失掉联系。从斗争中吸收积极的工人、雇农、贫农入党，洗刷异己的动摇分子，严重注意敌奸细的混入。加强秘密工作，断绝一切横的关系。

被占区域中的党团、革命委员会与工会等各种组织，应在□县与区两级中组织集中领导的工作委员会，留在当地秘密活动或随游击队行动。但在乡仍保存党团支部、工会等的单独组织与工作（组织是秘密的）。不能在当地立足之干部须派到独［立］团、营、游击队中去工作，以加强对武装的领导。

最后，目前党的中心任务是集一□□□□括武装群众来保卫苏区与发展游击战争。一切对革命战争的悲观失望与仓惶逃跑必须受到严厉的打击。

各级党部接到这一指示后，应提交常委会详细讨论执行办法，并将执行情形报告省委。

注释：

＊ 此文时间系编者判定。

中央书记处对二、六军团是否应该北渡长江的问题给任弼时同志的指示

（1935 年 4 月 5 日）

弼时同志：

目前，你们那里胜利的可能还是存在着的，仍应尽力在原有地区争取胜利。至于现在提出以后可能转移地区的前途问题，我们认为是适当的。如果渡江对于你们不成一个困难问题时，我们可同意你们渡江的意图，但这只是你们认为在原有地区不利于作战，且红军主力非转移地区不足以保存有生力量时，才可实行。对渡江的可能问题，你们必须精密的估计一切可能发生的困难与必须的准备工作。

书记处

红六军团政治部关于改造支部突击工作运动的决定

（1935 年 4 月 23 日）*

（一）支部是在红军中的堡垒，是党与广大红色战士的联环，支部的是否健全关系于党的战斗力。在目前残酷的、艰苦的、流血的战争中，创造红军中坚强的堡垒——健全支部——以保障红军争取决战的全部胜利，实为第一等重要任务。因此本部决定：从现在起至红五月上半月止，为改造支部工作运动的突击期。

（二）改造支部工作运动必须亲密政治机关、总支委员会与支部的联系。在运动期中必须集中最大的力量到支部中去，进行党员个别的谈话，巡视小组检查与分配每个同志的工作，帮助小组订出工作计划，改善会议生活，在三天至五天内完善各个小组工作的改造。

（三）在运动期中，必须健全支部的领导机关支委会与支委常委会——一切支部工作必须经过支委会去进行，以培养支委独立工作的能力，帮助和指导支委建立集体领导和分工负责制度，定出支部工作计划与工作日程，召集一次专门检查支部工作的支部大会，改造不健全的支委会，在五天至七天内完成一个支部的改造运动。每个支部必须依照本部印发的支部工作检查大纲，配［结］合本支［部］实际情形，总结运动中的经过与经验，写成详细的书面报告，报告本部（在红五月上半月以前完成改造支委的运动）。

（四）在运动中，必须加强党内与干部的共产主义教育，提高政治文化水平，改善支部的会议生活，组织政治常识班，新党员训练班（材料：共产党十大要求，五大纲领，党员训练大纲，党员须知等），加强对列宁室工作的领导。

（五）在改造工作中，必须进行发展党团员的运动。在扩大党的宣传和政治影响中，吸收每一个先进的、觉悟的、勇敢的工农分子，特别是工人、雇农入党，使吸收新党员成为每个共产党员的任务。

（六）改造支部工作的运动不是形式的改造，而是艰苦的、实际的、下层工作的彻底转变。因此，在改造运动中，必须反对工作中的形式主义、官僚主义与应付敷衍改善领导方式与工作方式。

（七）估计到行军作战的环境，改造支部工作必须与实际战斗、与具体任务密切联系起来。连队支部在执行实际战斗任务中的领导作用，应成为检查与改造支部工作的主要标准。一切脱离开实际战斗任务的和平改造倾向，都是不能容许的。

（八）最后，必须具体的开展党内思想斗争。反对［对］我们的胜利估计不足，对革命战争悲观失望，不相信群众，失却胜利信心，动摇恐惧的右倾机会主义。反对部队中存在着的军阀残余与游击主义习气。反对左的乐观主义、放松战斗准备工作的倾向。在斗争中，必须充分的进行说服、解释、教育工作，废除惩治制度与简单的行政办法。

各级政委、政治机关、政治指导员和总支委、支部，接到这一决定后，应详细讨论，定出工作计划和工作日程，发扬支部中的革命竞赛，实行每日工作检查和汇报，并将执行情形随时报告本部。

注释：

* 此文时间为编者判定。

红六军团政治部训令
——关于红五月的工作

（1935 年 4 月 25 日）

今年的红五月，是全世界无产阶级和被压迫民族向着资本帝国主义作总的进攻与反攻的时期，是中国工人阶级及其先锋队——共产党领导苏区与非苏区的广大劳苦群众和全国红军战士向帝国主义、国民党作总的进攻与反攻的时期，是这次战役最后的决战极紧张关键。自陈家河、桃子溪战斗的伟大胜利后，我们是转入到进攻与反攻的有利时机，继续胜利的进攻，不放松每一个消灭敌人的机会，消灭何键、徐源泉的主力部队，保卫和发展湘鄂川黔苏区，以配合全国红军彻底粉碎敌人五次"围剿"，要成为我红色五月的最响亮、最光荣的战斗口号。

为了完成这一总的战斗任务，必须进行下列中心工作：

（一）广泛进行改造与发展党的运动，以强固红军中无产阶级的领导，加强战斗力。各级政治机关必须依照本部关于改造支部工作的决定，切实的认真的进行这一工作，并加强党的基本理论教育，提拔与培养新的干部。在亲密支部与红军战士群众的联系，宣传党的政纲、主张、政策，扩大党的政治影响中，大批吸收新党员，不让一个先进的、觉悟的、果敢的分子，特别是工人、雇农成份，站在党的门外。

（二）举行扩红的突击运动，继续过去大庸、永顺、龙山扩红的精神与经验，争取在红五月内扩大一千五百个新战士（十七师一千名，十八师五百名）。各级政治机关[在]发动、组织与领导群众没收和分配豪绅地主粮食财物中，在武装群众斗争中，经过深入的宣传鼓动，动员广大工农群众加入红军。

（三）提高军事技术与战术，使每个红色战斗员，特别是新战士，教练使用刺刀、手榴弹及一切新式武器，使每个干部熟练战斗条令的基本动作。经过军事宣传，政治鼓动，列宁室工作，发扬革命竞赛，帮助军事机关与军事指挥员实施红五月的军事教育计划。

各级政治机关必须估计到红五月战争形势的发展，在艰苦的、紧张的战斗环境中，运用灵活的、紧张的、迅速的工作方法，求得百分之百的实现上面的中心任务，以迎接红五月的伟大胜利。此令。

右令

红六军团政治部主任　张子意

副主任　罗志敏

四月二十五日于桑植城

红二军团政治部
七天扩大红军突击计划

（1935年4月26日）*

陈家河、桃子溪两次战斗的胜利，击溃了敌人对我们大举进攻的北线纵队，消灭其大部有生力量，缴获了许多武器。在粉碎敌人大举进攻的战争中，已经取得了第一步伟大胜利，使敌人原有“围剿”计划失了效用。我们目前的任务，是乘着敌人重新布置绝望进攻的当儿，调动敌人，而击灭其有生力量，及利用顺利的间隙时间（尽管是如何短促的），广泛的发动斗争，创造新的游击区域，猛烈扩大红军，以资补充训练，准备随时迎接新的决战胜利。

以□□□□为中心的广大地区，位置于慈、庸、桑边境，是湘鄂川黔苏区的东方门户，有集中的、稠密的广大群众。他们在朱疤子、罗孝之、徐源泉等军阀、豪绅地主、资产阶级残酷的剥削与压［迫］下，革命的热情正在增长着。特别是我二军团去年在江垭胜利的行动和最近湘鄂川黔苏区的创立，更加兴奋着江垭、九溪地方群众拥护红军的热情。因此，本部遵照军分委、政委意旨，在这一地区进行七天扩大红军突击，并订出如下的突击计划：

（一）暂订从四月二十八日至五月四日为突击期间。在这一期间内，二、六军团应扩大两千新战士：

①四师四百五十名。

②六师四百五十名。

③军直三百名。

④六军团直属部队十七师八百名。

（二）为着胜利的完成这一计划，各级政治机关应即进行如下的工作：

（1）经过政治机关、党的组织、军人大会，举行关于扩大红军突击的专门会议，与具体的工作布置和检查，严格打击对扩大红军的消极态度和官僚主义的敷衍塞责。要使每个党团员，每个指战员从政治上深刻认识扩大红军的伟大意义。

（2）立即组织扩大红军突击队，除军团政治部及军团直属队各单位各分别组织外：

A.师政治部应组织一队，内至少有两分队（如宣传科一分队，组织科、地方工作科一分队），由地方工作科长任队长。师直属部队每支部组织一队。

B.团政治处组织一队（如以总支书记或俱乐部主任任队长时，须调人代理其职务）。在突击期内，地方工作干事在政治处工作不负军务。

C.每连队支部各组织一队（五人以上），经过支部选定长于做群众工作的人员充任（非党员亦可），以政治指导员为队长（如副政指，支书，有地方工作经验时即以之为队长）。

D.以团为单位，每日应有突击队长的工作汇报（如驻扎分散时，可以营或连分别汇报）。

（3）在宣传鼓动工作中注意如下：

A.实际的接近群众——如直接到田野山林间，帮助群众春耕。

B.各伙食单位邀集驻地群众，开茶话会或与群众会餐。

C.团政治处尽量召集联欢晚会与组织化装讲演队扮演新剧。

D.抓住具体材料，揭发当地豪绅地主及军阀剥削与压迫群众的罪恶。

E.运用各种方法，通俗的解释苏维埃各种法令，宣布优待红军条例，在散发土豪谷子财物时，特别注意首先分给红军家属。

F.利用逢场日期，派得力突击队去开露天大会与进行扩大红军工作。

（4）发动与深入阶级斗争是保障"扩红"计划完成的基本条件：

A.调查阶级成份，正确的分析阶级，发动阶级斗争。

B.没收地主阶级的谷子、财物，分给贫苦工农。
在分粮、分物、分肉的会议上进行□□工作。

C.组织各种群众团体，吸收工农群众参加打土豪。抓住积极分子，发动他们参加"扩红"突击工作。

D.以尖锐的眼光，辨别豪绅、地主、富农、反革命份子破坏扩大红军的阴谋，彻底揭发其罪恶，严厉镇压其活动。

（5）组织游击队。在群众条件许可下，可以乡（或区）为单位组织之。派遣政治委员在群众中提出最勇敢忠实的份子当队长，领导这些游击队进行公开的武装斗争，领导他们配合红军作战或争取其加入红军。

（6）发展地方党的组织。在突击时间，各团至少应建立一个地方党的支部，吸收其积极分子参加"扩红"工作。政治机关应帮助他进行各种斗争，但在目前尚须保持组织上的秘密。

（7）为着更便利工作，特划分工作区域（另行通知），责成各政治机关按照指定区域进行"扩红"突击。并须在部队中提出一些当地干部，派至某区进行工作。

（八）扩大的新战士由师政治部集中训练，进行检举，再行分配，不得当即补充到连队去。

红二军团政治部于江垭

注释：

＊ 此文时间为编者判定。

中华苏维埃共和国国家政治保卫局湘鄂川黔省分局龙山独立团布告
——宣布土匪混入红军拖枪逃跑反革命分子陈余林、曾玉进等二犯罪状

（1935年8月3日）

一、陈余林，男性，年二十四岁，家住湖南桑植县炉家溪，家庭经济地位贫农。

二、曾玉进，男性，年二十一岁，家住湖南桑植县炉家溪，家庭经济地位贫农。

1.该二犯去年腊月［至］今年三、四、五月间，在河口、新寨、巴东、朝阳坪、糊杂坡各地一带。该二犯以土匪为生活，抢工农群众的东西及拦路数次。该二犯在河口、新寨、巴东、朝阳坪、糊杂坡一带，工农群众受他们的压迫和屠杀。该二犯是反革命的忠实走狗，是屠杀工农的刽子手。

2.该二犯今年六月间，企图有计划的混入我红独立团，来组织拖枪逃跑回去当土匪，来抢劫残杀群众。证明该二犯是反革命坚决忠实走狗。经糊杂坡的工农群众报告，今本部拘捕审讯，上面事实均由该二犯直供不讳。

上面铁的事实证明，该二犯是有计划混入红军组织拖枪逃跑。该二犯是坚决反革命份子。依照本条例处以陈余林、曾玉进二犯死刑，除绑赴刑场执行外，特此宣布罪状。希红色指战员及工农群众一体周知。

此布。

特派员　孟昭亮

中华苏维埃共和国中央革命军事委员会湘鄂川黔分会为号召全国民众保卫中国反对日本帝国主义侵略打倒卖国罪魁蒋介石的宣言

（1935年8月26日）

全中国的民众们：

从“九一八”日本出兵满洲、上海事件以来，以卖国罪魁蒋介石为首的南京政府，采取一贯的投降出卖政策，不以一兵一卒抵御日本强盗的进攻。并且公开宣布，“侈言抗日者杀”，镇压一切反日运动，尽其帝国主义瓜分中国清道夫的能事。一纸塘沽秘密协定，把东北奉、吉、黑、热四省，完全出卖给日本帝国主义强盗了！

帝国主义强盗瓜分中国的侵略计划，正因为蒋介石的投降出卖政策而更加速了日本强盗割据华北、并吞中国的大亚细亚帝国政策，在卖国巨魁蒋介石的帮助之下，逐渐实现了。今年六月的华北事件，蒋介石在六月七日和十三日与日本订立秘密协定中，又完全接受日本强盗所提出并吞华北的要求，承认把北平、天津、察哈尔等处的中国军队和宪警，完全撤退到黄河南岸；惩办河北及察哈尔省政府的主席，将河北省政府迁移保定；严厉取缔、禁止一切抗日运动；解散黄河以北的党政机关；由日本指派人员另组华北自治委员会；由日本派员组织维持华北治安的军警。就是说，承认日本在黄河以北，组织第二个满洲国。

据说日本强盗还提出了由日本人来改组南京政府，派员来改造全中国军队的要求。这一个并吞中国的大卖国阴谋，蒋介石的南京政府也正在与日本强盗开始进行谈判了！

全中国的民众们！中国领土的一半已被蒋介石拍卖了！将近一半的中国同胞正在做日本强盗的亡国奴隶，受日本强盗的宰割。整个中国很快要变成日本强盗的殖民地。做亡国奴隶的危险，已经摆在全国民众的头上了！

中华苏维埃政府和红军，过去几年来奋斗的事实，已经告诉了中国和全世界民众：他是中国唯一反帝国主义的，真正为中国民族和社会解放而斗争的力量。“九一八”事件以来，苏维埃中央政府和革命军事委员会历次宣言，号召全国民众武装起来，配合红军同日本直接作战，并且派遣了北上抗日的先遣队。苏维埃和红军曾宣言，愿意同一切真正愿意抗日的中国任何军队，订立对日作战的作战协定，共同挽救中国的危亡。但是苏维埃和红军这一切愿望和努力，都被卖国的巨魁蒋介石的四次、五次“围剿”所阻止了！

蒋介石在他一贯的卖国投降，帮助日本并吞中国政策下面，只是更快更多的拍卖中国领土主权，抽出和强迫华北及全国十分之七八的军队，用以进攻真正反帝反日的苏维埃红军，求得日本更大的物质上和精神上的帮助，用最残毒的法西斯蒂手段来镇压中国一切反日的革命运动！

全中国的民众们！一切不愿意做亡国奴隶的同胞们！铁一般事实放在我们面前，要挽救中国的危亡，要保障中国的独立自由，就要以一切牺牲来反抗日本强盗的侵略。要驱逐日本强盗，收回已失的领土，首先就要打倒卖国的巨魁蒋介石！

本分会领导红二、六军团和广大劳动民众，在湘鄂川黔边区进行了胜利的战斗。最近已将蒋介石对我湘鄂川黔苏区和红军的大举“围剿”，冲破在此民众危亡旦夕之际。本分会依据苏维埃中央政府和中央革命军事委员会意旨，再郑重宣言，在下列条件下：

1.立即停止进攻苏区。

2.立即保证民众的民主权利(集会、结社、言论、出版、罢工自由)。

3.立即武装民众，创立义勇军。

我们愿意同中国任何武装部队，订立反日反蒋的作战协定，共同推翻蒋介石的统治，进行直接抗日的神圣的民族革命战争。

同时本会郑重声明：凡全国任何军队，任何团体，只要他真正愿意抗日或反蒋，本会均愿给以实际的帮助，并热烈的欢迎他们同本会进行具体的谈判。

本会号召被蒋介石驱使同我们作战的湘鄂军队，再不要受蒋介石的驱使，做卖国的工具了，迅速与我们订立挽救中国危亡的作战协定。

但是，对于妨碍我们工农红军抗日反蒋，而甘心做帝国主义和卖国罪魁蒋介石的工具，来继续进攻我们的任何国民党军阀军队，将像最近我们击溃和消灭五十八、四十一、四十八、八十五、三十四和六十二等师一样，来继续消灭他们。

全中国民众们！形势是非常紧迫的啊！不愿意作亡国奴隶，就要靠自己武装的流血的斗争，坚决勇敢的起来担负起救中国的光荣历史任务。

工人们！一切工人团体和国民党工会会员们！一致团结起来，用怠工罢工的斗争，反对资本家减少工钱。要工做，要加工钱，失业工人要救济。不替一切进攻苏区和红军的国民党军阀造枪炮子弹和运送军用品。

农民们！灾民们！组织和武装起来，发展抗租、抗债、抗税、吃大富的运动。发展游击战争，自动夺取地主豪绅的土地、工具，实行土地革命。

白军士兵们！一致起来反对你们的卖国长官，反对进攻红军，要求与红军联合起来一同去打日本帝国主义、打倒卖国罪魁蒋介石！要求改善你们的生活待遇，反抗一切进攻苏区红军的命令，组织哗变，加入红军。

青年学生们！团结起来反对蒋介石的法西斯蒂教育，反对复古的新生活运动，要求思想言论、出版、结社自由。

全中国民众们！在苏维埃红军号召之下，组织统一的革命战线，组织反日反蒋的民众义勇军。没收日本帝国主义在华和卖国军阀的银行企业和财产，做抗日经费。开展反帝国主义、反卖国军阀的革命斗争，为保卫中国领土完整独立而战。

一切反日反蒋的民众联合起来！

打倒日本帝国主义收回已失领土！

反对蒋介石出卖满洲和华北！

打倒卖国巨魁蒋介石和国民党南京政府！

反对进攻苏区和红军的国民党军阀！

民众自动武装起来组织人民义勇军！

中国民族独立解放万岁！

中华苏维埃共和国中央革命军事委员会
湘鄂川黔分会
主席　贺龙
委员　任弼时　肖克
关向应　王震
张子意

红二、六军团致电周恩来
——冲破敌人“围剿”计划，粉碎敌人新的进攻

（1935 年 9 月 29 日）

恩：

（一）我们八月二十七日占领澧州、津市、石门、临澧，现已退出。

（二）我们将敌原“围剿”计划冲破，准备粉碎敌对我们新的大举“围剿”。

（三）你们现在何处，久失联络，请于来电内对此间省委委员姓名说明，以证明我们的关系。

贺龙、任弼时、关向应关于目前敌情与行动方针致朱德、张国焘并转中央电

（1935 年 10 月 9 日）

朱、张并转中央：

一、我们周围新增敌情除前电所告外，闻尚有陈继承纵队之第四、第六〔八〕九、第四十师将开湘鄂边、一〇二及一〇三师在川东为预备队。

二、原有湘鄂敌分布情形：（甲）湘敌陶[1]纵队第十六、第六二、第三十四师现在龙山、抬头寨、洗车、捞车、大小井之线筑雕[2]；十五师之四个团在酉阳，二个团在永顺；十九师在塔卧、石田溪、大庸之线；刘建绪及补充纵队两个团在沅陵，另有十一个保安团分布在永顺、大庸、江垭、常、桃、津、澧[3]等城镇。（乙）徐源泉指挥之第四一、第四八师及新三旅、三十八旅、保安师、独四旅，分布在龙、来[4]、沙刀沟、宣恩之线，三十四师在鹤峰、沙刀沟之线，郭汝栋纵队二十六师、陈光中师在百户司、酉阳之线，独三十四旅在黔江。（丙）敌由走马坪经鹤峰、来、龙、抬头寨、永顺、塔卧、石田溪、大庸至江垭、慈利之雕堡封锁线大体已完成。

三、依据目前敌情，在一、四方面军向川陕鄂豫边行动配合下，我们是决心依据桑、龙[5]间苏区及慈、石、桑、鹤[6]间地域进行战斗，并首[先]求得击破东面之樊、孙[7]纵队。

四、此间情报：一、四方面军似在甘肃地区行动，这对我们配合作用较小。我们认为在上述狭小地区不利我们与强大敌持久战斗，而应迅速突出敌包围线，转移于镇远、黄平之线。

五、二、六军团现[有]十二个不充实的团，五个独立团（每团三百余人），红校有一千二百人。

六、一、四方面将在何处建立新根据地及其发展方向，盼告。我们行动方案，望速决电复。

贺　任　关

九日廿一时

注释：

[1]陶，指陶广，时任国民党“剿匪”军第一路军第一纵队司令，兼第六十二师师长。

[2]雕，同碉，指碉堡。下同。

[3]常、桃、津、澧，指常德、桃源、津市、澧县。下同。

[4]龙，指龙山，湖南省属县。来，指来凤，湖北省属县。

[5]桑、龙，指桑植、龙山。

[6]慈、石、桑、鹤，指慈利、石门、桑植、鹤峰。

[7]樊，指樊嵩甫，时任纵队司令，下辖第二十八、四十三、七十九、九十七师；孙，指孙连仲，时任第二十六路军总指挥兼第三十师师长，下辖第二十七、三十、三十一、九十八师，以上两部此时均划属国民党军委会宜昌行辕指挥，担负对红二、六军团“围剿”任务。

朱德、张国焘关于红二、六军团的行动方针复贺龙、任弼时、关向应电

（1935 年 10 月 15 日）

贺、任、关：

来电悉。

[（甲）]一切请按实际情况由你们自行决定，必须秘密、坚决、迅速、机动，出敌不意。

（乙）在狭小[1]地区内固守为失策，决战防御亦不可轻于尝试，远征，减员太大[2]。可否在敌包围线外原有苏区附近诱敌出堡垒，用进攻路线集中兵力各个击破之。上述意见供兄参考。

（丙）我方主力仍在川西北活动，当尽量与你方配合。

朱　张

删午

注释：

[1]“狭小”，本电另种文本档案原稿（收电本）上为“现小”。

[2]“太大”，本电另种文本档案原稿（收电本）上为“必大”。

朱德、张国焘关于红二、六军团行动方针再致贺龙、任弼时、关向应电

（1935年10月19日）

贺、任、关：

［（甲）］删午电收到否？你们行动方针由兄等按实况决定，我们只做一些建议。取守势是最失策，远征损失大，可否在赤区外围和附近地区诱敌，各个击破之。

（乙）我军向川敌回击，刘文辉、杨森均被打垮，现已占领绥靖、崇化、丹巴、抚边、懋功。俘获甚多正追击中。

朱　张
皓申

任弼时政委在二、六军团党的积极分子会议上作关于冲破敌人“围剿”的经验教训与粉碎敌人新的大举“围剿”的报告纲要

（1935 年 10 月 29 日）

敌人的“围剿”是从今年二月间（我们从常德撤至慈利地区时）开始的。经过了半年残酷的流血斗争，直到八月初间板栗园和芭蕉托战争的胜利，才把他（敌人的“围剿”）冲破。我这报告的第一大部分，就是总结这半年流血斗争所得的经验教训。敌人在这一次“围剿”的惨败和我们胜利的开展当中，现正调集新的更大的力量，组织新的大举“围剿”。因此，我这报告的第二大部分，就是指出粉碎敌人新的大举进攻中，我们党当前最紧急的战斗任务。

一、冲破敌人“围剿”的经验与教训

在粉碎五次“围剿”的持久战斗当中，我二、六军团在党中央和中革军委战略意旨下，转移到湘鄂边地区最基本的任务：

第一，以自己高度积极的游击行动，在敌人翼侧和后方活动，达到分散吸引敌人用以进攻和“追剿”我中央野战军的兵力，配合与协助我主力红军顺利的转移，和在主要战线上取得有决定意义的胜利，以彻底粉碎敌人的第五次“围剿”。

第二，在尽可能的保存、巩固、壮大红军有生力量条件下，坚决进行战斗，以达到消灭敌人的有生力量，保卫、扩大新开辟的游击区域，使之成为巩固的新根据地，贯通江西、四川两大基本苏区。

根据这两个最基本的历史任务，我们去年（一九三四年）十月革命节（十一月初间）进占永顺，十一月半间龙家寨战争的胜利，将进攻我二、六军团的湘西军阀（陈渠珍部约十团）击溃，乘胜进占大庸、桑植城，威逼辰州。浯溪河的胜利，击败敌军三团，占领桃源，包围常德，震动了长沙、岳州。逼使蒋介石不得不从“追剿”军中抽出三个师兵力，暂时来阻止我们的活动。

我们在这个短时期内所造成的胜利局势，具有下列的重要意义：

第一，威胁了“追剿”我中央野战军的敌人（当时对野战军在湘黔边之通道、锦屏地区）；给我野战军以有力的配合。

第二，开辟了以永顺、大庸、桑植城为中心的广大游击区域，使这一区域广大群众得到没收、分配地主阶级的财产、粮食的利益。

第三，震动了湘鄂军阀统治，兴奋了全国劳动民众。

在我们胜利的开展下面，敌人开始组织对我二、六军团及湘鄂川黔边新区的“围剿”。

（一）敌人"围剿"计划的内容和我们的策略

当时国内革命战争的阵势是：

第一，蒋介石正以全力"追剿"，我中央野战军正由湘黔边向川黔边转移途中，给蒋贼吴纵队及黔军以有力的打击。

第二，我四方面军在川北地区积极活动，连续击败四川军阀的主力。中央区、湘赣、湘鄂赣等区域的游击战争正在开展。

第三，我二、六军团正在胜利的开展中，但所依托的地区（顺、庸、桑）是新开辟，只有二个月工作，而且没有连成一片，约有五十万人口的游击区域。

当时敌人的战略意图：

第一，因为惧怕中央野战军与我们汇合，因此努力阻止我们西进。同时防止我们向东南破坏其长、岳主要后方交通。后来又惧怕我北渡长江与四方面军汇合，企图包围、消灭我们于单独的孤立的地区。

第二，抓住我们没有巩固根据地的弱点，同时依据其战役计划上的要求（肃清其侧后红军，以便抽出力量增加到"追剿""堵剿"我野战军方面去），企图在比较短促时间内，以强大力量来消灭我们。

在上面的形势和意图下面，敌人的计划是：

第一，调湘、鄂两省可能抽调的一切武装力量，并从"追剿"军中抽调三个师（十六、六十二、十九师），从进攻湘鄂赣苏区部队中抽调一个师（二十六师），共计有八十一个团的兵力。除以一部份分守周围城市和碉线外，分成六个纵队。每纵队配备六个团到十二个团的兵力。此外配有两队战斗飞机。

第二，充分武装新区周围和隐藏在新区内部山上的地主武装。经过地主、富农拉拢土匪（在湘西北大小股土匪极多）部队，组织地主、富农零散武装以及法西斯蒂别动队、便衣队深入新区积极活动，破坏交通和地方工作，使之成为有力的尖兵和前哨。

第三，实行经济封锁政策，破坏苏区与白区通商关系。特别严禁药材、布草、食盐、军用品输入苏区。

第四，在政治上进行一些武断欺骗宣传（利用飞机散发传单和叛徒们宣言），派遣反革命分子混入红军的地方部队中进行勾引、收买等反革命活动，新生活运动的复古愚民政策，缩编湘西老军阀陈渠珍部（声言废除陈渠珍的苛捐杂税等）。

第五，在战略战术上一般是依据五次"围剿"中的持久战和四面包围的堡垒主义方针，但敌人估计到我们是在一个新地区的弱点，和他在战役计划上要求迅速消灭我们，因此在开始一个时期内，企图迅速分进到适当位置，然后包围我主力在狭小地区以内进行合击，并以飞机轰炸来消[灭]我们。这具体表现在：

甲、依靠"追剿"和"防堵"主要方面的简单封锁线（慈利经四都坪至王村、保靖之线及由龙山经来凤至宣恩之线，此外周围各城市及最重要的市镇构筑碉楼工事）即向我们基本地区推进。

乙、利用原有马路及河流交通，没有采取进至一地即修筑马路的后方交通网计划。

丙、推进的行程较大（每日三十至六十里），不是每进一地待驻地碉堡及与并进部队之横线碉堡完成后再行推进，有些纵队推进时并不沿途筑碉堡。

然而这一求胜心急的分进合击计划，受到几次打击以后，即采取了较严密的四面构筑碉堡封锁线，慢步推进的计划。

在这一"围剿"布置中，敌人存在有以下明显的弱点，即是：

第一，湘、鄂军阀军队在指挥上不统一，在各自保存实力的基础上，表现协同动作差。

第二，鄂敌缺乏与红军作战的新经验，湘敌大部是经过"追剿"野战军的长途行军而疲劳，且不充实。

第三，敌人是被我们调动到广大无堡垒地区，极便我们去在运动、野战中消灭他。

第四，湘、鄂敌人除极少数未曾与红军作过战斗者外，都是被我二、六军团击败过的，因之敌人胜利的信心是差的。

在上面的形势和敌人"围剿"计划下，我们策略方针：

第一，利用广阔游击区域最大限度集结主力，依据决战防御战略战术原则，抓住敌人弱点，在敌分进移动当中，选择有利时机进行坚决的突击，以达到各个击破，消灭敌人一部或大部有生力量，破坏其合击计划，一直到完全冲破敌人的"围剿"。

第二，以主力部队之一小部配合新创立的地方部队（独立团、营，游击队），肃清新区内部的一切地主武装，掩护地方党及政府，深入群众阶级斗争（分配土地），并在敌人翼侧活动，迷惑、分散敌力，以配合主力进行决战。

第三，争取在胜利中来保卫新区的巩固发展。但不是去死守一个城市或地区而限制主力行动，消耗自己有生力量。在不利条件下采取战略上的退却，避免战斗，移动主力寻找新的机动。

这一策略方针的目的，是在于钳制和吸引住周围大量敌人，使其不能抽调去进攻正在艰苦奋斗中向四川转移的中央野战军。同时依据野战军、四方面军胜利的配合，以及白区群众斗争的配合，争取在有利苏维埃革命发展的中国革命形势基础上，来击破敌人对我们的"围剿"。

我们有英勇善战的二、六军团及新区广大群众的拥护与参战，相信我们是能够战胜敌人，完成自己任务的。

（二）半年来粉碎敌人"围剿"斗争的经过

敌人"围剿"的军事行动是在今年二月开始的。其兵力分配是：以四个纵队（陈耀汉、郭汝栋、李觉、陶广）从东南方面向大庸主要目标推进（当时我主力是在东面大庸地区）；以两个纵队（徐源泉、张振汉）在西北逐渐向桑、永推进。我们粉碎敌人"围剿"的整个过程，可分为两个阶段：

第一阶段，是从溪口战争到退出塔卧，取得陈家河、桃子溪胜利，击破陈纵队为止。

第二阶段，是从击破陈纵队，恢复桑城到板栗园、芭蕉托胜利，全部冲破敌人"围剿"为止。

我们奋斗的第一阶段：

在第一阶段中敌人东南四个纵队，陈纵队由石门县经江垭向大庸以北地区推进；郭纵队配合李纵队向大庸以东地区推进；陶纵队之一部进至四都坪；主力向大庸以西之永顺地区推进。测其企图,似将以这四个纵队的力量合击我军于大庸地区以内。西北之徐、张两纵队,除以一部扼守乌江,防我野战军东进外,余均集结龙山、来凤,向茨岩塘及以西地区推进。

在这时期中,我们是集中力量在东南方面来击破敌人从东南的进攻。二月八日在溪口,三月十四日在高梁坪,及三月二十一日在后坪,进行过三次重要的战争,给敌郭纵队、李纵队与陶纵队以创伤。然而未能大量的消灭敌之有生力量,没有取得有决定意义的胜利。敌仍得以进占大庸城,并继续向着我们基本苏区逼进。

最后,敌陈纵队乘虚进占桑植城,并以一部推进北面之陈家河;郭纵队经永塘渡、澧水进占罗塔坪,逼进塔卧(离塔卧省级机关只有五十余里);李纵队及陶纵队之一大部进至石田溪,一部转到永顺城;陶纵队之另一师推进到捞车、洗车;张纵队进占茨岩塘向龙家寨(我们医院、兵工厂、被窝厂所在地)逼进,造成四面严密包围封锁。各方敌人距离我塔、龙基本后方,仅一日至一日半行程(即五十里至一百二十里),准备合击我们于狭小的塔卧、龙家寨地区以内。这是我们处境最困难的时期。

当时的情况,在塔、龙狭小地区内同强大敌人决战是于我们不利的。党的省委和军分会采取了下列的决定:

第一,暂时放弃塔卧、龙家寨基本地区。

第二,集中全部主力,以地方武装之大部编入主力,充实和增强主力的战斗力量。

第三,击破敌之封锁线,从敌之侧翼、后方坚决突击敌人,来击破敌之包围、封锁与合击计划,以开展新的胜利局势。

四月十二日,退出塔卧、龙家寨(敌同日即进占塔卧)向北突击。十三日,在陈家河消灭敌陈纵队之一旅。十五日,在桃子溪继续消灭陈纵队之另一旅及其纵队部。将由东北来进攻之陈纵队全部击溃后,十六日即夺回了桑植城,恢复桑植苏区。敌人原有的包围、封锁、合击我们的计划,已失其效用。而我们依据以桑植为中心的广阔地区,转入自如的、有利的地位。

我们奋斗的第二阶段:

击败陈纵队恢复桑植城后,开始了我们奋斗的第二阶段。这一阶段的特点是:

第一,敌人原来[掌]握着军事上的主动的地位,已经将我们逼迫到很小的地区以内[的]优势,转入到被动的困难的地位。

第二,相反的,我们由军事上被动的处境,转到主动的反攻的优势地位。

我们利用掌握战争主动权能的优势地位,采取了坚决反攻敌人的策略方针。在这一方针下,决定以主力远出东面敌人的侧后方——伸出江垭、慈利之线,调动敌人离开基本苏区,并求得在敌人远距离运动中,抓住敌人之过失,给以新的胜利的打击。

四月底,我主力进占江垭,伸出慈利城北,造成夺取慈、石,进攻津、澧,同时又表露有北渡长江的形势。东南方面之敌军后方交通完全处在我们极大的威胁下面。

在我们这一行动的威胁下面,李纵队全部及陶纵队之一部,首先急促的由石田溪、塔卧之线,经澧水南岸,东调慈利。郭纵队全部及陈纵队之残部,相继调至石门以堵我东进。龙山、来凤地区之张振汉、徐源泉两纵队之大部,亦向鹤峰转移(据被俘之张振汉说,是到鹤峰、五峰、渔阳关、长阳之线堵我北渡长江的）。当时大庸、塔卧、永顺只有固守碉线之薄弱敌人。

因为这些被调动的敌人不便我们攻击，决以主力回入永、桑间，寻求新的机动。五月七日，在塔卧、永顺道上消灭敌之一营，塔、永吃紧。李纵队复由慈利回援塔、永。五月九日，我军伸出石田溪、大庸道上迎击该敌未成。十七日，转入龙山、来凤，突破龙山、宣恩城，给施南（湘鄂边剿赤总司令部徐源泉根据地）、利川、万县（即蒋介石进攻野战军主要长江交通线）以极大威胁，以期调动张、徐两纵队，寻求击灭该敌之机动。

六月十一、十二、十三三天内，在中堡地区的连续战斗，击败徐、张两纵队九个团，俘纵队司令兼四十一师师长张振汉。中堡胜利后，以小部围团龙城，大部休息整理。敌在连续失败中，增调了两师兵力于西面战线，企图增援龙山城，巩固西北阵势。七月三日，我主力之一部，在永顺洗车线上之小井击败增龙之陶纵队。七月十日，在来、龙间之象鼻岭击溃援龙之潘旅。七月半间，在咸丰、来凤线上之胡家沟打击援龙之黄纵队（张、徐余部所组成者）。七月二十七日，撤龙城之围。二十八日，在招头寨迎击继续援龙之陶纵队。八月三日，在咸、来之间板栗园，全部击灭新调来之八十五师，击毙其师长——谢彬。八月八日，转移于芭蕉托，再击败陶纵队之全部十团兵力，结束了我们奋斗的第二阶段。

板栗园、芭蕉托战争的胜利，我们的估计认为，国民党在五次“围剿”的过程中，对我二、六军团及湘鄂川黔新苏区的“围剿”，已经被我们冲破了。这主要表现在：

第一，敌人原来布置的六个纵队的兵力和以后增调生力军，均被我们击破，并消灭其一部分重要的有生力量。

第二，敌人只依据失败后所有实力，已无信心，也不能继续组织“围剿”或反攻。

（三）粉碎敌人“围剿”的胜利和其意义

我们的胜利：

第一，我二、六军团进入湘西北地区，在极短促的时期当中，共经过大小战斗三十次。前后与我们直接作战之敌计有八十六个团，除依城或据点困守之一部外（沅陵、塔卧、龙山、宣恩共约十个团），均被我军击败。前后占领过七个县城。

第二，我军前后计共缴获敌步枪约有一万支，并俘敌约八千余人，缴获敌轻、重机关枪约计一百五十余挺，无线电五全架，山炮两门，子弹约一百二十万枚，生擒敌纵队司令兼师长一、师参谋长二、团长三、营长及以下官长二百余，击毙敌师长一、旅长二、团长五，营、连、排、班长百余，敌伤亡士兵在一万人以上。

第三，我二、六军团与十倍于我们的强大敌人半年多的艰苦奋斗，不独没有被敌人消灭，也没有减少和削弱，而且比以前扩大一倍以上。在这一过程当中，除成立了十八师和十一及十七团，并且成为有力的战斗部队外，我们还成立了有战斗力的独立团、营，游击队。

我们胜利的意义：

第一，由于我们积极的胜利的行动，不独钳制住了敌人六个纵队兵力，使其不能进攻野战军，而且继续把进攻或预备进攻野战军的一部分敌人［吸］引了过来，使野战军与四方面军胜利的汇合。并还有大量的进攻野战军、四方面军及进攻中央苏区、湘赣、湘鄂赣苏区的敌人，正在被我们调动或者将要调过来。这在配合中国的主力红军与其他苏区，是尽了我们的历史任务。

第二，我们从艰苦流血奋斗中保卫了新开辟的苏维埃版图。有些城市与村镇，虽然因战略上的关系放弃，现在还是被敌人暂时占领着，但是开辟龙、桑边一块新苏区，以桑植为中心的地区仍然是我们胜利开展中的根据地。我们保卫着这一基本新区，他在中国苏维埃运动发展中有其重要历史意义。他使江西、四川两大苏维埃基本区域的联系上，具备着基础巩固的桥梁。

第三，我们这种战胜强大敌人的英勇、果敢奋斗的精神与成功，再一次在全中国和世界上的民众前面表明，红军是一种不可摧毁的力量。所证明帝国主义、国民党就是想暂时停止中国苏维埃革命运动前途，[给了]表示悲观失望的机会主义者以迎头痛击，将要更加推动和兴奋起来全国革命斗争的浪潮。

我们能够获得这样伟大胜利与成功的原因：

第一，由于我们红色战斗员、指挥员的英勇、果敢、艰苦、坚决奋斗的牺牲精神和我们干部的组织创造才能。我们因为要抓住有利的时机消灭敌人，时常在一天之内行军八十里，一百二三十里，同强大敌人作战。最后一个时期因为遇到粮食的绝大困难，在作战中每天只能得到一二餐稀饭，个别的部队甚至二天只吃一餐饭，还是不疲倦的同敌人顽强抗战。

第二，因为有新区和游击区域群众的拥护和热烈的参战。我们在敌人翼侧行动和作战当中，广大群众加入红军（龙、来、宣、咸地区扩大三千新战士，在江垭地区扩大一千余，最近在津、澧、石扩大三千以上），自动帮助我们运送伤员，侦察敌情和带路。

第三，由于党省委和军分委一般的正确估计和依据全国革命形势来灵活运用中央及军委关于粉碎敌人“围剿”新的战略战术方针。特别是退出塔卧以后。

（四）我们得到了一些什么教训

甲、我们为什么在粉碎“围剿”的第一阶段中，不能够在东南战线上，顺利的击破敌人的进攻？

第一，我们在这一时期当中，虽然一般是依据中央粉碎敌人五次“围剿”新的作战方针，但是对“转移到敌人翼侧后方隐蔽集结以疲劳敌人，消耗敌人，迷惑敌人，使敌人发生过失和弱点，使我们在决战中取得胜利”的指示，还缺乏深刻的了解。因此大庸溪口未失去以前一个时期内，我们集结在大庸附近，等待敌人前进，去从正面远出迎击，没有坚决采取“转移到敌人之翼侧后方……迷惑敌人，使敌人发生过失弱点”（当时情况可伸出以黄石为中心的地区活动），寻求打击、消灭敌人的机动。而这是我们当时能够阻止敌人前进，破坏敌人分进计划，一直到在东面战线上击破敌人进攻最适宜的策略。

第二，后坪战争是改变当时敌我阵势主要关键的一战（当时大庸失去后，李纵队向后坪、石田溪推进，陈纵队、郭纵队、陶纵队有同时分向桑植温塘及永顺配合推进之形势，我们如能击灭李纵队，可逼使郭纵队固守大庸，停止陈纵队及陶纵队之急进，再转移我主力于桑植地区迎击陈纵队或迎击陶纵队，仍然可以乘胜击破东南面敌之进攻）。在兵力、地形、天候上，我们处于优势地位，有大部以至全部消灭李敌可能。但因对敌估计上的错误

(认为敌已发觉了我主力)，因此影响到我们的决心(没有将主力位置于后坪向后撤退十余里)，及部队中游击主义的传统(未按时移动部队占领阵地)，未能取得预期的胜利。敌仍得继续进占桑、永，逼进塔、龙基本苏区。

第三，地方部队(独立团、营，游击队，赤少队等)未能完成消灭新区内之地主武装及开展广泛的游击战争的任务，并且受了部分损失而日形减弱。这就使一部分担任地方和钳制敌人任务的主力不能完全使用到前方，而且地主武装反日形猖獗，破坏交通联络，摧毁一部分地方党、政府组织与工作，使动员的范围缩小。地方武装不能开展广泛的游击战争来有力配合主力行动的弱点，直到现在仍然是存在着的。地方上参加战争的群众动员，不能适应前线上的要求。主力部队在连续战斗中，不能及时得到人员的补充。

乙、我们在粉碎敌人“围剿”斗争中是取[得]了伟大的胜利，但为什么还没有能够消灭敌人更多的有生力量?

第一，部队中游击主义的传统是最有害于进行战斗的。后坪与招头寨战争表现最为明显。后坪战斗中如果前面部队能按时达到占领优势阵地，我们仍然是可以取得战争的全局胜利，消灭李敌大部或全部有生力量。招头寨战斗，如果所有部队都能按命令规定动作，则一方面我们主力到达之前，前面即有较大兵力可以阻止、扼制敌人，并占领优势地形(后为敌所占去)，以待主力集结施行突击。同时主力也可早一点半到二点钟赶到，可能在当日的战斗中将陶纵队先头七团全部击溃，而且消灭其大部有生力量。

第二，我们的军事技术与战术素养的提高还不能适合战争的需要。我们射杀敌人的技术尚落后(部队流动性太大亦有关系)，干部在战场上的机动还差(如板栗园战斗中某部若能迅速抄敌退路，则少数残敌亦不能逃脱)。这些都是常使我们失去消灭更多敌人的时机。

丙、围困龙山的教训：

在现在我们的兵器条件下，攻击具有新式武器且有工事的城市，一般是应该避免的。但我们围困龙山的决定是依据于：

第一，敌人在半个月至二十天内，增援部队没有达到的可能(鄂敌在中堡惨败后，一时不能增援；湘敌因粮食困难、远道亦不易进援)。

第二，守城部队(一团白军及一个保安团只一千四五百人)及城内居民共约万人，没有存粮(居民依靠逢场买米)，至多只够维持十天到半月的给养(但在居民及守城军中我们是无工作的)。

第三，守城部队炸弹极少，工事不甚坚强，在地形上我们容易接近城垣地带，可以施行坑道破城。

第四，龙城下后，来凤孤立，可能逼退驻守来凤之敌。我们若能取得龙、来(两城只距十五里)，在地理及其他条件最适宜作我们苏区基本根据地区。

在上述条件下，龙城是有夺取的充分可能。因此以少数兵力利用休息时间围困龙城(不是强攻)的决定是正确的。围困龙城开始的几天以内，即以政治作业将西北两面碉楼内守兵争取过来，而碉楼为我们据有。东面碉楼在我军炮击之下，亦占领。经二十天围困，城内居民饿死的日多。敌兵菜叶、草根食尽。最后，我们未能困开龙城而撤退的原因和教训是什么?

第一,是敌飞机最后能每日供运少数粮食,将毙之敌得以苟延。我们对这一点,事前没能估计到,而对空射击技术太差,未能阻止敌机降低三百米以内的投掷粮食的动作。

第二,就是我们坑道作业技术太差。我挖掘的地道已超过了城脚还不知道,被敌[人]从城内掘毁。

第三,我们未能及时利用最好时机袭城(有一晚通夜大雨,城墙周围敌之照明灯均熄灭)。最后袭城时,我们动作与技术上差。

第四,在困城时,城内守兵及居民的宣传号召未能达到发动白军士兵及居民暴动、哗变的要求。

因为上述原因,困城三十五天,各方敌人在最困难情况下,仓促进援龙城,乃决定撤围城部队,集中力量迎击援敌。撤围后十三天之内,进行三次重要战斗(招头寨、板栗园、芭蕉托),将敌人"围剿"全部击破。这同时证明,最后撤围的决定也是正确的。

丁、忽视了白军中及白区工作,不知道运用军阀矛盾和组织反日、反蒋运动的策略,使之有利于红军武装斗争的开展。围困龙山的教训,如我们在守城敌军及龙城居民中有工作基础,是具备着组织暴动和兵变来配合夺取龙城的充分条件。湖南军阀与湖西军阀间尖锐的矛盾,是有利用充分的可能。何键与蒋介石之间存在且正在发展中的矛盾,都被我们所忽视。这一切证明,我们对中国革命发展当中新的特点还没有深刻了解与认识(关于这些问题的教训与意义参看六次战争与红军策略中的解释)。

我们要足够估计我们的胜利和意义,同时我们要深刻认识血斗中得来的教训,要坚决消灭我们存在着的弱点。

二、粉碎敌人新的大举"围剿"中我们党当前紧急战斗任务

(一)我们的胜利发展与敌人新的大举"围剿"

国民党蒋介石在五次"围剿"中,对我二、六军团及湘鄂川黔苏区的"围剿",遭受我们的痛击而惨败。我们乘胜大举向东攻占津、澧、临、石等城市,开辟东面广大游击区域的新局势,常德、岳州及长江在我军直接威胁之下。

我中央野战军在长江以北与红四方面军汇合,将在中国开展新的胜利局面。我二、六军团和湘鄂川黔苏区成为长江南岸——中国南部苏维埃运动发展中最重要的柱石。他是配合协助中央主力红军(野战军和四方面军合称)击败国民党军阀,进而直接同帝国主义进行战争的一个最重要的力量。

国民党蒋介石看到中国苏维埃革命新的局势要到来的危险,同时估计到我二、六军团在这一将要到来的新局势当中的重大作用,他便[在]"追剿"我野战军没有结果和失败的情况下面,企图乘着野战军与四方面军会合后休息整理间隙当中,以自己的主要力量组织新的大举"围剿",首先来打击和消灭我二、六军团和湘鄂川黔苏区。

蒋介石新的大举"围剿"计划,因我们进占津、澧、临、石而加速了他的过程。目前正是蒋介石调集兵力积极布置新的大举"围剿"的时候(新调之孙连仲纵队三个师及一个独立旅已到五峰、澧州之间,樊松甫纵队之四个师已到澧州、石、慈之线),粉碎蒋介石新的大举"围剿"的决战已逼近在我们的面前。

蒋介石大举"围剿"的布置与特点:

第一,因为我二、六军团击败湘、鄂军阀的进攻,蒋介石认为国民党带地方性质的部队力量(所谓省军),已经不能组织大规模的"围剿",不得不抽出反革命主力部队(即蒋介石的中央军)作为新"围剿"部置中的基干力量。

第二,这些反革命主力部队,具备着比较充裕的新式武器,如各种自动火器、重炮与飞机的数量较多。其编制是针对与鄂军山地作战的需要,部队中反革命政治组织与活动较多(如法西斯蒂党分子、国民党部政训处等)。其干部多系经过特别训练。

第三,这些反革命主力部队,大多是在过去进攻中央苏区失败过程中组织的,但同时是具有与红军作战的经验,特别是在行军中的搜索警戒,战斗中的兵力配备,停止和驻军时的防御作业等,比过去湘、鄂军队要严密迅速些。

第四,其"围剿"部署将采用五次"围剿"一般的策略,即以四面包围推进,炮楼封锁配合,飞机轰炸,然后合击的政策,在推进时将修筑马路以保证其后方供给运输之迅速。

第五,在政治上的武断欺骗,以派遣法西斯蒂党反革命分子和组织中的地主、富农在苏区内部以及混入赤色武装组织中的活动,组织地主武装以及便衣队、别动队等活动,比过去都将要繁多些。同时将采取较过去严密的经济封锁政策。

我们粉碎敌人新的大举"围剿"斗争,不仅要与湘、鄂军阀战斗,而且是要与蒋介石主力部队进行战斗。

我们有没有条件与可能粉碎蒋介石的大举"围剿"?我们的答复是:这种条件与可能是有的。

(二)中国革命目前的形势和我们战胜敌人的条件

甲、全国反帝、反国民党蒋介石卖国,反地主、资本家的群众革命斗争的深入与发展。

1.蒋介石国民党南京政府的统治,是在一贯出卖中国领土,帮助帝国主义瓜分中国的基础上,而能继续存在的。东北四省出卖后,今年六月又将华北完全出卖给日本帝国主义。

六月华北事件的卖国内容是:

今年五月二十九日,帝国主义向蒋介石南京政府提出下列条件:

①立即撤销河北省政府主席。

②河北省政府(原在北京)立即迁移保定,限一星期迁移完竣。

③撤销宪兵第三团。

④严厉取缔一切抗日运动。

⑤调开北京、天津的中国军队。

⑥立即解散河北境内中国的党政机关。

⑦成立河北自治委员会,委员须由日本指派。

这些条件,在六月七号蒋介石南京政府即无条件的接受签字了。日[本]帝国主义在这些条件成功后,六月十一日又提出下列新的条件:

①立即撤销察哈尔省宋哲元的主席。

②立即将华北中国军队调到中国南部,限一星期开发完竣,否则以武力解决。

③立即撤销华北所有中国的党政机关,成立华北的自治委员会,委员由日本指派。

六月十三日,蒋介石南京政府又以书面签字完全承认。在这两次条件的承认,就将华北完全出卖给日本强盗。日本帝国主义为贯彻其大亚细亚侵略政策,以后又提出:

①由日本派人改组中国军队。

②改组南京政府。

这两个条件的真实内容就是完全并吞中国。听说蒋介石南京政府正在同日本强盗商谈中。在国民党蒋介石出卖中国政策下面,将近一半的中国民众已经成为任日[本]帝国主义强盗宰割的亡国奴隶,其余国民党统治区域的民众受到随时变成日本奴隶的绝大威胁。因此反日、反国民党蒋介石卖国的革命斗争,深入到更加宽广的地区和群众中去。

这种反日、反蒋运动的特征:

第一, 不仅是激起全国工农劳动民众反日、反国民党蒋介石卖国的热潮,而且吸引了广大小资产阶级群众和青年学生,一部分学者、教授、知识分子、小商等参加。

第二,国民党军队中,广大白军士兵对蒋介石卖国不去抗日的不满情绪增高,甚至引[起]了一部分具有爱国思想的军官不满意蒋介石的卖国政策,而产生一种情愿为武装保护祖国而对日作战的情绪。

这种抗日反国民党蒋介石卖国的群众革命斗争,不论蒋介石国民党怎样用"无力抗日""抗日必先剿共"等武断欺骗口号,用"新生活运动""尊孔运动""卫生运动""防空运动"等方法来转移群众的情绪,或者是用法西斯蒂残暴政策和白色恐怖的镇压,都是不能阻止这一群众斗争的滋漫发展的。

2.国民党统治区域内日益深刻化的经济危机和今年的大水灾,下面工农群众反对资本家、地主豪绅的革命斗争的发展。

经济危机深刻化的表现与结果:

①中国民族工业。工厂大批的关闭和转卖给帝国主义国家。

②中国的银行。在不断挤兑、倒闭过程中生活着。

③对外贸易减少。特别是输出量锐减。

④民族工业的大批关闭对工人阶级的影响:

第一,造成工人空前未有的失业恐慌,全国工人失业者在一半以上。

第二,失业工人工资不断的减少。因物价高涨,工人工资比七八年前实际减少一半。

第三,工厂机器失修,常时发生工伤惨剧(淄矿失水,一次溺毙工人九百余名……)。

第四,其他待遇条件更加恶化。

⑤地主豪绅加重的压榨,国民党苛捐杂税繁多及大批工厂停闭,引起了农业经济加速的破产。

⑥普遍全国大水灾区域内,农田、房[屋]、农具、耕牛、水堤全部损坏丧失(湖北一省损失值二万万元)。

⑦这给于农民的是失业、饥饿、寒冷与死亡。

在这种赤贫化、饥饿、死亡生活下的工农群众斗争形势:

第一,工人反抗资本家的斗争方式由一厂一业迅速发展成为整个企业的和各种职业同盟斗争（怠工、罢工）。

第二，工人群众斗争带着浓厚的政治意义（冲破国民党不许罢工、集会、游行示威等禁令及反抗帝国主义侵略等），并且时常演成与国民党军警及帝国主义军队巡捕武装冲突（最近上海法［租］界车夫四万人罢工，在租界上游行，与法兵及巡捕巷战）。

第三，农民和灾民抗租、抗捐、抗税、吃大富等斗争时常暴发，成为广大群众的有组织的运动，而且迅速转为直接反国民党、反地主阶级的武装斗争方式（围攻国民党县、区、乡政府机关）。

全国反帝、反国民党卖国、反地主资产阶级的群众革命斗争，在苏维埃红军胜利发展影响下更快的发展，虽然大部分还是一种自发的性质，而且有不平衡的弱点，但这些群众革命斗争是极有力的配合我们的胜利发展，是我们能够战胜敌人“围剿”的一个重要条件。

乙、中国苏维埃红军发展新的形势。

1.中国工农红军最近活动情形：

自红军在粉碎五次“围剿”斗争中开始执行新的策略以后，国民党蒋介石高唱“赤匪鼓平”，用以表示他对帝国主义的忠诚，企图来欺骗和降低群众斗争勇气。实际上，在执行新策略过程中，虽原有中央、湘赣等苏区内一些城市暂时被敌人占领，但红军在全国范围内是壮大和发展的。

根据反动报载红军的实力与活动如下：

①徐向前部，人、枪在十万以上（七月上海《申报》）。

②朱毛红军（即野战军），经过长途行军，尚有三万余人（八月十五日上海《申报》）。

③盘踞陕北之红军二十六军，其确实人数无从统计，但知其枪支不过万余，人分为三个师外，尚有十四个游击队和各种小组，如赤卫队甚多。现在完全占领者有五个县城，为延川、延长、保安、安塞、安定等，靖边县一度陷落（八月一日，《大公报》）。

④国民党军阀阎锡山七月报告称：“陕北共二十三县，几无一县不赤化者，［完全赤化者］八县，半赤化者十余县。现人民被赤化者七十万人，内赤军十余万，赤卫军二十万。”

⑤西安（陕西省政府所在地）附近发现红军约五千人，在徐海东率领之下有进逼省垣形势（八月八日，《字林西报》）。

⑥查徐彦刚部，初到平、浏时，有枪仅千余、人三千上下，现已达万余人，枪竟增至三千余支（五月二十日，长沙《民国日报》）。

⑦据江西国民党绥靖署最近统计，中央苏区有红军人约三万四千八百余，枪一万五千二百余支。

⑧同上统计，湘赣红军有人枪二千余。赣皖浙边有红军人约六千，枪约四千六百支。

⑨福建南部张鼎承部，有人枪万余（七月上海报载）。

⑩红军在辽东（即满州〔洲〕国）活动甚烈，现有兵员在十万人以上。红军之子弹、给养均甚充裕。最近彼等之特征如下：渐趋集团化，战斗法之巧妙化，讨伐更形困难。关东军（即日本军）五月份之讨伐，共交战一百九十五次（八月二十六日，《盛京时报》）。

上面是除开二、六军团外，国民党、帝国主义报载的消息。敌人机关报登载比实话上一定要小得多，这也就可以看到中国红军不独没有被国民党军阀消灭，而且是不断的发展，并兹漫到更广阔的地区以内。特别是满州〔洲〕国内的红军，是在英勇的与日帝国主义军队直接作战中生长发育的。

2.中国红军最近发展的前途。

八年来，中国工农红军英勇奋斗，冲破国民党军阀历次的"围剿"而日益壮大，他已成为不可摧毁的力量。并且以实际的经验教育了全国的劳动民众，只有苏维埃红军是唯一能够挽救中国危亡和解放劳动民众的力量，即是反动学者也不得不承认红军是有主义、有组织、没有法子消灭的力量。

蒋介石一、二、三、四次"围剿"惨败后，在五次"围剿"中动员全国十分之七八的武装力量，采取持久战和炮楼政策来组织五次"围剿"。经过二年及建筑碉堡，修筑马路，企图将中国主力红军包围消灭于江西苏区以内的原定计划，在我红军突围转移后，已失其效用。

中央野战军转移与四方面军汇合后，中国苏维埃和红军运动的中心，由江西转移到长江以北之川、陕、甘、豫、鄂广大地区。这两个主力红军的汇合，使中国红军进到击败反革命主力部队最有利的新的斗争阶段。这种最有利于我们击败反革命主力蒋介石的中央军的条件表现在：

第一，反革命统治基础动摇的反革命武装部队，最惧怕在运动当中与革命军队进行决战。现在蒋介石的主力，已被调动在广大无堡垒封锁包围线地域来与红军进行战斗。

第二，红军在执行新策略当中，不独使原有苏区保存为有巩固基础的游击区域，而且创造了广大新的苏区（如陕北、陕南、川肃陕边及湘鄂川黔边……）。

这样就使蒋介石的主力，不得不相当的分散。

第三，中央野战军和红四方面军是中国两个红军主力部队。过去是分开在长江南北与敌人战斗，现在汇合成为一个极强大的力量来与敌人进行决战。

这些新的条件，可以保障我们于比较短促的期间，在广大无堡垒地区来摧破中国反革命主力军队，开展中国苏维埃发展有历史意义的新局势。这种可能到来的新局势之特征将是：

第一，反革命主力军队被摧破后，将在很长久的时期，不能组织新的大规模围剿。

第二，全国反帝，反国民党，反资本家、地主阶级革命的斗争，将汹涌澎湃的发展成为革命大风暴。

第三，苏维埃红军将乘胜大踏步的发展，红军在数量上将巨量的扩大，可能夺取反革命重要的军事、政治、经济上的中心城市。

第四，反革命统治内部将更加分崩离析，加速其死亡的过程。

第五，这时候红军将进入直接同帝国主义进行神圣的战争。

这一切说明，"中国革命与反革命斗争不很快的走向突变式的发展，但至少有可能比前此这个时期发展的速度要快些"的论断是非常正确的。

最近中央红军（野战军与四方面军）已由川西北出动，将要开始摧毁蒋介石主力的神圣战斗。中央红军的出动，这是最有力的配合我们粉碎蒋介石对我二、六军团的大举"围剿”计划。

因为这将使蒋介石集中力量首先消灭我们的[部]署，不得不发生困难而起新变化。这种苏维埃红军发展新的形势，中央红军积极活动的有力配合，是我们能够战胜蒋介石新的大举“围剿”第二个重要条件。

丙、在红军胜利和全国革命斗争剧烈发展中，国民党反动统治内部矛盾的存在与加深和敌人的弱点、困难：

国民党蒋介石一贯卖国政策下面，造成空前的民族危机，使国民党在民众中的欺骗影响愈加缩小。中国民众愈加清楚的认识依靠国民党的统治是不能挽救中国危亡，只有做亡国奴隶的死路。

几年来，蒋介石在一致“剿共”，“先安内然后攘外”的号召下，相当和缓军阀内部大的冲突与武装斗争。但蒋介石“剿共”的屡次失败和红军力量的愈益增大，加上日本帝国主义无厌的侵略，所引起帝国主义国家争夺中国的冲突紧张，国民党军阀派别间存在的矛盾呈现尖锐紧张的形势。

两广军阀西南倒蒋活动，表现在最近广东海军事变（六月两只兵舰叛变广东政府北上）和两广军队的集结与同湘粤边的移动，汪精卫的辞职和胡汉民回国等。同时北方一部分与日本军队接壤的西北军旧部，在反对蒋介石卖国的号召下，亦酝酿着反蒋活动。

这一切表现国民党统治内部矛盾紧张和崩溃状况。这种形势的发展，将要增加蒋介石进攻苏区红军新的困难。

大举“围剿”我们的敌人在数量上是大过我们几倍，但增加的蒋敌部队存在有下列的弱点和困难：

第一，这些部队的大多数是遭受过红军打击的，一部分是完全被红军消灭后重新组成的（如二十八师）。

第二，部分（孙连仲之二十六路全部）曾经在中央苏区受革命影响，全体暴动参加了红军后重新组成的。

第三，这些部队的大多数士兵是北方人，他们是不惯于山地行军作战的。且华北的出卖，将引起更大的动摇。

第四，这些部队，因为以前多是进攻中央、湘赣、湘鄂赣苏区的士兵群众，受苏维埃土地革命和红军影响很深。

第五，在我们活动的山地，敌人交通运输上感受着极大的困难。

第六，敌军派系间存在着的矛盾（何键与蒋系间、湘鄂军阀间）不能保障指挥上的完全统一。

因此这[些]军队与我们作战的信心仍然是差的。

这种反动统治内部矛盾的增加和敌人存在着的弱点困难，也就是有利于我们来击破其进攻和大量来消灭其有生力量的条件。

丁、二、六军团的壮大和湘鄂川黔边广大地区游击战争的开展。

1.二、六军团在过去半年多的奋斗中，锻炼了自己，向着红军铁军道路上迈进。

我们力量的壮大与进步表现在：

①我们有近两倍的扩大，夺获敌人大批步枪和新式武器，已经武装了我们自己。

②我们在军事技术和战术上的进步，有着极丰富的山地战斗的经验。

③我们部队中有共产党的坚强领导，党和政治工作的进步，思想上的团结一致。

④独立团、营，游击队的壮大与战斗力量的增强。这一切是我们粉碎敌人新的大举“围剿”最主要的保障。

2.我们有着湘鄂川黔广大地区的群众直接配合和参加战争。

①今年秋收后，一部分群众已经得到分田的实际利益。

②大部分群众，今年[得]到不缴租、不缴税的实际利益。

③有过去冲破敌人“围剿”的教训，使群众对粉碎敌人“围剿”的信心更坚强。

这广大的工农劳动群众将为保障分田胜利和已得各种利益而更坚决积极起来，配合红军参加游击队和参加红军来击破敌人的进攻。

戊、湘鄂川黔边广大地区是地形复杂的山地。

1.对我们转移、运动、袭击敌人是极有利的。

2.对我们发展游击战争，阻止、牵制敌人是便利的。

3.相反的，敌人在这些山地运动和作战是极感困难的。

我们对于这一区域的地形、道路极熟悉(因大部战士是这地区人)，我们利用这种复杂熟悉的山地是有利于战斗进行的。

我们有坚强的二、六军团和地方武装的主要力量，加上群众和地形条件是我们能够粉碎蒋介石新的大举“围剿”最基本的胜利基础与条件。

三、总结

依据革命发展中各种有利我们的胜利条件，在党和军委正确领导之下，我们相信是一定能够粉碎敌人新的大举“围剿”的。

在这里必须开展两条战线的思想斗争。首先是要集中火力反对一切在敌人新的大举“围剿”前面看不见革命形势的存在和苏维埃红军胜利发展前途，不相信自己的力量，因而动摇、悲观失望的右倾机会主义倾向和思想。同时要打击一些轻敌，不认识这是残酷的长期的艰苦的斗争，因而放松一切艰苦的动员工作的“左”的观点。

我们红军中党当前最紧急的战斗任务。

甲、我们部队中目前存在的主要特点：

第一，我们在胜利发展中，最近涌进大批战士。这些新战士是有很深的阶级仇恨，他们是坚决勇敢的战斗员。但他们是刚才放下镰刀、斧头加入红军的，缺乏军事上的知识。

第二，我们经过过去半年多残酷的战争，干部一部分的伤亡，在最近大批新战士补充后，从老战士中提拔了大批新干部。这些新干部有作战的经验，但战术素养还是浅的。

第三，过去战斗中党团员的英勇模范和一部分光荣的牺牲，现在部队补充后，党团员在比例数上还是人数少，而且党的支部组织还没有完全健全起来。

乙、针对部队中存在的特点和敌人新进攻中的特点，党最紧迫的任务是：

第一，应以最紧张的精神和比以前更进一步的方法来开展部队中提高军事技术的运动。要保障每个战士在最短的期间中熟悉射击、刺杀和投掷手榴弹及利用地形、地物等动作。并保障我们的每个干部都具有适当的战术素养。

第二，应以极紧张的精神和努力加紧部队中的政治教育，提高战士特别是新涌进的大批战士的阶级觉悟程度，坚定其胜利信心。迅速健全列宁室、“十人团”、政治战士等组织，特别是吸引战士中积极分子入党，健全党的支部生活，使之成为坚强的堡垒。

第三，以高度的阶级警觉性检举混入部队中的地主、富农、异己分子和反革命分子，开展反对一切反革命思想的斗争，揭破反革命阴谋罪恶，防止反革命思想影响的传播，消灭部队中不应有的个别逃亡与叛变的现象，肃清一切反革命活动。

第四，以大的力量努力扩大红军的运动，争取在短时期当中扩大二、六军团，将在最近期间内立即组织新的师团来参加战斗，保障我们在新的决战中的连续战斗中，红军得到及时的补充，使我们缴获敌人的武器能够立即武装起来，以增大我们的战斗力量。

第五，加紧建立地方群众工作，发动和深入群众的阶级斗争，组织和发展我们行动地区党团和群众的组织，建立游击队，发展游击战争以创造新的游击区域和新苏区。

第六，加紧白军士兵中的工作，深入军分会宣言的宣传，扩大反日反蒋的号召，并且派遣适当的力量打入白军中，进行瓦解、破坏和争取的工作，正确运用党的策略去组织反日反蒋的运动。

这是我们当前最迫切紧急的战斗任务。在执行和完成这些任务当中，要正确领导和开展部队中的思想斗争，反对主要的右倾危险和还存在着的游击主义倾向。同时要反对工作中的宣传官僚主义与清谈，保障我们在思想上的团结一致，相信胜利一定是我们的。

贺龙、任弼时、关向应关于红二、六军团拟向东南方向突围致朱德、张国焘电

（1935 年 11 月 14 日）

朱、张：

我军因在慈石[1]以西地区不便击敌，现已回集桑植附近。原拟由西南突出封锁线外调动敌人，因敌严密防范，由这面突出已不可能。拟即向东南行动，详细另告。

贺　任　关

十四日二十时

注释：

[1]指慈利、石门。下同。

贺龙、任弼时、关向应关于红二、六军团突围行动部署致朱德、张国焘电

（1935年11月18日）

朱、张：

（一）我军这次在津、澧、慈、石地区共扩红约六千人。

（二）适应战争需要，已将地方独立团分编为第五及第十六师，每师为两个团。

（三）现在以十八师之五三团及地方独立营、游击队任现地区钳制任务，余均集中行动。

贺 任 关

十八日十八时

朱德、张国焘关于红二、六军团当面敌情及行动方向致贺龙等电

（1935年11月[1]）

贺、任、关、萧[2]：

（甲）樊[3]敌部由东坪、马路口进，刘建绪之李、陶[4]二部由沅陵、辰溪、叙〔溆〕浦、大江口一带进，川军范、刘、田、杨[5]旅在 在 秀山、龚滩、彭水之线，防我突入黔东。

（乙）你们应以机动姿势在运动战中消灭敌之一路或一部，开展战局。

（丙）行动方向，先［向］东南进，相机再转西亦可，不宜入粤、桂地区。

（丁）本苏府历次宣言精神表示，愿在抗日反蒋目标下与任何武装部队订立作战协定，并大大宣传。

（戊）尽量扩大和巩固红军。

（己）我们在天、芦、荥、雅[6]等地区，正与薛岳和川军对战中。

朱　张

注释：

［1］此电档案原稿上所注发电时间为"一九三五.十一"，无日期。编者据电文内容判断约在11月下旬初，即红二、六军团于11月19日突围后，至11月27日占领辰溪、溆浦之前期间。

［2］贺，指贺龙。任，指任弼时。关，指关向应。萧，指萧克。

［3］樊，指樊嵩甫。

［4］李，指李觉。陶，指陶广。

［5］范，指范南煊。刘，指刘树成（四川暂编独立第七旅旅长）。田，指田钟毅。杨，指杨永清（四川暂编第四师第二旅旅长）。

［6］天、芦、荥、雅，指天全、芦山、荥经、雅安。

贺龙、任弼时、关向应关于红二、六军团占领辰溪、溆浦等地情况致朱德、张国焘电

（1935 年 11 月 29 日）

朱、张：

（一）我四、五师已于二十七日占领辰溪、浦市，六师于同日占溆浦城，十六、十七师本日可占新化及锡矿山。

（二）这次沿途在过沅水及攻辰溪时，各消灭敌一营，缴枪三百余支。

（三）一、四方面军最近行动、胜利情况如何，望告我们。

贺　任　关

二十九日

贺龙、任弼时、关向应关于红二、六军团准备回击樊嵩甫敌致朱德、张国焘电

（1935 年 12 月[1] 16 日）

朱、张：

我二、六军团于十四、十五两[日]分途南移，集结龙潭[2]及隆回司[3]。敌李[4]纵队尾随六军团向龙潭推进，樊[5]纵队分两路由两下江、金钩塘向龙回司推进。我军现拟集结主力，准备回击樊敌之一路。

贺　任　关

十六日

注释：

[1]发电日期，本电档案原稿上标注的是“一九三五.十一.十六”，月份疑误，“12 月”是编者考订的。

[2]龙潭，镇名，属湖南省溆浦县，位于该县南部。下同。

[3]应为龙回司，集镇名，时属湖南省邵阳县，今属隆回县。下同。

[4]李，指李觉。

[5]樊，指樊嵩甫。

中央政治局致二、六军团电
——关于目前形势和党的策略路线决议案的内容摘要

（1935 年 12 月 27 日）*

弼时：

中央关于目前形势和党的策略路线决议案内容摘要如下：

（一）日本帝国主义的吞并华北，在中国革命史上划分了一个新的时期。日本的这种侵略使全中国人民懂得了亡国灭种的大祸临头，掀起了新的民族革命高潮。这不但提醒了工人和农民中比较落后的阶层，而且广大的小资产阶级与知识分子，现在又转入革命。即在反革命营垒中也发生新的动摇和冲突，一部分民族资产阶级，许多乡村富农和小地主以致一部分军阀，对于目前新的反日巨潮，有采取局部中立以至参加的可能。新情况的特点，就是民族革命战线已大大的扩大了。在反动统治方面，卖国贼头子蒋介石的欺骗作用缩小了，反蒋势力日益扩大，其统治基础是大大的削弱了。另一方面主力红军在四川的胜利，陕北的新发展，二、六军团在大规模运动战中的胜利，都说明苏维埃运动并没有低落，而且得着新的发展。过去苏维埃运动没能够很顺利的得着有决定意义的胜利，主要原因之一，没有能够将民族革命和土地革命很好的结合起来，和没有将国内战争和民族革命战争很好的结合起来。这种错误的纠正，显然的将使苏维埃运动必然向着新的胜利的时期大踏步前进。目前国际形势是处在革命与战争新时期的前夜，伟大的国际事变紧密的联系着中国民族革命的新高潮，形成了有利于中国革命新胜利的条件。

（二）在这种形势下党的策略路线，是发展团结和组织中国全民族一切革命力量，去反对当前的主要敌人，日本帝国主义和卖国贼头子蒋介石及其统治。不管什么人、什么派别、什么武装队伍、什么阶级，只要是反对日本帝国主义和蒋介石的都应当联合起来，开展神圣的民族革命战争。只有最广泛的下层各阶层的统一战线，才能战胜日本帝国主义及其走狗蒋介石。但同时党应当领导群众坚决的同民族革命战线内部一切动摇、妥协、投降和叛变的倾向作斗争。党更应以坚决积极和正确的策略路线和实际行动，争取抗日反蒋运动中共产党的领导权。在反日战线中，广大群众基本利益的要求，应当得到满足的回答。牺牲群众利益的倾向，不但不能加强反日战线的势力，反会使他削弱。

（三）反日反卖国贼的民族统一战线，最广大和最具体的形式，就是抗日救国政府和抗日联军的组织。一切反日反卖国贼的分子，不论他们代表那一阶级、那一政治派别、那一社会团体、那一武装队伍，都可以加入。其行动纲领应是：

①没收日本帝国主义在华的一切财产作抗日经费；

②没收一切卖国贼汉奸的土地财产发给工农、兵士、贫民、难民；

③给予民众言论、集会、结社、出版等自由；

④组织民众的抗日救国军和义勇军等；

⑤救灾治水，救济被灾民众；

⑥取消一切苛捐杂税，发展工商业；

⑦加薪加饷，改良工人、兵士和教育界的生活，发展教育和生产技能，救济失业的学生、知识分子和专门家；

⑧实行民族自决，联合本国内各少数民族一致抗日，反对在日本卵翼下的反动民族运动；

⑨联合朝鲜、台湾人民，赞助他的独立解放运动，并联合日本国内工农及一切反对日本侵略的力量，使他们与中国反日战争结成巩固的联盟；

⑩与一切表同情和赞助中国伟大民族运动，或守善意中立的民族或国家，以之建立亲密友谊的关系。

（四）目前的民族革命高潮同中国第一次大革命时不同之点，就是苏维埃已经在中国许多地方胜利了。苏维埃与红军是反日的基本力量，是抗日救国政府和抗日联军的中坚支柱。同时为了使民族统一战线得到更加扩大和强有力的基础，苏维埃工农共和国及其中央政府宣告：

①把自己改变为苏维埃人民共和国，把自己政策的许多部分改变到更适合于反对日本变中国为殖民地的情况。这种改变是准备直接对日作战，和为中华民族的独立解放而奋斗；

②给一切革命的小资产阶级分子以选举权和被选举权；

③凡愿反日反卖国贼的白军官长士兵一律优待；

④改变对富农的策略，在苏区富农的财产不没收和不征发，富农的土地除封建剥削的部分外，不论自耕或雇人耕种的均不没收，以中立富农；

⑤用比较过去更宽大的政策来对待民族工商业和资本家，欢迎海外华侨投资并保护他们。

为了胜利执行这些政策，为了很快的同日本作战，为了争取无产阶级在民族统一战线中的领导权，党与苏维埃必须更加努力去扩大抗日红军，扩大抗日的苏维埃区域，使成为抗日根据地的苏维埃人民共和国的领土。粉碎卖国贼军队的进攻，肃清抗日障碍，巩固抗日后方，彻底解决土地问题，争取工农大多数，争取卖国贼军队内的士兵，向少数民族建议，建立共同斗争的联盟，执行灵活的外交政策等。总之一切政策，一切努力，都是为着争取反日反卖国贼的胜利。为了大胆的运用抗日反蒋的广泛统一战线，来扩大战斗力量，来争取党的领导权。

（五）为着开展民族革命统一战线，党必须同党内关门主义进行坚决的斗争，在目前形势下，关门主义是党内主要危险。只有共产党深入到群众中去参加与领导一切群众的参战的和阶级的斗争，才能取得自己的领导权，但这丝毫也不应该放松反右倾的斗争。一九二七年大革命中的陈独秀主义，在目前形势下有复活可能，党应与之作坚决斗争。也只有这样，才能胜利的克服“左”倾行为，来完成党在伟大历史时期所负担的神圣任务。

必须在组织上扩大和巩固党，党现在需数十万以至数百万能战斗的党员，因此党须大量的吸收大批工人、雇农入党，造成党内的工人骨干，同时应当吸收大批的民族革命和土地革命中的英勇战士入党。能够为党纲和党所提出的主张坚决奋斗，是党吸收新党员的主要标准。党员的出身和社会成份是应当注意的，但不是最主要的。必须大量的培养干部，更多的教育他们发挥他们的自动性和积极性，把他们团结在领导机关的周围，为执行党的策略路线而奋斗，实际使民族革命与土地革命结合起来，使国内战争与民族革命战争结合起来。

注释：

＊此文时间是编者判定的。

贺龙、任弼时、关向应关于红二、六军团已渡过沅水等情况致朱德、张国焘电

（1935 年 12 月 28 日）

朱、张：

（一）我军因在隆〔龙〕回司地区不便作战（樊、李两纵队靠拢），经赛市、洞口、高沙市向西转移，二十三日在金屋厂、瓦屋场[1]之线与敌陶[2]纵队接触。因敌先日到达，我军未施猛攻即撤退（伤亡三百余人，缴枪六十余支），转经竹舟江、麻塘渡巫水[3]，再由江西街、托□于本日全部渡过沅水。

（二）最近五天行军，因天雪、路滑部队颇皮〔疲〕劳，落伍、吊〔掉〕队颇多。

（三）在龙回司地区我六师曾击溃保安团五个营，缴枪七十五支及小无线电一架。

（四）我们决争取在芷江、晃〔县〕间休息三天，准备在湘黔边地区寻求机会反击尾追之敌。

（五）一、四方面军最近行军和胜利情况，盼告。

贺　任　关

二十八日

注释：

［1］金屋厂、瓦屋场，应为金屋塘、瓦屋塘，均属湖南省绥宁县，位于该县北部。

［2］陶，指陶广。

［3］沅江上游支流，流经湖南省绥宁、会同等地。

中华苏维埃共和国中央革命军事委员会湘鄂川黔分会布告（第一号）

（1935年）

中国几万万工农劳苦群众，在中国地主资产阶级与帝国主义残酷的剥削与压迫之下，遭着奴隶、饥饿、死亡的境遇。九一八事变以来，国民党及其卖国巨魁，更尽其媚日殃民的能事，出卖东北四省与华北领土，倾其全力进攻已经脱离封建与帝国主义统治的苏区与红军，更加震怒全国广大群众而加速的推进了中国苏维埃革命。本分会在共产党中央、苏维埃中央政府、中央军委直接指导之下，领导红二、六军团，进行土地革命，与开展反日反蒋的民族革命战争。遵照苏维埃临时中央政府颁布的各种法令，经过红军中政治部及其各级政治机关，坚决执行苏维埃的政策，以保障工农的利益。本会特从苏维埃法令中，摘出最重要的几点，向我广大工农劳苦群众宣布，并誓以我们的热血与头颅争取这些法令的实现，望全国群众一致动员起来为苏维埃而奋斗。

（一）没收地主、豪绅、军阀、官僚的土地房屋及一切财产，由工农群众分配。富农的土地亦没收，但富农能分得坏田，不没收富农的财产。地主兼营商业者，商业部分不没收。

（二）实行工人八小时工作制，增加工资。实行劳动保险与社会保险，激进的改善工人生活，救济失业工人。

（三）没收帝国主义在华的租界、海关、银行、铁路、航业、矿山、工厂等企业。在目前条件下，如这些企业，能真正遵守苏维埃一切法令，实行八小时工作制，及其他各种条件，允许同这些企业重新另订租借条约，继续生产。但如违反这些条件实行怠工、关闭企业或干涉苏维埃政府的内政，拥护反革命者，则立即没收。

（四）商人可以营业自由，红军绝不干涉或没收，但必须遵守苏维埃的法律。故意卡买卡卖或关闭停业，危及工农群众与红军的供给，即分别加以惩办。

（五）取消一切国民党政府的苛捐杂税，实行统一的累进税。取消高利贷借约，凡城市与乡村贫民被典当的一切物品，完全无代价的退还原主。

（六）激进的改善城市贫民的生活，没收城市中土豪的房屋财物，分给城市工人、失业工人与城市贫民。

（七）实行红军优待条律，在分配土豪的物品时，首先分给红军家属。

（八）男女婚姻完全自由，废除一切封建的包办强迫和买卖婚姻的制度，禁止童养媳。发动广大妇女群众，参加革命战争。

（九）在白军或团防中工作的，如能投诚红军者，即分别给之以奖励，并享受苏维埃各种权利！

本会除将苏维埃各种法令分别经由政治部向群众宣布切实执行外，并此布告，号召我广大工农群众，热烈参加土地革命与神圣的民族革命战争，求得社会与民族的解放。如有故意违抗苏维埃法令者，即分别按革命纪律制裁。此布。

主席 贺龙
委员 任弼时 肖克
关向应 王震
张子意

张国焘第二“军委”关于目前形势及军事策略致贺龙、任弼时、关向应电

（1936 年 1 月 7 日）

贺、任、关：

（甲）蒋现组织清一色的亲日政府，现反蒋军阀企图以两广为基干拥胡[1]反蒋。

（乙）南京公开出卖华北，抗日反蒋运动在继续发展。

（丙）二、六军可在黔滇湘一带广大地区活动，在敌力较弱之处行动，寻求各个消灭敌人之机。

（丁）根据历次长征经验，不宜常采直径行进，在未给敌严重打击时不宜久停一处，有时急行军夺取要点，有时行军勿过快，离敌策源处较远的地方活动，但勿入太荒野地。敌力虽多，我能进退自如，主动在我。

（戊）敌横的封锁线易袭破或穿过，勿硬攻纵深雕〔碉〕堡线。

（己）乌江下游障碍大，上游障碍较小。黔南、黔西均少大河障碍，给养亦不困难。

（庚）桂军只有十七团，能作山地战，不敢远出；滇军只有廿一团，战斗力亦不甚强。滇东有广大地区亦可行动，但不可接近滇越铁路。川南只有达凤岗和穆肃中两旅兵力。

（辛）通过苗人地区必设法争取苗人，严紧政治纪律。

（壬）经常进行政治工作，广大宣传自觉的艰苦战斗，必能最终获得胜利。

军委

七日

注释：

[1]“拥胡”，另种文本档案原稿为“拉胡”。胡，指胡汉民。

朱德、张国焘关于敌军追堵红二、六军团的部署致贺龙、任弼时、关向应电

（1936年1月11日）

贺、任、关：

谍息：蒸西蒋令

A.我主力由思坪[1]、朱家场向西北窜，部署：

（1）李纵跟我穷追。

（2）陶纵由现地经[松]桃开宝〔保〕靖、永绥、秀山线，该纵未到前，陈渠珍师须筑坚工防我北窜。

（3）郭指挥郭、蒋[2]两师集结铜仁，与樊纵连络觅我截剿。

（4）傅[3]师相机开岭〔岑〕巩与李部连络追击。

（5）樊部田旅[4]现〔在〕雅拉营堵剿；邹、孔[5]两师暂在凤凰山待命；陈某[6]两师经麻阳、凤凰与郭纵连络，向西截剿。

（6）独三十四旅开永绥，归郭师指挥。

（7）樊、郭、李[7]纵、傅师由刘建绪统一指挥。

（8）汤[8]纵集结宝胜〔庆〕待命。

（9）许绍宗部即筑秀山、沿河间碉堡线，主力集秀山并迎击北窜我军。

（10）郝[9]纵速开沿河、思南、余庆司间，沿乌江布防，主力控制思南。

（11）徐原泉[10]部布置湘鄂边（约来凤一带），并集十团以上兵力于百户司附近，策应各方。

B.万耀煌之十三师由顺庆开江北，企图未明；陈沛之六十师三个团已开桐梓、遵义间。

朱　张

十一日十六时

注释：

[1]思坪，据国民党军档案资料，应为“田心坪”。

[2]郭，指郭汝栋，国民党“剿匪”军第二路军第二纵队司令兼第二十六师师长。蒋，指蒋在珍，新编第八师师长。

[3]傅，指傅仲芳，时任国民党军第九十九师师长。

[4]田旅，据国民党军档案资料，应为“段旅”，即第七十九师第二三五旅，旅长段朗如。

[5]邹，指邹洪。孔，指孔令恂。时分任国民党军第四十三师和第九十七师师长，均属樊

嵩甫纵队。

[6]“陈某”，据国民党军档案资料，应为“陈、董”，即第七十九师师长陈安宝及第二十八师师长董钊。

[7]樊，指樊嵩甫。郭，指郭汝栋。李，指李觉。

[8]汤，指汤恩伯。时任国民党军第十三军军长兼第四师师长，并兼“剿匪”军纵队司令。下同。

[9]郝，指郝梦龄。

[10]应为徐源泉，时任国民党军第十军军长兼鄂湘川边区“剿匪”军总司令。

朱德、张国焘关于同意西打黔境蒋军，取得机动地区致贺龙、任弼时、关向应电

（1936 年 1 月 18 日）

贺、任、关：

[（一）]同意西打住黔蒋军，但须取进攻姿势，勿候迎击，寻求广大的运动战，取得机动地区。

（二）目前政局已转得革命新的阶段，抗日反蒋联合战线将形成。

（三）粤桂胡[1]归国后将有表示，我处已〔以〕前有较好的关系，在抗日反蒋中取得谅解，但在该区域内行动是不可能的。桂军入黔只一团[在]独山，其余仍在桂境，但你们行动到桂边时，仍应注意桂军出击。

（四）蒋在黔军队多系北军[2]，对山地作战仍不惯，你们消灭他较有把握。

（五）在黔地形、群众、天气均有利于我袭击敌人，争取广大的运动战。

（六）努力宣传和争取抗日反蒋的联合战线。

朱　张

十八日十三时

注释：

[1]胡，指胡汉民。

[2]指官兵多为北方平原地区人组成的部队。

红二、六军团从湘鄂边到康东北长征经过报告大纲[1]

（1936 年 7 月）

关于行动的方针

一九三五年十一月十九日，自桑植刘家坪出动，经湘中、湘西横贯贵州、云南，渡金江入西康到甘孜与四方面军会合，共计费时七个月零十天，行程约一万□里。整个长征经过可分下列四个时期说明：

A.由刘家坪至石阡江口为第一时期。

B.由石阡江口至黔(西)大(定)毕(节)退出为第二时期。

C.黔大毕退出至中甸为第三时期。

D.中甸以后为第四时期。

第一时期

甲、二、六军团冲破敌人“围剿”后，敌人新的大举“围剿”形势和退出苏区的决定。

1.二、六军团在龙、来、宣地区将敌人“围剿”冲破后，主力进入津、澧、临、石地区补充整理，开辟东西广大游击区域，威胁常、岳。

2.敌在围剿失败后，继续布置新的大举“围剿”，一方面以原有的兵力(共约八十七团)巩固和增筑南西北三面封锁线，另由鄂赣增调新的兵力(约四十二团)从东面向西压迫，企图逼退我军于龙、桑、永间狭小地区，包围封锁而聚歼之(这时南西北面敌为防堵性质，东方为攻势)。

3.当时各方面的条件：

A.日本正积极图华北，白区反帝斗争高涨，宁粤冲突呈现紧张。

B.一、四方面军已在川西北会合，并开始突破敌之封锁，进入成都雅州附近活动。

C.我主力经半年战斗后，在津、澧、临、石地区得到约六千新战士补充，计有十二个团(四、六、十七、十八)，红校(约一个团)，四个独立团(约等两个团)及少数游击队。

D.原有活动区，东西约三百里，南北百余里，地方工作基础薄弱，粮食缺少，地形上不利大兵团进行战斗。

E.二、六军团及湘鄂边苏区位置长江中部，接近武汉、长沙。他的存在发展，对一、四方面军配合作用与对敌威胁均颇大，故蒋以大力决心进攻。

4.行动方针决定的经过：

A.最初拟在一、四方面军东进川陕地区配合下（当时一、四方面军尚无行动），依据原有苏区及东部游击地区，抓住有利时机击破东面急进之敌，破坏其向西逼退我军，包围于龙、桑、永狭小地区之计划，再寻求机动，在运动中击破其他方向之敌。但因一、四方面军未有东出计划和东部地形关系以及主观方面条件（如上述者），认为在当时敌情下，依据活动在不宽广地区来打破敌新“围剿”是困难[的]，因此向军委建议主力转移到石镇黄地区活动。

B.当时军委对我们行动的指示是：“在狭小地区内固守为失策，决战防御亦不可轻于尝试，远征减员太大，可否在敌包围线外，原有苏区附近，诱敌出堡垒，用进攻路线集中兵力各个击破之。”（十月十五日）“取守势最失策，远征损失大，可否在赤区外围和附近地区诱敌，各个击破之。”（十月十九日）但在说明这是一些建议，由我们按实况决定。

C.按当时情况，北面封锁外，地形极坏，且有清江、长江。西面附近地区敌兵力较大，有碉网，且西北有乌江、长江。东面地区狭小。南面有澧水、沅水之隔，且主力突出封锁线外。敌必进入苏区，不易再回原区。而在附近虽可能取得战斗上的一些胜利，但难能久停。因此，最后决定突出封锁线，向湘黔之石阡、江口、镇远、黄平方向转移。（本拟由西南突破，向湘黔边前进，因敌特别防我由西南面突出，故决由东南渡澧、沅水）

乙、出动前后部署与经过。

5.出动的部署：

A.原有区域内留一个主力团，并以地方游击部队在主力出动后，集中编为一个团，担任龙、桑、永地区游击战争，尽量吸引周围敌人，掩护地方组织工作（准备秘密条件下工作）。

B.将地方独立团分编为五师及十六师部随主力行动，以后方机关裁员补充主力，出动时全部人员近一万七千人。

C.当时估计敌在我军突出后，重新布置追堵。有短时间间隙可利用，决采逐步向湘黔边转移（不直接走到），尽量避免部队减员。拟首先分布在湘中沅、资两水地区进行补充、筹款，扩大抗日反蒋号召，发动群众斗争。并争取在广大堡垒稀少地区当敌尾追部队接近时，集中力量求得在运动战中击敌。并预定可能的先打击尾追之蒋系主力（樊纵队），尽可能避免进入桂粤边境。

6.突出沅水南后的形势与经过：

A.顺利的渡过澧、沅水之封锁线后，二军团于十一月二十七日占辰溪、浦市、溆浦等城市，六军团同时期内占新化、锡矿山（长宝震动）。

B.敌在我军突破澧水封锁时即开始新的追堵布置，其大要是：以樊纵队四个师，李纵队三个师为追剿主力，樊敌经慈利渡沅水，向新化、溆浦间进。李敌由沅陵、卢溪向辰溪、溆浦进。以陶纵队三个师、郭纵队八个团进沅水西岸，为堵截部队。以汤纵队两个师（十三团）调长岳防守，并作预备兵力。新、溆以南较空虚（仅几个保安团）。敌似防我西进，在不能给我打击，则极力将我向南（两广）压迫。

C.在我军占领新、溆、辰后之二三天，李纵队先头即逼近浦、辰，樊敌进至新化以北地带。我军当即放弃辰、新，集结主力（四、五、六及十七师）远出迎击樊敌之六纵队，调集余部在对敌钳制之任务。但因情况变化，樊敌未打倒，而李敌乘虚进占溆城。当时樊、李靠近，陶、郭分布沅水西岸溆、新间地区不断停留。

D.依据军委当时电示："首先向东南再求西进"（大意如此）之指示，我军分途向东南（宝庆、新化间）移动（曾企图打击南追之樊敌，但因敌迅速靠拢之情况未果），造成再渡资水之形势，迷惑敌人（当时樊、李两敌靠拢尾追）。汤敌由长沙向宝庆开进。陶敌到溆浦南沅水之东岸（龙厚），再向西急进（陶敌向南急伸阻我），我决心侧击阻我之陶敌，瓦屋场战斗，因陶敌先一日到达布防，战斗无结果（我伤亡三百余）。我军继往绥宁洪江间□北转渡沅水（此时桂［敌］廖磊部约六个团进入桂湘边会同、绥宁等县境防堵），转入全部追堵敌军之西面，进到湘黔边广大地区。

丙、湘黔边活动与继续西进之决定。

7.适应我军在湘黔边创造新根据地之总目的（当时敌情），决心在晃、芷间反击尾追之敌，以求得新的有利局势之开展。但便水战斗未能取得预期的胜利。仅给急追之敌以创伤（敌我均伤亡在一千左右），表示我军有战斗能力与决心，使其不敢轻于猛进。

8.便水战斗后，我们向西北转进，占领江口、石阡，并准备休整几天，打击敌与西打阻敌。敌对我军估计与调动是：

A.敌防我由湘黔边北进再转回原有苏区，同时防我在湘黔边境创造新根据地。

B.其部署是：以李纵队尾我进路后追；以樊、郭、陶三个纵队绕出我军东北，防我北进；以许绍宗及徐源泉之一部巩固酉、秀；开始调动驻黔部队从西面防堵；汤纵队则调回防粤桂。此时在不能打退我军，仍企图将我军向桂黔边压迫。

9.我军向北迷惑敌人，在敌重新部署下，大部在石江线得到一星期之休息，依据下列敌、我形势和各种条件，放弃在湘黔边创造根据地企图：

A.因便水反击敌人未能给敌以决定意义之打击，开展新的有利战斗局势。

B.敌依据原有碉线（已成碉网地区）已成包围逼进形势（当时敌情），我军处在狭小地区渐成被动局势。

C.以石阡为中心地带内，粮食缺乏，居民稀少，地形不利进行运动战。

D.军委指示"……在未给敌严重打击时，不宜久停一处，……离敌军较远活动，但勿入大荒野地带，敌兵力虽多，亦能进退自如，主动在我……"，"乌江上游障碍太多，下游障碍较小，黔南、黔北均少大山大河障碍，给养亦不困难……，同意西打驻黔蒋军，但须取进攻姿势……"。

根据上述情况及军委指示，乃决继续西移，要求在广大地区进行运动战，并拟在黔省西部争取创立根据地。

第二时期

甲、由石阡到黔川滇边——黔大毕。

10.我军突破镇黄、余庆封锁线后，占领瓮安、平越，侧击黔敌未收大效，进入黔省中部，逼近贵阳（占领扎左、修文），有北渡乌江形势。当时堵我之黔敌急赶贵阳，李敌随后跟进，郭、樊纵队向遵义地区转进，郝敌沿乌江北岸防堵。但陶纵队停止在松度线，追敌此时不甚积极。

11.军委指示"应以佯攻贵阳姿势，速转黔大毕地区，群众、地形均可作暂［时］根据地"。据此，我军即渡乌江进占黔大毕等城市。

12.到黔大毕后，军委指示"关于你们行动有二：（1）在黔、滇、川境广大地区与敌在运动战中消灭敌人之一部，争取根据地与我们配合作战；（2）入川……与我们会合作战，一、三军亦可出陕南配合……目前你们战略，当以第一项为宜"。

13.根据军委指示及我们估计，在全国革命形势激烈开展条件下，二、六军团应保持在长江南岸活动，决心在长江南岸活动。黔大毕在地形、群众、粮食与反动统治力量等条件上，均有利我军活动，故决［定］在该地区创造新的根据地。

乙、黔大毕根据地布置及斗争经过。

14.敌之布置是：以万、郝两纵队为主力，配合郭、樊敌由遵义向黔西迫进；以九十九、二十三等师及李纵队位置乌江上游防堵；以川敌约三十团位赤水河北及长江一带防我入川；以滇敌孙纵队（八团）在威宣地带堵我入滇，企图包围消灭我军于黔大毕地区。而以东面之万、郝、樊等蒋系部队行动较积极。

15.我们除以一部任钳制方面并担任掩护地方工作外，集结主力迎击东面急进之敌，争取在运动战中各个击灭东西敌人，消灭其一部，以开展有利局势。

16.与敌战斗经过：（1）有力的阻止了东南面敌人，但未能迅速占领东北面有利地势（三重堰），又未能坚决打击首先急进之敌；（2）西南移动及东北伸出击敌之计划；（3）对万敌估计之错误；（4）几次迎击敌人，因敌情变化未收大效；（5）最后敌靠近，而我成被动局势。

丙、黔大毕之退出。

17.因未能给敌以致命打击，东面敌占黔西定，三路靠拢，逼进毕城（地形上毕城不保），周围约一百二十团敌人，包围线内之活动范围狭小，而短期内地方工作基础薄弱，给养条件困难，故决自动退出毕城。

18.在黔大毕时军委曾指示："（1）目前时局将有大变动，日在华北将努力夺取北端五省；（2）你们即可取单独行动，暂不宜渡江，即在黔、滇、川、湘、鄂广大地区作运动战，争取（建立）你们的新根据地。"在保持在长江南岸活动的原则下，我们当时选定（东、南、西南三方向）向安顺地区转移，进行运动战，创立暂时根据地，准备在时局大变动时再东向湘黔边转移。

19.我军退出毕城后，敌企图逼我在毕威道上（该地带粮极少，居民稀，山大，而道路面简单）而歼灭之。当时李敌进水城羊场；郝、郭由毕、大急向水城，协同李敌堵截我军南进；樊、万敌由毕向西急逼；滇敌孙纵队集中威宁及附近坚工防堵；川敌西移防我渡长江及北进。

20.因情况变化，南进困难，改向滇东转移。李敌急由水城伸入威宁与孙敌会接防堵，西南进未成及被逼于毕威道北之彝良、镇雄间狭小困难地区。在天候、给养困难情况下，敌以高度积极动作企图在该区域内消灭我军，亦为我军长征中处境困难时期。

21.我军在追击樊敌未收大效后，即以急行军拟向东再南移，突破敌之包围进入安顺地区。但敌迅速东调（防我东向），中途遭遇（□□□□□□）而未果，乃继以急行军乘虚绕过威宁进至滇东，至是乃最后脱离滇川边而开始进入黔滇边广大地区。此时敌我均疲劳，敌比我更甚。

第三时期

甲、滇黔边的活动。

22.我军神速进入滇东时，敌主力（樊、万、郝、李等）尚在毕镇里地区，仅孙、郭尾我跟进。宣威战后，我军东移滇黔边界并占盘县，有东渡盘江姿势。此时疲劳之敌主力不甚积极，拟移盘江东岸防堵，似有暂隔江休整，重作进攻布署之形势（敌一部万传等师移贵阳安顺地带整理）。

23.我军根据下列条件，拟在滇黔边活动，并创立根据地。

（1）盘江以西，□江以北，□江以东，乃一广大地区，群众、地势、粮食条件均有利我军活动。

（2）反动统治力量较薄弱（滇军作战经验少，战斗力不甚强，黔西为孟国材统治区域）。距反动统治中心（南京、武汉）较远，交通不便，增敌进攻困难。

（3）当时周围敌兵力减少——只孙、郭、李、樊、郝纵队约五十余团。□——川敌在长江北岸及附近。黔敌一部（如九十九、九十三、二十三等）退出追剿，巩固黔防（对桂），且极疲劳，减员大，士气坏，且一时无援兵。宁粤矛盾下桂敌不致积极，且兵力并不大。李、郭自称减员过半，早请调回湖南。仅孙较积极。有利我军各个击破，——是我军远征过程中最有利环境。

我军曾拟集全力首先击溃孙、郭两敌，以开展新的局势，创立根据地。

乙、北渡金江与四方面军会合之决定经过。

24.宣北战斗以后，军委指示："……如趁此时过金（沙）江尚有可能……我们建议在你们渡河技术有把握条件下及旧历三月□□之前，设法渡过金江，与我们会合，大举北进。……如你们决定，我们即派队接应你们。如你们尚不十分疲劳，有把握进行运动战时，则在滇黔边行动亦好。"（二十五日）

25.因军委无肯定之指示，我们不知是因战略上的要求必须渡江会师北进，或恐主力将来北进后，二、六军团在长江南岸活动过于孤立困难，而要我军及早北渡；或是军委估计我们现在处境很难战胜敌人而要我们北上。当时要求军委决定我们行动，其电文如下："在目前敌我力量下（即包括敌之樊、郝、万、郭、李、孙等纵队）于滇黔边广大地区内，求得运动战中战胜敌人创立根据地的可能，我们认为还是有的"，"我们渡河技术是很幼稚，但如在第三渡河点或最后路线通过在春水未涨之前，或不致感觉大的困难"，"最后国内和国际事变新发展情况我们不甚明了，在整个战略上我军是否应即北进，及一、四方面军将来大举北进后，我军在长江南岸活动是否孤立和困难，均难明确估计，因此我军究应此时北进与主力会合抑或应留在滇黔边活动之问题，请军委决定，并望在一二天内电告。”（三月二十九日盘县）

26.军委三十日发电：“（1）依据国际国内情况，民族革命高潮在生长，苏维埃运动有些发展，但不可过分估计，蒋敌虽削弱，并不能计算他在何时崩溃。（2）最好你们在第三渡河点或最后处北进，与我们会合一同北进，可先以到达滇西为目的，我们应当尽力策应。（3）在困难条件下，可在滇、黔、川广大地区活动，但应有准备较长期的运动战。（4）究应如何请按实况决定，不可受拘束。”因为军委复电虽未肯定决定，但其意是以北渡为妥，故最后决定北渡金江与主力会合。

丙、北渡金江之经过。

27.当时敌主力在盘江东岸，距我有四五日行程以上，孙、郭两敌在我西北对倚[峙]停止状况。我军决经昆明以北渡普渡河，争取在元谋北渡金江，经华坪永北北进。

28.我军突过孙敌逼近昆明，孙敌以急速行军赶至昆明普渡县，会合昆明及迤西驻军扼阻普渡河，严防我入迤西地带，企图压迫我至于功山地带消灭之。与敌接触后再逼昆明，乘虚在富民西渡，因求脱离追敌（孙、郭），防川敌北阻，顺利渡过金江，以急行军达到金江（□最后路线）之江边，虽接应部队未能赶到，亦顺利北渡。

29.我军北渡后，孙敌达江南岸停止，李敌继到，樊敌赶到永北华坪。我军乃赶至中甸集结休息，与主力会合计划大体告成。

第四时期

蒋敌“追剿”决心之失败与我军继续北进。

30.当我渡过普渡河进入鹤庆、丽江时，蒋敌尚决心消灭我军于长江天堑以南之狭小地区，并有万一北渡之后消灭我军之部署。迄我军进入中甸后，因番区物质地形上限制，追剿部队过于疲困，乃停止而成防我南进之部署。另以川军（刘湘部李家钰）及驻川西蒋军由大渡河及理化、巴安截断我们与四方面军联系，并向西南金江边逼进，在四方面军配合接应受阻后，其追剿消灭二、六军团计划乃全归失败。

31.自中甸以后，乃继番民区域气候、生活习惯全异汉民地区，番民性强悍，给养困难。我军在中甸短期休整即分途经得荣、巴安、白玉及经定弓、稻城、理化、瞻化向甘孜北进。中途只与番骑接触。

32.中甸以后，行军最缓，但因粮食困难，居民逃避及生活不惯，部队一般的情绪虽好，但病亡大增，体力甚疲劳。

二、六军团长途远征的经验教训

甲、这次远征的成功。

1.二、六军团突出敌之包围封锁后，蒋敌要以最大力量与决心企图乘我脱离根据地，用“穷追猛剿”办法消灭我军（在第一时期追堵兵力计有七十余团，第二时期内前后计一百三十余团，第三时期内六十余团，最后时期尚有五十余团，努力阻我北渡与四方面军会合）。在万余里长征中，敌曾几次努力“包剿”（溆新间，江石间，黔大毕、彝镇间，金江边等），我军并未受到损失，虽未能在运动中大量消灭敌人，但仍给敌人一些小的打击（瓦屋场、便水、平越、将军山、黄家坝、以则河、则草坝、宣威、六家口、小松元等战），最后能胜利的与四方面军会合。蒋敌追剿消灭我军之企图，一般是失败的。

2.七月来，经万余里之长途远征大小十余战，一般的尚保存了有生力量。行军作战中虽有不小的减员（二军团共减员约七千□百，内含伤亡），但沿途曾有很大补充。黔大毕退出时两军团共比桑植出发增加三千余员，盘县时尚保存桑植时数目，盘县后的急行军到中甸比桑植时约减少一千名，特别进入番区后得不到补充乃成减少趋势（比桑植时）。现在两军人员计有一万四千，比桑植出发时少三千余。武器虽沿途落伍、逃亡中有些损失，然现在尚保持桑植出发时的数目，部分的是增加的（如五师增加一倍）。

3.这次远征活动于湘、黔、滇、康广大地区，前后攻占三十余县城，是广泛的传播了党和苏维埃政策，特别是抗日反蒋主张的影响，组织和发动一些群众斗争，揭破了国民党卖国殃民罪恶，再一次证明红军是不可摧毁的力量。

乙、我们未能完成创造根据地的主要原因与错误。

4.我们脱离湘鄂边苏区转入湘黔边创立新根据地的决定一般是正确的，这一企图失败的原因：

A.对敌估计上的错误——认为敌不能迅速追进，未估计到敌新“围剿”部署已成，兵力集结易于转为“追剿”部署。

B.因此在湘中时我军兵力过于分散，失去消灭敌人时机（如打陈光中及李敌之时机）。

C.瓦屋场、便水战斗又未能给敌有力打击，致成被动局势。

5.放弃湘黔边及转入黔大毕，在川黔滇边创根据地的决定亦是正确的，未能成功的原因：

A.进入黔西后，未能乘胜占领有战略意义之地区，又未能以坚决的战斗夺取这些地带。

B.未能乘敌调动兵力部署未妥之有利时机，坚决各个击破敌人——东北出动计划过迟。

C.对敌估计上的错误（如万敌之急进），以致失去战略要地（如大定飘光中），各方敌已逼近，我成被动局势。

6.几次战斗中某些战术上的错误（未有总结）。

丙、我们所得的主要经验。

7.在不可免的脱离根据地而采取长距离之转移，为保持有生力量，可采取逐步转进这一策略：

A.可以减少部队远行军的疲劳，减少落伍和疾病。

B.可在中途停留时，争取人员物资的补充，可能使部队扩大——惟须避免进入过空僻地带。

C.但力量不宜过于分散，要准备在有利时机消灭敌人。

D.更便利做群众工作散布政治影响。这种策略下完成远征计划，不一定是削弱有生力量，正确的运用甚至可以壮大部队，造成创造根据地更有利的条件（我军若□中甸后，番民地区关系，原二、六军团可能比桑植时还要壮大）。

8.为着顺利创造新的根据地，必须：

A.在到达预定工作地区前，求得在运动中取得有利战斗的胜利，求得消灭敌之有生力量，并可采取曲线的行军以迷惑欺骗调动敌人，造成有利消灭敌人良机，握住主动地位以疲困敌人。

B.既到预定根据地区后，必须抓住敌进攻部署未妥善时机，克服暂时的疲劳，集结主力，乘敌调动而各个击破之，巩固战略要地。必要时应伸出基本根据地带以外远出迎击单个前进之敌或调动敌人于有利地带求得击灭之机动。要力求连续胜利的战斗，以挫追敌，使之疲困而停止急追，转入缓进包围或不得不重新部署，这才能保持基本根据地区，并使我们能得到休息与补充，和开展根据地之基本群众工作，聚集力量，准备迎击敌人新来的积极进攻。

9.我军在远征中，不应避免有利的战斗，并应抓住有利时期求得运动中消灭敌人（但总能取得大小胜利为前提，不可避免的战斗自在外）。这不独不致损坏战士情绪，反可增高勇气，同时使敌不敢轻于猛进，取得休息的可能。但须避免无利的战斗。若处处避免战斗，见敌即走，反增部队之疲劳，降低战士情绪，增大敌人勇气，实际是一种退却逃跑。

运动战特长的发扬

只要有决心信心，是可以克服任何困难[的]。□□创造与发扬运动战中巩固与扩大部队的经验与推动——党领导力量，政治工作威能。

任弼时

注释：

[1]原注：这个报告提纲系任弼时同志的工作日记，原题为《红二、六军团长征总结》。原文未写时间。因二、四方面军系一九三六年六、七月先后会师。推算此件系于一九三六年七月所作。

参考资料

刘湘关于红二、六军团会师及中央红军西征请求速筹消灭红军之策给南京政府电*

（1934年11月1日）

限即刻到。

北平[1]行辕委员长蒋、南京主席林[2]、行政院长汪[3]钧鉴：

密。叠据职部驻涪陵陈师长万仞[4]、驻酉阳龙潭田旅长钟毅[5]电称：萧匪北窜，一部已与贺龙连合，经南腰界向川境前进。陷日已到离酉阳四十里之板桥湾。经田旅庞团截堵，匪有向黔江濯海垆窜扰模样。除饬跟进及电湘、鄂两军围剿外，伏查萧、贺合股已成事实，燎原之势既成，后患之忧更大。不特湘、鄂、川、黔边徼永无宁日，万一绕窜万[6]东，以扰我五路剿匪后方，则将势成不至。近据各方情报，朱、毛西窜，先头彭[7]部已达湖南汝城。是川、黔形势日趋紧张，川民引领，切盼中央速筹大计，早清搀枪[8]，用固西陲。临电不胜翘企之至。

职　刘湘叩[9]

东申军重发印

注释：

＊此件引自《南京国民政府行政院档案》。蒋介石收电后于1934年11月8日致电林森："会剿川匪之有效办法，现方在慎密规划中。"

[1]北平，今北京市。

[2]林，指林森，时任南京国民政府主席。

[3]汪，指汪精卫，时任南京国民政府行政院院长。

[4]指陈万仞，时任国民党军第二十一军五师师长，辖两旅六团。

[5]指田钟毅，时任国民党军第二十军独立第二旅旅长。

[6]万，指万县（今重庆市万州区）。

[7]彭，指彭德怀。

[8]搀枪，指彗星，俗称扫帚星。此处搀枪指红军，含污蔑之意。

[9]刘湘，时任四川省善后督办兼"剿匪"总司令，国民党军第二十一军军长。

何键关于增调两师"进剿"红二、六军团给刘建绪等的命令*

（1934 年 12 月 17 日）

刘总指挥建绪、陈师长渠珍、杨代区司令石松[1]：

命令：

（一）贺、萧股匪攻沅陵未逞后，回窜永、庸[2]，分犯桃源，狼奔豕突，势愈猖獗。

（二）我军为不使该匪蔓延及隔断其与主匪会合之目的，亟应一面构筑湘西封锁线，一面增派兵力及早歼灭，以绝主匪之援应。

（三）着刘总指挥建绪即派兵二师迅赴沅陵会合郭、罗[3]各部相机进剿。

（四）着陈师长渠珍于刘[4]部到达后，即率所部赶筑麻阳、凤凰、乾城[5]、永绥[6]、保靖之碉堡线。

（五）着杨代区司令督部赶筑瓮洞经芷江至麻阳界之碉堡。

上五项，仰即遵照。

总司令　何键

筱亥邵参机

注释：

* 此件引自《剿匪军追剿总司令部二十三年自十一月卅日起至十二月底止剿匪工作军事报告书》。

[1]杨石松，时任湖南保安第四区代理司令。

[2]永、庸，指湖南省永顺、大庸两县。

[3]郭，指郭汝栋，时任国民党军第四十六军军长兼第二十六师师长。罗，指罗启疆，时任国民党军独立第三十四旅旅长。

[4]刘，指刘建绪。

[5]乾城，该县已撤销，今湖南省吉首市。原县城在今湖南省吉首市南乾州镇。

[6]永绥，今湖南省花垣县。

何键关于筹拟根本消灭湘西红军给蒋介石电*

（1934年12月18日）

特急。

奉化、南京、南昌委员长蒋：

顷据罗旅长启疆筱西、筱戌、洽戌各电及常德刘司令运乾、蔡县长大璋连续电话报称：桃源于筱午被贺、萧股匪攻陷，罗旅被截断，两团长负伤，现匪围攻常[1]城甚急，势难固守，请飞兵救援。等语。窃贺、萧乘虚进犯，职早引以为深虑，只以职辖部队正在专力进剿朱、毛大股，而迭电请求调用朱、岳、罗[2]各师，又须留驻赣西。嗣后蒙派郭[3]师，则以道途较远，刻仅两团到达长沙。匪现乘我援兵未集，猛攻常城，若即进一步分兵扰我益阳[4]、安化[5]，则糜滥更大。职负地方重寄，事先明知其故，而力不从心，及情急势迫，则已误事机，顾此失彼，心痛曷极。现一面飞电徐[6]总司令迅令在澧[7]之部队向临澧、鳌山夹击，一面令郭师已到长沙之两团及飞调十九师一部，与省会警备部队，兼程开常援剿[8]，一面令陈渠珍师迅出大庸，断匪归路，勉应一时。至如何将该匪根本歼灭，并谋湘西之整理与巩固，俾免进剿之顾虑，容俟筹拟，呈候钧核，示遵。

注释：

* 此件引自胡羽高编《共匪西窜记》，1946年11月贵阳羽高书店发行。

[1]常，指湖南省常德县。

[2]朱，指朱耀华。岳，指岳森。罗，指罗霖。

[3]郭，指郭汝栋。

[4]益阳，今湖南省益阳市。

[5]安化，原县城在今湖南省安化县东南部梅城镇，今该县人民政府在东坪镇。

[6]徐，指徐源泉。

[7]澧，指湖南省澧县。

[8]1934年12月18日下午何键即以巧申电令："着李代司令觉率陶柳旅（缺一团，以胡警备司令达所部之一团编入）、陈子贤旅（缺一团）及刘司令运乾所部，为第6路司令，迅由现驻地出发，经长[沙]、常[德]汽车道向益阳集中，限马日以前到达；着郭军长汝栋率第廿六师及罗启疆旅，为第七路司令，迅由现驻地出发，沿长、常汽车道向益阳西北地区集中，限马日以前到达。"

何键关于在大庸地区“会剿”红二、六军团的命令*

（1934 年 12 月 22 日）

刘总指挥建绪、陶司令广、章师长亮基、李司令觉、郭司令汝栋、罗旅长启疆：

命令：

一、贺、萧股匪窜扰湘西，迭陷永、庸[1]，近又攻陷桃源，进扰常德。其主力刻已窜抵河洑、陬市等处；一部及李匪吉宇[2]股仍盘据永、庸，向老鸦口、溪口等处窜扰中。

二、我军以不使该匪漏网，会合友军将其包围聚歼于慈、桃、桑、永[3]间地区之目的，规定部署如左：

（1）第一路陶司令广所部之十六、六二两师，应迅取捷径向沅陵前进，限三十日前到达。除先派一部至深溪口、常安山、活龙口之线，向大庸警戒外，余均集结沅陵附近，准备待命。

（2）第六路李司令觉所部，除以刘区司令运乾之一部固守常[4]城外，应先将河洑、陬市之匪驱逐；协助郭[5]部收复桃源后即经慈利、岩泊渡进驻溪口，准备待命；并应与由鄂西入湘徐[6]军就近取得联络，为所要之协定。

（3）第七路郭司令汝栋所部，应即由益阳、常德分向桃源前进，限寝日前收复桃源。尔后即以一部经黄石，主力经李公港[7]进驻大浒、龙眼池之线，准备待命。

（4）各路均以大庸为会剿目标。无论运动及驻止间，皆应相互切取连络，免为匪乘。

（5）各路总攻日期，另电饬遵。

上二项，除电告徐总司令，请其迅率所部之卅四师及四一、四八师之各一部，经石门、杨家溪、通津铺，进驻江垭，约期会剿。并令陈师长渠珍以一部构筑麻阳至保靖线之碉堡，主力即进驻保靖、永顺、桑植之线，固守待命外，特电遵照。

注意：1. 如情况许可，能早收复桃源、大庸，即由李、郭两司令协商办理，报部备案为要。

总司令　何键

养戌邵参机

注释：

* 此件引自《剿匪军追剿总司令部二十三年自十一月卅日起至十二月底止剿匪工作军事报告书》。

[1] 永、庸，指湖南省永顺、大庸两县。

[2] 指李吉宇，时任红二军团第十七团团长。

[3] 慈、桃、桑、永，指湖南省慈利、桃源、桑植、永顺四县。

[4]常，指湖南省常德县。

[5]郭，指郭汝栋。

[6]徐，指徐源泉。

[7]李公港，今湖南省桃源县西北部的理公港。

何键关于聚歼红二、六军团于慈利、桃源、桑植、永顺地区给李觉、陶广、郭汝栋等电*

（1935年1月5日）

陶司令广、李司令觉、郭司令汝栋、陈师长渠珍：

一、贺、萧股匪刻仍肆扰慈、庸、桑、永[1]各县中。

二、我军以不使该匪流窜湘西，声援朱、毛，宜急会合友军，分由沅、澧两水流域，将其合围聚歼于慈、桃[2]、桑、永间地区之目的，决定进剿方略如次：

（1）第六路李司令觉所部，除以刘区司令运乾部固守常[3]城外，余经桃源、太平桥、李公港，先行肃清桃源境内散匪后，进驻龙眼池附近，与友军切取连络，候命向大庸进剿。

（2）第一路陶司令广所部，应以一部进驻四都坪，大部位置于王村、永顺之线，连络陈[4]师，候命向大庸进剿。

（3）陈师长渠珍除以一部构筑麻阳、保靖线之碉堡外，余应推进于永顺、龙家寨之线，堵剿由大庸西窜之匪。

（4）郭[5]司令所部及罗[6]旅进剿任务路线，应候徐[7]总司令部署命令，沿澧水流域，分经石门、慈利、江垭〔垭〕、溪口向大庸进剿。

（5）上四项，除电告徐总司令，请以津、澧[8]部队及郭、罗两部沿澧水流域西进；以原在鄂西部队南下，进驻桑植，与我军齐向大庸会剿，并商定总攻日期外，特电遵照。

总司令　何键

歌西邵参机

注释：

＊此件引自《剿匪军追剿总司令部廿四年元月东日起至二月宥日止剿匪工作军事报告》。

[1]慈、庸、桑、永，指湖南省慈利、大庸、桑植、永顺四县。

[2]桃，指湖南省桃源县。

[3]常，指湖南省常德县。

[4]陈，指陈渠珍。

[5]郭，指郭汝栋。

[6]罗，指罗启疆。

[7]徐，指徐源泉。

[8]津、澧，指湖南省津市市、澧县。

贵州省政府转发蒋介石关于成立宜昌行辕电

（1935 年 10 月 1 日）

奉军事委员会委员长蒋漾午侍参蓉电令知，宜昌行辕于十月十日成立，并颁布行辕组织大纲。

一、委员长为剿办湘、鄂、川、黔边区共匪，特设宜昌行辕。

二、湘、鄂、川、黔边区凡属剿匪区内之政治设施，为求处理敏捷，得直接受宜昌行辕之指导、监督。

三、宜昌行辕编制另定之。

四、宜昌行辕职员及各项设置，以由军委会所属各机关调用为原则。

五、本大纲自公布日施行。仰知照。

案转行各厅、处，各专员知照。

民国二十四年十月一日

宜昌行辕关于第一期“进剿”红二、六军团计划*

（1935年10月18日）

兹颁发第一期进剿计划,仰各遵照实施。

（甲）方针:

将贺龙主匪竭力向西压迫,逐次缩小匪区,完成东、北两面封锁线,同时巩固西南北现有封锁线,限制其突围。

（乙）指导要领:

一、进剿军主力由新安[1]附近向磨冈隘方面逐段筑碉前进;

二、堵剿军加强并连缀已成碉线,依据碉楼,极力活动,使进剿军作战有利。

（丙）兵团部署:

一、第二十六路军及樊[2]纵队,均由孙[3]总指挥统一指挥,以樊纵队(欠王[4]师)附冯[5]师为进剿军,于十月养日开始,由新安经塘房、皂角市、樟树阁向磨冈隘交亘逐段筑碉前出,应于十一月五日前占领磨冈隘,完成新、磨间碉线;[新安]、暖水[街]间碉楼,由孙总指挥派队接守,王师仍在慈利、通津铺之线,依据碉楼,极力活动。在走马坪、五峰[6]、渔洋关、子良坪部队,应加强碉楼,四出游击,为进剿军声援,并相机完成子良[坪]、南北墩间碉线。

二、何[7]总司令所部,仍固守天皇庙(不含)、洗车、保靖、永顺、大庸、[慈利]、石门间碉线,并增筑慈利、永顺间碉线。徐[8]总司令所部,仍固守走马坪(不含)、鹤峰、沙刀沟、来凤、龙山、天皇庙间碉线,对走马坪、鹤峰、打火厂[间]碉线,应加强守备,并各依据碉楼,四出游击,极力活动。

三、慈利、石门各要点,由何总司令酌派保安团守备之。各堵剿军〔部〕队所筑碉楼,应交叉火力,连接成线,能确[实]限制匪之突窜,并统限有日以前确实完成。

四、郭[9]师仍驻百户司,策应各方;夏[10]师仍守备宜昌、钟祥、沙市[11]间一带。

陈诚[12]代

巧辰辕鄂印

注释:

＊本文收集到两种文本,其中一种文本是转发电报译稿。以电报译稿为基础,参照另一文本作了校订,增补了一些漏字。

[1]新安,位于湖南省临澧县西北部。

[2]樊,指樊嵩甫,时任国民党军第四十六军军长兼第七十九师师长,原任湘鄂赣边区

“剿匪军”“进剿”纵队指挥官，下辖第二十八、四十三、七十九、九十七等4个师。

[3]孙，指孙连仲，时任国民党军第二十六路军总指挥，率第二十七、三十、三十一师及独立第四十四旅参加“围剿”红二、六军团。

[4]王，指王懋德。

[5]冯，指冯安邦，时任国民党军第二十七师师长，辖两个旅4个团。

[6]五峰，今湖北省五峰土家族自治县。

[7]何，指何键。

[8]徐，指徐源泉。

[9]郭，指郭汝栋。

[10]夏，指夏楚中，时任国民党军第九十八师师长，辖两个旅4个团。

[11]沙市，当时为镇，今湖北省荆州市沙市区。

[12]陈诚，时任宜昌行辕参谋长，代行主任职权。

徐源泉关于划分筑碉守备区域的命令*

(1935 年 10 月 29 日)

(一)筑碉守备区域,自天皇庙(含)经龙山城至官渡口(含)河边,归独立三十八旅[1];自官渡口河边(河川含)经白羊山迄两河口、岩板坡(含)归四一师[2],重点置来凤;自两河口、岩板坡(不含)经殷家坝至烂岩窝,及川箭河北侧虾公冲、绵福寨(含),归新三旅[3](欠独立营分防利川、咸丰),该旅部驻李家河;自烂岩窝、虾公冲、绵福寨(不含)经乐哥坪至署司洞、丫口(含),归鄂保安团[4];自署司洞、丫口(不含)经沙刀沟、桃子盆至两河口(含),归暂四旅[5],重点置两河口;自沙刀沟(不含)经莫家台至打火厂(不含),归独三四旅[6];自打火厂(含)经太平镇、鹤峰、五里坪至走马坪(不含),归三十四师[7]。

(二)四八师[8]以一旅集结于沙刀沟附近,一旅集结于高罗,补充团控置于恩施,为预备队。

(三)各防区未成碉堡,赶紧增筑,以班碉为主,依实地形势,构成纵深配备梅花式之碉线网,并注意与邻区碉线双方衔接,勿留空隙。至于交通道路,亦应计划修筑,以利运输。

(四)各区守碉兵力,务须节省,酌储地区预备队,以资活用。

(五)以上各师、旅均归本总司令直接指挥,并仰将调动配备及筑碉修路情形,随报备查。

注释:

* 此件引自《鄂湘川边区剿匪总司令部二十四年十月份剿匪工作军事报告书》。

[1]独立三十八旅,旅长潘善斋,兼鄂湘川边区"剿匪军"第一纵队副司令官,辖步兵三团。

[2]四十一师,师长徐源泉兼,辖两个旅 4 个团。原师长兼第一纵队司令张振汉,于 1935 年 6 月 12 日至 14 日忠堡战斗中被红军俘虏,曾由黄新代师长。

[3]新三旅,旅长蒋作钧,属鄂湘川边区"剿匪军"先遣纵队,辖步兵两个团。

[4]鄂保安团,由湖北保安团指挥官张刚指挥,辖步兵三团,属鄂湘川边区"剿匪军"第一纵队。

[5]暂四旅,旅长张连三,辖步兵两团,属鄂湘川边区"剿匪军"第二纵队。

[6]三十四旅,应为独立第三十四旅,旅长罗启疆,辖步兵三团,属鄂湘川边区"剿匪军"第三纵队。

[7]三十四师,师长张万信,兼鄂湘川边区"剿匪军"总预备队司令官,该师辖两个旅 6 个团。

[8]四十八师,师长徐源泉兼,第一四二旅旅长徐继武代师长,辖两个旅 6 个团,该师为鄂湘川边区"剿匪军"先遣纵队。

薛岳关于红二、六军团有西进黔川意图给吴忠信等电

（1935年11月6日）

贵阳吴主席、郭指挥官、甘师长、冯处长、萧大队长[1]：

密。综合湘鄂边区情报：

（甲）袁公渡、磨冈〔岗〕隘等处浮桥已撤，新门寺、杜家岗、仙阳坪、樟树阁一带已无匪踪，萧、贺股匪确已退桑植、龙山间地区。

（乙）何[2]总司令东未作常电，派往上河溪暗探感日回报称，有日在上河溪晤由桑植伪红军学校毕业回家之伪连长云：

（一）贺龙到桑植已数日，该城附近驻红军万余人，有向川省西窜企图，但窜因不明。

（二）萧克确于八月世日在岩坝、湾塘附近之役阵亡。原埋茨岩塘，现改埋桑植。

（三）返经茨岩塘、兴隆街一带匪众较多；据兴隆之匪军传说，有即向黔窜进企图。希随时注意，设法预防为要。

薛岳

麻巳筑参谋

注释：

［1］收电人，指吴忠信、郭思演、甘丽初、冯剑飞（贵州省保安处长）。萧大队长，未查出名字。

［2］何，指何键。

陈光中关于红二、六军团突破澧水封锁线给吴忠信电

（1935 年 11 月 21 日）

贵阳吴主席礼公[1]：

贵密。接李师长云波电话，萧、贺股匪业于昨号［日］倾全力突破溪口市、潭口、老鸦口三点封锁线。又据本马日飞机报告，匪主力正在溪、潭、老三处渡过澧水，向南逃窜。各等语。现我王、李[2]两师正集结后坪，准备截击。知关锦〔廑〕注。谨闻。

陈光中

马戌参机永印

注释：

［1］礼公，即吴忠信。

［2］王，指王东原。李，指李觉。

薛岳转陈诚关于堵截渡过澧水的红二、六军团的部署给吴忠信等电

（1935 年 11 月 24 日）

贵阳吴主席、郭指挥官、冯处长、萧局长[1]：

密。顷准宜昌陈[2]参谋长马申辕谍电开：据樊[3]指挥官皓、亥等电，萧克率股匪皓午窜抵大庸城东北之郑家坪、李家山一带，皓晚起攻我溪口、大庸间碉堡，在老鸦口、潭口等处与我十九师周[4]团战斗甚烈，毁我碉楼数座，匪数百曾一度渡河，仍被我击溃，现尚在激战。职为应急起见，即令王师长懋德率直属部队及步兵一团，由通津铺迅移慈利策应。詹刘[5]总指挥号酉、号亥电，令王东原师由永顺东移后坪策应。各等语。除迅令廿六路[6]限养日接守磨、慈[7]间碉线完毕，樊部主力集结慈利附近，并先抽派一师兼程向溪口增援。王东原师全部速迅集中后坪策应。等语。此间已加派别动队赴黔东各处，协助完整保甲、武器登记、联保、遍地筑碉各事，以期早完成，借收届时坚壁清野之效。特达。

薛岳

敬亥筑参谋

注释：

[1]收电人，指吴忠信、郭思演、冯剑飞。萧局长，未查出名字。

[2]陈，指陈诚。

[3]樊，指樊嵩甫。

[4]周，指周昆源，时任国民党军第十九师五十六旅一一一团团长。

[5]刘，指刘建绪。

[6]廿六路，指国民党军第二十六路军，总指挥孙连仲。

[7]磨、慈，指湖南省石门县磨岗隘及慈利县。

薛岳关于防止红二、六军团由湘入黔的部署给吴忠信电

（1935 年 11 月 28 日）

贵阳吴主席：

密。兹遵委座有戌京电，对防止萧、贺窜黔部署如次：

（一）暂五旅[1]即兼程开省溪、晃县之线，限十二月冬日到达。新八师在思、印[2]部队，以一团移松桃，一团移正大营，师部移铜仁，均限冬日以前到达。

（二）五四师除留一团候接防外，其余限三十日出发，取捷径兼程向晃县、省溪之线集中，虞日到达。四七师先行逐次集结兵力，准备出发。俟二三师接防，即在五四师后向晃县、省溪之线集中。郝、蒋[3]两师长及杨[4]旅在上官[5]总指挥未到达前，统归郝[6]军长指挥，构成松桃、铜仁、省溪、晃县间防剿碉楼地带。

（三）二三师除留两团分置黔、大、毕[7]线，另候命交防外，其余限三十日出发。先头限下月支日到达遵义，再分赴桐梓、仁怀、绥阳、正安一带接防，确保持川、黔交通并肃清黔北各股匪。

（四）一二一师派兵两营，限三十日出发，接防毕、大两县防务，由宋司令指挥。

（五）九九师除留一部在重安江外，其余即配置于镇远、胜秉[8]、台拱及施秉、黄平之线，并构筑该线上之防剿碉楼地带。并严厉监督指导民众、组织保甲、统制民众武力、遍地筑碉各事，以达成坚壁清野之有效方策。谨闻。

薛岳

俭酉参战印

注释：

[1][4]暂五旅，旅长杨其昌。

[2]思、印，指贵州省思南、印江两县。

[3]郝，指郝梦龄。蒋，指蒋在珍。

[5]上官，指上官云相。

[6]郝，指郝梦龄。

[7]黔、大、毕，指贵州省黔西（今黔西市）、大定（今大方县）、毕节（今属毕节市）三县。

[8]胜秉，位于贵州省台拱（今台江）县北，今施洞镇附近。

宜昌行辕关于在桑植地区“清剿”红二、六军团的部署*

（1935 年 11 月 30 日）

兹规定清剿桑植残匪部署如下：

（一）徐[1]总司令所部守备自大庸（不含）经永顺、龙山、来凤、沙刀沟、鹤峰至走马坪（不含）之线。现守大庸李觉师之一团，石田溪、龙头岩间之陈渠珍师暨罗致英[2]部，及附近地区地方团队，均归徐总司令指挥，并须集结兵力各约一师之两纵队，分由大庸、永顺间及龙山、沙刀沟间进剿，收复桑植，划区筑碉清剿。

（二）孙[3]总指挥所部守备自走马坪（含）经水南渡、磨岗隘、慈利至大庸（含）之线。现守慈利、溪口间之徐焕湘[4]团暨附近地区各地方团队，均归孙总指挥指挥。且须控置机动部队三团于大庸，两团于磨岗隘，策应各方。

（三）所有守备兵力，均按地形情形，由徐总司令、孙总指挥重新部署。并限于十二月五日以前配备完毕，限于五日前进，开始进剿。

（四）清剿部队仍归徐总司令统一指挥，并由徐总司令拟定肃清残匪计划具报。

注释：

＊此件引自《鄂湘川边区剿匪总司令部二十四年十二月份剿匪工作军事报告书》，以世辰辕鄂电令发出。

[1]徐，指徐源泉。

[2]罗致英，时任湖南省保安第十团团长。

[3]孙，指孙连仲。

[4]徐焕湘，时任湖南省保安第十二团团长。

陈诚关于红军攻占溆浦、辰溪后之“追剿”情况给蒋介石、顾祝同、吴忠信电

（1935 年 12 月 2 日）

特急。

南京委员长蒋、巴县行营主任顾[1]、贵阳吴主席礼卿兄：

振密。

甲、综合情报：(一)俭午溆浦城到匪万余。似系萧克部，卅日纷经大江口渡河西窜。(二)俭、艳等日窜辰溪之匪，系贺龙本人，在辰城游行演说，旋即纷渡沅江，向芷江急窜，其先头卅［日］到距怀化[2]十余里之花槟附近，与文团及杨[3]指挥所部接触。辰溪城我军原筑碉楼甚多，现有匪二千余据守。(三)陷新化之匪仅千人，窜向未明。(四)桑植西陈家河附近有匪约二千，桑植城敬日已为义勇队克复。

乙、(一)我陶[4]纵队钟、章[5]两师卅［日］过乾城。(二)李[6]纵队王、李[7]两师，艳夜将浦市约二千之匪击溃，卅、东两日主力由吕家坪向中和铺、怀化截击，陈光中师沿沅、辰[8]大道向辰溪城前进，限即收复溪城。东辰至午，船溪驿方面枪［声］颇密.似陈[9]师已与接触。(三)樊[10]纵［队］属邹、孔[11]两师，东日渡沅江完毕，进至柳林汊、草锟(？)驿之中。余续渡中。谨闻。

陈诚

冬午辕鄂印

注释：

[1]顾，指顾祝同。1935 年 11 月 30 日，蒋介石发卅酉机京特急电，调顾祝同“暂赴筑部署一切，并与桂方切商协剿办法”。筑，即贵阳。

[2]怀化，今湖南省怀化市东北部泸阳镇一带。

[3]杨，指杨其昌。

[4]陶，指陶广。该纵队时辖第六十二、十六师。

[5]钟，指钟光仁(时任第六十二师师长)。章，指章亮基。

[6]李，指李觉。该纵队时辖第十五、十九师。

[7]王，指王东原。李，指李觉。

[8]沅、辰，指湖南省沅陵、辰溪两县。

[9]陈，指陈光中。

[10]樊，指樊嵩甫。

[11]邹，指邹洪，时任国民党军第四十八师师长。孔，指孔令恂，时任国民党军第九十七师师长。两师各辖步兵三团。

陈诚关于红军攻占安化给吴忠信电

（1935 年 12 月 4 日）

特急。

贵阳吴主席礼卿[1]兄：

职密。

甲、综合本日情报，匪主力仍在溆浦附近，一部由新、安[2]东窜蓝田、娄庄[3]等处；宏〔安〕化城东日被陷。传闻萧克、夏曦俱在新化城赤化民众，日前西渡沅江之匪仅游击队两连，现仍窜回沅江东岸。冬日辰溪北之乾溪铺窜到匪万余，枪半数。我陈光中师于辰溪、修溪口之线与匪对峙中。又我欧阳[4]追击队（欧团附罗[5]保安团），自冬起于底庄[6]北之谭家湾被匪包围，至江巳止，战况尚佳，惟江巳以后无线电呼叫不应。

乙、我李[7]纵队王、李[8]两师冬酉进至高融附近，经刘[9]总指挥令饬转赴辰溪沅江东岸后，其先头江晚已到浦市[10]以南地区。陈〔陶〕[11]纵队先头冬日到乾城，刘总指挥亦已令转向泸溪前进中[12]。樊[13]纵队江日到达官庄、黄土铺、仓普溪、蕙溪里之线，本日以邹、孔[14]两师向谭家湾急进，救援欧阳部，其王[15]师及樊[16]师主力向马辔市前进。敬闻。

弟　陈诚

支西辕鄂印

注释：

[1]礼卿，指吴忠信。

[2]新、安，指湖南省新化、安化（原县城在今湖南省安化县东南部梅城镇）两县。

[3]蓝田，今湖南省涟源市。娄庄，今湖南省娄底市。

[4]欧阳，指欧阳烈，时任国民党军第十六师四十七旅九十四团团长。

[5]罗，指罗致英。

[6]底庄，今湖南省溆浦县低庄镇。

[7]李，指李觉。

[8]王，指王东原。李，指李觉。

[9]刘，指刘建绪。

[10]浦市，位于湖南省辰溪县西北部沅江左岸。

[11]陶，指陶广。

[12]1935 年 12 月 3 日刘建绪以江未参战电向吴忠信报告：“前辰溪渡河南窜之匪被我堵截，东日仍折回右岸，向溆浦窜走。我樊〔嵩甫〕、李〔觉〕、陶〔广〕各纵队正分途向溆浦、新

化进剿中。我欧阳〔烈〕追击队正在底庄以北之潭〔谭〕家湾与匪激战中。”

[13][16]樊，指樊嵩甫。

[14]邹，指邹洪。孔，指孔令恂。

[15]王，指王懋德。

宜昌行辕关于“围剿”红二、六军团情况给吴忠信、郝梦龄电

（1935年12月6日）

贵阳吴主席礼卿先生、遵义郝军长锡九兄[1]：

缨密。综合情报：

（1）萧、贺主力仍在溆浦、新化一带；锡矿山[2]之匪数千似有固究〔守〕样。杨家滩、蓝田之匪支午经我向嵩华[3]团等驱逐，退守曹家坳（锡矿山南）。

（2）微日榆树湾[4]（黔阳北）被土匪陈渥率众数百占据，我黔阳张[5]司令正派队往剿。

（3）伪十八师主力现踞桑植西南之龙头寨，其五二团系伪独立团，新近新改编，枪约三四百，多不堪用。

（4）我樊[6]纵队鱼日以樊、王[7]两师由唐家园附近向马辔市及南之烟溪儿〔前〕进；孔、邹[8]两师由马路向碧舟溪（马辔市西北）前进。李[9]纵队歌午进至桃田坳、试〔观〕音阁、修溪口（溆浦西）之线。陶[10]纵队歌辰由泸溪、能滩之线向辰溪南之山塘驿、五里堆急进，照应李部并堵匪西［窜］。敬闻。

行辕第一处

鱼戌鄂印

注释：

［1］礼卿，即吴忠信。锡九，即郝梦龄。

［2］锡矿山，位于今湖南省冷水江市东部。

［3］向嵩华，时任湖南省保安第六区副司令兼保安第五团团长。

［4］榆树湾，位于今湖南省怀化市区内。

［5］张，指张其雄，时任湖南省保安第四区司令。

［6］樊，指樊嵩甫。

［7］樊，指樊嵩甫。王，指王懋德。

［8］孔，指孔令恂。邹，指邹洪。

［9］李，指李觉。

［10］陶，指陶广。

刘建绪关于向花桥“追剿”红二、六军团给顾祝同等电

（1935年12月8日）

贵阳顾主任、吴主席、B1徐总司令、慈利孙总指挥、沅陵留交郭指挥官、长沙保安司令何[1]：

缨密。

（一）溆浦贺匪阳日经我李觉纵队击溃，向底庄、花桥逃窜。溆城于齐卯克复。

（二）新化萧匪阳[日]向圭溪坪窜走。我晏[2]区司令已率部规复新城。

（三）我李、陶[3]两纵队正由溆浦向花桥追剿。樊[4]纵队在马辔市、湖南坡、碧丹溪之线与伪四师激战中。上并闻。

刘建绪

齐戌参战印

注释：

[1]收电人，指顾祝同、吴忠信、徐源泉、孙连仲、郭汝栋、何键。Bl，鄂湘川边区“剿匪总司令部”代号，驻地在今湖北省恩施土家族苗族自治州。

[2]晏，指晏国涛。

[3]李，指李觉。陶，指陶广。

[4]樊，指樊嵩甫。

陈诚关于向底庄夹击
红二、六军团给张学良、吴忠信、郝梦龄电

(1935 年 12 月 11 日)

长安代总司令张、贵阳吴主席礼卿先生、遵义郝军长锡久兄[1]:

缨密。综合本日情报:

(1)萧匪因阳日率众抄袭我樊[2]部后路之企图未遂后,即连夕〔夜〕由马辔市西北之仓场、江溪等处南窜,现已抵溆浦东之啬〔桥〕江、两下江之间,并正在啬〔桥〕江构筑工事。

(2)贺匪亦回窜溆浦东北之花桥、观音阁一带,似有抄我李[3]部侧背企图。现我李纵队除以一部在车头、双江口筑工外,主力集结左翼麻阳水、迢山(溆浦城北)附近,准备出击。我陶[4]部钟[5]师已抵溆浦城。我樊部本(十一)日可抵烟溪,即向底庄夹击该匪。敬闻。

陈诚

真西辕鄂印

注释:

[1]长安,今陕西省西安市。礼卿,即吴忠信。锡久,即锡九,指郝梦龄。

[2]樊,指樊嵩甫。

[3]李,指李觉。

[4]陶,指陶广。

[5]钟,指钟光仁。

陈诚关于"进剿"南进的红二、六军团部署给张学良等电

（1935年12月15日）

长安代总司令张、南京军委会办公厅主任朱、军政部部长何、汉口主任何、开封主任刘、龙溪主任蒋、贵阳吴主席礼卿兄[1]：

缨密。综合情报：

（一）萧匪率第16、17两师文日窜抵溆浦南之高明溪后，即分向黄泥井、龙潭司急窜；贺匪率伪4、5、6三师元晨全部通过溆浦、两下江大道，沿宝庆大道南窜。现两下江大道附近之陈家湾、珠溪江、江东等处仍有匪一部。

（二）我陶[2]纵队元晨向龙潭司前进；李[3]纵队先头陈[4]师元晚到高明溪，寒日全部向黄泥井进剿；樊[5]纵队寒日进占两下江、大塘湾、渠江之线，觅匪进剿；汤[6]纵队（八九）师[7]元日由湘潭向湘乡前进，现已令该纵队全部即开宝庆集中。敬闻。

陈诚

删酉辕长印

注释：

[1]收电人，指张学良、朱培德、何应钦、何成浚、刘峙、蒋鼎文、吴忠信。礼卿，即吴忠信。龙溪，今福建省漳州。

[2]陶，指陶广。

[3]李，指李觉。

[4]陈，指陈光中。此时该师列入李觉纵队序列。

[5]樊，指樊嵩甫。

[6]汤，指汤恩伯，任国民党军第十三军军长兼湘鄂赣边区"剿匪军"预备纵队指挥官，下辖第四、十、八十八、八十九等4个师。

[7]八十九师，师长王仲濂，辖两旅四团。

刘建绪关于追击隆回附近红二、六军团部署给徐源泉等电

（1935年12月18日）

恩施徐总司令、孙总指挥，沅陵郭指挥官，巴县主任顾、主任贺，贵阳吴主席，长沙汤总指挥官[1]：

缨密。

（一）铣日我李觉师在琵琶坳、龙潭司一带，与枪约二千之萧匪部激战半日，毙匪三四百，俘匪六十余，夺步、马、机、手枪共一百六十支。该匪狼狈向圭洞东窜，似有与隆回方面之贺匪会合南窜之样。

（二）我李[2]纵队李、王[3]两师筱日由龙潭司向圭洞、夹〔大〕黄沙追剿。陈[4]师筱午在芒花坪、小沙江适与由辰、溆[5]东窜隆回之匪遭遇，当予猛截，战斗与〔激〕烈。已幛〔令〕该纵队向匪主力追截，务期[全]残〔歼〕。

（三）已饬陶[6]纵队，如匪东窜或东南窜时，该纵队应在三角场武阳以东地区觅匪截剿，并协助李纵队围歼之；如匪向绥宁南窜或向洪、会[7]西窜，即应迅出洪江、绥宁以东地区，觅匪截剿，并扰匪觞〔西〕北窜。

（四）已请樊[8]纵队速出隆回，郭汝栋师即开大江口待命。

（五）[9]椀〔绪〕巧申抵溆浦。

刘建绪
巧亥参作印

注释：

[1]收电人，指徐源泉、孙连仲、郭汝栋、顾祝同、贺国光、吴忠信、汤恩伯。

[2]李，指李觉。

[3]李，指李觉。王，指王东原。

[4]陈，指陈光中。

[5]辰、溆，指湖南省辰溪、溆浦两县。

[6]陶，指陶广。

[7]洪、会，指今湖南省洪江市、会同县。

[8]樊，指樊嵩甫。

[9]此处原件为“（一）”，系译错电码。

刘建绪关于向高沙、洞口、武冈一带追击红二、六军团给郭汝栋等电*

（1935 年 12 月 20 日）

沅陵郭指挥官，徐总司令，孙总指挥，汤指挥官，分送重庆主任顾、主任贺，分送贵阳主席吴，薛总指挥，长沙胡旅长[1]：

奄密。

（一）贺、萧两匪自在龙潭司、芒花坪、椒木塘、隆回司被我廖〔追〕剿截击后，巧、皓两日窜抵高沙市、朽〔两〕下江、洞口一带。

（二）我李觉纵队之李、?〔王〕、陈[2]三师正衔尾猛追中。

（三）我陶[3]纵队之章、钟[4]两师由金屋塘、江口正向洞口、红岩、鸯溪以东地区觅匪夹剿。

（四）樊、汤[5]纵队分由隆回、宝庆向高沙、武冈前进。

刘建绪

号酉参枳〔作〕溆印

注释：

* 原件系电报译稿，差错较多。

[1]收电人，指郭汝栋、徐源泉、孙连仲、汤恩伯、顾祝同、贺国光、吴忠信、薛岳、胡达。

[2]李，指李觉。王，指王东原。陈，指陈光中。

[3]陶，指陶广。

[4]章，指章亮基。钟，指钟光仁。

[5]樊，指樊嵩甫。汤，指汤恩伯。

陈诚关于红二、六军团主力将西进川黔给吴忠信、邹文华、郝梦龄电*

（1935年12月24日）

特急。

贵阳吴主席并转邹[1]副厅长、遵义郝军长：

奄密。本日情报：

（甲）养日与我陶[2]部在瓦屋塘附近激战之匪，系贺龙全部，约九团，剧战至午后五时，匪溃退向东北方面逃。是役计毙、伤匪约二千余，获枪二百支。我亦伤亡二百余。同日萧匪部约七团，与我章[3]师之一部在金屋塘、祖师殿之线抗战。该匪系由洞口斯〔方〕向窜来。我陶部已转向金屋塘之匪截剿。我陈光中师，养晚由洞口向西南之王公滩挺进。漾日，我循〔钟〕、王[4]两师由洞口、高沙兼程向江口、金屋塘之线夹击。樊[5]部在后跟进。汤[6]部已抵龙潭铺附近。

（乙）桑植残匪马日在马皮寨西之痱家坳附近，除被我击散及俘、毙外，约有匪千名冲破碉线，由招头寨附近突出，渡酉推〔水〕西窜，已派兵两营越境穷追。据报，该匪养日已窜抵百户司东北之兴隆坳附近，与我追击队接触。综合情报，萧、贺股匪主力似将西窜川、黔，证以残留桑植匪部已窜向酉阳，现该匪全部似溃窜集川、黔边境之企图。敬闻。

陈诚

敬酉辕鄂印

注释：

* 1935年12月22日，刘建绪曾以养戌参作电通报："一、萧、贺股匪一部似尚踌躇于高沙市、花园、助[红]岩一带，其大部西窜抵黄土坑、牛栏冲附近，养晨与我陶纵队钟师在枇叶树、鸡公坡一带发生激战，毙匪遍野，仍在猛攻中。二、我李纵队正向高沙市、红岩夹剿中；樊、汤各纵队亦[向]洞口、高沙、武冈急进中。"

[1]邹，指邹文华，时任国民党军事委员会四川行营第1厅（作战厅）副厅长。

[2]陶，指陶广。

[3]章，指章亮基。

[4]钟，指钟光仁。王，指王东原。

[5]樊，指樊嵩甫。

[6]汤，指汤恩伯。

蒋介石关于红十八师可能入黔及“围剿”部署给吴忠信电

（1935年12月25日）

特急。

贵阳吴主席：

奄密。

（一）龙、桑[1]残匪约千余，马日拂晓［于］招头寨附近突破碉线西窜，马午窜抵西水北岸。

（二）据由百户司来之土民云，匪数百养日窜抵兴隆坳附近，已与我新卅四师追击队接触。

（三）据郭[2]指挥官转谢团长马电称，龙、桑系匪伪十八师52、53两团及杂色队，众约三千，号窜酉[3]属可文湖，是否逃黔与萧、贺合股，待探报，等语。除分电徐[4]总司令星夜派队追剿，并已饬许[5]师长派队围剿外，特电知照。

蒋中正

有辰犊鄂战印

注释：

［1］龙、桑，指湖南省龙山、桑植两县。

［2］郭，指郭汝栋。

［3］酉，指四川省酉阳县。

［4］徐，指徐源泉。

［5］许，指许绍宗，时任国民党军四川暂编第三师师长。

刘建绪关于向武阳、会同、靖县、洪江堵截红二、六军团给徐源泉等电*

（1935 年 12 月 25 日）

急。

恩施徐总司令并转潘连络参谋、孙总指挥，巴县主任顾，贵阳吴主席，薛总指挥，长沙胡旅长、顾代师长[1]：

奄密。

（一）被我陶[2]纵队在瓦屋塘附近击溃之贺匪残部，已绕道向武阳、长铺子[3]方向逃窜。在金屋场、祖师殿被击溃窜〔之〕萧匪已绕向水口、曾溪窜走。

（二）我陶纵队正向武阳、绥宁，李[4]纵队正向会同、靖县，樊[5]纵队向洪江分途堵截中。汤[6]纵队先向花园急进，郭[7]指挥所部正由大江口向黔阳前进。

绪[8]有辰由溆浦向洪江进驻。

刘建绪

有戌参战印

注释：

* 此件收集到 4 份电报译稿，互相校正补充，改定个别错译的字。

[1]收电人，指徐源泉、孙连仲、顾祝同、吴忠信、薛岳、胡达、顾家齐。潘连络参谋，未查出名字。

[2]陶，指陶广。

[3]长铺子，今湖南省绥宁县人民政府所在地。

[4]李，指李觉。

[5]樊，指樊嵩甫。

[6]汤，指汤恩伯。

[7]郭，指郭汝栋。

[8]绪，指刘建绪。

陈诚关于在黔阳西北地区围堵红二、六军团给吴忠信、邹文华电

（1935 年 12 月 30 日）

贵阳吴主席并转邹副厅长：

音密。综合本日情报：

（一）俭日由江西街、红叶坪及托口渡江之萧、贺股匪，现逗留黔阳西北之罗浦田以西及原神场以北地区，企图未明。据宥午在瓦窑俘匪供，将进攻贵阳。

（二）我樊[1]部先头三团已在黔阳堵剿，大部正续进中。我谢[2]保安团现追至江西街，一部已向罗浦田侦察。陶[3]部钟[4]团亦由会同东北之堡子脚向托口前进，大部艳[日]过竹舟江，向托口急进。李[5]部卅日由锦平向江西街、原神场之线前进。郭[6]部向高村行进中。汤[7]部在花园市待命。敬闻。

陈诚

卅酉辕鄂谍印

注释：

[1]樊，指樊嵩甫。

[2]谢，指谢明强。

[3]陶，指陶广。

[4]钟，指钟涤松。

[5]李，指李觉。

[6]郭，指郭汝栋。

[7]汤，指汤恩伯。

刘建绪关于向便水、晃县追堵红二、六军团给薛岳、吴忠信电

（1936年1月2日）

限即到，不得片刻停留。

贵阳薛主任、吴主席：

奄密。

（一）萧、贺两匪由芷江向便水[1]、米贝[2]、晃县方面西窜。

（二）我李[3]纵队已到芷江，江日向便水、晃县追剿。陶[4]纵队已到锦平、托口之线，江日向米贝追剿。樊[5]纵队正由洪江、黔阳向芷、麻[6]间堵截。郭[7]指挥所部已抵麻阳堵匪北窜。汤[8]纵队正向洪江前进中。

刘建绪

冬战参印

注释：

[1]便水，今湖南省芷江西部新店坪一带。

[2]米贝，今湖南省新晃侗族自治县东南部、新店坪南部一带。

[3]李，指李觉。

[4]陶，指陶广。

[5]樊，指樊嵩甫。

[6]芷、麻，指湖南省芷江、麻阳两县。

[7]郭，指郭汝栋。

[8]汤，指汤恩伯。

何键关于到黔东截击红二、六军团给薛岳、吴忠信电

（1936 年 1 月 5 日）

贵阳薛主任、吴主席：

支亥、支申电聆密承示匪情及贵军堵剿部署各节，均敬悉。本路军陶、李[1]两纵队刻追至便水、米贝之线，已令其蹑匪穷追。樊[2]纵队到达三溆铺、枞樵铺，已令其经凤凰、鸦拉营向松、铜[3]间截剿。郭[4]指挥官所部已令其经漾头司向省[5]、铜间截剿。陈渠［珍］师集结永绥、茶洞堵剿。敬闻。

弟　何键

微西作邵印

注释：

［1］陶，指陶广。李，指李觉。

［2］樊，指樊嵩甫。

［3］松、铜，指贵州省松桃、铜仁（今为市）两县。

［4］郭，指郭汝栋。

［5］省，指贵州省省溪县，今贵州省铜仁市万山区。

重庆行营关于防堵红二、六军团西进贵州的部署*

（1936 年 1 月 6 日）

一、郝梦龄指挥 47D[1]、54D、60D 及新 8D 为第一纵队，责成新 8D 固守铜仁、省溪，并派游击部队迟滞匪之行进。47D、54D 守备扎佐至息烽，及由息烽经石阡至龚滩乌江沿岸，又扼守遵筑大道[2]，并控置重兵于遵义，另以 60D 守备赶水场至遵义不含碉线。

二、郭思演指挥 23D、99D 及暂 5B[3] 为第二纵队，责成暂 5B 固守清溪、三穗，派游击部队迟滞匪之行动。23D 及 99D 守备石阡、镇远、施洞口碉线，控置预备队于施秉附近。匪若由湘黔公路以北西窜，则坚工拒之；若由以南西窜，则以预备队迎击之。

三、新 34D 由永绥延守至秀山，徐源泉部由来凤延守至黔江，川军许绍宗师守备龚滩、酉阳、秀山之线，防匪回窜。

四、刘建绪部不分畛域，尾匪穷追。

注释：

* 此件引自《重庆行营剿匪军事工作报告书》。

[1] D，为师的代号。

[2] 遵筑大道，指贵州省遵义到贵阳的公路。

[3] B，为旅的代号。

刘建绪关于便水战况给吴忠信、薛岳电

（1936 年 1 月 7 日）

贵阳主席吴、薛总指挥：

宅密。

（一）萧、贺所部之伪四、六及十六、十七四个师，歌晨由晃县方面向芷江回窜，申刻与我李[1]纵队李、章[2]两师遭遇于上坪、新店坪一带，激战至鱼西，毙匪二千余，获枪百余支。我军伤亡营长三员，连、排长卅余员，士兵七百余名。虞晨，残匪分两行，大部经马路坡向黄道司逃窜。我李纵队虞未已追至马路坡，正接战中；小部经波州向晃县龙溪口逃窜。虞午，我陶[3]纵队绕道至晃县堵截中。特闻。

刘建绪

阳泛〔申〕参印

注释：

［1］李，指李觉。

［2］章，指章亮基。

［3］陶，指陶广。

蒋介石关于在乌江以东消灭红二、六军团的部署*

（1936年1月7日）

（甲）贺、萧股匪窜抵晃县附近，经我追［击］队击溃后，其主力似有向省、铜[1]北窜之模样。

（乙）我军以歼匪于乌江以东、松桃附近之目的，兹重行部署如下：

一、着刘总指挥建绪，率樊[2]纵队（二八师、七九师、九九〔七〕师）、李[3]纵队（十六师、十九师、六三师）、郭[4]纵队（廿六师、独立廿〔三〕十四旅）仍跟踪追剿。

二、陶[5]纵队（十五师、六二师、新三十四师）即移至保靖、永绥、秀山，迅速构筑强固工事、封锁线，堵匪北窜。

三、郝[6]纵队（四七师、五四师）即至后坪[7]、思南间，沿乌江堵匪西窜。

四、许绍宗部，除一部即构筑秀山、沿河间碉堡线外，主力集结秀山附近。

五、汤[8]纵队着在宝庆集结待命。

六、邹、孔[9]两师即向泸溪集中待命。

七、当经转饬刘[10]总指挥及各部遵照。

注释：

＊此件引自胡羽高编《共匪西窜记》，1946年11月贵阳羽高书店发行，以虞巳参京电发出。

［1］省、铜，指贵州省省溪、铜仁（今为市）两县。

［2］樊，指樊嵩甫。

［3］李，指李觉。此时李觉、陶广两纵队重新调整了隶属的各个师。

［4］郭，指郭汝栋。

［5］陶，指陶广，时任国民党军第二十八军军长、“剿匪军”第一路军第一纵队司令。

［6］郝，指郝梦龄。

［7］后坪，原贵州省务川县分县，位于该县东北部。

［8］汤，指汤恩伯。

［9］邹，指邹洪。孔，指孔令恂。

［10］刘，指刘建绪。

刘建绪转蒋介石关于
红二、六军团主力入黔后的“追剿”部署

（1936年1月11日）

即到。

贵阳主席吴,请转傅师长、蒋师长[1]:

宅密。奉委员长蒋蒸酉辕战鄂电开:

（一）萧、贺股匪主力庚[日]由田心坪经汪家溪、朱家场有向西北窜模样。我刘[2]总指挥正督队追剿中。

（二）我军基本虞巳侍参京电部署如次:

一、樊[3]部段[4]旅暂在鸦拉营堵剿;邹、孔[5]两师暂在凤凰附近待命;陈、董[6]两师即经麻阳、凤凰与郭[7]纵队连系向西截剿。

二、郭指挥官指挥郭[8]、蒋[9]（新八师）两师集结铜仁,与樊部连系觅匪截剿。

三、李[10]纵队跟匪穷追。

四、傅[11]师相机开岑巩,与李纵队连系追击窜匪,俟机归入樊纵队。

五、樊、郭、李三纵队及傅师概归刘[总]指挥统一指挥。

六、陶[12]纵队由现地经松桃开保靖、永绥、秀山之线设防,在未到达以前,新卅四师须迅速构筑强固封锁线,防匪北窜为要。

七、独卅四旅即开永绥,暂归陈[13]师长指挥,俟机归入郭纵队。

八、郝[14]纵队迅速开沿河、思南、余庆司间,沿乌江布防截剿,置重点于思南附近。

九、许绍宗部即构筑秀山（含）、沿河间碉堡,经〔并〕以主力集结秀山附近,不失机宜迎击北窜之匪。

十、汤[15]纵队集结宝庆待命。

十一、徐[16]总司令所部在湘鄂川边区迅速整训绥靖,但须集十团以上兵力控置于百户司附近,准备策应各方为要。

刘建绪

真午参印

注释:

[1]收电人,指吴忠信、傅仲芳（第九十九师师长）、蒋在珍。

[2]刘,指刘建绪。

[3]樊,指樊嵩甫。

[4]段,指段如明,时任国民党军第七十九师二五三旅旅长。

[5]邹，指邹洪。孔，指孔令恂。

[6]陈，指陈安宝，时任国民党军第七十九师代师长，1936 年 4 月 25 日正式任命为师长。董，指董钊，时任国民党军第二十八师师长。

[7][8]郭，指郭汝栋。

[9]蒋，指蒋在珍。

[10]李，指李觉。

[11]傅，指傅仲芳。

[12]陶，指陶广。

[13]陈，指陈渠珍。

[14]郝，指郝梦龄。

[15]汤，指汤恩伯。

[16]徐，指徐源泉。

刘建绪关于向铜仁西北地区截击红二、六军团给吴忠信电

（1936 年 1 月 12 日）

即到。

贵阳主席吴：

宅密。

（一）萧、贺股匪尚在江口、闵家场一带，其一部出没于坝盘附近。

（二）樊[1]纵队段[2]突击兵团灰［日］抵大兴场碉堵；陈、董[4]两师真抵麻阳、铜信溪，文日继向铜仁前进；正催傅[4]师向江口前进，待机归入序列。俟董、陈两师抵铜仁，即将联络郭[5]纵队，迅向西北截剿。

（三）郭纵队原拟真日进驻铜仁，因食粮缺，令暂在漾头司附近采购。文日可抵铜仁，即指挥蒋[6]师并联络樊部，向西北觅匪截剿。其隶属之独卅四旅尚在洗车，已催开永绥，暂归新卅四师陈[7]师长指挥，俟陶[8]纵队到达永绥，即归入郭部序列。

（四）李[9]纵队因黔境坚壁清野，无米为炊，桥断路绝，行进迂缓，真［日］晚始抵朱家场、汪家溪、爬锅垄之线，已令排除万难，联络傅师，蹑匪穷追。

（五）陶纵队为避免行进交叉，兼因乎〔供〕给，改经凤、麻[10]真〔直〕趋绥、保[11]，曾于真午电呈在案。其纵队部及钟[12]师，真日已抵窑上、凤大屋附近，王[13]师亦抵便水，新卅四师大部在永绥，刘文华[14]旅在老寨、中寨、石耶司之线筑碉，与驻秀山许[15]师连击〔系〕堵匪北窜。

（六）职为便利指挥，拟即日进驻凤凰。

上六项。

刘建绪

文午印

注释：

［1］樊，指樊嵩甫。

［2］段，指段如明。

［3］陈，指陈安宝。董，指董钊。

［4］傅，指傅仲芳。

［5］郭，指郭汝栋。

［6］蒋，指蒋在珍。

［7］陈，指陈渠珍。

[8]陶，指陶广。

[9]李，指李觉。

[10]凤、麻，指湖南省凤凰、麻阳两县。

[11]绥、保，指湖南省永绥(今花垣市)、保靖两县。

[12]钟，指钟光仁。

[13]王，指王东原。

[14]刘文华，时任国民党军新编第三十四师二旅旅长。

[15]许，指许绍宗。

刘建绪关于向印江、石阡追击红二、六军团给吴忠信电

（1936 年 1 月 16 日）

守拍[1]。

贵阳主席吴：

宅密。

（一）据报，匪主力窜集石阡附近，一部由江口向印江大道北窜。

（二）樊[2]纵队删［日］抵铜仁，铣向寨英前进，已令向印江、德旺[3]之线，已令经何觅匪攻剿。

（三）李[4]纵队删［日］抵江口、凯德旁、洪家冲之线，已令经何家坝转进，于羊桥附近连络郭[5]纵队，向石阡之匪追剿。惟陈光中师即在羊桥附［近］休整。

（四）郭纵队主力铣日向江口前进。已令其到达江口、闵家场之线后，确实连络李纵队，向石阡追剿。

上四项。

职　刘建绪

铣戌参印

注释：

［1］守拍，指令参谋人员必须守在电台旁立即把电报发出去，以示电报内容重要及紧急。

［2］樊，指樊嵩甫。

［3］德旺，今贵州省江口县德旺镇，位于该县西北部。

［4］李，指李觉。

［5］郭，指郭汝栋。

刘建绪关于在印江、石阡地区消灭红二、六军团给吴忠信、薛岳电

（1936 年 1 月 19 日）

贵阳主席吴、薛总指挥，并请转郭司令、郝司令，二三师李师长、傅师长[1]：

宅密。

（一）匪主力麇集石阡附近，白沙、走马坪、羊叉溪各有匪一部，闵家场、德旺仍有匪盘踞，老红岩东北时［有］散匪出没。

（二）我郭、李[2]两纵队正由江口、羊桥，先驱除闵家场之匪，合力向石阡追剿。樊[3]纵队即由寨英向德旺、塘头觅匪攻剿，期迫匪于乌江东岸印、石[4]地区而歼灭之。特闻。

刘建绪

皓亥参战印

注释：

［1］收电人，指吴忠信、薛岳、郭思演、郝梦龄、李云杰、傅仲芳。

［2］郭，指郭汝栋。李，指李觉。

［3］樊，指樊嵩甫。

［4］印、石，指贵州省印江、石阡两县。

重庆行营关于在瓮安地区“围剿”红二、六军团的部署*

（1936 年 1 月 23 日）

一、郭思演部主力兼程趋平越，转向瓮安拦击或腰击，如堵截不及，即以全力急追。

二、刘建绪部李、郭[1]两纵队，由江口分向石阡、余庆以南地区兜剿，樊[2]纵队由塘头向石阡、余庆跟进。

三、93D[3]全部移守贵阳。

四、13D 由綦江开遵义，川军许绍宗部由龚滩开南川、綦江。20A[4]杨森部由洪雅开赤水待命。

注释：

* 此件引自《重庆行营剿匪工作军事报告书》。

[1]李，指李觉。郭，指郭汝栋。

[2]樊，指樊嵩甫。

[3]D，为师的代号。

[4]A，为军的代号。

蒋介石关于孙渡纵队推进至毕节、大定、黔西之线给龙云电

（1936年1月29日）

特急。

昆明龙总司令志舟兄：

性密。刻因萧、贺股匪向西急窜，证以匪性狡狯，飘忽无定，深虑西南方面极为空虚。除饬杨森部到达赤水后，即沿赤水河至赤水河镇布防外，请兄即以孙渡纵队主力先集镇雄，鲁[1]旅集结镇宁、安顺，相机推进赤水河镇，经瓢儿井、毕节、大定、黔西之线，堵匪西窜。至桂军拟先集都匀、独山，准备在贵定、贵阳、安顺线以南地区，堵匪南窜。希查照办理具报。

中正

艳西侍参京印

注释：

[1]鲁，指鲁道源。

薛岳转蒋介石关于防堵红二、六军团进入黔北地区电

（1936 年 2 月 4 日）

代电。

贵州省政府、郭指挥官、李师长、傅师长、甘师长、杨旅长[1]：

奉委员长感午电开：密。

（一）樊[2]纵队之邹、孔[3]两师，着归孔师长指挥，仍筑乌罗司、寨［英］堰、漏溪场碉线，堵匪东北窜，其余改道向遵义急进。

（二）徐[4]总司令所部，应以主力接替黔江、彭水、酉阳、秀山防务。其第九十四师（朱怀冰部潘善斋、张连三、蒋作均〔钧〕三旅）集结恩、宣、来、咸[5]一带，整编绥靖。

（三）陶广纵队着防守秀山（不含）、松桃、寨英堰之线，并派一部接铜仁蒋[6]部防，主力控置于松桃。

（四）蒋在珍师归入郭汝栋纵队追剿。

（五）遵办具报。等因。特闻。

薛岳

支戌筑参战

注释：

［1］收电人，指郭思演、李必蕃（新任国民党军第二十三师师长）、傅仲芳、甘丽初、杨其昌。此电系转发蒋介石 1936 年 1 月 27 日电。

［2］樊，指樊嵩甫。

［3］邹，指邹洪。孔，指孔令恂。

［4］徐，指徐源泉。

［5］恩、宣、来、咸，指湖北省恩施、宣恩、来凤、咸丰四县。

［6］蒋，指蒋在珍。

第四章　湖南边区三年游击战争

（1934 年 7 月—1938 年 6 月）

概　　述

红军长征后,与湖南毗连的各革命根据地相继丧失。在湘鄂赣边、湘赣边、湘南一带坚持斗争的红军和地方武装,在党的领导下,依靠广大群众的支援,采取灵活多变的方针,在极其艰苦险恶的环境中,开展游击战争,百折不挠,顽强斗争,付出重大牺牲。在他们的英勇战斗下,上述地区革命红旗不倒,党领导下的人民斗争连绵不断。1937 年抗日战争全面爆发前后,这些地区的游击队根据中共中央的指示精神,经过与国民党当局谈判,先后改编成新四军,开赴抗日前线。

一、中共湘鄂赣省委领导的游击战争

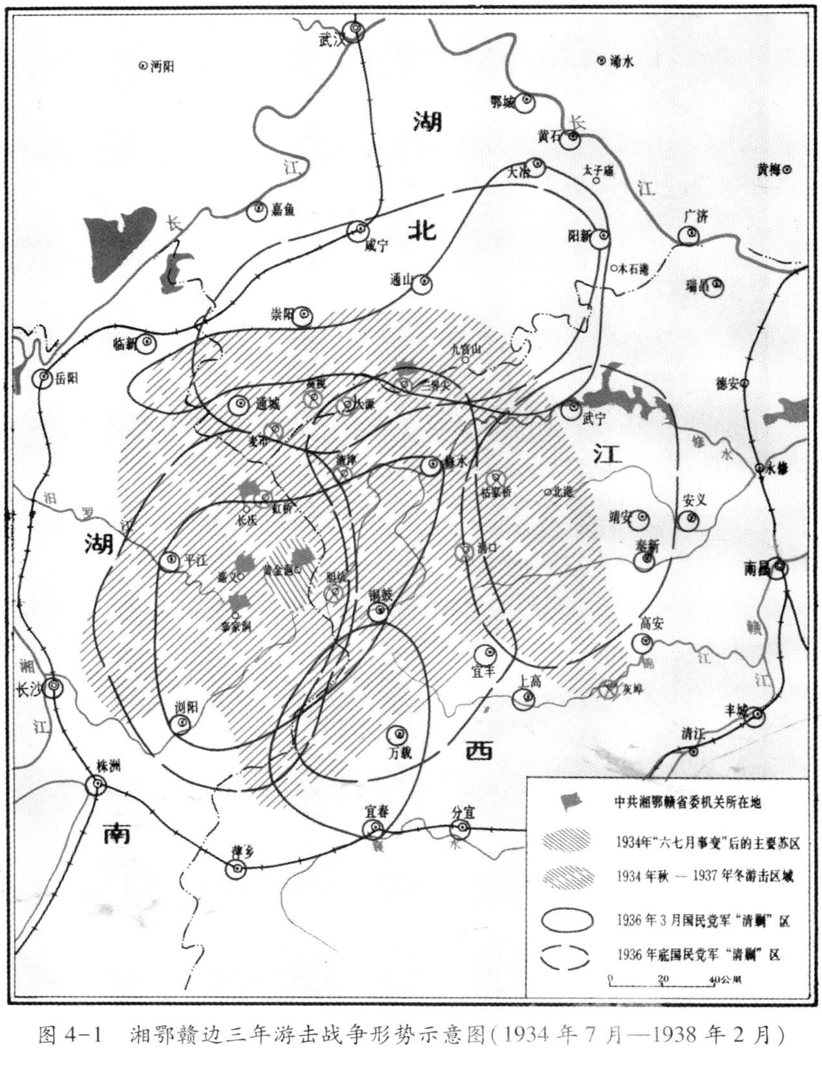

图 4-1 湘鄂赣边三年游击战争形势示意图(1934 年 7 月—1938 年 2 月)

1934年7月以后，湘鄂赣根据地被国民党军分割成11块，其中最大的平江黄金洞苏区纵横才十几公里。主力红军所剩无几，各分区地方部队和游击队也相继受挫，有的甚至全部丧失（图4-1）。8月，中共湘鄂赣省委在黄金洞召开了紧急会议（图4-2、图4-3、图4-4、图4-5），总结了教训，检讨了缺点和错误，批评了右倾机会主义，提出以主要精力恢复与壮大红军主力，巩固和发展苏区的工作方针。会后，省委副书记傅秋涛辗转到达湖北通山县冷水坪，与省军区参谋长严图阁等率领的鄂东南地方游击武装会合，随即向黄金洞苏区靠拢，沿途打了好几个胜仗，缴获了一批武器装备和物资，队伍扩大到1100多人。10月，省委又在黄金洞召开会议，总结了经验，提出了3个月“扩红”计划，决定由省委书记陈寿昌和军区司令员徐彦刚去前线领导恢复红十六师，由傅秋涛代理省委书记和军区政委（图4-6）。会后，陈寿昌、徐彦刚率部向鄂东南行动，在通山冷水坪宣布恢复红十六师。部队在崇阳、通城间的老虎洞与敌三十三师发生遭遇战，陈寿昌中弹牺牲，徐彦刚负伤，部队从1400人锐减至750余人，进到崇阳金塘休整。11月中旬，中共湘鄂赣省委再次在黄金洞杨雀坦召开会议，决定由傅秋涛任省委书记兼红十六师政委。中共湘鄂赣省委决定把“扩红”工作作为压倒一切的中心任务。会后抽调干部组成“扩红”突击总队，深入各游击区开展工作。经过半年的突击“扩红”，红十六师扩大到2500多人，1400支枪。同时，红十六师利用国民党抽调部分兵力“追剿”中央主力红军之机，主动出击，消灭敌军，取得了一系列战斗的胜利。特别是1935年4月，红十六师在平江虹桥设伏，一举歼敌1个团，击溃敌1个团，缴获各种枪支700余支，抓获俘虏500余人。虹桥战斗胜利后，红十六师恢复了咏生县大片苏区，随后西进，一直打到岳阳的黄岸市。

图4-2 中共湘鄂赣省委书记兼军区政治委员陈寿昌

图4-3 湘鄂赣军区司令员兼红十六师师长徐彦刚

到1935年上半年，红十六师发展到5000余人。以平江黄金洞为中心纵横50公里的游击根据地得到了巩固。除平江长寿街、修水、通城和岳阳之间这块较大的苏区外，还有平浏长、大围山、药姑山、修武崇通和修通崇等5块根据地，形成湘鄂赣根据地游击战争在逆境中发展的兴盛时期。

1935年6月，蒋介石将“追剿”中央红军的部分主力部队调回湘鄂赣地区，会同湘军何键的西路军及三省保安团等共60个团的兵力，对中共湘鄂赣省委驻地平江虹桥、长寿街地区形成严密的大包围圈，并筑起了三道防线，企图将湘鄂赣省委机关和红十六师一举“剿灭”。觉察到敌情严重，中共湘鄂赣省委、省军区决定除留下少量干部和地方武装外，立即突围，保存有生力量。7月14日，省委机关和红十六师突围。傅秋涛率领未能过河的军区特务团，会合四十七团和四十八团一个连，继续向南前进，遭到敌人两个师的夹

图 4-4　湘鄂赣省委、省苏维埃政府、省军区办公地址——平江黄金洞

图 4-5　湘鄂赣红军游击队经常驻扎和活动的地区——平江黄金洞

击，只得在幕阜山区同敌人周旋。在一个漆黑的夜晚，傅秋涛率 1000 多人选择从周坊、横江的三眼桥和燕岩之间，屏声轻步，悄悄穿越了敌人的封锁线。突围以后，省级机关回到黄金洞，红四十七团则由严图阁率领转入外线，在浏阳、长沙、醴陵附近等敌后区域活动。红四十六团和四十八团突围后，遭到敌人的重兵追击，部队损失很大，徐彦刚牺牲，四十六团仅剩六七十人，由团政委明安楼带回黄金洞，四十八团大部分壮烈牺牲。国民党在苏区与白区交界地带制造无人区，烧房并村，强化保甲制度，企图断绝人民群众对苏

区的支援。几块较大的根据地又被敌人分割。失利的教训使中共湘鄂赣省委认识到，必须变运动战为游击战。

1936 年 3 月，湘鄂赣三省国民党当局调动 11 个师、三省保安团和 11 个别动队，采取分兵、分期、分区的方法“清剿”湘鄂赣边区。敌人将整个湘鄂赣边区划分为 3 个“清剿”区，实行以铁路为柱、公路为链、碉堡为锁的“囚笼”政策，军事上则采取“清剿”“进剿”“驻剿”“搜剿”相结合，其手段之残忍，令人发指。一是推行碉堡政策，层层封锁，重重包围，分割苏区。二是实行残酷的杀光、烧光、抢光政策，对苏区人民进行大屠杀。三是强迫移民并村，实行经济封锁。四是强迫推行保甲制度和联防政策。国民党对苏区的军事、政治、经济全面攻击，造成根据地严重困难。

图 4-6 中共湘鄂赣省委代理书记兼军区政治委员傅秋涛

中共湘鄂赣省委认真总结吸取经验教训，继续顽强地开展游击战争。1936 年 3 月 27 日，省委在平江黄金洞召开执委扩大会，布置反“清剿”斗争。省委将已建立的 5 个特委改为 3 个特委、4 个军分区和西北武装工作团。特委和军分区都实行统一领导，由特委书记兼军分区政委，县委书记兼游击队的领导，实行党政军一元化领导。同时，实行干部地方化和群众化，干部都返回本地工作，便于在群众中扎根。军事上，开展灵活机动的游击战争。会后，傅秋涛率领省军区独立团，分散在平江、修水、铜鼓一带打游击，红十六师一部则迂回到敌人后方，在万载、奉新、清安、武宁、阳新一带，待机歼敌。1936 年 6 月 1 日，“两广事变”爆发。蒋介石为应付事变，将驻湘鄂赣的部队南调，只留下一些保安部队。中共湘鄂赣省委抓住时机，及时深入敌后外线作战，红十六师又发展到 1000 余人。省军区和各军分区组织了 17 支游击队及独立营，出没无常，不断打击敌人，使敌人顾此失彼。

在国民党疯狂“清剿”的严重情况下，中共湘鄂赣省委提出“把工作放到外线去，反对固守山岭的保守主义”的方针，派出一批干部建立外线支撑点，掌握敌情。同时，省委还派出一批有丰富斗争经验的干部深入白区，秘密地发展党员，发动群众，开展白区工作。湘鄂赣游击区的军民，在极其艰苦的条件下坚持反“清剿”斗争。1935—1936 年，机关干部和部队指战员有半年时间没有吃上一顿饱饭，有时连米汤都喝不上，只好靠野菜、野果充饥，没油没盐，就找来五倍子泡水喝。大家团结友爱，互相帮助，保持着高昂的革命斗志和革命乐观主义精神。湘鄂赣边区人民在长期的革命斗争中，对共产党和红军怀有深厚的感情，不惜节衣缩食，冒着风险，积极支持党和红军游击队（图 4-7、图 4-8）。他们送自己的亲人参加游击队，悄悄地把省下来的粮食、食盐和衣物送给游击队，为游击队送情报、当向导、抬担架，掩护红军伤病员和家属。许多群众还为了掩护红军游击队伤员和家属，献出了自己和亲人的生命。

1936 年 12 月，西安事变和平解决后，国民党和蒋介石采取“北和南剿”的方针，在与中共中央谈判的同时，重新加紧对南方各游击根据地的进攻，企图将边区的游击武装一网打尽。

图 4-7　湘鄂赣省工农银行当时发行的纸币

图 4-8　湘鄂赣省发行的公债券

图 4-9　中共湘鄂赣省委书记、中共湘赣特委书记涂正坤

处于敌人政治经济封锁和军事打击中的中共湘鄂赣省委和红军，对于国内形势的发展和国共两党谈判第二次合作的情况一无所知。1936 年底，红十六师第三次插入敌后进入通城附近，才从报纸上得知西安事变的消息。傅秋涛率领省委机关和军区独立团，在通山、崇阳交界处与红十六师会师。但 1937 年 2 月下旬方步舟投敌叛变，红十六师在多次与敌交战中损失严重，只剩下 200 余人，由傅秋涛等人带回平江黄金洞。2 月 28 日，中共湘鄂赣省委和省苏维埃政府调整了领导成员，由涂正坤任省委书记（图 4-9），曾国祺任副书记，傅秋涛任省苏维埃主席兼省军区政委。

此时，中共湘鄂赣省委已获悉党中央早就发表了《八一宣言》，初步了解到中共中央关于抗日民族统一战线的方针政策。省委多次召开座谈会，结合边区敌我斗争情况，讨论如何实现与国民党合作抗日的问题。为贯彻执行中共中央关于抗日民族统一战线的方针政策，5 月 10 日，中共湘鄂赣省委正式成立湘鄂赣人民抗日红军军事委员会，由傅秋涛任主席，涂正坤、邓洪、刘玉堂、钟期光、谢乾、谭启龙、江渭清、明安楼等任委员，统一领导和指

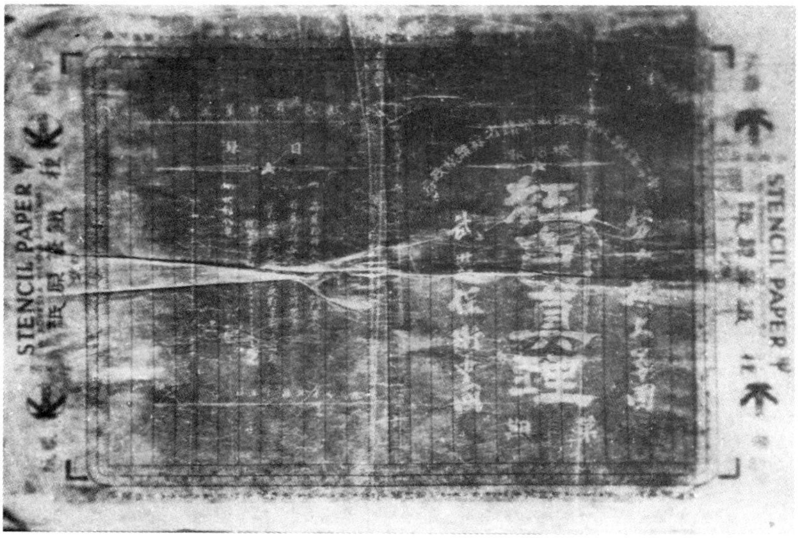

图 4-10 湘鄂赣省苏维埃政府机关报《红色真理》第五期封面

挥湘鄂赣军民的抗日军事行动。省委、省苏维埃和省军区（人民抗日军事委员会）都相继发表声明，提出停止内战、和平合作、一致对外抗日的主张。5 月 15 日，向全国发出“快邮代电”，宣布和平合作，一致抗日。在此前后，中共湘鄂赣省委一方面派代表下山与国民党地方当局谈判停战，一方面 9 次派人到湘赣苏区、湘鄂西苏区、上海等地寻找党中央，努力沟通省委与中共中央的联系。直到第 8 次派出的罗其南、李楚民、邓洪、李明秋等人辗转抵达延安，才得以向党中央请示汇报了工作。中共湘鄂赣省委儿童局书记、代理团省委书记罗其南日夜兼程，在渭南找到红二方面军，接上了中断多年的联系。毛泽东在延安凤凰山接见了中共湘鄂赣省委的代表，听取中共湘鄂赣省委和红军的工作汇报，并热情地给予了肯定和赞扬。罗其南马不停蹄地赶回边区，在省委驻地平江嘉义传达了党中央对长江以南地区抗日工作的指示精神。（图 4-10、图 4-11、图 4-12）

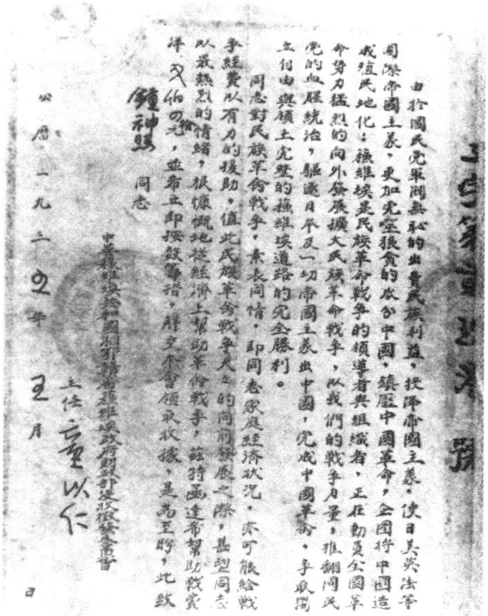
由於國民黨軍閥無耻的出賣民族利益，投降帝國主義，使日美英法等國際帝國主義，更加兇惡貪婪的瓜分中國，鎮壓中國革命，企圖將中國造成殖民地化；蘇維埃是民族革命戰爭的領導者與組織者，正在動員全國革命勢力猛烈的向外發展擴大民族革命戰爭，以我們的戰爭力量，推翻國民黨的血腥統治，驅逐日本及一切帝國主義出中國，完成中國革命，爭取獨立自由與領土完整的蘇維埃道路的完全勝利。

同志對民族革命戰爭，素表同情，即同志家庭經濟狀況，亦可能給戰爭經費以有力的援助，值此民族革命戰爭[illegible]的向前發展之際，甚望同志以最熱烈的情緒，抵慷慨地從經濟上幫助革命戰爭，茲特函達希幫助戰費洋[illegible]伯[illegible]元，並希立即按数籌措，解交本會領取收據，是為至盼，此致

鍾神賜 同志

中華蘇維埃共和國湘鄂贛省蘇維埃政府財政部沒收征發委員會 主任 童以仁

公曆一九三五年 月 日

图 4-11 湘鄂赣省苏维埃政府财政部没收征发委员会的征款书

经过 3 年艰苦卓绝的游击战争，湘鄂赣边区保存了 500 多名党员干部和 390 多名战士，终于度过了最困难时期，迎来了抗日战争的新曙光。

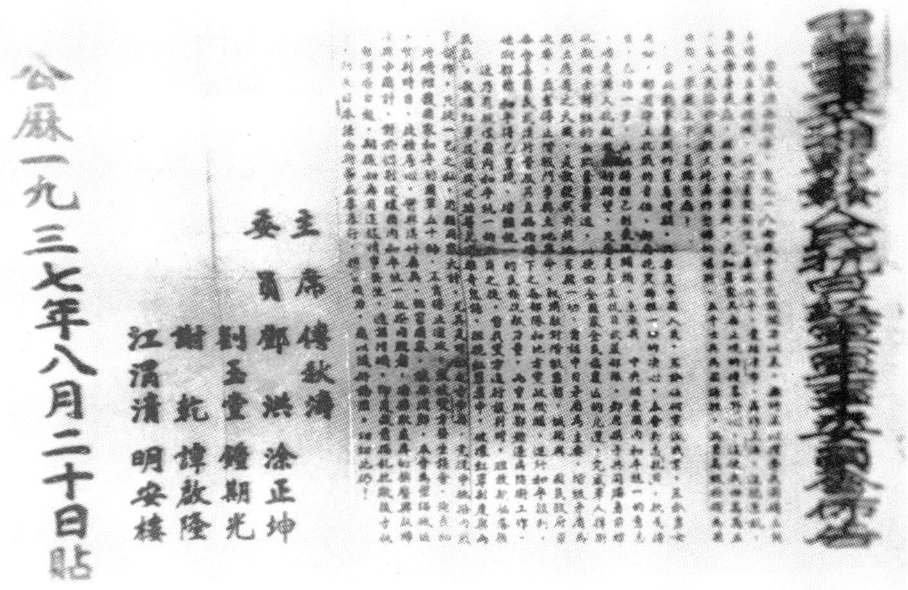

主席　傅秋濤

委員　鄭洪　涂正坤

劉玉堂　鍾期光

謝乾　譚啟隆

江渭清　明安樓

公厤一九三七年八月二十日貼

图 4-12　1937 年 8 月 20 日湘鄂赣人民抗日红军军事委员会贴出的布告

二、中共湘赣省委领导的游击战争

1934 年 8 月，红六军团西征后，湘赣苏区转入游击战争时期。调整后的党政军领导为：陈洪时任省委书记，谭余保任省苏维埃政府主席，彭辉明任省军区司令员（图 4-13、图 4-14）。建立健全了地方武装红军独立一、二、三、四、五团，总计约 3000 人枪，加上遂川、永新、莲花、酃县等地游击队，共约 5000 人枪（图 4-15）。

图 4-13　中共湘赣临时省委书记、省军政委员会主席、湘赣游击司令部政治委员谭余保

图 4-14　中共湘赣省委常委、湘赣军区司令员彭辉明

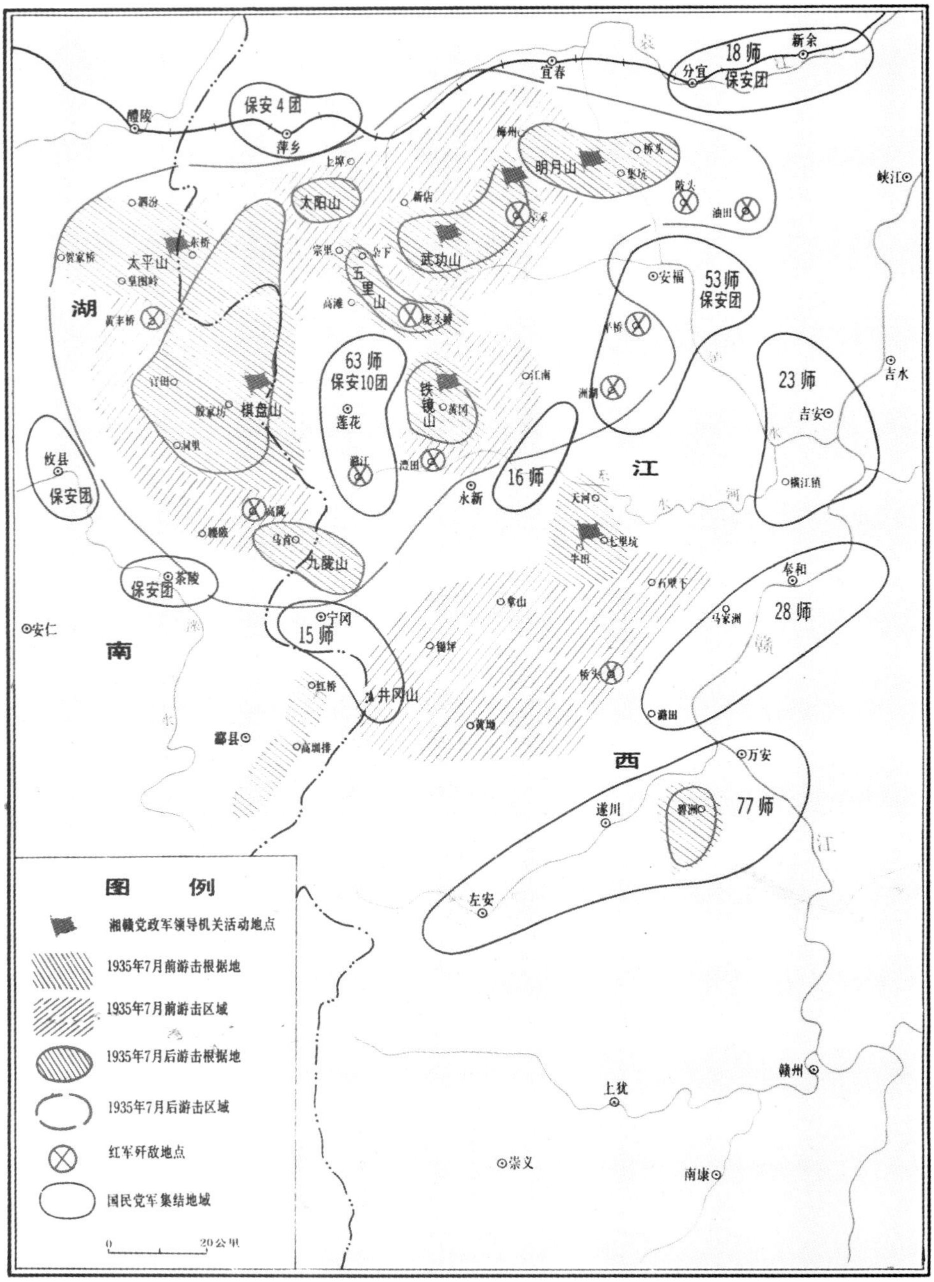

图 4-15　湘赣边三年游击战争形势示意图(1934 年 8 月—1938 年 2 月)

面对国民党对湘赣边的革命武装和党政机关所发动的大规模“清剿”，为保卫苏区、牵制敌人、配合主力红军西征，中共湘赣省委率领边区人民全力投入反“清剿”斗争。红独立一团和永新游击队在永新的周家坊歼敌一个团，红独立三、五团在吉安的车陂歼敌一个营，周里领导的酃遂游击队坚持在洪水江、石禾坪老厂里一带活动，由永兴、安仁、茶陵、酃县等县党组织组成的中共湘南特别区委领导的游击队，以潭湾为根据地抗击敌人的“清剿”。1934年9月下旬,中共湘赣省委决定将党政机关和红独立三、五团转移到武功山一带,坚持长期的游击战争,以武功山为主要依托,同敌周旋,坚持长期的游击战争。

但是,中共湘赣省委书记陈洪时没有根据新的形势改变斗争策略,仍然执行“左”倾军事路线,采取死打硬拼的办法,把队伍集中起来,白天公开行动,使部队目标显露;当强敌进攻时,又采取碉堡对碉堡的消极防御手段,一开始就陷入被动挨打的局面。11月初,萍乡保安四团偷袭袁家村,红独立三团奋力抵抗,虽然打退了敌人的进攻,但省委机关暴露,只得转移到安福境内长源头、芦台村一带,军区直属队和红独立三团与敌人激战一天,才撤出战斗,造成湘赣边区仅有的一块苏区失守(图4-16、图4-17)。省委被迫转移到观形、双园坪一带深山区,中共莲安萍中心县委也退至莲、安边界的五里山,湘赣边游击战争进入困难阶段。

图4-16 1934年10月底,中共湘赣省委在安福县泰山区袁家村的旧址

1935年2月,在莲花虎头岭遭遇战中,省军区司令员彭辉明牺牲。3月,中共湘赣省委率部离开武功山,向茶(陵)攸(县)莲(花)方向转移途中,在棋盘山遭敌突然袭击,仅有的一部同中央联络的电台在战斗中遭破坏,从此与党中央失去联系。战斗接连失利,形势日趋恶化,队伍锐减至1000多人。中共湘赣省委开始意识到集中行动和死打硬拼的危害性,决定将红独立三团剩余的人员改编成挺进队,插入攸县东塘、排山一带筹款;命红独立五团向湘南方向行动,试图与蔡会文领导的游击队取得联系,在湘南开创新的根据地;派省苏维埃政府副主席刘燕玉到五里山与中共莲安萍中心县委取得联系,发展地方武装;省委、省苏维埃政府机关则转移到茶、攸、醴、萍边界的太平山一带,坚持斗争。

4月底,中共湘赣省委常委在太平山召开会议,决定省委和省苏维埃分开行动,派省苏维埃主席谭余保和保卫局长刘发云去湘南与方维夏、蔡会文联系;派谭汤池、旷金媛到攸县温水地区发动群众,发展地下党组织;派王用济、刘培善率领部队到攸县排山一带进行游击活动。谭余保前往湘南途中,在棋盘山根据地建立了中共茶攸莲县委,吴金莲任

图 4-17　1934 年 10 月底，中共湘赣军区在安福县泰山区袁家村的旧址

县委书记，以棋盘山的司古塘、竹家冲、攸县荷树下、茶陵八团等地为活动中心，发动群众，开展游击斗争。

1935 年 6 月 12 日，中共湘赣省委书记、省军区政委陈洪时在萍乡携枪支弹药、地图文件和黄金银元，与省委秘书长等 12 人投敌叛变，旋即向湖南军阀何键呈报"共党崩溃情形与铲共计划"，邀功请赏。陈洪时叛变后，除茶攸莲县委外，边区党组织都遭到严重破坏，大批革命同志惨遭杀害，边区斗争陷入混乱、溃散的危险状态。

5 月，谭余保赴湘南途中，同行的省保卫局局长刘发云叛变，敌人将谭余保所在的山岭紧紧包围起来，昼夜搜索。谭余保和警卫员躲在一个阴暗潮湿的地窖中，整整 8 天没有水喝，干粮吃完，只能靠一些烂红薯充饥。8 天后，红军家属周金嫂冒险将已经精疲力竭的谭余保和警卫员救了出来。谭余保不顾极度虚弱的身体，决定返回省委驻地太平山。此时陈洪时正带领敌人在中共湘赣省委的一个秘密联络点设下陷阱，诱捕谭余保。正在攸县排山做群众工作的女游击队员易湘苏得悉这一消息后，乔装成当地农妇，昼夜守候在谭余保返回的路上，终于截住了谭余保，使他脱险。陈洪时等人的叛变，丝毫没有动摇谭余保的革命信念，他勇敢地站出来，继续领导湘赣边区的游击斗争。他返回武功山，在莲花棋盘山找到茶攸莲县委书记吴金莲，通过茶攸莲县委与分散在各地坚持斗争的同志很快取得了联系。

7 月下旬，谭余保在棋盘山主持召开了湘赣省干部会议，决定撤销原省委、省苏维埃政府和省军区，组成以谭余保为书记，曾开福（后叛变）为副书记，龙珍、刘培善、段焕竞、王用济、颜福华、谭汤池（图 4-18、图 4-19）等为常委的新的领导核心——中共湘赣临时省委，建立湘赣省军政委员会和游击支队司令部，谭余保兼军政委员会主席和游击支队司令部政委，曾开福任军政委员会副主席、游击支队司令员。会议决定开展反动摇、反叛变活动，肃清陈洪时叛变的影响，与投降变节行为作坚决的斗争。

临时省委立即整编部队，将保存下来的部队改编为 3 个大队，另设教导队和特务队，收集失散的游击战士，使游击队达到400余人。临时省委派人到各县恢复和建立党组织，把茶攸莲县委改为中共茶攸莲中心县委，先后建立了中共攸醴萍县委、萍宜安中心县委；派工作组到茶陵、永新、宁冈交界的九陇山一带恢复整顿党的组织，建立游击根据地；在有条件的地方还秘密建立了区委、妇女会、农会等组织。

图4-18 中共湘赣临时省委常委、湘赣游击队政治部主任刘培善

由于中共湘赣临时省委采取了正确的斗争策略和灵活机动的作战方针，并重视建立根据地的坚实基础，游击队开始由被动变为主动，湘赣边区游击战争出现了新局面。

1936年底，湘赣边游击战争的形势逐步好转，整个武功山区基本上被游击队所控制，游击战场逐步向山下伸展，游击队的实力也不断增强。12月12日，为了适应形势的发展，中共湘赣临时省委在武功山的三江村再次改编部队，恢复湘赣红色独立团的番号，由段焕竞任团长，刘培善任政委，原来的游击大队改成连。1937年，游击队扩大了活动范围，更加积极主动地打击敌人，群众的斗争情绪更加高涨。游击队还派李发姑、易湘苏等女战士乔装深入敌占区，走村串户，联络骨干，恢复组织，侦察敌情，宣传共产党的政策，开展群众工作和统战工作，扩大红军游击队的影响。在发动群众的基础上，各地党组织有所恢复，并建立一些新的组织。攸县建立两个区委和11个支部，发展党员50多名。红军游击队增加到400多人枪，游击区域也由茶攸莲、攸醴萍边界扩展到武功山、九陇山、铁镜山一带，使湘赣边区的斗争出现了崭新的气象（图4-20）。经过3年艰苦游击战争，湘赣边区保存了300多名游击队员和干部。

图4-19 中共湘赣临时省委常委、湘赣游击司令部参谋长段焕竞

图4-20 陈毅于1937年10月下旬到达永新县九陇村时的旧居

三、湘南党组织领导的游击战争

在湘南地区开展游击战争的力量，主要是红军留下的革命火种。红六军团西征和中央红军长征途经湘南时，在宜章、郴县、汝城等县，红军留下了近千名伤病员。他们养好

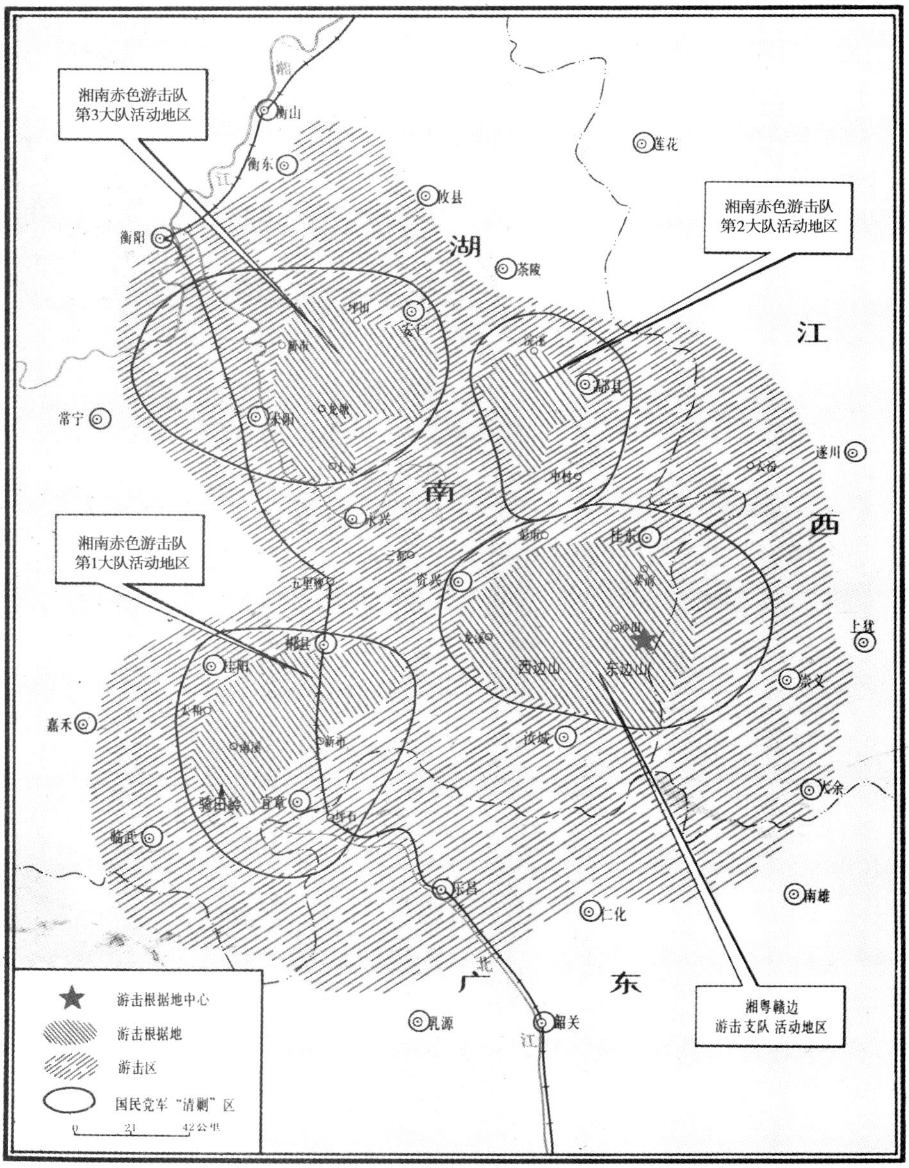

图 4-21　湘南三年游击战争形势示意图(1934 年 8 月—1938 年 4 月)

伤后，一部分继续追赶队伍，一部分和当地游击队结合在一起，开展游击斗争（图 4-21）。湘赣省军区独立第四团掩护红六军团西征后，留在湘南及湘赣边境地区，在中共湘南特委的领导下坚持开展游击斗争。红四团进入湘南后，湘南赤色游击队编为该团教导连。原中革军委总兵站政治部主任刘霞，红军长征后奉命留在湘南开展工作，任中共湘南特委组织部长、军事部长，一直在湘南坚持游击斗争，至 1936 年以后被捕牺牲。而艰苦卓绝的斗争环境，也让一些混入革命队伍的投机分子原形毕露。赣南军区参谋长龚楚，1935 年底奉中央分局之命率红二十四师七十一团一部 500 余人从江西油山突围后到湘南打游击，但是他经受不住艰险考验，叛变投敌，给革命造成了很大损失。

1934 年 12 月，国民党湖南省政府将郴县和宜章县划为"剿匪"特别区，调集正规军一个师，会同该区所属各县保安团、"铲共队"，重点"清剿"郴宜边境的中共湘南特委机关和红军伤病员集中地——五盖山、骑田岭地区。

湘南特委在书记王涛随红军主力长征以后进行了改组，由彭林昌接任书记。1934 年 12 月上旬，面对国民党军"清剿"的严峻形势，特委决定将机关迁往耒阳，另在郴宜地区设立办事处，领导该区党的组织和武装，坚持游击斗争，保护红军伤病员。同时决定，以部分伤愈未离开湖南的红军为主体，组建湘南红军支队，由红军营长颜赤爱任支队长，余稼生任政委，下辖 3 个大队，约 150 人枪。湘南红军支队成立后，随即将敌人引至桂阳、临武地区，以保卫五盖山、骑田岭游击区。但此举并没有减轻敌人对五盖山、骑田岭游击区的压力。敌人一面调集蓝山、嘉禾、临武、桂阳等县保安团、"铲共队"，"清剿"湘南红军支队，一面仍以大部兵力"清剿"五盖山、骑田岭游击区。彭林昌等指挥郴县等地游击队英勇奋战，终因寡不敌众，大部分游击队员牺牲，分散养伤的 300 多名红军伤病员遭杀害。郴县县委书记陈文光暗害了彭林昌等人，叛变投敌，郴宜办事处被彻底破坏。彭林昌牺牲后，中共湘南特委由徐克全任代理书记。湘南红军支队在临武境内与十倍于己的敌人展开游击战。萧良略率第三大队先行回五盖山，因不知情况已变，被叛徒陈文光欺骗缴了械。颜赤爱、余稼生率第一、二大队边打边撤，在郴（县）桂（阳）边境的五路击鼓寨子遭敌夹击，两个大队左拼右杀，虽突破围攻，但部队损失惨重，仅剩 40 人。颜赤爱率 30 余人转移至郴县、桂阳、临武三县交界的南溪、观音山、野牛洞一带活动。1935 年 4 月，在桂阳县毛栗区与国民党地方保安团激战时，颜赤爱因负伤与几名干部和战士一起被俘。

余稼生和谷子元在郴县得知特委办事处被破坏的情况后，改变计划，率部从郴桂边冲出重围，向南转移至广东乐昌。5 月，在乳源县马头岭重建了中共湘粤边工作委员会，由谷子元任边工委书记，领导当地群众开展游击斗争。此时，在湘赣边境活动的红四团已进入东边山和西边山一带，准备建立发展游击区。1935 年 3 月下旬，游击队在资兴县壕头圩遭国民党地方保安团 600 多人的围攻，突围中，干部战士牺牲 100 多人。这时，李宗保、旷珠权等人对革命前途悲观失望，带部分人员投敌叛变，红四团面临溃散的危机。面对这严重局面，随红四团活动的湘赣省苏维埃教育部长方维夏不顾年老体弱，毅然站出来担负领导责任。他同随团行动的中共湘赣省西路特委书记陈山一起，收集余部转移至东边山，与中共桂东县委负责人罗荣带领的游击队会合，继续坚持游击斗争，先后取得新坊、龙溪、青石、麟潭、青铜钨矿等战斗的胜利。

原湘南赤色游击队大队长李林在游击队编入红四团后不久，回到郴县，和一些红军伤病员成立了湘南红军独立大队，活动于郴县、宜章一带（图 4-22）。不久，他们与余稼生、谷子元等人会合，将湘南红军独立大队改为湘粤边游击大队，由李林任队长，林长春（张春林）任政委，率部在湘粤边境的宜章、乐昌、乳源一带开展游击活动（图 4-23）。

图 4-22　湘南红军游击队第 1 大队大队长李林

1934 年 4 月，在中共耒阳县工委基础上成立的耒永安中心县委，由谢竹峰任书记，领导游击队以株木山为中心，发展游击武装，开辟耒安永游击区。至 1934 年冬，游击队发展到 80 多人、70 多支枪，并在游击斗争中取得了一系列胜利。谢竹峰 1935 年 7 月任中共安仁县委书记，1936 年 12 月任中共常宁县工委书记，继续率领党员干部和游击队员在湘南山区坚持艰苦的游击战争。

1935 年 4 月下旬，赣南军区司令员蔡会文执行中共苏区中央分局关于分散各地开展游击战争的指示，率军区两个大队约 300 人，从江西大庾县长岭出发，进入桂东县东边山地区。1935 年 3 月，为了掩护以项英、陈毅为首的中央分局机关及兄弟部队从中央苏区突围，他和陈丕显等指挥赣南军区所属部队将敌重兵吸引到身边。经过一个月的浴血苦战，终于摆脱险境，挺进油山，与先期到达的项英、陈毅等胜利会师。此后，为了开辟新的游击根据地，他率领一支 300 余人的武装到达湖南桂东县的东边山，与方维夏、周里等领导的游击队会合。在此之前，有 4 支红军游击队在东、西边山地区活动。除陈山、方维夏、罗荣领导的红军游击队

图 4-23　湘南红军游击队第 1 大队在广东乐昌坪石活动旧址——广东乐昌坪石坳丘村

160多人外，还有由游世雄率领的从广东南雄县北山进入西边山的北山红军游击队100多人，由团长张通率领的湘赣省红军独立五团一个连。蔡会文率部到达东边山后，迅速与以上各部会合。4月下旬，各部负责人在东、西边山交界的赤水仙召开联席会议，决定以东、西边山为中心，开展游击战争，建立稳固的游击根据地。会议决定成立中共湘粤赣边特委，由陈山任书记，同时决定各部合并为湘粤赣边游击支队，蔡会文任支队长兼政委，游世雄任副政委（图4-24）。蔡会文领导游击支队活跃在湘粤赣三省边界地区，成功地开辟了以桂东的东、西边山为中心的湘粤赣边游击根据地。

图4-24 湘粤赣边游击支队支队长蔡会文

东、西边山游击战争的发展惊动了敌人。国民党急忙调广东、江西、湖南三省军队以及周围各县的地主武装，联合向东、西边山发动“会剿”。在领导湘粤赣边游击斗争的艰难岁月里，蔡会文始终充满着乐观主义精神，找干部战士谈心，鼓励大家坚定信心，坚持革命到底。在游击区内，中共湘粤赣特委和游击支队吸取过去中共湘南特委乱烧、乱杀、制裁商贩的教训，实行正确政策，取消一切苛捐杂税，保护工农利益，保护商人，团结兄弟民族，从而使游击队得到群众的支持和拥护，游击区不断扩大，形成方圆900里，包括湖南酃县、茶陵、桂东、资兴、郴县、永兴、汝城、宜章和江西上犹、崇义、遂川、大余，广东始兴、南雄、仁化、乐昌等16个县的游击根据地。

1935年7月，蔡会文派人到江西油山，向中共苏区中央分局负责人项英、陈毅汇报了建立游击区和湘粤赣边游击支队的情况。项英、陈毅指示湘粤赣边特委和湘粤赣边游击支队依靠现有基础发展游击战，尽快与北山、武功山连成一片。蔡会文接到上级指示后，即与活动在湘赣边由谭余保组织的湘赣游击司令部取得了联系。不久，中共酃县县委书记周里率酃县新九营也到了东边山，壮大了游击队的力量。1935年秋，周里任中共湘粤赣特委组织部部长兼湘粤赣游击支队政治部主任，通过加强政治思想教育，纠正湘南特委执行的过“左”做法，密切依靠群众，根据地得以巩固，游击队不断壮大，发展到约1000余人枪。

湘南游击区的发展，使国民党反动派十分惊恐。1936年初，何键、余汉谋从广东、江西、湖南调集3个正规师和10多个地方保安团、“铲共队”共5万余兵力，采取军事、政治、经济“三管齐下”和杀光、烧光、抢光的“三光”手段，再度大规模“清剿”湘南游击区。

在反动派的残酷“清剿”下，湘南游击区的游击队面临极其严重的困难和考验。1935年秋后，由于敌人的残酷“追剿”，湘粤赣边根据地日益缩小，游击队处境更加艰难，缺衣少食。蔡会文带领干部、战士住草棚，吃树皮和葛根，忍受了极度的痛苦，仍顽强地与敌人和饥寒作斗争。1936年2月下旬，蔡会文带着20多人在赤水仙附近与国民党余汉谋部遭遇，遭敌一个营的袭击。为掩护大家突围，蔡会文身负重伤。在游击队被打散后，因叛徒告密，他不幸被捕。敌人割断他的喉管，喷涌而出的是鲜血和草汁（图 4-25）。他是装着满肚子草根、树叶为革命而战死的著名红军将领，牺牲时年仅 28 岁。不久，隐藏在桂东沙田仙背山坚持隐蔽斗争的方维夏夫妇也因叛徒出卖而不幸牺牲。

图 4-25　湘粤赣边游击支队支队长蔡会文牺牲处——桂东县小水桃树窝

图 4-26　1936 年 5 月 27 日，湘粤赣边特委和湘南特委联席会议旧址——安仁县潭湾杉木垅

蔡会文牺牲后，湘粤赣边区特委书记陈山被俘叛变，给红军游击队造成新的威胁。这时，周里已率余部离开东边山，在酃县西坑与游世雄、李国兴部会合。两部商议，由游世雄代理湘粤赣游击支队司令员，周里任中共湘粤赣边特委书记兼游击支队政委。后得知安仁潭湾有游击队活动，中共湘南特委机关也在那里，即率队奔向潭湾。5月27日，湘粤赣边区特委和湘南特委在潭湾召开联席会议（图4-26），会议决定统一党的领导，撤销两个特委，成立湘南军政委员会及新的中共湘南特委，由徐克全任军政委员会主席，周里任副主席兼特委书记（图4-27）。会议还决定以潭湾为中心，开展游击斗争，扩大游击区。6月上旬，敌人调动了2000多兵力对潭湾一带进行“清剿”。面对强敌，徐克全弃枪携款潜逃，湘南军政委员会随即解体。在这种严峻形势下，周里立即采取紧急措施，对特委工作重新作了分工和部署。决定改变“以潭湾为中心”的部署，特委领导游击队分散活动，游世雄率湘粤赣边游击支队返回东、西边山；刘霞、李国兴在茶陵、安仁、酃县边境地区领导游击斗争，周里到衡阳、宜（章）乐（昌）地区和耒阳等地指导工作，领导游击斗争。

1935年春，湖南省政府命令衡阳保安司令部调集一旅正规军，集中耒阳、安仁、永兴、常宁、衡阳五县保安团约5000人，到耒阳“剿共”。为改变被动挨打的不利局面，中心县委决定将游击大队化整为零，分成多个游击小组，利用地形熟悉等有利条件，与敌人绕圈子，并伺机袭击敌人的小股武装。5月底，中心县委决定率部跳出敌人的包围圈，转移到外线作战。中心县委率领游击大队转移至耒水东岸的天门仙大山隐蔽休整。

图4-27 中共湘南特委书记、湘粤赣边游击支队政委周里（礼）

1935年8月，根据中共湘南特委指示，撤销了中共耒安永中心县委，分别成立耒阳、安仁两个县委和中共永兴区委。从此，湘南赤色游击第三大队在中共耒阳县委的领导下坚持游击战争。这支队伍后改名为“后方锄奸队”，保存了50多人，一直坚持到抗日战争爆发。

1936年秋，周里从潭湾来到安仁，见到谢竹峰，在衡山、衡阳见到两衡工委书记张春林，赶到两衡与安仁边境的四方山，主持召开了开辟小型游击根据地的会议，并布置了地下活动站。接着，周里辗转来到广东坪石，找到中共宜（章）乐（昌）工委书记谷子元和李林领导的红军游击队，经研究，将游击队改为武工队，以宜乐为中心，发展党组织，开展武装斗争。谷子元、李林等人将游击大队改为武工队，几个月内，武工队发展到60多人枪。当敌人前来“围剿”时，武工队便撤入深山，销声匿迹。武工队既打击敌人，又做群众工作，不但组织了300多人的不脱产的游击组，还组织了有几千人参加的贫雇农团，在农村打击民愤大的恶霸地主。党组织通过贫雇农团，领导农民抗租抗税。由于得到广大群众的拥护，形成了几小块游击根据地。

湘南地区的红军游击战争，尽管在国民党军的“围剿”下一直未能形成一块较完整的游击根据地，但它作为整个南方游击战争的一个组成部分，不仅打击了国民党反动派在湘南的统治，牵制了敌人部分有生力量，支援和配合了其他游击区的斗争，而且保存了约400 人的革命武装和一批优秀骨干，为日后湘南地区抗日救亡活动的开展和革命斗争的复兴，奠定了较好的基础。

文　　献

陈洪时关于加强组织工作和干部配备问题致中共中央及朱德、周恩来电*

（1934 年 8 月 9 日）[1]

党中央并转军委朱、周：

（一）我才到省委，各县党的情形均不清楚。省一级［和］遂万泰干部调走十分之八，省委只我一人。宣传、组织两部均无人负责。我正设法补充，并决定即日由省一级合组织之工作团，到各中心县传达省委、省苏、军区对于各县、各区工作的指示。

（二）关于目前党的工作，发展游击战争计划，已起草好，经讨论后，即发出。

（三）前红军学校全部随六军团走了，我们现又成立新的干部队，分游击、军事、政治三队，共约一百四十人。

（四）五团现只四连人，一部向吉泰[2]间活动，有一部向五衙[3]间钳制敌人，即日集中，可充实到六七个步兵连。

（五）云逸同志是否还会来湘赣工作？决定留在军区之彭跃〔辉〕明[4]尚在北路，因交通不便，一时不易过来。军区首长如何公布，请即电示。

陈洪时

注释：

* 标题系编者改写，文中标点符号系编者所加。

［1］此年月系编者根据内容、事件等判定的。

［2］吉泰，指江西省吉安和泰和县。

［3］五衙，指江西省遂川县境内的五斗江和衙前。

［4］彭辉明，1934 年 8 月任湘赣军区司令员，1935 年 2 月牺牲。

陈洪时关于独立第五团活动情况致朱德、周恩来电*

（1934年8月12日）[1]

朱、周：

（A）据我遂泰[2]县报：原有敌一团已停止官背[3]之下坪，现之并继续探确该敌行动，系六十二师由龙源口[4]经营〔官〕背、早〔车〕凹[5]向黄凹。现命令五团大部进至车凹与黄凹大道山之侧翼，坚决侧击该敌之后，且尾追该敌，积极活动于黄凹与五斗江之间。

（B）挺追〔进〕队早已出发，令五团回来后转达，依照军委电令执行。

洪时

十二日十九时

注释：

* 标题系编者改写，文中标点符号系编者所加。

[1]此年月系编者根据内容、事件等判定的。

[2]遂泰，指江西省遂川、泰和县。

[3]官背，属江西省遂川县。

[4]龙源口，属江西省永新县。

[5]车凹，属江西省遂川县。

彭辉明、陈洪时关于组织工作团赴各分区指导发展游击战争等情况给朱德、周恩来并中共中央的报告*

（1934年8月16日）[1]

朱、周并转党中央：

A.我们已组织到永北[2]、连〔莲〕安萍、北路等工作团，即日出发，转永、莲[3]。军区、省委给各分区、县委新的指示和关于广大〔泛〕发展游击战争计划，以便解决一切问题。

B.我五团仍在黄凹、五斗江以北活动，但挺进队早已出发到湘洲[4]附近，一时很难调回。我们决调五团另一部向马家洲[5]方面活动。到莲、川[6]附近活动之游击队，后另行组织之。

C.新淦[7]营，枪六十余，人约一百，已编入五团。现五团已扩大到九个步兵连、一机枪连，人约八百余，步枪四百六十支，机枪三架。人数继续在扩大中。

彭　陈

十六日

注释：

* 标题系编者改写，文中标点符号系编者所加。

[1]此年月系编者根据内容、事件等判定的。

[2]永北，指江西省永新县北部。

[3]永莲，指江西省永新、莲花县。

[4]湘洲，现属江西省井冈山市。

[5]马家洲，属江西省泰和县。

[6]莲、川，指江西省莲花、遂川县。

[7]新淦，今江西省新干县。

彭辉明、陈洪时关于发展游击战争的部署致朱德、周恩来电*

（1934 年 8 月 16 日）[1]

朱、周：

全军区地方武装发展、湘[赣]游击战争部署如下：

A.各分区发展游击战争方面和应完成的任务：

（一）北路一分区的武装，以独立二团为主力，并积极围绕现在苏区，发展游击战争。但主要的方向是由宜南[2]、靖〔清〕峡[3]间和安吉[4]间活动，破坏敌人峡吉[5]和安吉以及分吉[6]交通线，并与莲安萍地方武装取得联络，打通北路与莲安萍之交通，恢复原省苏区，发展吉、安、水、峡江[7]间的新苏区。

（二）莲安萍二分区的武装，以三团为主力，应以大[泰]山区[8]根据，以武宫〔功〕山为后方，深入样华路活动，并破坏敌人之萍莲安、宜安[9]之交通线，恢复莲[花]、安福、萍乡苏区。首先恢复大江边[10]、金溪[11]、高洲寺[12]地区。并向□□发展新苏区，与北路和永北县苏区打通。

（三）永北三分区武装，应以一团为主力，以和〔禾〕山、秋山[13]一带高地为根据。若山、和〔禾〕山大部为敌占领，应该设法收回之。积极破坏永莲、永安、莲安交通线，恢复黄江〔岗〕、象形、元头、花溪[14]一大块□□苏区与莲安萍、吉安、茶陵、宁冈苏区打通。

（四）遂万泰四分区（遂、泰、吉安武装）以五团为主力，积极破坏永宁、石永[15]交通线，恢复城洲、南阳[16]等地苏区。应向早禾市、桥头、高家[17]、拿山[18]、凹头[19]，一直到遂川几[地]发展广泛的游击战争，与遂川、酃县苏区打通，建立新的苏区，巩固碧溪、五茶[20]、宁[冈]。留在三分区武装，亦应以小口〔江〕山[21]一带高地前，积极破坏永宁、永茶[22]、茶宁[23]之交通线，恢复永莲茶宁间苏区，与遂泰、永北苏区打通，出到湘南之武装，应以潭湾[24]前〔为〕中心，发展湘南苏区。

（五）遂酃[25]五分区的武装，应破坏敌之宁莲、宁酃、宁桂[26]交通线，与湘南和遂泰苏区打通。

（六）留在吉安的武装，归吉安部指挥之，应积极破坏石灰桥、永新、永阳[27]、安吉交通线，首先打破安福经牛形岭[28]、放〔敖〕城[29]之封锁线，恢复梅花[30]，应仍以梅花为后方，同时注意与北路、吉泰交通打通。

（七）攸县武装归二分区指挥之，应破坏萍莲、攸莲交通，恢复莲北、攸县苏区。

（八）五团行动，依照军委电令执行。

彭　陈

十六日十四时

注释：

＊ 标题系编者改写，文中标点符号系编者所加。

[1]此年月系编者根据内容、事件等判定的。

[2]宜南，指江西省宜春县南部。

[3]清峡，指江西省清江、峡江县。

[4]安吉，指江西省安福、吉安县。

[5]峡吉，指江西省峡江、吉安县。

[6]分吉，指江西省分宜、吉安县。

[7]吉、安、水、峡江，指江西省吉安、安福、吉水、峡江县。

[8]泰山区，属江西省安福县。

[9]宜安，指江西省宜春、安福县。

[10]大江边，现属江西省萍乡市

[11]金溪，属江西省安福县。

[12]高洲，属江西省莲花县。

[13]禾山、秋山，位于江西省永新县境内。

[14]黄岗、象形、元头、花溪，均属江西省永新县。

[15]石永，指江西省永新县石灰桥和永新县城。

[16]城洲、南阳，均属江西省永新县。

[17]早禾市、桥头、高家，均属江西省泰和县。

[18]拿山，现属江西省井冈山市。

[19]凹头，属江西省泰和县。

[20]碧溪、五茶，属江西省泰和县。

[21]小江山，属江西省永新县。

[22]永茶，指江西省永新县和湖南省茶陵县。

[23]茶宁，指湖南省茶陵县和江西省宁冈县。

[24]潭湾，属湖南省茶陵县。

[25]遂酃，指江西省遂川县和湖南省酃县。

[26]宁桂，指江西省宁冈县和湖南省桂东县。

[27]永阳，属江西省吉安县。

[28]牛形岭，属江西省安福县。

[29]敖城，属江西省吉安县。

[30]梅花，属江西省吉安县。

彭辉明、陈洪时关于永新县东南地区武装部署致朱德、周恩来电*

（1934年8月18日）[1]

朱、周：

关于永新的东南地区武装部署如下：

（一）以五团之第二营步兵三连，枪一〇〇，附机枪一架，赤化车坳、湘洲、大旺市、横石[2]、上饶等区域，破坏茨坪[3]、黄坳、息罗[4]、五斗江、冲〔衙〕前敌人之封锁线。以遂川武装经常挺进到长隆、霖前[5]、遂川城附近，并与良碧洲之武装取联络，吸引敌七十七师停留于遂川城内。

（二）以五团之第一、三营，由团长率领步兵六连，枪三四〇，附机枪二架，于桥头、遂川、津洞、桥头和高家、堪〔湛〕口[6]等区域，并挺进到白土街[7]、马家洲附近活动，拟决消灭高攻、高庆[8]两靖匪，并吸引泰和和万安之二十八师、七十七师两师。

（三）吉安独立营，枪八〇，以早永〔禾〕市、十三景[9]和由莲花坪[10]起，永〔禾〕河[11]下游南岸为活动区赤化之。

（四）以现在军区之警备一、二连，枪八〇，和省警卫营，枪一六〇，配合永新东高〔南〕地方各游击队，枪共约九〇，担任东南高地牛田、碧溪等区域守备，并向南阳区关背[12]、拿山、坳头等地活动，推广现驻苏区。

彭　陈

十八日

注释：

* 标题系编者改写，文中标点符号系编者所加。

[1]此年月系编者根据内容、事件等判定的。

[2]大旺市、横石，均属江西省遂川县。

[3]茨坪，现属江西省井冈山市。

[4]息罗，属江西省遂川县。

[5]长隆、霖前，均属江西省遂川县。

[6]高家、湛口，属江西省泰和县。

[7]白土街，属江西省泰和县。

[8]高攻、高庆，属江西省泰和县。

[9]十三景，属江西省泰和县。

[10]莲花坪,属江西省永新县。

[11]禾河,亦称禾水,流经江西省永新、吉安、泰和等县。

[12]关背,现属江西省井冈山市。

陈洪时关于湘赣省委、军区工作情况给朱德、周恩来并中央局的报告

（1934 年 9 月 11 日）[1]

朱、周并转中央局：

将湘赣最近情形报告如下：

A.省委已与各分区、县委取得了联络。吉、安、永、萍、酃〔酃〕[2]、遂川及良碧洲[3]等区域工作有书面报告和派同志来省报告工作。除北路外，省委对各区域工作指示均已［下］达，如何交通，亦自即建立。

B.在广泛发展游击战争之下，吉安、莲安萍，以及永南[4]等苏区，均有恢复和新的发展。特别是吉安，焚烧敌人堡垒为最多。

C.最近除永、安[5]武装有扩大外，五团现有一千人，枪五百余，其余各独立团仍系现状。一团尽〔仅〕三百人，枪一六〇；二团有三百余人，枪二七〇；三团三百人，枪二〇〇。特别以一团减员现象为最严［重］。□□各区叛变现象仍然存在。

D.遂、泰、良碧洲活动之万［安］、赣南游击队已回到军区，因工作错误，毫无成绩。正在整理，派回良碧洲继续工作。

E.我们目前正在执行下列工作：加强政治动员，开展反失败主义的斗争，紧缩后方机关，加强独立团和游击队的领导和扩大，广泛发展游击战争，发展群众斗争，收集粮食，恢复苏区，特别注意开展永南与吉安苏区打通，以及莲安萍苏区的扩大，建立白区白军等工作。接军委最近发给我们的电均已收到，但军委不注意我们呼应，联络非常困难，请通知电台注意。

F.与中区[6]交通，郭昌茂不回就难建立，军委、中央对湘赣军区、省委工作有何指示，请电告。

洪时

十一日

注释：

［1］此年月系编者根据内容、事件等判定的。

［2］吉、安、永、萍、酃，指江西省的吉安、安福、永新、萍乡县和湖南省的酃县。

［3］良碧洲，属江西省遂川县。

［4］永南，指江西省永新县南部。

［5］永、安，指永新、安福县。

［6］中区，指中央苏区。

朱德关于湘赣军区开展游击活动等问题致彭辉明、陈洪时电*

（1934年11月1日）[1]

彭、陈：

A.我中央军新组成之西方军现已逼近汝城。

B.湘赣军区应利用西方军的移动，最高度的发展游击活动，以钳制自己方向之敌，并于敌人的调动中扩大自己的区域。

C.望立即电复以下三事：

一、李宗保[2]的独五团[3]现在何处活动，最近情况如何？

二、桂东、汝城间有我游击区域地域大小、斗争情形如何？

三、你们最近关于汝郿资宜[4]间得有何种情况？

朱

一日十六时

注释：

* 标题系编者改写，文中标点符号系编者所加。

[1]年月是编者根据内容、事件等判定的。

[2]李宗保，当时任湘赣军区独立第四团团长，1935年3月叛变。

[3]独五团，应为独立第四团。

[4]汝郿资宜，指湖南省汝城、郿县、资兴、宜章县。

彭辉明、陈洪时关于部队集结与活动等情况致中革军委、中央书记处电*

（1934 年 11 月 3 日）[1]

军委并转中央书记处：

一、湘敌在十月配合地主武装进攻我军各个苏区，遂泰之牛田、北路之油田、莲安萍之大山[2]、永北之同家坊均系分区驻地，均被敌占领，但武装除二分区被敌冲散尚在收容中外，余无损失破获。

二、军区便于指挥各分区起见，十月十八号由万遂泰率领五团经吉安县之官［田］入固江口附近到北路，又折回安福之金田、洲湖附近到萍〔坪〕桥附近之山地，经莲□，遂于三十一号到莲安萍之园〔袁〕家大山附近。

三、现已与一、二、三分区之独［立］团取得联络，四团由旷珠权[3]［率］领在遂北[4]之车坳、横石、五斗江一带活动。

四、遂夹河有我多组织独立营和游击队，枪约六百支。

彭　陈

三日九时

注释：

＊ 标题系编者改写，文中标点符号系编者所加。

［1］此年月是编者根据内容判定的。

［2］大山，又名泰山，在江西省安福县境内。

［3］旷珠权，当时任湘赣军区独立第四团政治委员，1935 年 5 月叛变。

［4］遂北，指江西省遂川县北部。

《红星报》关于湘赣红军摧毁国民党军碉堡的报道*

（1934 年 11 月 25 日）

湘赣电：我红军一部在岩〔严〕田[1]、路口[2]间，攻破敌碉堡十余座，俘获人枪各数十。

又电：我湘赣红军另一部在永新一带焚毁敌堡百余座，恢复了象形、元头、黄岗、库前、三团、南汶、苏〔溪〕口[3]等处大块苏区。

注释：

＊ 此文原载《红星报》第 5 期第 3 版。

[1]严田，属江西省安福县。

[2]路口，属江西省莲花县。

[3]象形、元头、黄岗、库前、三团、南汶、溪口，均属江西省永新县。

湘鄂赣军区一九三六年十一、十二两个月作战计划

（1936年10月21日）

一、敌情判断

甲、两广抗日反蒋军事行动的暂时和缓

1.自两广军事行动后，卖国政府国民党中央派遣各卖国要员居正、程潜、陈诚、何键等对两广事变奔走呼号，今日飞桂明日回奥〔粤〕，自衡州会议后，陈、余[1]叛变，又什么电促李、白[2]觉悟，传达中央意旨，这些诡意无一不是尽其日本帝国主义强盗瓜分中国之责，因此蒋贼坐于广州黄埔拉拢蒋派对付两广。屈膝乞援于日本帝国主义之前，事实上日本兵舰在两广事变时开抵北海，炮轰实弹的演习威胁两广，蒋贼不独如此，实得日本帮助解决两广反蒋军事行动，他并对成都、北海两事件分电刘湘、□作□查明真相从严处理，使日本强盗最近又定出对华具体侵略方针，这在中国三岁孩子更加明白了国民党与蒋贼卖国辱国的具体事实，已成为全国民众之公敌。

2.两广抗日反蒋的终结绝不是粤桂军民无力，而是对蒋贼不满的分子找寻第三条出路的把戏，提出“自决自反”的好听的虚伪政纲，所以得不到群众的拥护与帮助，致归于失败，使这些分子在民众前面“开刀现血”，显示他们是替另一个帝国主义瓜分中国而已。

3.本军区在两广事变时曾对粤桂抗日反蒋军民负责向他们卖国勾当的领袖们发布两次宣言，正因为他们素来是愿干出卖中国人民与领土抢夺争权夺利的行动，所以不能执行我们挽救中国民族危亡正确主张，结果而受到严重惨败，使两广抗日军民仍在恶贼蒋介石屠刀底下过着不幸的生活，这使群众清楚认识只有苏维埃与红军才能救中国。

4.两广事变暂时和缓，决不能阻止两广军民抗日反蒋的意志而终止，也不能阻止中国革命形势日新月异的向前发展，相反的只有使中国苏维埃运动更加开展起来，只有更加使两广与全国民众及其士兵反日反蒋斗争更加蓬勃生长起来，更加吸引全国这些抗日反蒋战士于共产党统一到反蒋抗日战线上来，进行新的抗日反蒋巨大的斗争。

乙、现湘鄂赣的驻敌

1.驻我省之七十七师、五十师、十八师被调走后，现时还没有增加部队。

2.现时驻我省之敌人大部是保安团队，兵力是非常薄弱，战斗力量极微弱，其配置大概如下：

（1）在赣西北方面的敌军系保安师，第一团驻守南昌，第二团驻守宜丰，第三团驻修水、铜鼓，第四团驻萍乡、袁州，第五团驻奉新，独立三十六旅附保安第六团驻修水、武宁及靖安各县，第七团驻高安、新余、上高，第八团驻万载、上高一带广大地区。

（2）湖南方面的敌军系常醴警备团步兵：二营，扼守醴陵，湖南保安师第四团驻守浏阳，常醴警备团步兵一营，扼守要隘据点，六十二师八十八旅两团兵力于十月十七日向平

城撤退，其动作不明，接防部队系湘乡保安团兵力一团附枪兵义勇队四个特队分驻平城上游一线重要据点，其重兵驻平城与长寿，保安第三团分驻湖南北之岳州临湘一线。

（3）湖北方面三十三师驻通山、咸宁、阳新，四十师驻通城、崇阳、长武路之线，师部驻崇阳，保安第五团分驻大冶、咸宁、鄂城等县广大地区，兵力是最薄弱的。

丙、判断

军区依据上项情况有下面之判断：

1.两广军事行动暂时和缓下卖国贼要集结其力量进攻中国革命主力。

2.正因湘鄂赣革命群众斗争的顽强，苏维埃与红军的胜利，有增加敌人进攻我们之可能。

3.敌人"清剿"计划失败后，更加会拉拢地主豪绅，将会有新的计划来新的进攻湘鄂赣苏维埃与红军。

4.两广事变的和平与国民党的屠杀□诈，使湘鄂赣的群众斗争更有大的发展起来。

5.敌人驻军或增援之兵力是在长武路长沙及株萍[3]路之线及其平浏东南苏区间重要据点，袁水锦水[4]之东北系江西保安师扼守，目前西北系四十师、三十三师控守，在西北发展条件下有可能增加部分兵力。

6.敌人对待我省之主力便是一团以上的动作，但是敌人一营至两营集结运动之机会便利我们动作仍然存在许多。

7.敌人对待我苏区在据点中集结一两营之游击部队尤其在主力胜利条件下要虚空许多碉堡，便利于地方游击队的动作，打击与摧毁许多敌人过失与堡垒。

二、决心

（一）军区依据上项情况遂行党的战略任务定有下列决心：

甲、坚决遂行党的战略路线，配合湘赣与中央主力红军作战，造成向南发展的顺利条件，扩张反日反蒋战线，争取国民党的军队到红军方面来，粉碎敌人新进攻。

乙、在为军团斗争中采取急进步骤扩大红十六师的任务号召下完成全师的建制。

丙、广阔的开展游击运动完成第5号训令对地方武装的全部建制。

丁、巩固与扩大平修铜为中心苏区，恢复东南东北宜万铜奉发展阵地，恢复西北以修武崇通为枢纽的广大局面，与东南西北联系起来。

三、各部动作如次：

甲、在两广军事行动暂时和缓条件之下，无疑义地要集结他反革命的力量无耻的去进攻中国革命主力红军，有增加敌人来对付我湘鄂赣发展中的苏维埃局面的可能。因此，红十六师在中央与军区意志之下完成作战任务动作应当是：

（1）保障军区战略路线遂行党的任务，造成向南发展的有利条件，以主动进攻歼灭江西保安师基本部队，配合中央与湘赣红军作战。

（2）以主动的进攻打击并消灭增防部队之一部或大部，使敌接驻无力，掌握无能。

（3）在敌人厚兵之下灵通自己的动作，保障有生力量，向敌人驻之空虚点采取远直袭击其微弱点和军队，夺取敌人辎重兵器增加自己。

（4）在目前条件下十六师应扩张其抗日反蒋战线，选派地方居民与战斗中可靠的俘虏派向前敌部队去，争取他们到武装保卫中国方面来，并对装甲车战斗与对空掩蔽。

(5)十六师应在主动进攻中广泛的居民工作中扩大自己二营兵力的足数。

乙、东南分区动作

1.在我主力红军积极遂行向南发展的战斗任务上，东南分区应积极动作，向株萍路浏醴湘善[5]袁水之线猛烈的活动起来，破坏湘赣公路与电线，阻止与迟缓敌人的运输交通，实际的配合十六师与湘赣红军作战。

2.湘赣公路线、株萍路线、袁水线醴陵、萍乡、万载县城四周坚强游击组与株萍袁水各有力的游击队应猛烈的活动起来。

3.最积极的敏捷的大肆袭毁碉堡，尤其万载、宜萍、万铜丰、万宜上等处，恢复万铜丰、万载苏区与浏阳、萍修铜苏区联成一片。

4.立即组织各游击队、直属独立营灵活的主动的歼灭江西保安团及增防部队一部或大部，增加自己的力量。

5.扩张反蒋抗日战线，造成向南发展条件，选派人员到地方驻军中去争取他们到武装保卫中国方面来。

6.动员五百新战士成立分区独立营，介绍二百加入军区独立团。

丙、东北分区动作

1.在配合十六师作战任务上，东北分区应立即组织独立营向□□□□□奉边广阔区域积极活动，组织广大群众，成为有力战区，实际的配合十六师与湘赣红军作战。

2.在锦水流域线组织强力的游击队、游击组，在袁水、锦水活跃，互相呼应十六师与东南游击部队的动作。

3.以全力执行主动遂行进攻战斗，大肆迷惑敌人，束缚敌人，消耗敌人有生力量，并歼灭其弱小部队，大量吸引赣西北敌人于南浔路线去，便利主力在东北动作。

4.坚决的不失时机的大肆摧毁碉堡，恢复发展修宜铜奉边苏区为东北根据地。

5.选派有经验可靠的人员向江西保安师内去争取到我们方面来，并扩张反日反蒋战线。

丁、东南各县动作

1.巩固并发展平修铜中心苏区，放肆展开游击运动，袭击和摧毁碉堡，联成东南苏区一片，以扩张向南发展阵地。

2.在造成向南发展优良条件，实际配合十六师作战动作如下：

A.浏阳、平浏长应立即组织坚强有力的游击队（照五号训令）积极的主动的向浏城、长沙、平城之间大肆活动，威胁长沙，并在浏河线、湘江线建立有活动的游击组。

B.平铜、修铜二县应立即组织强有力的游击队（照五号训令），积极向铜城、修城大肆活动，打击强敌，消灭弱小部队，在修河上游线与铜城、修城四周建立强有力的游击组。

C.咏生平湘岳立即组织强有力的游击队，向平城、长沙、岳洲之间大肆活跃，威胁长沙，捣毁长武铁路车站，在汨罗河线建立活动能力的游击小组。

3.扩张抗日反蒋战线，选派可靠人员到各县驻军民团内进行瓦解与争取工作。

4.动员六百新的战斗兵加入军区独立团，征调三百成立军区警卫部队。

戊、西北分区动作

1.西北分区在执行向南发展任务，实际的配合十六师作战任务上应计划西北整个动作。

2.西北分区应组织极大武装力量（独立营团）积极向武宁线行动。

3.赣北武装应积极摧毁碉堡，恢复与开展龙湖瑞苏区，截断南浔铁路，并组织南浔线游击组。

4.河北武装应积极向官水线活跃，放肆摧毁碉堡恢复与开展大幕山苏区，断绝长武铁道，威胁武汉，并在官水线组织周密游击组。

5.应有计划地开展游击运动，迷惑敌人，消耗敌人，袭击敌人弱点，运输铁路公路、电话线，配合十六师作战。

6.分区武装应主动进攻，开展巩固修武崇通苏区，积极的粉碎敌人碉堡。

7.选派可靠干部到三十六旅、四十师内面去瓦解并争取士兵及下级长官到我们这方面来。

8.动员五百新兵，加入二百到军区独立团。

四、力量的组织与生长

A.在完成这一任务上规定有下面的组织：（甲）十六师在积极进攻战斗中大量的歼灭敌人，从俘虏工作争取中与居民工作中扩大两营全数建制；（乙）东南分区扩大五百以上队员建制三百足数独立营，输送二百到军区来；（丙）西北扩大五百以上伍员，成立西北分区三百足数独立营，介绍二百前来军区；（丁）东北扩大四百以上伍员，成立东北分区独立营，输送一百以上来军区；（戊）西南各县扩大数目分配于后：浏阳一百二十人，平浏长一百二十人，平铜一百二十人，修铜一百二十人，一律送军区；（己）军区接领各县新兵成立独立团，并且积极进攻战斗，扩大自己二百人。

B.各县在战略意义上的游击队组织遵照第五号训令执行。

C.应有强有力的灵活的游击组，主要分配如下：（1）东南分区在安原、卢溪、樟树、株萍路、醴陵、围山、萍乡、宜春、万载、上高、高安等主要县份指派人员负责建立周密游击组五人至九人组织之；（2）东北分区，应亲指令与派遣人员成立袁水沿江线五个以上游击组，高安、奉新、新建、宜丰、靖安、临江、新余、永修、德安、南浔各五个至十个游击组，各县县城及重要点各建立一个至二个五人至九人组织之；（3）西北分区应在长武路建立七个以上游击组，富河沿线组织十个以上游击组，阳新、大冶、洋楼洞、鄂城、武宁、修水各建立三个至五个以上城市游击组；（4）军区直接指导各县；咏生须在平城、通城、岳洲、湘阴各组织三至五个游击组，沿汨罗河下游线组织五个游击组，平浏长在长沙建立五至七个游击组，湘江线建立五至七组，□高桥、金井、永安、社江等各建立一至三个有力游击组，浏阳应在浏河下岸建立五至七组，在浏城建立三组，浏醴公路[6]线建立五至七个游击组，平铜县应在铜城建立三至五组，在龙门、长寿、加义、献钟各建立三至五组，修铜应在修河上游建立七组，修城、渣津、马坳、漫江、山口各建立三至五组。其余各市镇游击组全部遵照第四号机要令。

D.通信联络

武装通信队:(1)西南各县第一中队三十人,一中队首长□□,大队部首长驻军区办公;(2)十六师第二中队三十人;(3)东南分区第三中队三十人;(4)东北分区第四中队三十人;(5)西北分区第五中队三十人。

E.侦察间谍工作

1.军区侦察大队三个中队一百人;2.东南侦察大队一百人;3.西北侦察大队一百人;4.东北侦察大队一百人;5.十六师侦察连一百人。

F.间谍派遣

1.十六师派遣二十个到樟树、南昌、万载、宜春、萍乡、上高、靖安等地。

2.军区各县浏阳五个到浏城和保安四团,敌人新增部队时另派五至十。

3.平浏长派遣五个到长沙城驻防部队里,派五个至长沙三十旅去。

4.平铜派五个到六十三师,五个到铜城附近驻的部队去工作。

5.修铜派五个到修城驻防部队,五个到渣津、马坳、修河上游驻防部队。

6.咏生派五个至平城驻防部队,五个至六十三师。

7.西北派二十个到长武、南浔、武昌、汉口驻防部队进行工作。

8.东北派一十五个到南昌及江西保安师内面去。

9.各县另有增加敌人时各县另派五至十人到接防部队中去。

上面这些派遣人员应受其相当训练,并考查其坚定性与机警性。

五、军政教育

1.按照军区司令部政治部教育□执行之。

2.派遣到蒋贼部下进行瓦解与争取工作的人员分配如下:十六师二十人、东北二十人、东南三十人、西北三十人、平铜一十五人、修铜一十人、平浏长一十八人、浏阳一十五人、咏生一十八人、崇通一十人、湘鄂边一十五人,总数为二百人。[7]

3.供给到军区训练队干部分配如下:十一、十二月东南各十一人[8]、西北各一十人、东北各五人、浏阳各六人、平铜各五人、修铜各四人、咏生各八人、平浏长各五人、崇通各三人、湘鄂边各四人、军区各部各一十人,总数为各七十人。

六、供给方面与卫生设施

1.供给方面

A.筹措现金三万元供给战争之用。

B.弹药补充炸弹五千个,马片三百张、手枪子弹二千五百发、步枪子弹五千发。

C.购置西药二千元。

D.做棉衣三千套、外套一百只。

E.建立湘鄂边、东南、平铜三个转运分局。

2.卫生设施方面

A.卫生部建立医务训练队二十人。

B.附近各医院每月大检查一次。

C.凡有传染病症者另设医院调治之。

右列作战计划发布日起于十二月底全部完成之,各应遵照这一计划定出自己具体行动方法执行之,并在每半月将执行程度具报军区。

湘鄂赣军区司令员　严图阁
政治委员　傅秋涛

附:此计划望慎重保存不许有丝毫泄漏军事动作,不许随便看阅与遗失,否则受其处分。

军区司令部参谋长　魏平

注释:

[1]陈,指陈济棠。余,指余汉谋。

[2]李,李宗仁。白,指白崇禧。

[3]即株(洲)萍(乡)铁路。

[4]袁水,今宜春河。锦水,今高安附近的锦江。

[5]即湖南省的浏阳县、醴陵县、湘阴县、长沙县。善是长沙的简称。

[6]即浏(阳)醴(陵)公路。

[7]此数疑误,将分配名额相加为201人。

[8]此数疑为"一十人"之误。

中共湘鄂赣省委关于
湘鄂赣情况和几项要求给中共中央的信

（1937年2月5日）

中共中央：

兹介绍李此明同志前来接受你们的指示。关于湘鄂赣工作情况，因几次找上海中央都未达到目的，因此，特派李同志将湘鄂赣大概情形作以口头转达。

目前湘鄂赣情况：

一、十六师团建制，四个分区并有四个独立营建制。

二、苏区——平铜恢复一九三〇年原有苏区，又平浏长沿福寿山脉横顺百余里，浏阳县苏有三个区，每区五六个县〔乡〕，又咏生苏区，又湘鄂边、崇通两苏区，现正积极开展，修水河西正在建制革委会。

三、湘鄂赣党的中心任务是动员为军团奋斗，武装群众，发动群众政治经济斗争，为赤色局面奋斗。

四、策略中心抓住扩大人民阵线，反日反蒋，武装保卫长江，利用一切可能分子进行反蒋抗日。

我们要求：

一、目前国际新形势；

二、中共夺取西安后中国革命新形势；

三、在中央领导下，党应运用策略的中心；

四、中央派来徐彦刚失踪[1]，严图阁病故，要求中央转中革军委，派师长和司令员前来指挥部队。

中共湘鄂赣省委

二月五日于平江黄金苏区

注释：

［1］徐彦刚麦市突围后负伤，在永修县云居山被害。

游世雄给中共东边区委的信

（1937 年 4 月 14 日）

王赤同志并转东边区委诸同志：

自你们撤出以后，西边区域受到敌人惨无人道的摧残，群众完全被迫搬走，房子被烧，群众受到一部分损失。工作团也有个别送掉性命（黄佐凡、曹木生等），其他同志和部队是没有挫折。

特委交通已到此，关于新政策有一个指示，大意与我们决定相同，其他另有一些政治消息，兹将翻印一份给你们，望发动下层讨论，对组织问题，为了健全东区工作，特此调王赤同志任东边区委书记兼二大队政委，朱正增同志为团区委书记，游雪高为二大队长。其他干部由王赤同志及区委负责斟酌分配。西边区名目取消，仍组织特委，以顾星奎任书记，团书记以曾昭圩同志担任。还组织一新区委，由邹云雄任书记，郭庚养任团书记。凡一切地方党的工作，各区委都受特委和湘南代表指挥。支队部以赵书良为支队长。我因别的工作关系，暂责成罗新成同志代政治委员，经济统一由支队负责□□……[1]

中共湘南代表　游世雄

注释：

[1]此处原文有数十字模糊不清。

《新中华报》关于项英发表游击队改编为抗日武装宣言的报道*

（1937 年 10 月 4 日）

南昌电：国共两党合作，红军改编为国民革命军出师抗敌以后，湘、赣、粤、浙、皖、闽等省边境的红军游击队，为了忠实于党所提出的民族统一战线政策，日前由游击队领袖项英同志发表宣言称：日本积极侵略，使民族危机到最后存亡关头，我们因民族危机的紧迫，为挽救国家的危亡，为求中华民族的独立解放，决停止武装推翻国民政府方针，停止土地革命以求得全国团结一致，共赴国难。余遵照最近党中央的宣言，已正式宣布将游击队改编为抗日救国的武装，统一于国民政府指挥之下，效命杀敌。各队接信后，立即集中听候改编，以使追随全国友军和第八路军之后，为挽救国家危亡和民族解放而作英勇的斗争云。

注释：

＊此文原载 1937 年 10 月 4 日《新中华报》。

湘鄂赣苏区给中共中央的综合报告

（1937 年）[1]

一、苏区群众概况

湘鄂赣苏区自三四年六、七月事变后被敌人截断为十五块，经过这几年残酷的斗争，依然保障了这几块苏区的独立存在。我们在中央的正确指示下，为了指挥湘鄂赣三省的革命运动的便利，所以我们苏区的阵地是巩固平修铜苏区为中心与东南西北苏区积极联成一片，省级的驻地也从来没有离开平修铜中心苏区。虽然敌人经过数次“清剿”“进剿”，用了九牛二虎的力量来消灭这块苏区并占领过数次，然而在我们保卫平修铜苏区决心的坚强与得着广大群众的拥护，始终到今天敌人还没有实现这个目的。现在苏区的版图分为下面几块：

平铜苏区从三溪坳直至平浏长澄焦区老羊乡，南至北有三百多里，横五六十里，从三溪坳至分水坳止为平铜苏区，下面即是平浏长苏区，平铜苏区有二千多群众建立了赤色哨线，最近敌人侵入到黄泥坳、虎坳、金塘，建筑了三个碉堡。

浏阳苏区靠围山，横直有六七十里，有三个赤色乡，群众有二百多。

咏生（即平西北）这块苏区在红〔虹〕桥、长寿街、南江之间，东至西八十里，南至北六十里，周芳建筑了一个碉堡，有群众二百多。

修武崇通苏区（即湖北）横直六十里，有群众二百多，前几年西北特委驻在这个苏区内。

修武通苏区在湖北靠大平山，去年正月开展的，东至西百六十里，横五十里，三个赤色乡，群众五百余。

湘鄂边苏区，地势在临湘这一块，东到西五十里，横四十里，有群众四百多。

万铜丰苏区，地势在万载、同古〔铜鼓〕、宜丰之间靠观音山，东到西五十里，横四十里，这块苏区在敌人残酷的镇压摧残底下，现在没有一个群众。

浏阳洞溪区一块苏区南至北六十里，长方形，群众百多。群众斗争在保卫苏区粉碎敌人进攻的口号下，在这几年来群众的斗争都表示了他的力量，特别是平铜苏区的群众斗争更加顽强。如平铜苏区，今年二月钦明区大坪乡赤少队能整连整排的配合红军作战，打土豪，自动捕捉叛徒送到苏府来。汤段乡敌人在黄泥坳建筑了碉堡，只隔四五里路。汤段乡还有赤色哨线，在动员中群众能积极参加维持红军家属，帮助红军家属做工等工作。苏区群众不断的涌入红军，现在除老小以外，青年十分之八九到红军中去了，由于国民党对苏区残酷的烧杀抢劫，所以更加深了群众的阶级仇怨，群众的斗争也更加顽强。

群众生活虽然在苏维埃政府底下得到了土地及一切利益，废除了苛捐杂税，不受任何人的压迫剥削。可是由于国民党对苏区施行惨无人道的烧杀抢劫政策，在连年不断的进攻中，焚毁民房，破坏生产，压镇移民，大多数群众被压迫移了民。现在苏区内的群众有了上面的原因，所以他的生活是很苦，我们对苏区群众的生活是采取各种有效办法去改善，为领导他们参加斗争，在斗争中去解决，并动员部队在打土豪中没收豪反的耕牛种子农具分给群众，平铜今年供给了三十八条牛把群众。

苏区的土地问题，由于反革命镇压群众，大部分移民。所以苏区的田山是很多无人耕作荒废。我们对这种土地尽量分给群众耕作；另一方面出布告传单以及动员组织，从口头上文字上去号召被压迫移民的群众回籍耕种，今年在各处都零零星星回来了一些。

二、敌人进攻形势

军事上进攻湘鄂赣的部队五十师、十八师、新八师、湖北保安师、湖南保安师、江西保安师，其次还有各地的地主武装，进攻湘鄂赣的主力是十八师、五十师。兵力的配置：

新八师驻扎在修水湘北一带，五十师驻防在浏阳古港东门白沙一带，十八师驻防万载铜鼓至龙门长寿一带。其次湖南、湖北、江西各个保安师布在各本省驻防。敌人进攻的中心是在平江、浏阳，敌人五十师、十八师这二个较强的部队驻扎在平江、浏阳，对我们平修铜苏区省级驻地采取夹攻的形势。

敌人进攻的战术战略是以集团的进攻，最少以一营为单位采取游击动作，如果发现省〔有〕的机关的目标，即调动一营或一团向驻地的山上跟踪追迹，抄山搜索，经常派侦探到高山了〔瞭〕望，找烟光行踪等目标，企图消灭我们的领导机关，对红军的堵击追来进攻红军，经常有二三团尾追红军，在战略重要地域与群众斗争高涨的地方增筑碉堡，阻碍我们的进展，打断各个苏区的联系，同时派便衣队在苏区周围打埋伏打游击，捕捉革命工作的人员，除了军事上的进攻外，在政治上积极训练保甲，整理民团，依靠保甲制度来镇压民众，监视群众行动言论，在各地强迫壮丁编义勇队，集中下操，抽丁当兵，在苏区周围秘密发展特务组等各种各色的法西斯蒂组织监视危害革命同志，破坏我们的组织，并尽量以各种武断欺骗来麻醉群众，争取群众，破坏我们的组织，阻碍我们的工作的进行。如我们在游击区域进行扩大工作，他乘机派反革命分子混入到红军中来拖枪（浏阳今年二月动员十二个人都是反革命派来的，结果拖一支枪逃跑了），在各县动员中都破获有。同时我们动员群众当红军的时候，反革命便大肆欺骗说红军捉人当红军，企图使群众与我们离隔起来。封锁我们的金〔经〕济，如我们捉了土豪，他便告诉其属抗款阻款，苏区周围群众买货不准多买，企图阻止我们货物运入。交通方面积极建筑浏阳平铜的公路，企图在黄金洞修汽车路，以便利运兵进攻苏区和红军。

在这种环境下我们的布置：武装部队十六师主要是执行进攻运动战，灵活的深入到敌人的后方侧面，指挥詹前去打击敌人消灭敌人，避免与强大敌人作战，寻求敌人的弱点去消灭敌人，在运动中巩固与扩大自己的力量，坚决反对防御困守。

后方党在今年正月即提出了到红五月底动员的决心意图扩大二师，在这一个决心下定出了具体的三个月工作决定，特别在粉碎敌人新进攻的形势下，我们为了要完成动员的决心，保障我们的领导力量，所以大多数干部都分配到群众中去做动员工作，争取群众，组织群众，领导群众斗争，扩大红军。在粉碎敌人这个进攻中，我们机关的行动是一种军事组织很精干，省级与军区共只有百多人在机关中（并部队），采取很灵活的运动，敌人进攻苏区时便走到白区去秘密驻扎，日间不出来，货物都请群众买办。对保甲制度，我们积极领导群众斗争，以群众威力去瓦解铲除。同时加强肃反工作的领导，肃清反革命的内应——奸细。

三、政府组织与工作

省级组织：

主席傅秋涛

副主席刘玉堂、邓洪

教育部长钟其〔期〕光

国民金〔经〕济部长丰济民

粮食部长谢亦晃

内务部长芦正六

土地部长□先厚

财政部长罗湘涛

裁精部长谢光振

秘书钟昌基

各部有副部长，并每个部有几个人工作。

省苏共有一百多干部做工作。

西北一个代表团。

浏阳、平江、平浏长、咏生四个县苏维埃，浏阳主席尚未决定，平江主席李早生，平浏长主席李汗生，咏生主席李旦生。

修铜革委会主席傅彪，湘鄂边县苏主席陈德华。

区乡苏维埃与工作团的组织弄不清楚。

土地政策，湘鄂赣过去大多数地方是建立过苏维埃，分过土地的，自敌人占领以后，多半是被豪绅地主收回去了，我们主要是领导群众反对豪绅地主收租，实行抗租。领导群众为土地而斗争，是我们动员群众的主要口号。

红军家属的问题。现在的红军家属在白区很多，因为我们扩大红军尽是在白区动员来的，对白区红军家属，动员当地的党团员领导群众秘密去维持他，表面上以请的名义，实际上是帮助他做工，红军家属冒饭吃的，我们动员组织在打土豪等斗争中搬谷给他，这一工作在白区一般说来是做到〔得〕非常不够的，白区仍然有红军家属冒饭吃的。金〔经〕济问题的来源，我们金〔经〕济的负担是放在剥削者身上，仍然进行打土豪没收征发工作。同时我们号召商人自由营业，□对保障商人利益，由于这种影响的扩大，许多市镇中的商人与我们订立条协，自动送款给我们，帮助我们采买货物运进苏区来。在金〔经〕济政策上亦是犯了有错误，主要是个别地方执行了非阶级路线（红军曾亦有这种现象）。现在我们坚决肃清这种非阶级路线，以法令制裁执行非阶级路线的分子。

四、军事方面

从一九三四年六、七月事变以来，我省的主力红军大部分消耗，后来党政定出年底个半月动员计划，各机关采取各种办法积极与努力动员，以及三五年元月开端定出一二三个月动员计划，并今〔经〕过高枧几次战斗的胜利，直到三月回黄金［洞］苏区来，又仍然将十六师恢复起来，四月间向湘赣行动一月多，回来整整的有两团建制（四十六、四十八）。两团后出发平北行动，这时候在平江之红〔虹〕桥运用坚强的阵地战消灭敌人十九师的部队整个两团，摧毁敌人很多炮台，开展咏生县横直二百多里的苏区，与西北苏区打成了一片，运用战略的正确以得到全部的胜利。这时候党省委将整个机关移至新的苏区办公，并在会议中提出很好巩固，将红十六师放在苏区内保护东西行动及休息，并在平江之小水岭成立四十七团。这样一来的胜利就调动了敌人八十团以上的兵力，对这一大的苏区和红军作大规模的进攻，有步骤的建筑三条封锁线。党省委在这时候又提出夺取中心城市，如何打击敌人，也没有估计到胜利后敌人会如何进攻，这是党省委表现乐观路线上犯着防御。后来徐彦刚同志提出意见，为要保存湘鄂赣的有生力量提出意见突围转移战区，省委认为这意见正确，才决定向修铜宜奉边行动，将各机关及附近县区的工作人员集中向修水之渣津突围。这时不料敌人第四师驻该地，这一开始突围没有得到胜利，突出后又继续向通城之麦园前进，并决［定］突围后七天达到目的地。这时分为三个梯队，不料省机关全部和四十七团没有突过，如徐彦刚、方步舟二人突围后，不估计敌人的追击，表现乐观，违反军区及党意图和决议，他境［竟］在西北横冲直撞开展苏区，并估计四十七团和省机关被消灭的机会主义估计，又重新成立四十七团，正足一个月零八天。后来看敌人的追击逼近才又决定在大冶以下过江，向所决定的目的地移动，这时候［已来］不及，红十六师二团［在］这里又完全被消耗，仅只剩很少的人数和没有突过围的四十七团的力量。后经各方面汇合于三五年十二月委令黎申庚同志带向东南行动，他出门违反军区的命令，这一次的行动不估计敌人行动的迟缓在苏区横冲直撞，受敌人紧锁政策四面包围又被消耗，但内面还有二次小的战斗消耗未详。以后又经各方面动员以及西北几次战斗胜利，又扩大了四五百人的实力。今年[2]元月一号委令谭凤鸣带领向东南行动，企图想与湘赣取到联系，他仍然重忽［复］黎申庚同志这种行动的相同，在碉堡政策下横冲直撞，又受敌人紧锁政策的包围，又被消耗了只剩七八十人。以后又经动员各种办法如努力扩大，现在又成为了相当的壮大部队，有一千多人，武器亦有六百多，行动是为化整为零的行动。军区政治委员自三四年陈寿昌同志牺牲后，以傅秋涛同志为政治委员，司令员原来是徐彦刚同志，前年突围后被牺牲了，去年决定严图阁同志为司令员，严司令员今年二月间病故了，现没有司令员。参谋长前年是方甫〔步〕舟，去年六月去当红十六师师长后以魏平同志称任，今年二月间在铜鼓战斗中牺牲了，现以张玉清同志担任是残废。政治部主任谭启隆〔龙〕，供给部长彭国其〔祺〕，破坏部长李创基，一参谋张凡〔藩〕，二参谋曾林生，三参谋梁金华。

军区底下有三个分区：东南、东北、原来西南分区与西北分区并合为［西北］分区，各分区负责人：东南分区司令员李祥，政治委员余再利〔厉〕（特委书记兼）；东北分区司令员聂海如，政治委员赵农〔龙〕（特委书记兼）；西北分区司令员[3]，政治委员张〔江〕渭清（特委书记兼）。

武装组织：红十六师，师长冯有仁〔育云〕，政委明安楼，现在以化整为零，共有一千多人，武器六百以上，但布置军区特务营，西北游击营，本身，以三个单位为扩大的基础，军区有二个被服厂，原来有一百多人，经几次敌人进攻，现在只有七十二人，军区有一个兵工厂，有六七十人，厂内有个特务队，能造子弹、炸弹，并能修整枪械等，有一排人保卫工厂，军区有个红二医院，有六七十人（是负伤战士）。

红军中的政治工作与对群众的联系。红军中的政治工作是相当紧张，每次行军中、驻军中、战时战后都能随时随地进行政治工作。军区政治部发下了政治工作计划，但经过长期训练是没有，因为环境上的关系，每进苏区都只有二三天休息又往外线运动，队伍中逃跑开小差叛变的很少（个别是有的），士兵很艰苦，耐劳很好，但行军每天能走一百多里路，还不表现疲劳。红军与群众的关系很好，每个红色战士都能给群众的实际利益与组织群众宣传群众。白区群众对红军的拥护很好，帮助我们当向导、侦探、送菜等。红军与群众的关系，有一时期不好，是去年年底到今年三月方甫〔步〕舟当师长，他为首领到〔导〕强迫群众当红军，后傅政委检查他的工作，撤销他的职责，开除他的党籍，结果方甫〔步〕舟叛变了，现在克服了那种脱离群众的现象。现在红十六师一部份在修武宁一线活动。

五、党的组织概况

省委组织

以涂正昆〔坤〕、曾国其〔祺〕、李化玉、骆奇升〔勋〕、冯杏娥、邓洪、王全德、傅秋涛、萧会锡九人组织常委会。

书记涂正昆〔坤〕，副书记曾国其〔祺〕，组织部长李化玉，宣传部长骆奇升〔勋〕，白区工作部长曾国其〔祺〕，巡视委员会书记王全得〔德〕，妇女部长冯杏娥。傅秋涛（省苏主席）兼一个常委，萧会锡（少共书记）兼一个常委。

省委底下有四个特委，一个代表团：

东南、东北、河北、湘江四个特委，西北代表团。

各个特委所辖范围：

东南特委（万再〔载〕、万宜上、万铜丰、宜萍、浏醴湘善等五个县委）；

东北特委（高奉宜、靖武奉、修铜宜三个县委）；

河北特委（阳新、大冶、通山、岳城四个县委）；

湘江特委（湘阴、益阳、长沙，现在特委底下只有三个总支部）。

西北代表团（修武崇通、咸蒲崇通、修武通三个县委）。同时河北特委亦归代表团领导。

省委直接领导的五个县：

平江、浏阳、咏生、平浏长、修铜五个县。平江、浏阳、咏生、平浏长这四个县的一般工作是全省最先进的县份，这些县的干部比其他各县较多些，每个县有一百以上的干部做工作。我们工作的重心亦是在这几个县份，省级以很大的力量去帮助这几县工作。

全省有二万以上的党员，有二百以上的支部，全省现共有一千四百多干部（脱离生产的）。

党根据某一具体环境做出了政治决议与提出动员的口号，去年一月提出创造十个独立营的决定，三月发出关于粉碎敌人“清剿”的第三号训令，五月提出创造军团的决议提纲，六月发出两广事变七、八、九三个月工作计划，十月发出目前形势与湘鄂赣党的任务的政治决议，今年正月做出庆祝中央红军夺取陕甘胜利的决议，五月做出"五·九"会议的政治决议，我们目前的中心任务是组织群众争取群众，孤立反动统治，巩固扩大红军开展赤色局面，开展游击战争，创造反日反蒋战线。

我们自从接到六次战争红军新策略的指示后，组织上以各种抗日的名义去组织千千万万的群众参加抗日战争，军区与省委发出过数次宣言，指出日本强盗的凶恶与中国南京政府一贯的不抵抗出卖中国民族的危险，号召全体人员与白军（人民不分信仰职业、白军停止进攻苏区和红军）只要同情抗日或反蒋的人，团结起来抗日救国。同时提出在三个条件下愿意与任何军队订立停战协定，特别是今年正月报纸上看见党的新政策后，我们的策略亦变动了一些。军区组织人民抗日军事委员会，以九人组织，红军改为人民抗日红十六师。省委与军区又发出告全省群众书与告白军宣言，提出各党各派各军各界停止内战，弃嫌合作，集中一切国力共赴国难的口号。统一战线虽然进行了口头上文字上的号召，由于我们还没有真正实际努力，在这方面所以还没有得着成就。白军工作我们派了一些干部去进行工作，我们对白军的观点还是旧的采取瓦解他的办法，只获得些小成绩（如三五年湘鄂边一排白军投诚，去年西北一班人来投诚）。

领导上的错误（我们过去的感觉）：

主要是军事指挥上犯过数次的严重错误，以至红十六师没有完成应有的任务，配合中央红军作战，开展与巩固湘鄂赣苏区，反而受了无数次的严重挫折。正因为战争的不利，没有保障红军有生力量的存在与发展，所以湘鄂赣苏区许多被人占领，主要是犯了防御路线（如三五年虹桥战役），没有灵活的执行进攻的运动战。

政治上省委没有清楚估计到今年敌人对我们进攻的严重性，不能事先去警觉全党，以至今年二月间在敌人残酷进攻前面，浏阳、咏生、平江、平浏长各县牺牲四十多个干部。个别主要负责者（指县的）表示张惶失措，掌握不住，这都是由于省委在领导上的所至。现在我们根据中央各种文件配合我们的工作看来，我们认为有下面的错误。

主要是在政治上没有清楚认识自"九·一八"事变与华北事变以来国内矛盾的变化。国民党内部分化和动摇，南京各派系间对外政策的分裂和争执否认了国民党在全国人民的逼迫[下]只有走向抗日的可能，是〔否〕认了国民党三中全会的开始转变，看做一个不变[的]死的集团。正因为政治认识的错误，所以到现在还没有停止反蒋的口号，对国民党三中全会，看见其根绝赤祸的决义〔议〕，我们还分析他是卖国会义〔议〕。有了这种认识的错误，所以对统一战线是关门的，虽在宣传上做了一些，但没有实际成效。

肃反工作有些盲动，为〔如〕（四十八团）团长方笑桃的处决与独立营政委王武良的处决，他们虽然是犯了错误，但还不应该处决他。斗争亦是有些过火，如方步舟（十六师师长）撤职后开除党籍，监视其行动，结果叛变。当然他叛变是有根源的，但是由于斗争恐怖过火亦有关系。

今年正月秋涛[4]同志的报告中说中国正是两条阵线的斗争：一条是法西斯蒂卖国阵线，一条是人民阵线。我们提出口号是扩张人民阵线，破坏蒋介石法西斯蒂阵线，这亦是错误的，不了解中国的是抗日民族统一战线不是人民阵线。

我们的意见：

我们为了要执行湘鄂赣全部工作的转变，首先要在干部中进行系统的深刻的解释教育，使全体干部了解为什么要抗日民族统一战线，抗日民族统一战线的内容是什么，党的策略为什么要转变，红军苏区为什么要改名，使之不但不怀疑而且能正确执行抗日民族统一战线。

□换斗争形式停止苏维埃运动，停止打土豪没收地主土地，放弃反蒋口号，苏维埃改为特区，政府实行普选的民主制度，用最大的努力去与当地政府与白军进行谈判力求停止内战，提出[立即停止内战]、[一致抗日]的口号。当然谈判中不能超过党的组织独立存在与批评的自由，红军绝对受党的领导的原则。红军可以改名，特别是要更加巩固与扩大红军实力。如果他还要继续进攻的时候，我们仍然要进行自卫的战斗。同时在谈判中与谈判好后要注意防止他们用各种办法阴谋来破坏分化我们的武装，不忙〔忘〕记闽粤的教训。

执行全部的工作转变中，各种组织形式工作方式方法都要彻底转变过来。从非法的斗争转为合法的斗争，从单独的转成与同盟者合作的，斗争的目标向着日本帝国主义汉奸亲日派。对地方政权用旧的形式充实新的内容，发动群众争取民主政治，使之地方政权民主化，在这种转变中要反对关门主义，反对急性病。同时又要反对右倾的投降主义、尾巴主义，使之正确执行抗日民族统一战线。

我们的要求：

一、要求派党的领袖，因为在这种全部工作转变的关键工作中，更加麻烦，环境更复杂，任务更重大。

二、要求派军事高级干部来指挥部队，湘鄂赣现时高级军事指挥员的确很困难，几个月没有司令员。

三、交通联络问题，弄好以便能经常得到中央的指导，将来要设法稿〔搞〕一架无线电就好。

四、现在停止打土豪，我们的金〔经〕济问题怎么解决，要求指示。

注释：

[1]此件的时间是中央档案馆档案封面上记载的时间。

[2]经考证，“今年”应为“去年”，即1936年。

[3]原文如此。

[4]即傅秋涛。

人民抗日义勇军第一支队支队长游世雄致崇义县聂县长公函

(1938年1月6日)

径启者:敝军派有杨汉林、钟禄喜二同志到大庾池江项英处,报告湘南集中游击队情况,并请示今后行动命令,路经贵县,理应函达。请予查明给以保护为盼。

此致

崇义县政府县长聂

人民抗日义勇军第一支队支队长　游世雄

项英关于湘赣边游击队改编等情况给长江局并转中共中央的报告(节选)*

（1938年1月29日）[1]

长江局并转中央：

我同曾三〔山〕等于十六日到吉安会见谭余保，随到莲花。湘赣情形如下：

部队共有三百三十五人，枪约二百支，但埋藏有一百七十支，正在起出修理。新兵占半数，但多青年，身体强壮，党员一百八十人，老的和干部几乎全是党团员，老的战斗力很强，精神很紧张，对于党的信仰最好，现改为二团队第一大队。枪支修好除补充本身外，还可补充其他部队。

地方工作，包括茶陵、莲花、安福、永新、宁冈、袁州[2]、萍乡之一部，现组成三个县委：茶攸莲[3]、安永莲[4]、袁分[5]。支部有但不普遍，不过原有苏区的广大地区，还未大的发动与恢复起来。因为工作方式不能开展工作，主要是统一战线没有很好去建立，磨擦时发生，土劣及当地政府，仍有仇视与对立现象。特别是莲花最坏，县长最不好。我到莲花一次，与县长接洽，在表面上还好。如若湘赣特委不能很好去运用统一策略，还不可大踏步的开展工作。

一般干部很好，对于党绝对去服从，而且有些较老较久的干部，如加以训练是很好的。

我们召集他们开了两天会，详细讨论我的报告，一般所提问题都较好。

余保[6]同志对于党的观念好，对于党的指示能坚决执行，不过领导使干部怕他，生活虽有特殊现象(如吃)，一般说来还是好的，还能保持苏区精神。

特委留了一个特务队，有二十人，都是短枪，并且是最好的成份。中间有很多干部，目前一下不能将他调出，只好等以后再调出当干部，特务队多用化装办法，免人注意，主要是保卫机关和负责人，各县也留了三四支短枪。

吉安留了一个[新]四军通讯处(已经该区专员许可)。有一个工作委员会，在原来苏区之儒林[7]、水东[8]一带，发生了一些关系，每天有人来接头，不过旧日苏区的党团员十之九自过新。这在恢复组织上是一个大的困难，正在审查和调查当时情形，以便决定一个办法。东固[9]、吉水一带都有线索，正在进行恢复，山上还有一部分干部打拚，正在设法找他们出来。

吉安城市有些关系可以建立工作，这区专员与我们关系较好，便于发展工作。不过刘九峰[10](以前在上海参加右派)一方面找我们恢复党的关系，一方面因为他过去是共产党员，第一[次]合作时是江西书记，到处以党员自命，并且自己建立支部，当我临走上车时，他找着我，因时间关系未谈，仅仅寒暄一顿。刘九峰当时参加右派活动与以后情形我不知道，博古当清楚，请电告我，以便返吉时作一解决(听说他后来自新过)，以免清浊不分，影响我们工作。

（下略）

项英

元月二十九日于大余

注释：

＊本文标题系编者改写，标点符号系编者所加。

[1]年代是编者根据内容判定的。

[2]袁州，指现江西省宜春市。

[3]茶攸莲，指湖南省茶陵、攸县和江西省莲花县。

[4]安永莲，指江西省安福、永新、莲花县。

[5]袁分，指江西省宜春市和分宜县。

[6]余保，即湘赣临时省委书记谭余保。

[7]儒林，原为江西省吉安县儒林区，辖曲濑、敦厚、永和等地。

[8]水东，指江西省吉安市和吉水县所辖的赣江以东地区。

[9]东固，属江西省吉安县。

[10]刘九峰，原名刘峻山，江西省吉安县人，1924年入党，1926年任江西地委书记，1931年脱离党组织。

人民抗日义勇军第二支队
方玉明、王赤致崇义县聂县长公函

（1938 年 2 月 10 日）

径启者：日寇进凌，国难日亟，民族存亡，诚千钧一发之际。敝军誓与倭寇相拚，抗战到底，夺获最后之胜利，以求幸福之国家，兹奉命调动，行将就道，而途经贵境，为此，相应函达，乞烦钧府代筹给养铺盖等事。俾便到达，有以安置。久仰钧府热心国务，关怀民族，必预为图谋，善予办理也。

顶德。

此致

崇义县政府县长聂公鉴

人民抗日义勇军第二支队支队长　方玉明

政训员　王赤

人民抗日义勇军第二支队
方玉明、王赤致崇义县聂县长公函

（1938 年 3 月 6 日）

径启者：本队原留在桂东之第四中队现奉命开往大庾池江集中，今经贵县县地，故特函达，请烦查明为荷。

此致

崇义县县长聂

人民抗日义勇军第二支队支队长　方玉明

政训员　王赤

王涛关于湘南特委工作给中共中央的报告*

（1938年6月6日）

湘南现在的工作区域，包括有郴县、耒阳、安仁、常宁、两衡[1]、宜章、乐昌、桂东、汝城、资兴、临武等县的一部或全部。

湘南在一九二八年曾举行过农民暴动，一九三一年恢复游击战争，一九二八年时曾犯过严重的盲动主义。一九三四年主力红军经过后，敌更用大力摧残，当时特委书记牺牲，一部分委员叛变，游击队遭到很大的损失。以后组织新的特委机关，但当时又犯了逃跑的错误，所以最后只桂东、汝城边界保留了一个小的游击队和根据地；湘、粤边宜、乐保留非常小的根据地；耒阳、安仁也保留了一点子。当时地方党的工作可说被取消了，而只是在这些地方有些群众能帮助我们并保持秘密而已。一般的群众因为游击队的失败，一部分叛徒和敌人的残酷进攻受到很残酷的压迫和摧残，直到现在失败情绪还相当的利害。同时过去因为进攻我们，所以现在统治阶级的保甲组织也比较严密，统治阶级和豪绅地主的压迫也还比较利害。但是群众过去受了很深的共产党的影响，最近八路军的胜利，游击队编入新四军，以及我们回到湘南工作和最近国民党的征兵中发生的拉兵、烤炸〔敲诈〕、派公债的［不］公平等，所以群众一般的表现很好，要求组织，但又希望首先取得合法的地位。统治阶级方面在湘南来说，也表示他们是不完全一致的。但是由如〔于〕我们一般的正确的运用了统一战线的策略，所以公开的与我们对立和破坏的事件还很少看见，主要的是采取消极的方法秘密的监视我们的行动。

这次我到湘南，开始是去找游世雄和湘南特委。但是等我到湘南，游世雄已率队到江西，特委没有找到（实际已没有），因此不得不自己去找李、刘两部[2]，去与当地的政府机关接洽。最后将刘、李两部找到，并累次与当地政府接洽好，才将部队集中，开赴前线，共扩大到三百余人（原约三四十人），部队的纪律和政治影响都很好。特委在五月十一号以前自〔这〕一时期的中心工作，可说就是部队集中和扩大，所以在这一时期很多地方党的工作是被勿〔忽〕视了的，直到部队开拔以［后］，特委的精神才集中到党的工作上来，近来是有相当的进步。

湘南特委现属两个中心县委，两个中心区，但是没有一个组织健全了的。原因都是没有干部，现在能工作的干部共约二十五人，支部约二十六个，党员数目都是很少的，还没有统计，主要的成分是农民。最近特委开了两次训练班，群众组织最近才开始，一切最近都在整理中。

在这一时期工作中的收获，党的影响扩大了，取得了公开、半公开的地位；党的组织工作开始建立，并有了一部分的发展；统一战线的工作与各方面建立了相当的关系。

主要的弱点是，一般干部对统一战线工作了解不够，党的组织远落在政治影响之后，各级党的组织还不健全，下层统一战线工作还做得很差，主要的是关门主义，最近极端合法的倾向也在开始发生。

今后工作：目前湘南工作最中心的一环是干部提拔和培养干部。特委经常开办训练班，准备训练材料，提高一般干［部］的学习精神。在这里首先要大量的吸收新党员，特别着重知识分子中的工作和工人中的工作。

应将工作中心移到城市，更灵活的从各方面去运用统一战线（有些同志以为统一战线就只是上层谈判），特别抓紧抗日这一点。

加强党员的教育，建立支部生活，去建立和健全各级党的组织；建立预、决算制度；建立计划工作、检查工作制［度］，反对游击主义。

建立宣传工作，扩大《新华日报》群众的推销，代卖书报，可能〔以〕经过一部分进步分子办报。

建立广泛的群众组织。

湘南特委　王涛

注释：

＊ 档案标题仅“报告”二字，无年份，现年份是编者根据内容所加。

［1］两衡即衡阳县、衡山县。

［2］李、刘两部，即李林、刘厚总领导的两支红军游击队。

主要参考书目

1.湖南省红军长征调查办公室:《红军长征在湖南纪略》,湖南人民出版社,1979年5月版。

2.湖南省红军长征调查办公室:《红军长征在湖南文物图录》,湖南人民出版社,1979年12月版。

3.中国人民解放军历史资料丛书编审委员会:《红军长征综述大事记表册》,解放军出版社,1990年5月版。

4.中国人民解放军历史资料丛书编审委员会:《红军长征参考资料》,解放军出版社,1992年6月版。

5.中国人民解放军历史资料丛书编审委员会:《南方三年游击战争综合篇》,解放军出版社,1995年12月版。

6.中国人民解放军历史资料丛书编审委员会:《红军长征文献》,解放军出版社,1995年5月版。

7.湖南省委党史研究室:《中国共产党湖南历史(1920—1949)》,湖南人民出版社,2008年6月版。

8.中共中央党史研究室:《中国共产党历史第一卷(1921—1949)》,中共党史出版社,2011年5月版。

9.湖南省档案馆、湖北省档案馆、四川省档案馆、贵州省档案馆、湖南省湘西土家族苗族自治州党史办公室:《湘鄂川黔革命根据地历史文献汇集(1934—1936)》,内部资料,1984年10月。

附录　韵目代日表

日期	上平声	下平声	上声	去声	入声
一日	东				
二日	冬				
三日	江				
四日	支				
五日	微				
六日	鱼				
七日	虞				
八日	齐				
九日	佳				
十日	灰				
十一日	真				
十二日	文				
十三日	元				
十四日	寒				
十五日	删				
十六日			铣		
十七日			篠		
十八日			巧		
十九日			皓		
二十日			哿		
二十一日			马		
二十二日			养		
二十三日			梗		
二十四日			迥		
二十五日			有		
二十六日				宥	
二十七日				沁	
二十八日				勘	
二十九日				艳	
三十日				陷(卅)	
三十一日			世	引	

后　　记

根据赣鄂湘三省档案部门签订的档案事业协同发展合作框架协议之精神，三省联合开展红军长征档案史料丛书编纂工作。2016 年 3 月，在广泛调研基础上，江西省档案局牵头拟定了丛书编写大纲的征求意见稿，经三省档案局（馆）领导和相关处室负责人反复讨论协商，7 月底确定了丛书的编辑方案，成立了统一的丛书编辑委员会，联合编纂《赣鄂湘红军长征档案史料丛书》。丛书编辑委员会要求：各省成立分卷编辑部，具体负责本省红军长征档案史料的编纂出版工作；各分卷独立成册，力求在编辑体例、开本规格、内文排版、图片处理、封面设计等方面基本一致。

湖南省档案局（馆）于 2016 年 4 月形成《红军长征史料汇编》（湖南部分）编纂方案，调配人员和组织力量，着手编纂本丛书之分卷《血战湘江，转兵突围：红军长征在湘期间档案史料汇编》的编纂工作。经过 10 个多月的努力，该书得以顺利完成初稿，该出版项目成功申报 2016 年度国家重点档案保护与开发项目，得到国家档案局国家重点档案保护与开发专项资金资助。2017 年通过政府采购程序将该书交由岳麓书社出版。经出版管理部门的严格审查，该书终于得以正式公开出版。

本书在编纂内容上力求做到史料翔实、记录客观、脉络清晰、信息量大，力争做到可读性强。在编辑期间，全体工作人员齐心协力，克服各种困难，做了大量艰苦细致的工作，为本书的出版付出了辛勤汗水。

本书的编辑工作在编委会的领导和组织下开展，编委会主任高度重视、指导谋划，主编、副主编统筹协调、精心指导。编纂分工如下：第一章《红六军团西征湘西》，由欧阳甜甜负责；第二章《中央红军长征在湖南》，由黄加来、颜文展负责；第三章《红二、六军团长征在湖南》，由王明贵负责；前言、第四章《湖南边区三年游击战争》、附录、后记，由庄劲旅负责。行政事务由庄劲旅、颜文展负责。第一次统稿由庄劲旅负责。其他编辑人员部分参与了档案资料的查找、录入和校对，以及图片整理等工作，为本书出版做出了贡献。

在本书的编辑过程中，省档案局（馆）原局（馆）长胡振荣、编展部原主任禹丁华为全书提纲和前言付出了辛勤的劳动。本书的编纂还得到了中央档案馆、中国第二历史档案馆、解放军档案馆、湖南省委党史研究院、湖南图书馆，以及江西省档案馆、湖北省档案馆等单位的大力支持，在此，一并表示衷心的感谢！

由于材料收集不够充分，加之编者水平有限，书中难免有误，敬请读者批评指正。

编者

二〇二一年三月

图书在版编目(CIP)数据

血战湘江,转兵突围:红军长征在湘期间档案史料汇编/湖南省档案馆编;叶建军主编. —长沙:岳麓书社,2021.7

ISBN 978-7-5538-1530-5

Ⅰ. ①血… Ⅱ. ①湖…②叶… Ⅲ. ①中国工农红军长征—史料—湖南 Ⅳ. ①K264.406

中国版本图书馆 CIP 数据核字(2021)第 150014 号

XUEZHAN XIANGJIANG,ZHUANBING TUWEI:
HONGJUN CHANGZHENG ZAIXIANG QIJIAN DANGAN SHILIAO HUIBIAN

血战湘江,转兵突围:
红军长征在湘期间档案史料汇编

编　　者:湖南省档案馆
主　　编:叶建军
责任编辑:王文西
责任校对:欧阳慧　廖　丁
封面设计:风格八号

岳麓书社出版发行
地址:湖南省长沙市爱民路 47 号
直销电话:0731-88804152　0731-88885616
邮编:410006

版次:2021 年 7 月第 1 版
印次:2021 年 7 月第 1 次印刷
开本:787mm×1092mm　1/16
印张:36.25
字数:836 千字
书号:ISBN 978-7-5538-1530-5
定价:150.00 元

承印:长沙鸿和印务有限公司

如有印装质量问题,请与本社印务部联系
电话:0731-88884129